U0367696

船舶与海洋工程
结构动力学

Structural Dynamics of
Ships and Offshore Units

杨德庆 编著

上海交通大学出版社
SHANGHAI JIAO TONG UNIVERSITY PRESS

内容提要

全书共 15 章,分为两部分。第一部分是基础理论篇,内容包括第 1 章至第 7 章,介绍质点系统与连续系统动力学的基础理论。第二部分是学科特色篇,内容包括第 8 章至第 15 章,阐述海洋环境和设备形成的各种动载荷,船舶或海洋结构物在稳态激励下的振动计算方法、评价标准及控制方法,在灾害载荷下海洋结构物的瞬态或随机响应分析方法,以及船舶结构动力学优化设计方法等。

本书可作为高等院校船舶与海洋工程专业的前沿基础课教科书或教学参考书,供船海设计、建造、检验和运维部门技术人员参考使用,为船舶与海洋工程领域研究人员提供专业的系统性知识。

图书在版编目(CIP)数据

船舶与海洋工程结构动力学/杨德庆编著. —上海:
上海交通大学出版社,2023.9
ISBN 978 - 7 - 313 - 29109 - 7

Ⅰ.①船⋯　Ⅱ.①杨⋯　Ⅲ.①船舶工程—结构动力学
②海洋工程—结构动力学　Ⅳ.①U66②P75

中国国家版本馆 CIP 数据核字(2023)第 134557 号

船舶与海洋工程结构动力学
CHUANBO YU HAIYANG GONGCHENG JIEGOU DONGLIXUE

编　　著:杨德庆
出版发行:上海交通大学出版社　　　　地　　址:上海市番禺路 951 号
邮政编码:200030　　　　　　　　　　电　　话:021 - 64071208
印　　制:上海景条印刷有限公司　　　经　　销:全国新华书店
开　　本:710mm×1000mm　1/16　　印　　张:29.25
字　　数:523 千字
版　　次:2023 年 9 月第 1 版　　　　　印　　次:2023 年 9 月第 1 次印刷
书　　号:ISBN 978 - 7 - 313 - 29109 - 7
定　　价:98.00 元

前　言

　　结构动力学是研究结构物的动力学特性、所承受的动态载荷、动态载荷作用下结构的动力响应（位移、速度、加速度、动应变与动应力等），有关的分析原理、分析方法、评估准则、控制方法和动力学优化设计等内容，为改善结构系统在动态载荷环境中的安全及可靠性提供理论基础的专门学科。船舶与海洋工程结构动力学专注于探讨海洋环境中各类船舶、人造海洋结构物的动力学理论和应用，具有特殊性，有关教材多撰写为船体振动学或船舶水弹性力学。本书是为适应上海交通大学船舶与海洋工程专业研究生的前沿基础课程建设需求而撰写的，面向船舶与海洋工程科技前沿来阐述结构动力学基本理论，兼顾船体振动学和水弹性力学的内容，力求深度适中，并加入近年来若干最新前沿研究成果。"船舶与海洋工程结构动力学"课程获得了上海交通大学船舶海洋与建筑工程学院研究生课程建设项目的资助。

　　船舶与海洋工程结构振动和动力学方面的教材，国内已有陆鑫森、金咸定、赵德有、翁长俭、聂武、唐友刚、何琳、陈志坚及姚熊亮等教授的著述，国外已有 W. G. Price、J. F. Wilson、Faltinson 和 Torgier Moan 等教授的专著。各国船级社颁布的船舶及海洋结构物动力学与准静态响应方面的计算规范也涉及了振动、碰撞、搁浅、砰击、甲板上浪、涡激振动、涡激运动、波激振动、液舱晃荡和海上风力发电机叶片颤振等动力学问题。爆炸、冲击、穿甲与极地破冰等相关研究成果也散见于各类期刊、学位论文及工程研究报告中，有些动力学问题被作为准静态响应问题处理，没有全面考虑其动力学特点。本书力图系统介绍船舶与海洋工程结构动力学的基础理论，同时结合工程实践给出船舶或海洋结构物动力学设计和评估案例，以期提高学生理论联系实际的能力。本书内容已在上海交通大学船舶与海洋工程专业十多届研究生教学中讲授，博士生张相闻、李清、夏侯命胜、石原赫、刘西安和庄曜泽参加了本书部分内容的编纂和整理工作。

　　感谢大连理工大学船舶工程学院洪明教授百忙中审阅本书,并提出宝贵的修改意见。限于作者水平,书中存在的不妥之处,恳请读者批评指正。

杨德庆

上海交通大学船舶与海洋工程系

目　录

第 1 章 绪 论

　　海洋运输相对于其他运输方式（公路运输、铁路运输及航空运输）有着运量大、距离长、网络密集、发展成熟和费用低廉等优势，全球国际贸易量的 90% 左右都是通过船舶运输来完成的。另外，约占地球表面积 70.8% 的海洋中蕴藏着丰富的油气、矿产和生物等资源，世界石油地质总储量的 44% 来源于深海，未来海洋油气开发中需要大量的海洋石油勘探及生产装备。因此，船舶与海洋装备技术及相关科学是人类发展经济和可持续发展的重要基础。不同于农耕文明时代，近现代的世界经济强国一般都是海洋贸易强国和海洋科技强国，葡萄牙、西班牙、荷兰、英国、美国、法国、德国、日本及挪威等国家的发展历史都印证了这个论断[1-3]。目前中国正处于从海洋贸易大国、船舶及海洋工程装备制造大国向海洋科技强国迈进的关键阶段，大力发展船舶与海洋工程科学和技术是中国实现富民强国的必由之路。船舶与海洋结构动力学是船舶和海洋工程科学及技术的重要内容，是船舶设计师必备的基础知识，在海洋装备开发中有着广泛应用。本章从总体上介绍船舶与海洋结构动力学的内涵、研究内容和研究方法。

1.1　船舶与海洋工程结构动力学释义

　　船舶与海洋工程结构动力学的学科内涵有以下释义。

　　首先，该学科的研究对象是船舶与海洋工程结构（ships and offshore structures/marine structures）[4-5]。船舶是人类设计制造的在江河、湖泊和海洋中从事交通运输、贸易、生产、生活活动及具有军事用途的结构物或工具，可分类为民船、军船和特种水下潜器[自治式潜水器（AUV）、遥控潜水器（ROV）、水下滑翔机及智能浮标]等，也可分类为海船与内河船，或为常规的有人驾驶船舶和无人驾驶智能船舶等。海洋工程结构是指人类设计制造的、用于海洋环境中的土木及金属建筑物（包括固定式结构物、漂浮式结构物等），例如码头、堤坝、浮桥与栈桥、人工岛、海底空间站、海洋平台、水下生产系统、潮汐发电系统、浮式采油船和海上风力发电系统等。

　　其次，该学科的研究内容从属于力学（mechanics）范畴。力学是研究力与运动规律的科学,是一门应用性及交叉性强的基础科学[①],是科学进展与重大工程技术的桥梁,是认识自然的一种重要的手段[6]。可以说,任何重要的宏观自然现象的解释与定量预报,都离不开力学。伽利略(Galileo)、牛顿(Newton)、柯西(Cauchy)、拉格朗日(Lagrange)、傅里叶(Fourier)、达朗贝尔(D'Alembert)、哈密顿(Hamilton)、铁木辛柯(Timoshenko)和钱学森等对物理学及力学的发展都作出了卓越贡献。力学在 20 世纪有很大的发展,形成了比较完整的学科体系,涵盖固体力学(包括理论力学、材料力学、结构力学、弹性力学、塑性力学、断裂力学等)、动力学与控制(也称一般力学)、流体力学、力学交叉领域(物理力学、生物力学、爆炸力学)、计算力学及实验力学等分支。

1) 理论力学(theoretical mechanics)

理论力学研究物体机械运动的基本规律,通常分为静力学、运动学与动力学。静力学研究作用于物体上的力系的简化理论及力系平衡条件;运动学从几何角度研究物体机械运动特性而不涉及物体的受力;动力学研究物体机械运动与受力的关系,动力学是理论力学的核心内容。理论力学的研究方法是从一些由经验或实验归纳出的反映客观规律的基本公理或定律出发,经过数学演绎得出物体机械运动在一般情况下的规律及具体问题中的特征。理论力学中的物体主要指质点、刚体及刚体系,当物体的变形不能忽略时,则成为变形体力学(如材料力学、弹性力学)的讨论对象。

2) 材料力学(mechanics of materials)

材料力学研究材料在各种外力作用下产生的应变、应力、强度、刚度、稳定性和导致各种材料破坏的极限,确定结构构件和机械零件承载能力,从而确定构件的合理尺寸。其研究对象主要是材料棒状构件,如杆、梁和轴等。

3) 结构力学(structural mechanics)

结构力学研究由杆、板、梁和膜和壳等构件形成的工程结构的受力与传力规律,以及如何进行结构优化。其研究内容包括结构的组成规则,结构在各种效应(外力、温度效应、施工误差及支座变形等)作用下的响应,包括内力(轴力、剪切力、弯矩、扭矩)的计算,位移(线位移、角位移)的计算,以及结构在动力荷载作用下的动力响应(自振周期、振型)的计算等。结构力学通常有三种分析方法:能量法、力法和位移法,有限元法是近年来兴起的新方法。

---

① 基础科学是以自然现象和物质运动形式为研究对象,研究自然界物质运动规律的学科。一般分为数学、物理学、化学、生物学、地球科学、天文学等六大类。

4）弹性力学（theory of elasticity）

弹性力学研究一般弹性体（不限于杆状构件，也包括板、壳、块体等）在外力作用下的力学性能（外力、应力、位移和应变间的关系）。它是材料力学和结构力学的深化及细化。结构变形必须遵守弹性准则，这是其与塑性力学的主要区别。弹性力学所依据的基本规律有三个：变形连续规律、应力-应变关系和运动（或平衡）规律。

5）塑性力学（theory of plasticity）

塑性力学研究一般弹性体在外力作用下局部出现塑性屈服时的安定情况，并由此建立其强度判定条件。塑性力学必须遵守塑性准则，这是其与弹性力学的主要区别。

6）断裂力学（fracture mechanics）

断裂力学研究存在宏观缺陷（主要指裂纹）的弹性体在外力作用下宏观缺陷扩展并导致破坏的规律，并由此建立其强度判定条件。

7）实验力学（experimental mechanics）

实验力学是借助于实验方法（如光学弹性法、变形仪法等）测试构件、结构等的力学状态，并由此评估其强度、刚度、稳定性等问题的力学分支。

8）计算力学（computational mechanics）

计算力学是利用差分法、有限元法、边界元法和无网格法等方法，将复杂的力学常微分方程或偏微分方程转化为线性代数方程组，以此近似求解力学问题的学科。

9）计算机辅助工程（computer aided engineering，CAE）

计算机辅助工程是力学在当今科学技术领域中的具体表现形式，计算力学是其基础。设计一个可以正常使用的结构，必须运用力学知识对其安全性、适用性和可靠性进行全面检验。

船舶与海洋工程结构的规模一般较为庞大，作用其上的载荷很复杂（涉及风、浪、流、地震、动力设备扰力），对其进行相关力学分析时会涉及流固耦合难题，需要高深的力学知识来计算评估其安全性[7-10]。早期人类历史发展中没有建立力学（物理学）的完整知识体系时，基本上是通过工程经验和在役实验来评估当前设计的结构物的安全性，如房屋、桥梁、堤坝、车辆、船舶和兵器等的建造。进入 18 世纪后，力学知识体系逐步建立起来，人类开始自觉使用力学知识检验所设计结构的安全性，如强度、刚度、稳定性和舒适性等，要求建造的房屋在地震中不能倒塌，桥梁能抵抗台风和支承大载重车辆，各类船舶不能倾覆或断裂，设计建造的水库不能垮坝，飞机飞行中机翼不能折断，航天器噪声不能过大等。人类持续发明各种先进材料更是直接促进了结构设计水平的提高和力学知识体系的丰富。图1-1所示为各类材料制造的桥梁,在展示桥梁建造发展史的同时也展示了力学理论和新材料的发展进程。

（a）独木桥（木材）

（b）赵州桥（石材）

（c）铁索桥（钢材及木材）

（d）钢制桁架桥（钢材）

（e）叠合梁斜拉桥（钢筋混凝土）

（f）钢拱直拉桥（钢材与复合材料）

图1-1 各类材料制造的桥梁

举例:江河两岸修建桥梁的结构演化与力学理论发展。

从图1-1可以看出,人类使用的材料越先进,设计出的桥梁结构就越复杂（木材——独木桥、木板桥,石材——石板桥、石拱桥,混凝土与钢材——钢筋混凝土桥,钢材——钢制桁架桥、吊桥、斜拉悬索桥等),通行能力及跨度就越大。现代桥梁的设计与建造过程中都综合考虑了强度(破坏、断裂、疲劳)、刚度(变形)、稳定性(屈曲、失稳)和动力学(风致颤振、振动、地震)等要求。

最后,该学科的研究着重点是力学中的"动"问题,主要是运动及振动(motion/movement/kinetics/vibration)。相对于静止而言,船舶与海洋工程结构动力学关注结构运动状态的变化以及动态变化的外载荷所导致的结构力学响应的变化。19 世纪后期,从往复式蒸汽机在船舶上的应用开始,之后内燃机替代蒸汽机,以及 20 世纪中期人类开始进行海洋石油开发,船体振动及海洋结构物动力学问题就成了这个领域长期需要攻克的工程难题。

力学学科中的动力学主要研究各类结构在动载荷作用下的动力学特性、动响应、分析原理、计算方法及控制方法,可以细分为刚体动力学、柔性体动力学、弹性体动力学、塑性动力学、断裂动力学和振动力学等。结构动力学一般也称为振动力学或结构振动学。牛顿力学、18 世纪拉格朗日的分析力学、傅里叶、达朗贝尔和哈密顿等力学大师的相关研究成果,共同奠定了结构动力学的理论基础[11-23]。结构动力学与宏观运动学的区别在于,它不仅研究结构的宏观运动,还涉及结构的应力及变形等,要使用动力学(牛顿定律、拉格朗日方程)和弹性体力学(应力-应变关系、应变-位移关系)理论建立描述变形结构动力特性的微分方程组。

综上所述,可以给出船舶与海洋工程结构动力学的完整释义[7-10, 14-19]:它是研究船舶与海洋结构物的动力学特性(固有频率、振型、周期、相位),海洋环境或设备产生的动载荷及在动载荷作用下船舶及海洋结构物的动力响应(位移、速度、加速度、动应力与动应变等),以及有关的分析原理、分析方法、评估准则、控制方法和动力学优化等内容,为改善船舶及海洋工程结构系统在动态载荷环境中的安全和可靠性提供理论基础的专门学科。未来绿色智能船舶及海洋结构物的低碳、节能、高效、舒适和安全设计都离不开船舶与海洋工程结构动力学(见图 1-2)。

图 1-2　未来绿色智能船舶的设计构想

1.2 结构动力学行为及其描述

结构的动力学行为表现为结构围绕某一平衡位置的小尺度范围往复运动，该运动的位移幅值与结构的外廓尺寸相比一般至少小一个量级，也称为振动，这是与宏观运动的显著区别。结构的动力学行为(包括特性及响应)常用数学方程来描述，称为结构动力学方程。

常见的船舶与海洋工程结构动力学问题举例。

船舶方面的实例 例如，船舶在规则波浪中的横摇、纵摇、升沉(垂荡)等稳态周期运动，船舶在螺旋桨、主机及柴油发电机等动力设备产生的周期性扰力作用下发生的局部(艉部、艏部、上层建筑、各层甲板等处)或全船稳态强迫振动。船舶在不规则波浪中的暂态运动，船舶迎浪航行中波浪砰击载荷下的瞬态强迫振动，横浪运行时大型集装箱船的弹振，液化天然气船航行中液舱晃荡导致的船体振动，水面舰船或潜艇在鱼雷及水下炸弹爆炸冲击下的结构瞬态响应，在导弹、炮弹穿甲或空中爆炸下的船体瞬态冲击响应，极地破冰船连续式或冲撞式破冰过程中船-冰-水-气形成的冰水固耦合动力学问题，船-船碰撞或船-桥(船-岸)碰撞的系统动力学响应问题，船舶搁浅或触礁灾害下冲击响应等问题。

海洋工程结构方面的实例 例如，海洋平台或人工岛在规则波浪中的横摇、纵摇、升沉(垂荡)等稳态周期运动，深海立管和半潜式钻井平台在海流中的涡激振动或涡激运动，海啸、台风和高烈度地震等极限灾害载荷作用下海洋平台、潮汐发电系统、水下生产系统、浮式采油船及海上风力发电系统的动力学安全问题，海洋环境载荷与动力机械设备产生的周期性扰力作用下深海采矿系统稳态强迫振动，近海固定式平台与浮冰碰撞动力学响应问题等[20]。

1.2.1 动力学系统分类及动力学自由度

系统的概念范围很广，大到天体系统，小到微观系统。所谓系统是多个元素的组合，这些元素之间相互关联、相互影响，组成一个整体。按照受力性质，系统可以分为静态系统和动态系统，其他分类诸如机械系统、电气系统、液压系统、动力系统和生物系统等。工程上的人工结构在振动学或者动力学研究中也被称为系统，即所谓的结构系统，它定义为由结构构件、力学元件和动力设备等构成的集合，例如潜艇的结构可以视为由环肋、纵骨、圆柱壳、圆锥壳、隔振元件及推进设备等构成的环肋耐压壳系统[20]。振动系统是至少包含弹性元件和质量元件的系统，能够产生弹性和惯性作用，也称结构动力学系统，若还包含阻尼元件，则称为有阻尼振动系统。

结构动力学系统分为离散动力学系统（也称集中参数系统）、连续动力学系统（也称分布参数系统）和离散/连续混合动力学系统三种类型[11-13, 20-24]。

离散动力学系统中质点、刚体、弹性元件和阻尼元件是基本的组成单元。任意多个质点的集合称为质点系统，简称质点系，例如 5 质点-7 弹簧元件-2 阻尼器元件构成的多自由度质点系统。任意多个刚体的集合称为多刚体系统，例如曲柄-连杆-滑块刚体运动系统。质点系或多刚体系统的周期或非周期运动的研究对应于质点振动学与刚体振动学。

连续动力学系统中的基本组成单元是梁、板、壳、膜、弦和弹性体等，梁、板壳及弹性体的周期或非周期运动的研究对应于弹性体振动学。

采用数学模型（或数学表达式）描述结构系统的动力学行为时，首先需要确定结构系统的动力学自由度，简称动力自由度。动力自由度是指确定结构系统在任一时刻全部"质量"的运动所需独立几何坐标的数目，它与质量有关，与描述结构系统的静力自由度有本质区别。

结构的静力自由度与动力自由度的区别：

（1）静力自由度是指刚体的运动自由度，它由约束条件唯一确定。结构的静力自由度必须等于或小于零（代表静定和超静定），若大于零（代表静不定）则结构就变成机构。

（2）动力自由度是描述结构（系统）"质量"运动的独立坐标数，由结构的质量分布唯一确定。考虑某物体的动力自由度的前提是其必须为结构，其次应具有质量。

举例：图 1-3 所示悬臂梁为静定结构，其静力自由度为零，但动力自由度为无限多个，是无限自由度动力学系统。

图 1-3　悬臂梁静力自由度与动力自由度对比

结构的静力自由度与结构有限元模型中节点总自由度的区别：

（1）结构的静力自由度是刚体的运动自由度，由约束条件唯一确定，必须等于或小于零。

（2）结构有限元模型中（弹性体）节点总自由度（>0），是结构经过有限单元离散后，能够发生弹性变形或产生位移的节点自由度的总和。

采用数学表达式描述结构动力学行为/振动的具体内容如下：动力学方程（运动方程或振动方程）、动力学响应的时域曲线[时程响应曲线（time response curve, TRC）]、频域曲线[频响曲线（frequncy response curve, FRC）]、周期

(period)、固有频率(natural frequency)、振幅(amplitude)、振型(mode shape)、相位(phase)、波长(wavelength)、波数、位移、速度、加速度、动应力和动应变等。

习惯上,对于频率大于1 Hz的结构动力学系统(高频率低周期,周期小于1 s),常用频率描述其特性。对于周期大于1 s的系统,常用周期表示其特性(低频率高周期,频率小于1 Hz)。

振动与声的关系密切,声就是由于振动而产生的。当振动频率在20~20 000 Hz声频范围内时,振动源同时也是声源。振动能量通常以两种方式向外传播而产生噪声,一部分由振动的物体直接向空中辐射,形成空气声;另一部分振动能量则通过物体的支承向其他结构件传递。对于可变形固体介质,介质点的振动引起的固体中应力与应变的扰动会以波的形式在固体中传播,定义为应力波。应力波可分为弹性波、弹塑性波和塑性波等[25-26]。在固体表面,振动以弯曲波的形式传播,激发建筑物或船舶的地板、墙面、门窗等结构振动,再向空中辐射噪声,这种通过固体传导的声称为结构声或固体声。

弹性波按照固体内介质点的振动方向与波自身传播方向之间的关系,可分为纵波(压缩波和拉伸波)、横波(剪切波)、表面波(瑞利波)、界面波、乐甫波和梁板结构中的弯曲波(挠度波)[25]。

结构几何尺寸和振动波波长的相对关系是简化各类型动力学系统的决定性因素。船舶及海洋工程结构的设计(见图1-4和图1-5)必须考虑其在风、浪、海流和动力设备扰动载荷下的动力学特性与响应,否则可能导致不可弥补的损失。图1-6所示为按频率和波长划分的运动、振动与噪声的关系,给出了运动、振动和噪声的频率区间或振动周期特点。

图1-4 浮式生产储油装置系统及周围环境

图 1-5 超大型集装箱船及周围环境

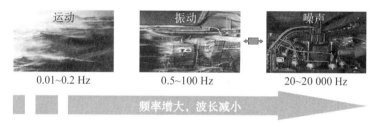

图 1-6 按频率和波长划分的运动、振动与噪声的关系

1.2.2 动力学响应评价的量化指标

以单自由度系统(或称单自由度振子)的简谐振动为例说明如何对动力学特性与响应进行描述。假设该振子振动的位移响应函数为 $x = A\cos(\omega t + \varphi)$,其中,$A$ 为振幅;$\omega = 2\pi f$ 为圆频率,f 为振动频率,$T = \dfrac{1}{f}$ 为振动周期;t 为时间变量;φ 为初始相位角。则振动速度 v 和加速度 a 为

$$v = \dot{x} = \frac{\mathrm{d}x}{\mathrm{d}t} = \omega A\cos\left(\omega t + \varphi + \frac{\pi}{2}\right) \tag{1-1}$$

$$a = \ddot{x} = \frac{\mathrm{d}v}{\mathrm{d}t} = \omega^2 A\cos(\omega t + \varphi + \pi) \tag{1-2}$$

工程上常取分贝值(dB)描述振动,定义为振动级。振动加速度级 L_a、振动速度级 L_v 和振动位移级 L_d 的计算公式如下:

$$L_a = 20\lg \frac{a_e}{a_{ref}} \tag{1-3}$$

$$L_v = 20\lg \frac{v_e}{v_{ref}} \tag{1-4}$$

$$L_d = 20\lg \frac{d_e}{d_{ref}} \tag{1-5}$$

式中，$a_e = \dfrac{a_{peakmax}}{\sqrt{2}}$ 为加速度有效值，$a_{peakmax}$ 为加速度峰值；$a_{ref} = 1 \times 10^{-6}\ \text{m/s}^2$ 为参考加速度；v_e 为速度有效值；$v_{ref} = 1 \times 10^{-9}\ \text{m/s}$ 为参考速度；d_e 为位移有效值；$d_{ref} = 1 \times 10^{-12}\ \text{m}$ 为参考位移[24]。位移、速度与加速度这三个振动测量参数的选择，一般可参照国际振动标准推荐的选择方法，即对低频振动（10 Hz 以下）建议测量位移，对中频振动（10～1 000 Hz）建议测量速度，对高频振动（1 000 Hz以上）建议测量加速度。

人体对振动的感觉与振动的频率、幅值、在振动环境中的暴露时间和振动方向有关，国际标准化组织（International Organization for Standardization, ISO）建议采用等感度曲线修正振动级。修正振动加速度级的计算公式为

$$L_a' = 20\lg \frac{a_e'}{a_{ref}} \tag{1-6}$$

式中，$a_e' = \sqrt{\sum a_{fe}^2 \cdot 10^{\frac{c_f}{10}}}$，$a_{fe}$ 为频率 f 时的加速度有效值，c_f 为频率 f 时垂直与水平方向振动的修正值，c_f 的取值如表 1-1 所示。评价时应分别计算垂直振动级和水平振动级[24]。

表 1-1　垂直与水平方向振动的修正值

中心频率/Hz	1	2	4	8	16	31.5	63
垂直方向振动的修正值/dB	−6	−3	0	0	−6	12	−18
水平方向振动的修正值/dB	3	3	−3	−9	−15	−21	−27

总振动级 L_{aT} 是 N 个振源振动级 L_{ai} 的合成。其计算公式为

$$L_{aT} = 10\lg\left(\sum_{i=1}^{N} 10^{\frac{L_{ai}}{10}}\right) = 10\lg\left(10^{\frac{L_{a1}}{10}} + 10^{\frac{L_{a2}}{10}} + \cdots + 10^{\frac{L_{aN}}{10}}\right) \tag{1-7}$$

在实际振动测量中，总振动级 L_{aT} 的测量结果不可避免地受到周围测量环境的影响。当被测振动源设备停止运转时，环境中仍会有其他设备引起的本底振动。因此，必须从测量结果中扣除本底振动 L_{aB} 的影响，这就产生了振级扣除

问题。

设备真实振动 L_{ac} 的计算公式为

$$L_{ac} = 10\lg\left(10^{\frac{L_{aT}}{10}} - 10^{\frac{L_{aB}}{10}}\right) \tag{1-8}$$

平均振级 $\bar{L}_v$ 是针对某点 M 次测量或 M 个测量点的振级,其平均振级为

$$\bar{L}_v = 10\lg\left(\frac{1}{M}\sum_{i=1}^{M}10^{\frac{L_{ai}}{10}}\right) = 10\lg\left[\frac{1}{M}\left(10^{\frac{L_{a1}}{10}} + 10^{\frac{L_{a2}}{10}} + \cdots + 10^{\frac{L_{aM}}{10}}\right)\right] \tag{1-9}$$

1.2.3　结构动力学方程

考虑图 1-7 所示的弹性体结构,其结构域为 Ω,边界为 S(包含位移边界 S_u 与力边界 S_σ),受到体积力张量 $\bar{f}$ 和面力张量 $\bar{p}$ 的作用。

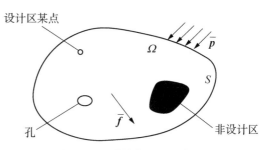

图 1-7　弹性体受力示意图

若结构所受载荷均为不随时间变化的载荷(俗称静载荷),则可建立小位移弹性结构静力学控制方程组[27]。该方程组包括 15 个方程,其中有 3 个力平衡方程、6 个几何方程和 6 个本构方程。具体如下:

力平衡方程(描述外力-应力关系):

$$\boldsymbol{\sigma}_{ij,j} + \bar{f}_i = \boldsymbol{0}(在 \Omega 域内) \tag{1-10}$$

几何方程(描述应变-位移关系):

$$\boldsymbol{\varepsilon}_{ij} = \frac{1}{2}(u_{i,j} + u_{j,i})(在 \Omega 域内) \tag{1-11}$$

物理方程(本构关系,描述应力-应变关系):

$$\boldsymbol{\sigma}_{ij} = \boldsymbol{D}_{ijkl}\boldsymbol{\varepsilon}_{kl}(在 \Omega 域内) \tag{1-12}$$

位移边界条件:

$$\boldsymbol{u}_i = \bar{\boldsymbol{u}}_i(在 S_u 边界上) \tag{1-13}$$

力边界条件:

$$\boldsymbol{\sigma}_{ij}\boldsymbol{n}_j = \bar{\boldsymbol{p}}_i(在 S_\sigma 边界上) \tag{1-14}$$

式中,u_i、$\boldsymbol{\sigma}_{ij}$ 与 $\boldsymbol{\varepsilon}_{ij}$ 分别是位移张量、应力张量及应变张量;$\boldsymbol{D}_{ijkl}$ 为弹性系数张量;$\bar{f}_i$ 为单位体积的体积力张量;n_j 为边界外法向方向余弦张量;$\bar{\boldsymbol{u}}_i$ 和 $\bar{\boldsymbol{p}}_i$ 分别为边界处位移及面力张量;下标 $i=1,\cdots,3$;$j=1,\cdots,3$;$k=1,\cdots,3$;$l=1,\cdots,3$。方程中含有 15 个与时间无关的未知量,分别是 3 个位移分量、6 个应变分量及 6 个应力分量,它们对应直角坐标系下的位移向量 $\boldsymbol{u}=\begin{bmatrix}u & v & w\end{bmatrix}^{\mathrm{T}}$、应变向量 $\boldsymbol{\varepsilon}=\begin{bmatrix}\varepsilon_x & \varepsilon_y & \varepsilon_z & \gamma_{xy} & \gamma_{yz} & \gamma_{zx}\end{bmatrix}^{\mathrm{T}}$ 和应力向量 $\boldsymbol{\sigma}=\begin{bmatrix}\sigma_x & \sigma_y & \sigma_z & \tau_{xy} & \tau_{yz} & \tau_{zx}\end{bmatrix}^{\mathrm{T}}$。

采用有限元法求解上述静力学方程组,图 1-7 中弹性体的应变能 U 为

$$U=\int_{\Omega}\boldsymbol{D}_{ijkl}\boldsymbol{\varepsilon}_{ij}\boldsymbol{\varepsilon}_{kl}\,\mathrm{d}\Omega=\int_{\Omega}\boldsymbol{C}_{ijkl}\boldsymbol{\sigma}_{ij}\boldsymbol{\sigma}_{kl}\,\mathrm{d}\Omega \tag{1-15}$$

式中,$\boldsymbol{C}_{ijkl}$ 为柔度系数张量。

外力对该弹性体所做的功 W 为

$$W(\boldsymbol{u})=\int_{\Omega}\bar{\boldsymbol{f}}^{\mathrm{T}}\boldsymbol{u}\,\mathrm{d}\Omega+\int_{S}\bar{\boldsymbol{p}}^{\mathrm{T}}\boldsymbol{u}\,\mathrm{d}S \tag{1-16}$$

弹性体总位能 Π 为

$$\Pi=U-W=\int_{\Omega}\boldsymbol{\varepsilon}^{\mathrm{T}}\boldsymbol{D}\boldsymbol{\varepsilon}\,\mathrm{d}\Omega-\int_{\Omega}\bar{\boldsymbol{f}}^{\mathrm{T}}\boldsymbol{u}\,\mathrm{d}\Omega-\int_{S}\bar{\boldsymbol{p}}^{\mathrm{T}}\boldsymbol{u}\,\mathrm{d}S \tag{1-17}$$

根据弹性力学的最小位能原理,$\delta\Pi=0$,可得结构静力学有限元平衡方程:

$$\boldsymbol{K}\boldsymbol{u}=\boldsymbol{F} \tag{1-18}$$

式中,$\boldsymbol{u}$ 为结构节点位移向量;结构刚度矩阵 $\boldsymbol{K}=\sum_e\boldsymbol{K}^e$;单元刚度矩阵 $\boldsymbol{K}^e=\int_{\Omega_e}\boldsymbol{B}^{\mathrm{T}}\boldsymbol{D}\boldsymbol{B}\,\mathrm{d}\Omega$,$\boldsymbol{B}$ 为几何矩阵也称位移映射矩阵;$\boldsymbol{D}$ 为弹性矩阵;外载荷矩阵 $\boldsymbol{F}=\sum_e\boldsymbol{F}^e$,$\boldsymbol{F}^e=\int_{\Omega_e}\boldsymbol{N}^{\mathrm{T}}\bar{\boldsymbol{f}}\,\mathrm{d}\Omega+\int_{S_\sigma^e}\boldsymbol{N}^{\mathrm{T}}\bar{\boldsymbol{p}}\,\mathrm{d}S$,$\boldsymbol{N}$ 为形状函数矩阵。这个平衡方程组是同时满足上述所有方程的以积分弱形式表达的数学列式。若考虑几何非线性、物理非线性、边界条件和载荷的非线性,上述力学方程将演化为非线性力学方程。

若结构所受载荷中含有随时间变化的载荷(俗称动载荷),则应用动力学原理(牛顿定律、动力学虚功原理、拉格朗日方程、哈密顿原理)和弹性力学理论(应力-应变关系、应变-位移关系),可以建立描述该弹性结构动力学响应的微分方程组[27]。无初始应力/初始应变状态下三维弹性体结构的运动微分方程为

$$\boldsymbol{\sigma}_{ij,j}+\bar{f}_i=\rho u_{i,tt}+\mu u_{i,t} \quad (\text{在 } \Omega \text{ 域内}) \tag{1-19}$$

式中，$\boldsymbol{\mu}$ 为阻尼系数张量；ρ 为密度；其余符号含义同式(1 - 10)～式(1 - 14)。

相应的本构方程、几何方程及边界条件的形式与静力学问题相同，但 3 个动位移分量、6 个动应变分量和 6 个动应力分量是与时间相关的。另外，还需要增加弹性体结构系统的运动初始条件方程：

$$
\left.
\begin{array}{l}
u_i(x, y, z, 0) = u_i(x, y, z) \\
u_{i,t}(x, y, z, 0) = u_{i,t}(x, y, z)
\end{array}
\right\}
\tag{1 - 20}
$$

采用有限元法离散上述结构动力学系统，可得以结构节点动位移 $\boldsymbol{u}(t)$ 表述的结构动力学方程(简称 MCK 方程)[22-23]：

$$
\boldsymbol{M}\ddot{\boldsymbol{u}}(t) + \boldsymbol{C}\dot{\boldsymbol{u}}(t) + \boldsymbol{K}\boldsymbol{u}(t) = \boldsymbol{Q}(t)
\tag{1 - 21}
$$

式中，结构质量矩阵 $\boldsymbol{M} = \sum_e \boldsymbol{M}^e$，单元质量矩阵 $\boldsymbol{M}^e = \int_{\Omega_e} \rho \boldsymbol{N}^{\mathrm{T}} \boldsymbol{N} \mathrm{d}\Omega$；结构刚度矩阵 $\boldsymbol{K} = \sum_e \boldsymbol{K}^e$，单元刚度矩阵 $\boldsymbol{K}^e = \int_{\Omega_e} \boldsymbol{B}^{\mathrm{T}} \boldsymbol{D} \boldsymbol{B} \mathrm{d}\Omega$；结构阻尼矩阵 $\boldsymbol{C} = \sum_e \boldsymbol{C}^e$，单元阻尼矩阵 $\boldsymbol{C}^e = \int_{\Omega_e} \boldsymbol{\mu} \boldsymbol{N}^{\mathrm{T}} \boldsymbol{N} \mathrm{d}\Omega$；结构总体外载荷或干扰力矩阵 $\boldsymbol{Q} = \sum_e \boldsymbol{Q}^e$，单元外载荷矩阵 $\boldsymbol{Q}^e = \int_{\Omega_e} \boldsymbol{N}^{\mathrm{T}} \bar{\boldsymbol{f}} \mathrm{d}\Omega + \int_{S_\sigma^e} \boldsymbol{N}^{\mathrm{T}} \bar{\boldsymbol{p}} \mathrm{d}S$。

若结构阻尼矩阵 $\boldsymbol{C} = \boldsymbol{0}$，则系统为无阻尼振动。

若结构总体外载荷 $\boldsymbol{Q} = \boldsymbol{0}$，则系统为自由振动；若结构总体外载荷 $\boldsymbol{Q} \neq \boldsymbol{0}$，则系统为强迫振动；若结构总体外载荷 $\boldsymbol{Q}$ 受系统自身振动的控制，在适当反馈作用下自动激起系统的定幅振动，一旦系统振动被抑制，激励(结构总体外载荷)也随之消失，则为系统自激振动。若结构总体外载荷 $\boldsymbol{Q}$ 会由于系统物理参数的改变而改变，则为参数振动。

结构动力学问题可以分为线性动力学问题和非线性动力学问题。如果动力学方程[式(1 - 21)]中惯性力、阻尼力及恢复力分别是加速度、速度与位移的线性函数，而且结构总体外载荷是简谐的，则该问题为线性动力学问题。

若 $\boldsymbol{M}$、$\boldsymbol{C}$ 和 $\boldsymbol{K}$ 均为常数，$\boldsymbol{Q}$ 不是简谐力而是非线性干扰力(如小尺度构件所受的波浪干扰力中拖曳力是速度的平方函数)，则该问题为由外载荷非线性因素引起的非线性动力学问题。

如果动力学方程中 $\boldsymbol{M}$、$\boldsymbol{C}$ 和 $\boldsymbol{K}$ 任一个为非常数，导致惯性力、阻尼力或恢复力是加速度、速度或位移的非线性函数，则该问题为由结构系统本身非线性因素引起的非线性结构动力学问题。

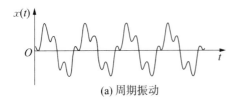

(a) 周期振动

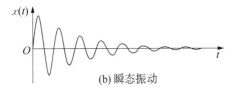

(b) 瞬态振动

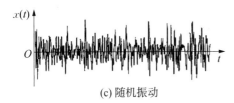

(c) 随机振动

图 1-8　结构动力学响应在时域内的形态

求解式(1-21)时,针对自由振动可解得动力学系统的固有频率和振型,俗称模态分析。针对强迫振动,采用模态叠加法(振型叠加法)或直接积分法,可解得结构的动力响应,分为频域响应与时域响应,稳态响应与瞬态响应等。图1-8给出结构动力学系统中指定对象在时域内的动态响应曲线的三类形式,即周期振动、瞬态振动和随机振动[22]。

若振动响应为正弦或余弦函数,则称为简谐振动;若振动响应为周期函数、拟周期函数或非周期函数,则称为周期振动、拟周期振动或混沌振动;若振动响应为随机函数,则称为随机振动。

结构的各类力学问题的控制方程(governing equation)采用有限元列式可以概括为

线性静态力学(static linear)：
$$\boldsymbol{Ku} = \boldsymbol{P} \tag{1-22}$$

线性屈曲(buckling)：
$$(\boldsymbol{K} + \lambda \boldsymbol{K_g})\boldsymbol{u} = \boldsymbol{0} \tag{1-23}$$

大位移静力学(large deformation)：
$$\boldsymbol{K}(\boldsymbol{u})\boldsymbol{u} = \boldsymbol{P} \tag{1-24}$$

自由振动(free vibration)：
$$(\boldsymbol{K} - \omega^2 \boldsymbol{M})\boldsymbol{u} = \boldsymbol{0} \tag{1-25}$$

强迫振动(forced vibration)：
$$\boldsymbol{M}\ddot{\boldsymbol{u}}(t) + \boldsymbol{C}\dot{\boldsymbol{u}}(t) + \boldsymbol{K}\boldsymbol{u}(t) = \boldsymbol{P}(t) \tag{1-26}$$

式中,$\boldsymbol{K_g}$、λ、ω 分别为初应力刚度矩阵、屈曲因子和振动固有频率,其他矩阵的含义同式(1-10)~式(1-21)。

船舶与海洋工程结构的动力学方程有其特殊性,需要考虑周围流体介质与结构的耦合影响(见图1-9),因此动力学方程中包含附连水质量矩阵和水动力载荷项等。例如,图1-9所示模型将船体与其周围水体都进行有限元离散,整个耦合系统的动力学方程有限元列式为[7]

$$\begin{bmatrix} \boldsymbol{M_s} & 0 \\ -\rho_f \boldsymbol{Q}^T & \boldsymbol{M_f} \end{bmatrix} \begin{bmatrix} \ddot{\boldsymbol{u}} \\ \ddot{\boldsymbol{p}} \end{bmatrix} + \begin{bmatrix} \boldsymbol{C_s} & 0 \\ 0 & \boldsymbol{C_f} \end{bmatrix} \begin{bmatrix} \dot{\boldsymbol{u}} \\ \dot{\boldsymbol{p}} \end{bmatrix} + \begin{bmatrix} \boldsymbol{K_s} & \boldsymbol{Q} \\ 0 & \boldsymbol{K_f} \end{bmatrix} \begin{bmatrix} \boldsymbol{u} \\ \boldsymbol{p} \end{bmatrix} = \begin{bmatrix} \boldsymbol{F_s} \\ \boldsymbol{F_f} \end{bmatrix} \tag{1-27}$$

图 1-9 船体流固耦合动力学分析的数值模型

式中，Q 为流固耦合矩阵；M_s、C_s 和 K_s 分别为结构的质量矩阵、阻尼矩阵及刚度矩阵；M_f、C_f 和 K_f 分别为流体介质的质量矩阵、阻尼矩阵及刚度矩阵；p 为流体节点动压力向量；F_s 为结构外载荷向量；F_f 为流体外载荷向量；u 为结构节点位移向量。

讨论：各类力学问题的控制方程在计算机辅助分析 CAE 软件中的实现。

世界各国的软件公司与高等院校开发了许多力学数值分析软件，较著名的有 MSC Patran/NASTRAN、ANSYS、ABAQUS、ADINA、ADAMS、LS-DYNA 和 HyperMesh 等，它们可用于静/动力学分析（强度、变形、稳定性、振动、噪声、运动、流固耦合等）。这些软件的人机交互界面中的各模块，就是用于前处理建模、力学方程选择、求解和后处理的。以 HyperMesh 软件的界面为例（见图 1-10），其菜单项如下：

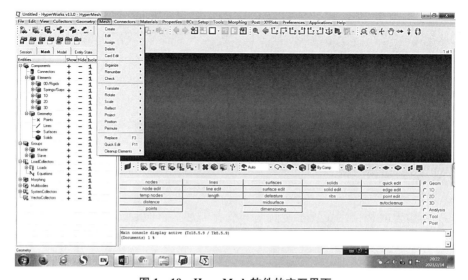

图 1-10 HyperMesh 软件的交互界面

FEM/Geometry——用于建模,描述待分析结构的几何和力学特征。

Materials——用于定义材料特性,描述结构的建造材料。

Properties——单元特性,描述结构系统离散后的单元类型、截面尺寸和厚度等。

Load case——用于定义位移与力边界条件,描述载荷与边界条件。

Analysis——求解器,用于指定力学分析所采用的方程,就是确定是做动力学分析、静力学分析、稳定性分析、声学分析还是热力学分析,包括 Linear Static、Normal Modes、Buckling、Frequency Response 和 Transient Response 等选项。

Tools——特殊功能工具,用来统计结构质量和质心,进行结构优化、疲劳分析等。例如 Mass Property、Design Study、Fatigue 等。

1.3　结构动力学的研究内容及研究方法

1.3.1　结构动力学的研究内容

结构动力学的研究内容可以概括为六个方面[8-9,11]:①外载荷分析;②结构系统的动力响应;③结构系统的辨识和参数估计;④容许标准和可靠性分析;⑤结构系统的动力学控制;⑥结构系统的动力学优化设计。

船舶与海洋工程结构动力学的研究内容围绕上述六方面,揭示海洋服役环境的载荷(包括极端海况)统计特性,探讨船舶和海洋工程结构发生周期振动的规律(振幅、频率、相位的变化规律),周期解的稳定条件,揭示复杂动力学响应出现的参数域,由此预测和确定海洋工程结构发生大幅振动的外在和内在因素,确定船舶和海洋工程结构的有害振动发生的机理与条件,发现极端海况下结构振动响应的特点,并为减小有害振动、实施振动参数优化提供依据。通过对船舶与海洋工程结构动力学行为的研究,掌握其复杂振动的特点和影响因素,修改和调整这些因素或者条件,使结构大幅运动得到减小或者控制,为确保船舶与海洋工程结构系统的安全提供理论技术支持。

1.3.1.1　外载荷分析

根据载荷是否随时间变化,可将其分为静载荷和动载荷两大类。静载荷是幅值、作用方向和作用位置都不随时间变化的载荷;动载荷是幅值、作用方向或作用位置之一随时间变化的载荷,结构动力学中的外载荷分析主要聚焦于动载荷分析。

结构系统所受到的与时间相关的外载荷可分为确定性载荷和随机性载荷两

大类,而由于不同介质间相互作用导致的耦合载荷是船舶与海洋工程结构中的伴生载荷。

对于确定性载荷,其变化规律可用确定性函数表达,包括周期载荷和非周期载荷。各种动力机械、旋转机械,如螺旋桨等产生的激励一般为周期载荷;碰撞、冲击、爆炸冲击波等引起的短时力或脉动力,以及机器启动和制动等引起的力是非周期载荷,也称瞬态载荷。

对于随机性载荷,其变化规律可采用概率统计函数表达。例如,风载荷、波浪载荷及地震载荷等环境载荷。

环境或设备的某些载荷在其周围介质作用于结构时,结构发生的响应会反馈并影响该载荷的后续状态,这类载荷为耦合载荷。此时需分析结构和周围介质的耦合系统,例如结构-流体、结构-土壤、结构-电磁场或结构-温度场等耦合动力学问题。

1.3.1.2 结构系统的动力响应

求解结构系统在外载荷作用下的动力响应是结构动力学中研究最多的部分,也称结构动力学的正问题,图 1-11 给出了结构系统的动力学参数间的关系。动力学响应分析技术发展非常迅速,一般问题都可利用通用的计算机应用软件解决。对于特殊问题,可根据要求开发专用的计算程序,重要的是如何根据计算目的及要求对实际结构系统提炼出正确的力学模型,建立数学模型。本书强调船舶与海洋工程结构同水介质耦合后的动力学响应,包括流场环境因素(波浪、砰击、水下爆炸、声波等)引起的船海结构的稳态、瞬态和随机动响应以及目标声散射,包括非流场环境因素(如机械设备与推进器)激励船舶结构引起的振动和水下声辐射响应。

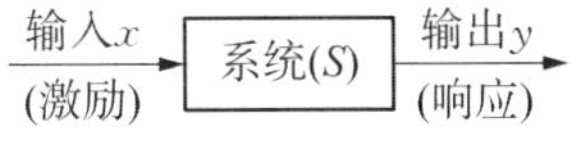

$$\xrightarrow[\text{(激励)}]{\text{输入}x} \boxed{\text{系统}(S)} \xrightarrow[\text{(响应)}]{\text{输出}y}$$

图 1-11 结构系统的动力学参数间的关系

1.3.1.3 结构系统的辨识和参数估计

结构系统的辨识和参数估计,即结构动力学的逆问题或黑箱问题。当对结构系统本身的信息完全不知道或不清楚,而结构系统的响应和激励是已知的或用试验方法测得的时,需要根据测得的输入和输出数据求出合适的数学模型,即系统辨识,或得出系统的物理参数,即参数估计。结构系统的阻尼参数通常无法用理论分析或简单的材料试验获得,多用参数估计的方法求得。另外,船上动力设备的振动载荷往往给出的是台架试验加速度载荷,实船安装后由于安装基础的刚度特性不同于台架,导致台架测试得到的加速度载荷无法直接使用,必须进行载荷反演识别。

1.3.1.4 容许标准和可靠性分析

各种工程结构均有各自的结构响应容许标准,也称衡准,此类标准有两方面的要求:一是保证结构在其使用期限内安全可靠不发生严重的损坏;二是保证不引起危及人体健康和结构中各种仪表设备等正常工作的振动及噪声。总体上可以表述为约束函数:

$$\tilde{g}(r, c) \leqslant b \tag{1-28}$$

式中,r、c 和 b 分别为结构响应、设计变量和容许值。具体标准如 ISO 20283 - 5:2016(E)《机械振动 客船和商船适居性振动测量、报告和评价准则》、中国船级社《船上振动控制指南》和国家军用标准 GJB 4000—2000 中船体振动衡准等。

1.3.1.5 结构系统的动力学控制

与结构系统本身物理特性有关的参数可定义为可控变量或设计变量,例如质量、刚度、阻尼等。改变可控变量会使结构系统状态发生变化,从而改变系统的输出与输入关系,结构的状态变量和响应都是可控制的。状态方程如下:

$$L[c(s, t), r(s, t)] = F(r, s, t) \tag{1-29}$$

式中,$L[\quad]$ 为数学算子;$c(s, t)$ 为控制参数变量或设计变量;$r(s, t)$ 为系统的响应;$F(r, s, t)$ 为系统所受外部激励。

随着计算技术、试验技术、计算机实时分析和实时控制技术的发展,结构系统的动力控制问题越来越受到重视,显示出良好的应用前景。目前的船舶及海洋平台的健康检测和舰艇声学控制等都是结构系统控制,图 1 - 12 为结构主动、半主动和智能控制的原理框图。

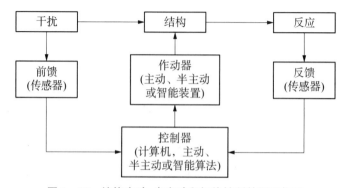

图 1 - 12 结构主动、半主动和智能控制的原理框图

1.3.1.6 结构系统的动力学优化设计

在考虑有关约束的条件下,按照设计要求确定结构系统本身的物理特性参数,以达到某种动力特性最优,即动力学优化设计。

$$
\begin{cases}
\text{Find} & \boldsymbol{X} \in E^n \\
\min & F(\boldsymbol{X}) \\
\text{s. t.} & g_j(\boldsymbol{X}) \leqslant 0 \\
& \underline{\boldsymbol{X}} \leqslant \boldsymbol{X} \leqslant \bar{\boldsymbol{X}}
\end{cases}
\tag{1-30}
$$

式中,$\boldsymbol{X}$ 为设计变量向量;$g_j(\boldsymbol{X}) \leqslant 0$ 为约束方程;$F(\boldsymbol{X})$ 为目标函数;$\underline{\boldsymbol{X}} \leqslant \boldsymbol{X} \leqslant \bar{\boldsymbol{X}}$ 为尺寸上下限约束。

围绕上述六个主要内容,图 1-13 给出了结构动力学的理论体系及其应用框架[20]。

1.3.2 结构动力学的研究方法

对结构动力学问题的研究,主要有理论推导、图解分析、数值仿真和试验等研究方法。通用的研究步骤如下:

(1) 建立所研究结构系统的动力学模型。动力学模型是由质点、质点系、刚体、弹簧、阻尼器、弦、梁、膜、板壳、连续体、桁架、刚架及拱等元件构成的力学分析理论模型。作为振动系统,必须具有质量元件和弹性元件,弹性与惯性是动力学系统的必备特征。例如,铰接塔-油轮单点系泊系统可以简化为单自由度质量弹簧动力学模型,自升式海洋平台结构若只关注平台上部结构的运动及其惯性载荷,则可以简化为质量弹簧单自由度动力学模型。

(2) 根据力学原理建立动力学系统的数学模型。获得结构动力学模型后,就可以采用相应分析力学或牛顿力学原理建立描述结构系统动力学响应关系的数学表达式,即结构动力学方程。构建结构动力学方程的主要力学方法包括基于达朗贝尔原理的直接平衡法和基于虚功原理、拉格朗日第二方程及哈密顿原理的方法等。数学模型一般是由微分方程、积分方程、代数方程或混合形式方程再配以边界条件和初值条件构成的数学方程组。

(3) 采用解析、图解或数值法对数学模型(运动微分方程)进行求解,得到数学模型的解。对于实际工程中复杂结构系统,一般只能求得数值解,可以编制程序或利用现有的通用软件在计算机上求解。

(4) 对计算结果进行分析,并与工程问题的实际现象或试验研究的测试结果进行比较,考察计算结果是否合理,能否解决原来的问题。若不合理,则需修改力学模型或数学模型,继续计算直到问题解决。

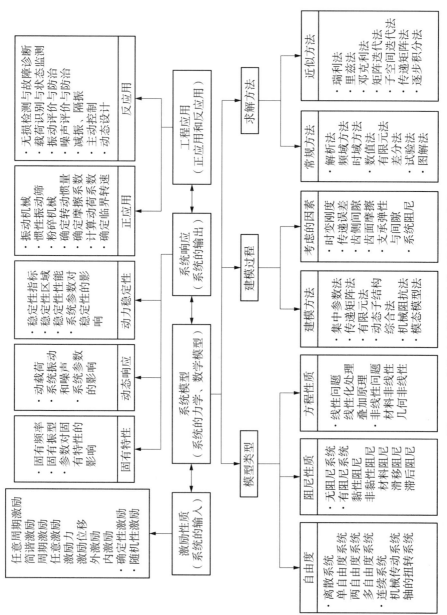

图 1-13 结构动力学的理论体系及其应用框架

上述研究步骤始终围绕着结构动力学的六大研究内容,贯穿于结构动力学学科发展的全过程。

1.3.3 动力学模型的简化方法

针对图 1-14～图 1-17 所示起重机、轴-盘系统、海洋平台、水塔、船体结构及海上风力发电机的动力学研究,就是将这些结构按照上述研究步骤进行动力学模型建模、数学方程建模、方程求解、依据试验结果反演修正力学模型和给出最终解的过程[22, 26]。实际结构向动力学模型的简化是构建结构动力学方程的关键步骤。

根据结构系统的动力自由度数目,可以将动力学系统细分为单自由度系统、多自由度系统、无限自由度或连续系统等。根据将结构简化为质点、刚体、柔性体或弹性体的不同,可以分为质点动力学系统、刚体动力学系统、柔性体(软体)动力学系统及弹性体动力学系统等。

将复杂的无限自由度结构系统处理为有限自由度系统的这一过程称为结构系统的离散,常见离散方法有集中质量法、广义坐标(位移)法和有限元法等。

例题 1.1 构建图 1-14(a)中起重机悬吊系统的动力学模型。

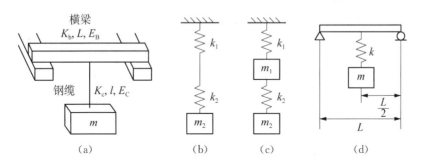

图 1-14 起重机结构的动力学模型简化

解:将重物简化为质量块(质点),钢缆和横梁简化为弹簧元件。

若只关注起重机悬吊的重物的运动及惯性载荷,则可以将该动力学系统简化为图 1-14(b)所示的单自由度质量-弹簧动力学模型。或者考虑横梁的质量,将横梁简化为质量块(质点),即可简化为图 1-14(c)所示的两自由度质量-弹簧动力学模型。

若关注起重机横梁在吊装货物时结构所受的动应力,希望校核横梁强度,则必须将该动力学系统简化为质量-弹簧-弹性梁混合无限自由度动力学模型。

例题 1.2 构建图 1-15(a)中轴-盘系统的动力学模型。

解:当研究轴-盘系统的扭转振动时,可以简化为图 1-15(b)所示的两自由度扭转振动动力学模型。

当研究轴-盘系统的弯曲振动时,可以简化为图 1-15(c)所示的两自由度弯曲振动动力学模型。

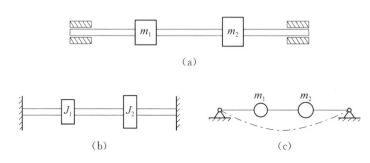

(a)

(b)   (c)

图 1-15 轴-盘系统的动力学模型简化

例题 1.3 构建图 1-16 中海洋平台的动力学模型。

(a) 自升式平台   (b) 导管架式平台

图 1-16 海洋平台示例

解:若只关注平台上部结构的运动及其惯性载荷,则可以将该动力学系统简化为质量-弹簧单自由度动力学模型。

若关注海洋平台结构所受的动应力,则可以采用有限元法将该动力学系统简化为空间刚架或者桁架等有限自由度系统动力学模型。

图 1-17(a)所示的两个水塔,一个可以简化为考虑其侧向弯曲刚度的质量-

弹簧单自由度动力学模型,另一个可以简化为考虑其侧向弯曲刚度的质量-弹簧两自由度动力学模型,也可以采用有限元法简化为空间壳体这类无限自由度动力学模型。

（a）水塔

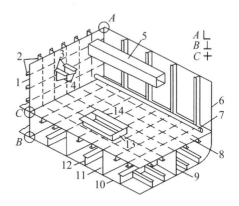

1—舱壁;2—加强筋;3—悬臂底座安装板;4—悬臂底座的支承连杆;5—风道;6—船壳板;7—管道;8—内底板;9—纵梁;10—底板;11—肋板;12—肋骨;13—支承底座的支承构件(托架);14—支承底座的安装板;A、B、C—舰船结构的典型连接方式。

（b）典型舰船结构布置

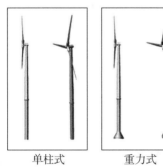

单柱式

重力式

三柱式

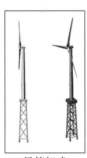

导管架式

（c）海上风力发电机

图 1 - 17　水塔、船体结构及海上风力发电机

对于船体结构和海上风力发电机,则应该简化为由梁、板、壳和分布质量组成的无限自由度动力学模型。这个简化过程中必然涉及等效质量、等效刚度、等效阻尼和等效载荷等方面的计算,具体等效计算方法请见参考文献[22]和参考文献[28]。

---------------------------------- ● **习题 1** ● ----------------------------------

1.1 对某船的桅杆在振动台上进行振动试验时,按照 $u = A_0 \sin(\omega t + \theta)$ 形式给出输入载荷谱,$A_0 \neq 0$,数值见习题表 1-1。

习题表 1-1 输入载荷谱

频率范围/Hz	1～20	20～100
幅值	2 mm	1.2g

试求整个试验频段以速度表示时载荷的输入值。

1.2 已知某动力学系统的速度响应为 $\dot{u}(t) = 20\cos(8t)\,\mathrm{mm/s}$,假设初始时刻系统位移为 0。求:

(1) 振动的振幅、频率和周期。

(2) 最大位移、速度和加速度。

(3) 振动开始时刻的位移、速度和加速度。

(4) $t = 2\,\mathrm{s}$ 时刻的位移、速度和加速度的分贝值。

1.3 简述船舶与海洋工程结构动力学的主要研究内容,简述构建张力腿(TLP)海洋平台动力学方程的主要步骤。

1.4 请画出多条缆绳形成的多点系泊船舶的动力学模型简图。

1.5 (1) 简述结构动力学模型与结构静力学模型的区别,采用有限元法分别求解上述动力学及静力学问题,对有限元模型中单元网格进行划分的标准是什么?如何保证有限元网格大小达到足够的计算精度?目前是否有相应的行业标准及国家标准?

(2) 预应力和边界约束条件对结构动力学特性及响应有较大影响(如预应力板壳、简支及固支结构等),请定性分析。

第 2 章　构建动力学方程的力学原理

复杂结构系统的动力学方程的数学表达式一般采用矩阵形式给出,它是对于时间的二阶常微分或偏微分方程组,是对于位置坐标的高阶偏微分方程组。船舶与海洋工程结构的动力学方程有其特殊性,需要考虑周围的流体介质,其动力学方程包含附连水质量矩阵、流固耦合矩阵和水动力载荷等项。另外,针对多物理场问题,例如进行动力学控制时采用压电作动器、形状记忆合金作动器或磁力作动器,会涉及电场、温度场和磁场等其他物理场产生的外力,声固耦合振动分析时还要涉及声场,因此采用常规的基于向量力学理论来构建结构动力学方程时会面临较大困难。

19 世纪随着西方工业革命蓬勃发展,以能量方法及标量分析为特点的分析力学理论逐步建立起来,在解决机-电-热-磁-声等多物理场耦合的动力学方程构建问题中发挥了重要作用,成为主流的动力学方程建模方法。本章将介绍建立结构动力学方程的基础力学知识,重点介绍适应面更为广泛的分析力学有关概念和原理[11, 13, 20]。

2.1　基本概念

牛顿力学与分析力学是构成经典力学(从属于经典物理学)的两个部分,而量子力学和统计力学构成现代力学(从属于现代物理学)。牛顿力学,也称向量力学,讨论的力学概念如速度、加速度、角速度、角加速度、力和力矩等都是以向量形式出现的物理量。分析力学是不同于牛顿力学的新体系,它以变分原理为基础,阐述力学的普遍规律,并依照此普遍规律推导运动(动力学)方程,进而求解。分析力学是标量力学,通过引进标量形式的广义坐标、能量和功,采用纯粹的分析方法使力学建立在统一的数学基础上,完全摆脱以向量为特征的几何方法,包括拉格朗日力学与哈密顿力学等形式。分析力学非常适用于建立多物理场耦合计算问题的力学方程,如机-电-热-磁-声等多场耦合问题。

另外,所有力学原理都可用微分和积分形式表示。前者适用于运动的每一瞬时,后者适用于运动的非无限小时段。力学原理又可分为非变分原理和变分原理两类。前者描述所有真实运动的公共性质,后者提供一种准则,把真实运动和在同样条件下运动学上可能的其他运动区分出来[13]。归纳如下：

$$
力学原理
\begin{cases}
微分的 &
\begin{cases}
非变分的（如牛顿定律）\\
变分的（如虚功原理）
\end{cases}\\
积分的 &
\begin{cases}
非变分的（如能量守恒定律）\\
变分的（如哈密顿原理）
\end{cases}
\end{cases}
$$

2.1.1 约束和位移

位形：系统中各质点空间位置的集合，位形表征系统各质点的位置分布所构成的几何形象。

自由系：位形或速度不受任何预先规定的几何条件的制约而能够任意变化的系统。

非自由系：位形或速度受到预先规定的几何条件的制约而不能任意变化的系统。

约束：非自由系中对某些质点的位置或速度所施加的几何或运动学的限制。一般的约束都可用约束方程或约束不等式来表达。

完整约束：在力学系统中，约束方程采用坐标及时间的解析方程或非微分方程来表示的约束。定常约束是约束方程中不显含时间变量的，非定常约束是约束方程中显含时间变量的。例如定常约束方程：

$$(x_1 - x_2)^2 + (y_1 - y_2)^2 - l^2 = 0$$

非完整约束：在力学系统中，约束方程采用微分方程来表示的约束。例如：

$$\frac{\dot{x}_1 + \dot{x}_2}{x_1 - x_2} = \frac{\dot{y}_1 + \dot{y}_2}{y_1 - y_2}$$

非完整系统：含非完整约束的系统。

完整系统：仅含完整约束的系统。

系统的动力自由度：在任意固定时刻（时间 t 保持不变），约束许可条件下系统能自由变更的独立坐标数目。动力自由度数目等于系统坐标数目减去独立约束方程数。

一个质点有 3 个自由度，且均为平动自由度。一个刚体有 6 个自由度，分别是 3 个平动自由度和 3 个转动自由度。例如，具有 N 个质点的系统，其独立的约束方程数为 l，则系统的动力自由度数目 $n = 3N - l$。

可能位移：满足所有约束方程的位移。

实位移：满足约束方程，且满足运动方程和初始条件的位移。

2.1.2　广义坐标和广义力

广义坐标 q_k：能决定系统运动几何位置的彼此独立的物理量称为该系统的广义坐标。其特点是各物理量能独立变化，而且系统的广义坐标数目等于系统动力自由度数目。广义坐标不是唯一的，各种形式的广义坐标都可以描述系统的运动，但所得运动方程的耦合方式及繁简程度不同，广义坐标可以是位移也可以是角度。质点的运动及功如图 2-1 所示。

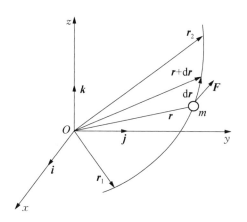

图 2-1　质点的运动及功

图 2-1 所示系统中质点 m 在任意点 i 的位置可用向量 $\boldsymbol{r}_i$ 表示，且可表达为广义坐标 q_i 的函数 $\boldsymbol{r}_i(q_1, \cdots, q_n)$。当时间 t 变为 $\mathrm{d}t$ 时，广义坐标 q_k 变为 $\mathrm{d}q_k$，则质点 m 的位移可以写为

$$\mathrm{d}\boldsymbol{r}_i = \sum_{k=1}^{n} \frac{\partial \boldsymbol{r}_i}{\partial q_k} \mathrm{d}q_k + \frac{\partial \boldsymbol{r}_i}{\partial t} \mathrm{d}t \tag{2-1}$$

对于定常约束，上述位移为

$$\mathrm{d}\boldsymbol{r}_i = \sum_{k=1}^{n} \frac{\partial \boldsymbol{r}_i}{\partial q_k} \mathrm{d}q_k \tag{2-2}$$

虚位移 $\delta \boldsymbol{r}_i$：在某一时刻质点系为约束所许可而能产生的任一组微小位移称为系统的虚位移。假定时间 t 在某一瞬间被固定，分别给广义坐标以任意微小增量 δq_k $(k=1, 2, \cdots, n)$，则质点 m_i 的虚位移：

$$\delta \boldsymbol{r}_i = \sum_{k=1}^{n} \frac{\partial \boldsymbol{r}_i}{\partial q_k} \delta q_k \tag{2-3}$$

虚位移具有如下特性：

(1) 虚位移是假定约束不改变而设想的位移，对虚位移而言时间是固定的。

(2) 虚位移不是任何随意的位移，必须满足约束方程。

(3) 虚位移有无穷多个，是由几何学或运动学考虑而虚设的位移。

虚功 δW：在质点 m_i 的虚位移中，力系 $\boldsymbol{F}_i$ 所做虚功之和为

$$\delta W = \sum_{i=1}^{N} \boldsymbol{F}_i \delta \boldsymbol{r}_i = \sum_{i=1}^{N} \left(\sum_{j=1}^{n} \boldsymbol{F}_i \frac{\partial \boldsymbol{r}_i}{\partial q_j} \delta q_j \right)$$

整理得

$$\delta W = \sum_{j=1}^{N} \left(\sum_{i=1}^{n} \boldsymbol{F}_i \frac{\partial \boldsymbol{r}_i}{\partial q_j} \right) \delta q_j \tag{2-4}$$

阻尼:消耗振动的能量并使振动衰减的因素称为阻尼。引起振动能量耗散的因素一般划分为内阻尼和外阻尼。内阻尼主要指和材料应变有关的阻尼,它由于材料的非弹性性质或者非弹性变形引起。外阻尼指振动系统周围介质的阻力或摩擦等。

非保守系统:考虑阻尼的系统。

理想保守系统:忽略阻尼影响不计振动能量耗散的系统。

广义力 Q_j:力系对应于广义坐标的形式,它是标量,其量纲取决于广义坐标的量纲。广义力与广义位移的乘积具有功或能的量纲。

$$Q_j = \sum_{i=1}^{M} \boldsymbol{F}_i \frac{\partial \boldsymbol{r}_i}{\partial q_j} \ (j=1, 2, \cdots, N) \tag{2-5}$$

式中,N 为广义力数目;M 为外力数目。

计算广义力的方法有三种,分别是直角坐标法、单向虚功法和总虚功法。

方法一　直角坐标法

$$Q_j = \sum_{i=1}^{N} \left(F_{ix} \frac{\partial x_i}{\partial q_j} + F_{iy} \frac{\partial y_i}{\partial q_j} + F_{iz} \frac{\partial z_i}{\partial q_j} \right) \tag{2-6}$$

式中,j 为广义力数目;N 为外力数目;F_{ix}、F_{iy}、F_{iz} 为质点 m_i 所受外力 $\boldsymbol{F}_i$ 在各坐标轴上的投影;x_i、y_i 和 z_i 为外力 $\boldsymbol{F}_i$ 的作用位置坐标。

方法二　单向虚功法

使广义坐标 q_j 得到增量 δq_j,而其他广义坐标保持不变,则力系 $\boldsymbol{F}_i$ 在此虚位移上所做的功:

$$\delta W_j = Q_j \delta q_j \tag{2-7}$$

则广义力:

$$Q_j = \frac{\delta W_j}{\delta q_j} \tag{2-8}$$

方法三　总虚功法

给出一组广义坐标普遍的虚位移 δq_j,求出力系 $\boldsymbol{F}_i$ 在此组虚位移上所做的总功,整理后得到

$$\delta W = (\cdots)\delta q_1 + (\cdots)\delta q_2 + \cdots + (\cdots)\delta q_n \tag{2-9}$$

每一广义坐标虚位移 δq_j 前的系数即为对应的广义力 Q_j。

理想约束：凡约束力对质点系的任意虚位移的虚功之和为零（$\delta W = 0$）的约束，称为理想约束。

被动力：设有 n 个质点组成的非自由系，在运动过程中各约束所受的力反过来又作用于它们所联系的质点，这些力称为约束反力或被动力。

主动力：除约束反力外，质点所受的其余力。

惯性力：惯性的作用表现为一种反抗物体运动状态发生改变的力，这种力称为惯性力。其幅值等于物体质量与加速度的乘积，方向与加速度的方向相反。

例题 2.1　求图 2-2 所示双摆系统对应的广义坐标的广义力。

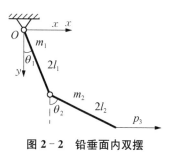

图 2-2　铅垂面内双摆

解：取图 2-2 所示两个摆角 θ_1 和 θ_2 为广义坐标，则广义力也有 2 个。系统所受的外力有 3 个，其在各坐标轴的投影为

$$F_{1x} = 0 \quad F_{1y} = m_1 g \quad F_{1z} = 0;$$
$$F_{2x} = 0 \quad F_{2y} = m_2 g \quad F_{2z} = 0;$$
$$F_{3x} = p_3 \quad F_{3y} = 0 \quad F_{3z} = 0$$

各个力的作用点的坐标分别为

$$(x_1 \quad y_1 \quad z_1) = (l_1 \sin\theta_1 \quad l_1 \cos\theta_1 \quad 0)$$
$$(x_2 \quad y_2 \quad z_2) = (2l_1 \sin\theta_1 + l_2 \sin\theta_2 \quad 2l_1 \cos\theta_1 + l_2 \cos\theta_2 \quad 0)$$
$$(x_3 \quad y_3 \quad z_3) = (2l_1 \sin\theta_1 + 2l_2 \sin\theta_2 \quad 2l_1 \cos\theta_1 + 2l_2 \cos\theta_2 \quad 0)$$

根据直角坐标法求解广义力的公式：

$$Q_j = \sum_{i=1}^{N} \left(F_{ix} \frac{\partial x_i}{\partial q_j} + F_{iy} \frac{\partial y_i}{\partial q_j} + F_{iz} \frac{\partial z_i}{\partial q_j} \right)$$

解得广义力为

$$Q_1 = \sum_{i=1}^{3} \left(F_{ix} \frac{\partial x_i}{\partial \theta_1} + F_{iy} \frac{\partial y_i}{\partial \theta_1} + F_{iz} \frac{\partial z_i}{\partial \theta_1} \right)$$
$$= -m_1 g l_1 \sin\theta_1 - 2m_2 g l_1 \sin\theta_1 + 2p_3 l_1 \cos\theta_1$$

$$Q_2 = \sum_{i=1}^{3} \left(F_{ix} \frac{\partial x_i}{\partial \theta_2} + F_{iy} \frac{\partial y_i}{\partial \theta_2} + F_{iz} \frac{\partial z_i}{\partial \theta_2} \right) = -m_2 g l_2 \sin\theta_2 + 2p_3 l_2 \cos\theta_2$$

2.2 分析力学的基本原理

针对结构的动力学和静力学两类问题,分析力学[13, 20]建立了不同的虚功原理。虚功原理是虚位移原理和虚应力原理的总称,由这些原理可以推导出最小位能原理及最小余能原理。

2.2.1 虚功原理和拉格朗日方程

2.2.1.1 静力学虚功原理——分析静力学

具有定常、理想约束的质点系保持平衡或静止的充要条件是主动力在系统的任何虚位移上的元功之和等于零。该原理称为虚位移原理。

$$\delta W = \sum_{i=1}^{n} \boldsymbol{F}_i \delta \boldsymbol{r}_i = 0 \ (\text{向量形式}) \tag{2-10}$$

$$\sum_{i=1}^{n} (F_{ix} \delta x_i + F_{iy} \delta y_i + F_{iz} \delta z_i) = 0 \ (\text{直角坐标形式}) \tag{2-11}$$

$$\sum_{i=1}^{n} Q_i \delta q_i = 0 \ (\text{广义坐标形式}) \tag{2-12}$$

2.2.1.2 动力学虚功原理——分析动力学

拉格朗日第一方程:具有理想约束的质点系运动时,在任一瞬时,主动力和惯性力在系统的任何虚位移上所做元功之和等于零。该原理也称为动力学普遍方程。

$$\sum_{i=1}^{n} (Q_i + S_i) \delta q_i = 0 \ (\text{广义坐标形式}) \tag{2-13}$$

式中, Q_i 和 S_i 分别为主动力(广义力)和惯性力(广义惯性力)。

拉格朗日第二方程:具有理想约束的质点系运动时,在任一瞬时满足

$$\frac{\mathrm{d}}{\mathrm{d}t} \left(\frac{\partial L}{\partial \dot{q}_i} \right) - \frac{\partial L}{\partial q_i} + \frac{\partial R}{\partial \dot{q}_i} = Q_i (i = 1, 2, \cdots, n) \ (\text{广义坐标形式}) \tag{2-14}$$

式中, L 为拉格朗日函数, $L = T - V$, T 为系统的动能, V 为系统的势能; R 为系统的阻尼耗散能。对于黏性阻尼, $R = \dfrac{1}{2} \{\dot{\boldsymbol{u}}\}^{\mathrm{T}} [C] \{\dot{\boldsymbol{u}}\}$ 。 Q_i 为黏性阻尼力以外的非有势力对应的广义力。

拉格朗日方程是完整约束系统分析力学的基础,应用非常广泛,而掌握系统动能、势能和耗散能的表达式对建立动力学方程是非常重要的。

2.2.1.3　典型力学元件的动能、势能、应变能和功的计算公式[28]

设 v_i 和 v_C 为质点及质心处运动速度，n 为系统中质点或刚体的数目，ω 为刚体转动角速度，J_z 为刚体绕 z 轴的转动惯量，则质点系或刚体平动的动能 T 为

$$T = \frac{1}{2} \sum_{i=1}^{n} m_i v_i^2 \qquad (2-15)$$

刚体绕 z 轴转动的动能 T 为

$$T = \frac{1}{2} J_z \omega^2 \qquad (2-16)$$

柯尼希定理：质点系的动能等于质点系质量（m）集中在质心处的动能与相对质心平移坐标系运动（v_{ri}）的动能之和。数学表达式为

$$T = \frac{1}{2} m v_C^2 + \frac{1}{2} \sum_{i=1}^{n} m_i v_{ri}^2 \qquad (2-17)$$

平面运动刚体的动能为

$$T = \frac{1}{2} m v_C^2 + \frac{1}{2} J_{Cz} \omega^2 = \frac{1}{2} J_{Pz} \omega^2 \qquad (2-18)$$

功 W 与势能 V 的关系为

$$W = V_0 - V \qquad (2-19)$$

重力势能为

$$V = mgz \qquad (2-20)$$

式中，z 为距参考零势能点的高度。

弹性势能为

$$V = \frac{1}{2} k e^2 \qquad (2-21)$$

式中，k 为弹性系数；e 为弹性变形量。表 2-1 给出了串并联弹簧及某些弹性杆件的弹性系数和等效刚度[28]。

应变能 U（变形能）：外力作用在弹性结构上，会使材料发生变形，所做功表现为一种特殊的势能，定义为应变能或变形能，储存在弹性结构中。定义单位体积中储存起来的应变能为应变能密度 U_0，则有

$$U_0(\varepsilon_1) = \int_0^{\varepsilon_1} \sigma \, \mathrm{d}\varepsilon \tag{2-22}$$

整个弹性体的应变能 U 为

$$U = \int_V U_0(\varepsilon) \mathrm{d}V = \int_V \frac{1}{2}(\sigma_x \varepsilon_x + \sigma_y \varepsilon_y + \sigma_z \varepsilon_z + \tau_{xy}\gamma_{xy} + \tau_{xz}\gamma_{xz} + \tau_{yz}\gamma_{yz})\mathrm{d}V$$

$$\tag{2-23}$$

弹性体应变能的有限元矩阵写法为 $U = \dfrac{1}{2}\boldsymbol{u}^{\mathrm{T}}K\boldsymbol{u}$

某些典型梁、板和杆的动能、势能和弹性应变能的计算公式如下。

弹性直杆纵向振动的动能：$T = \dfrac{1}{2}\displaystyle\int_0^L \rho A\left(\dfrac{\partial u}{\partial t}\right)^2 \mathrm{d}x$

弹性直杆扭振的动能：$T = \dfrac{1}{2}\displaystyle\int_0^L \rho J_{\mathrm{R}}\left(\dfrac{\partial \theta}{\partial t}\right)^2 \mathrm{d}x$

梁的横向振动动能：$T = \dfrac{1}{2}\displaystyle\int_0^L \rho A\left(\dfrac{\partial w}{\partial t}\right)^2 \mathrm{d}x + \dfrac{1}{2}\displaystyle\int_0^L J_z\left(\dfrac{\partial^2 w}{\partial x \partial t}\right)^2 \mathrm{d}x$

弹性薄板的动能：$T = \dfrac{1}{2}\displaystyle\iint \rho h\left[\left(\dfrac{\partial w}{\partial t}\right)^2 + \left(\dfrac{\partial u}{\partial t}\right)^2 + \left(\dfrac{\partial v}{\partial t}\right)^2\right]\mathrm{d}x\,\mathrm{d}y$

弹性体动能的矩阵写法：$T = \dfrac{1}{2}\dot{\boldsymbol{u}}^{\mathrm{T}}M\dot{\boldsymbol{u}}$

直杆拉压应变能：$U = \dfrac{1}{2}\left(\dfrac{EA}{L}\right)\Delta L^2$

直杆扭转应变能：$U = \dfrac{1}{2}\left(\dfrac{GJ_{\mathrm{P}}}{L}\right)\Delta\theta^2$

梁的应变能（轴向变形＋弯曲变形＋剪切变形＋扭转变形）：

$$U = \frac{1}{2}\int_0^L \left[EA\left(\frac{\partial u}{\partial x}\right)^2 + EJ\left(\frac{\partial^2 w}{\partial x^2}\right)^2 + \mu GA\left(\frac{\partial w}{\partial x}\right)^2 + K_{\mathrm{t}}\left(\frac{\partial Q}{\partial x}\right)^2\right]\mathrm{d}x$$

弹性薄板的应变能：

$$U = \frac{1}{2}\iint\int_{-h/2}^{h/2} \left[\sigma_x \varepsilon_x + \sigma_y \varepsilon_y + \tau_{xy}\gamma_{xy}\right]\mathrm{d}x\,\mathrm{d}y\,\mathrm{d}z$$

$$= \frac{1}{2}\iint D\left[\left(\frac{\partial^2 w}{\partial x^2}\right)^2 + \left(\frac{\partial^2 w}{\partial y^2}\right)^2 + 2\mu\frac{\partial^2 w}{\partial x^2}\frac{\partial^2 w}{\partial y^2} + 2(1-\mu)\left(\frac{\partial^2 w}{\partial x \partial y}\right)^2\right]\mathrm{d}x\,\mathrm{d}y$$

上述表达式中各变量的物理含义,请见文献[28]。

表 2-1 线性弹簧常数

结构	参数与支承形式	刚度/弹性常数 K
弹簧	弹簧直径 D,金属丝直径 d,圈数 n	$K = \dfrac{Gd^4}{8nD^3}$
串联弹簧	弹簧弹性系数 k_1,k_2	$K = \dfrac{k_1 k_2}{k_1 + k_2}$
悬臂拉压杆	轴向载荷	$K = \dfrac{EA}{l}$
悬臂梁	横向集中力	$K = \dfrac{6EI}{l_0^2(3l - l_0)}$
	端点力矩	$K = \dfrac{2EI}{l^2}$
简支梁	横向集中力	$K = \dfrac{3EI}{l_1^2 l_2^2}l$
固定梁	中心横向集中力	$K = \dfrac{192EI}{l^3}$

例题 2.2 应用拉格朗日第二方程推导图 2-3 所示的两自由度质量-弹簧-阻尼系统的运动方程。

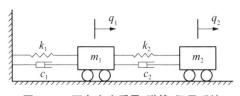

图 2-3 两自由度质量-弹簧-阻尼系统

解:取图 2-3 所示的广义坐标 q_1 和 q_2,则系统的动能为

$$T = \frac{1}{2}m_1 \dot{q}_1^2 + \frac{1}{2}m_2 \dot{q}_2^2$$

系统的弹性势能为

$$V = \frac{1}{2}k_1 q_1^2 + \frac{1}{2}k_2(q_2 - q_1)^2$$

系统的耗散能为

$$R = \frac{1}{2} c_1 \dot{q}_1^2 + \frac{1}{2} c_2 (\dot{q}_2 - \dot{q}_1)^2$$

则有

$$L = T - V = \frac{1}{2}(m_1 \dot{q}_1^2 + m_2 \dot{q}_2^2) - \frac{1}{2}\left[k_1 q_1^2 + k_2 (q_2 - q_1)^2\right]$$

$$\frac{\mathrm{d}}{\mathrm{d}t}\left(\frac{\partial L}{\partial \dot{q}_1}\right) = \frac{\mathrm{d}}{\mathrm{d}t}(m_1 \dot{q}_1) = m_1 \ddot{q}_1, \quad \frac{\mathrm{d}}{\mathrm{d}t}\left(\frac{\partial L}{\partial \dot{q}_2}\right) = \frac{\mathrm{d}}{\mathrm{d}t}(m_2 \dot{q}_2) = m_2 \ddot{q}_2$$

$$\frac{\partial L}{\partial q_1} = -k_1 q_1 + k_2 (q_2 - q_1) = -(k_1 + k_2) q_1 + k_2 q_2$$

$$\frac{\partial L}{\partial q_2} = -k_2 (q_2 - q_1)$$

$$\frac{\partial R}{\partial \dot{q}_1} = c_1 \dot{q}_1 - c_2 (\dot{q}_2 - \dot{q}_1) = (c_1 + c_2) \dot{q}_1 - c_2 \dot{q}_2$$

$$\frac{\partial R}{\partial \dot{q}_2} = -c_2 \dot{q}_1 + c_2 \dot{q}_2$$

代入拉格朗日第二方程：

$$\frac{\mathrm{d}}{\mathrm{d}t}\left(\frac{\partial L}{\partial \dot{q}_i}\right) - \frac{\partial L}{\partial q_i} + \frac{\partial R}{\partial \dot{q}_i} = Q_i \quad (i = 1, 2, \cdots, n)$$

整理得

$$m_1 \ddot{q}_1 + (c_1 + c_2) \dot{q}_1 - c_2 \dot{q}_2 + (k_1 + k_2) q_1 - k_2 q_2 = 0$$
$$m_2 \ddot{q}_2 - c_2 \dot{q}_1 + c_2 \dot{q}_2 - k_2 q_1 + k_2 q_2 = 0$$

写成矩阵形式为

$$\begin{bmatrix} m_1 & 0 \\ 0 & m_2 \end{bmatrix} \begin{Bmatrix} \ddot{q}_1 \\ \ddot{q}_2 \end{Bmatrix} + \begin{bmatrix} c_1 + c_2 & -c_2 \\ -c_2 & c_2 \end{bmatrix} \begin{Bmatrix} \dot{q}_1 \\ \dot{q}_2 \end{Bmatrix} + \begin{bmatrix} k_1 + k_2 & -k_2 \\ -k_2 & k_2 \end{bmatrix} \begin{Bmatrix} q_1 \\ q_2 \end{Bmatrix} = \begin{Bmatrix} 0 \\ 0 \end{Bmatrix}$$

2.2.2 哈密顿原理

哈密顿原理：对有势力及非有势力作用下的完整质点系而言，在所有可能的各种运动中，只有真实运动使哈密顿作用量具有稳定值。即

$$\delta H = \int_{t_1}^{t_2} (\delta L + \delta W_{nc}) \mathrm{d}t = 0 \tag{2-24}$$

式中，H 为哈密顿函数；$\delta L = \int_{t_1}^{t_2} \delta(T-V)\mathrm{d}t$；$\delta W_{\mathrm{nc}} = \sum_{i=1}^{n} Q_i^* \delta q_i$ 为非有势力（非保守力）的虚功之和。

例题 2.3　应用哈密顿原理推导图 2-4 所示的单自由度质量-弹簧-阻尼系统的运动方程。

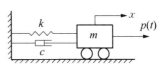

解：设图 2-4 所示系统的广义坐标为 x，则系统的动能为 $T = \dfrac{1}{2}m\dot{x}^2$，系统的势能为 $V = \dfrac{1}{2}kx^2$。

图 2-4　单自由度质量-弹簧-阻尼系统

因此，拉格朗日函数为

$$L = T - V = \frac{1}{2}m\dot{x}^2 - \frac{1}{2}kx^2$$

阻尼力和外力 p 是非有势力，则外力虚功为

$$\delta W_{\mathrm{nc}} = p(t)\delta x - c\dot{x}\delta x$$
$$\delta L = m\dot{x}\delta\dot{x} - kx\delta x$$

代入哈密顿函数：

$$\delta H = \int_{t_0}^{t_1} (\delta L + \delta W_{\mathrm{nc}})\mathrm{d}t = 0$$

整理得

$$\int_{t_0}^{t_1} \left[m\dot{x}\delta\dot{x} - kx\delta x - c\dot{x}\delta x + p(t)\delta x \right]\mathrm{d}t = 0$$

因为方程第一项

$$\int_{t_0}^{t_1} m\dot{x}\delta\dot{x}\,\mathrm{d}t = m\dot{x}\delta x \Big|_{t_0}^{t_1} - \int_{t_0}^{t_1} m\ddot{x}\delta x\,\mathrm{d}t$$

对于固定时间点 t_0 和 t_1 而言，存在

$$\delta x \big|_{t=t_0} = \delta x \big|_{t=t_1} = 0$$

所以

$$\int_{t_0}^{t_1} m\dot{x}\delta\dot{x}\,\mathrm{d}t = -\int_{t_0}^{t_1} m\ddot{x}\delta x\,\mathrm{d}t$$

哈密顿函数可简化为

$$\int_{t_0}^{t_1} \left[-m\ddot{x} - kx - c\dot{x} + p(t) \right] \delta x \, \mathrm{d}t = 0$$

由于变分 δx 的任意性，上式恒成立，因此可得运动方程：

$$m\ddot{x} + c\dot{x} + kx = p(t)$$

2.3 最小总势能（余能）原理

常用的力学原理包括机械能守恒定律、最小总势能（余能）原理和能量守恒定律等，这些力学定律和原理是建立力学问题数学方程的基础，下面介绍常用的原理。

机械能守恒定律（law of conservation of mechanical energy）：当系统内无外力做功，只有保守力（重力或系统内弹力）做功时，系统的机械能（动能与势能之和）保持不变。外力做功为零，表明没有从外界输入机械功；只有保守力做功，即只有动能和势能的转化，无机械能转化为其他能，符合这两个条件的机械能守恒对一切惯性参考系都成立。这个定律的简化说法：质点（或质点系）在势场中运动时，其动能与势能的和保持不变；或称物体在重力场中运动时，动能和势能之和不变。

机械能守恒的条件：系统内只有弹力或重力所做的功。忽略摩擦力造成的能量损失，机械能守恒是一种理想化的物理模型，而且是系统内机械能守恒。

最小总势能原理：也称最小总位能原理，是势能驻值原理在线弹性范围里的特殊情况，与虚功原理本质上是一致的。对于一般性问题，真实位移的"平衡状态"（包括稳定平衡和不稳定平衡）使结构的势能取驻值（一阶变分为零），稳定平衡状态使结构的势能取最小值。对于弹性问题，稳定平衡状态在线弹性问题中取最小值（由于静力弹性问题解的唯一性，因此只有一个最小值）。其表达式为

$$\delta U = \delta \left\{ \int_V \left[U_0(\varepsilon) - \boldsymbol{f}^{\mathrm{T}} \boldsymbol{u} \right] \mathrm{d}V - \int_S \boldsymbol{p}^{\mathrm{T}} \boldsymbol{u} \mathrm{d}S \right\} = 0 \qquad (2-25)$$

最小总余能原理：整个弹性系统在真实状态下所具有的余能，恒小于与其他可能应力相应的余能，真实应力的"平衡状态"（包括稳定平衡和不稳定平衡）使结构的总余能取驻值（一阶变分为零），稳定平衡状态使结构的余能取最小值。对于弹性问题，稳定平衡状态在线弹性问题中取最小值（由于静力弹性问题解的

唯一性,因此只有一个最小值)。其中可能应力是指满足平衡方程和力的边界条件的应力,记为 σ。最小总余能 δU^* 的表达式为

$$\delta U^* = \delta\left\{\iint_V\left[U_0^*(\sigma) - f^{\mathrm{T}}u\right]\mathrm{d}V - \int_S p^{\mathrm{T}}u\,\mathrm{d}S\right\} = 0 \qquad (2-26)$$

能量守恒定律(law of conservation of energy):即热力学第一定律,指一个封闭(孤立)系统的总能量保持不变,其中总能量是静止能量(固有能量)、动能、势能三者的总量。能量既不会凭空产生,也不会凭空消失,它只会从一种形式转化为另一种形式,或者从一个物体转移到其他物体,而能量的总量保持不变。能量守恒定律是自然界普遍的基本定律之一。能量守恒定律也可以表述为一个系统的总能量的改变只能等于传入或者传出该系统的能量的多少。总能量为系统的机械能、热能及除热能以外的任何内能形式的总和。

能量可分为机械能、化学能、热能、电能、辐射能、核能,这些不同形式的能量之间可以通过物理效应或化学反应相互转化,各种场也具有能量。

2.4 达朗贝尔原理

质点系运动的每一瞬时,作用于系内每个质点上的主动力、约束力和质点的惯性力构成一个平衡力系,此即为质点系的达朗贝尔原理。

$$\sum_{i=1}^n F_i + \sum_{i=1}^n F_{\mathrm{N}i} + \sum_{i=1}^n F_{\mathrm{I}i} = 0 \text{（广义坐标形式）} \qquad (2-27)$$

式中,F_i、$F_{\mathrm{I}i}$ 和 $F_{\mathrm{N}i}$ 分别是主动力(广义力)、惯性力(广义惯性力)和约束力。

如果将力系按外力系和内力系划分,用 $\sum_{i=1}^n F_i^{(e)}$ 及 $\sum_{i=1}^n F_i^{(i)}$ 分别表示质点系外力系主向量与内力系主向量,用 $\sum_{i=1}^n M_o[F_i^{(e)}]$ 和 $\sum_{i=1}^n M_o[F_i^{(i)}]$ 分别表示质点系对任一点 O 的外力系主矩与内力系主矩,由于质点系的内力系主向量之和与内力系主矩之和恒为零,因此任意瞬时,作用于质点系上的外力系和虚加在质点系上的惯性力在形式上构成一个平衡力系。

$$\begin{cases} \sum_{i=1}^n F_i^{(e)} + \sum_{i=1}^n F_{\mathrm{I}i} = 0 \\ \sum_{i=1}^n M_o[F_i^{(e)}] + \sum_{i=1}^n M_o(F_{\mathrm{I}i}) = 0 \end{cases} \qquad (2-28)$$

2.5 建立动力学方程的基本方法

获得结构动力学模型后,就可以采用分析力学或者牛顿力学的有关原理建立描述结构系统动力学响应关系的数学表达式,即结构动力学方程。常用的构建结构动力学方程的主要方法如下:①基于牛顿第二定律或达朗贝尔原理的直接平衡法;②基于分析力学的方法,如基于虚功原理或拉格朗日第二方程的方法,基于哈密顿原理的方法;③针对质点系统的影响系数法(或称观察法)。各种方法的主要数学列式如下:

1) 基于牛顿第二定律或达朗贝尔原理的直接平衡法

利用达朗贝尔原理,定义惯性力,并按如下公式计算:

$$P(t) = \frac{\mathrm{d}}{\mathrm{d}t}\left[m\,\frac{\mathrm{d}y(t)}{\mathrm{d}t}\right] = \frac{\mathrm{d}m}{\mathrm{d}t}\frac{\mathrm{d}y(t)}{\mathrm{d}t} + m\,\frac{\mathrm{d}^2 y(t)}{\mathrm{d}t^2}$$

若质量不随时间变化,则上式简化为牛顿第二定律表达式。

2) 基于虚功原理或拉格朗日第二方程的方法

当弹性体系发生任意虚位移时,作用在其上的外力在此虚位移上所做虚功为 δW_e,假定作用在物体上的惯性力在此虚位移上所做虚功为 δW_{in},而此虚位移所造成的体系位能的改变是 δV,则有

$$\delta V = \delta W_e + \delta W_{in}$$

弹性体系满足拉格朗日第二方程:

$$\frac{\mathrm{d}}{\mathrm{d}t}\left(\frac{\partial L}{\partial \dot{q}_i}\right) - \frac{\partial L}{\partial q_i} + \frac{\partial R}{\partial \dot{q}_i} = Q_i \quad (i=1,\ 2,\ \cdots,\ n)$$

3) 基于哈密顿原理的方法

在任何时间区间内,动能和势能的变分加上所考虑的非保守力所做的功的变分等于零。数学表达式为

$$\int_{t_1}^{t_2}\delta(T-V)\mathrm{d}t + \int_{t_1}^{t_2}\delta W_{nc}\mathrm{d}t = 0 \quad (i=1,\ 2,\ \cdots,\ n)$$

4) 针对质点系统的影响系数法

这是针对由质量、弹簧和阻尼构成的质点系统的非常简洁实用的动力学方程建模方法,也称观察法。对于弹簧-质量-阻尼构成的质点系统,其动力学方程存在以下规律:①刚度矩阵或阻尼矩阵中的对角元素 k_{ii}(或 c_{ii})为连接在质量

m_i 上的所有弹簧刚度或阻尼系数的和。②刚度矩阵或阻尼矩阵中的非对角元素 k_{ij} 为直接连接在质量 m_i 和 m_j 之间的弹簧刚度或阻尼系数，再取负值。③一般而言，刚度矩阵和阻尼矩阵是对称矩阵。④如果将系统质心作为坐标原点，则质量矩阵是对角矩阵，否则不一定是对角矩阵。⑤载荷矩阵是由广义力组成的列矩阵。

例题 2.4　图 2-5 所示的多自由度质量-弹簧-阻尼系统，其水平振动的动力自由度为 6，取各个质点在无扰动力作用时处于静止状态质心位置处为各个广义坐标的坐标原点，广义位移分别为 $x_i(i=1,2,\cdots,6)$。请建立该动力学系统的动力学方程。

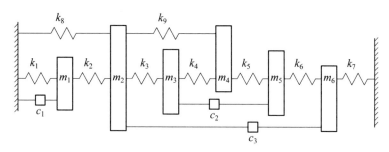

图 2-5　多自由度质量-弹簧-阻尼系统

解： 采用观察法建立该质点系统的动力学方程，得到

$$
\begin{bmatrix}
m_1 & & & & & \\
& m_2 & & & & \\
& & m_3 & & & \\
& & & m_4 & & \\
& & & & m_5 & \\
& & & & & m_6
\end{bmatrix}
\begin{bmatrix}
\ddot{x}_1 \\ \ddot{x}_2 \\ \ddot{x}_3 \\ \ddot{x}_4 \\ \ddot{x}_5 \\ \ddot{x}_6
\end{bmatrix}
+
\begin{bmatrix}
c_1 & 0 & 0 & 0 & 0 & 0 \\
0 & c_3 & 0 & 0 & 0 & -c_3 \\
0 & 0 & c_2 & 0 & -c_2 & 0 \\
0 & 0 & 0 & 0 & 0 & 0 \\
0 & 0 & -c_2 & 0 & c_2 & 0 \\
0 & -c_3 & 0 & 0 & 0 & c_3
\end{bmatrix}
\begin{bmatrix}
\dot{x}_1 \\ \dot{x}_2 \\ \dot{x}_3 \\ \dot{x}_4 \\ \dot{x}_5 \\ \dot{x}_6
\end{bmatrix}
+
$$

$$
\begin{bmatrix}
k_1+k_2 & -k_2 & 0 & 0 & 0 & 0 \\
-k_2 & k_2+k_3+k_8+k_9 & -k_3 & -k_9 & 0 & 0 \\
0 & -k_3 & k_3+k_4 & -k_4 & 0 & 0 \\
0 & -k_9 & -k_4 & k_4+k_5+k_9 & -k_5 & 0 \\
0 & 0 & 0 & -k_5 & k_5+k_6 & -k_6 \\
0 & 0 & 0 & 0 & -k_6 & k_6+k_7
\end{bmatrix}
\begin{bmatrix}
x_1 \\ x_2 \\ x_3 \\ x_4 \\ x_5 \\ x_6
\end{bmatrix}
=
\begin{bmatrix}
0 \\ 0 \\ 0 \\ 0 \\ 0 \\ 0
\end{bmatrix}
$$

例题2.5 建立船舶在规则横浪中发生横摇运动的动力学方程[18]。

解:船舶在规则横浪中发生横摇的动力学方程为

$$I_\varphi\ddot{\varphi}+R(\dot{\varphi}, t)+K(\varphi, t)=M(\Omega, t)$$

在小角度横摇(横摇角不大于10°)情况下,横摇运动方程是线性的,则有

$$R(\dot{\varphi}, t)=c\dot{\varphi}$$
$$K(\varphi, t)=k\varphi$$

式中,φ、$\dot{\varphi}$和$\ddot{\varphi}$分别为横摇角、横摇角速度和横摇角加速度;I_φ、c和k分别为横摇转动惯量、阻尼力矩系数和恢复刚度系数,其中$k=\overline{GM}\Delta$,$\overline{GM}$为横摇初稳性高度,Δ为排水量;$M(\Omega, t)$为横摇干扰力矩,考虑规则波,可简写为$M(\Omega, t)=M_0\cos\Omega t$。

在横摇角大于10°的情况下,船舶横摇进入大角度横摇,船舶阻尼力是横摇角速度的非线性函数,恢复力矩也是横摇角的非线性函数:

$$R(\dot{\varphi}, t)=B_1\dot{\varphi}+B_3\dot{\varphi}^3$$
$$K(\varphi, t)=k_1\varphi+k_3\varphi^3+k_5\varphi^5+\cdots$$

则船舶和浮体在横浪上大幅运动和倾覆的非线性横摇运动方程为

$$I_\varphi\ddot{\varphi}+B_1\dot{\varphi}+B_3\dot{\varphi}^3+k_1\varphi+k_3\varphi^3+k_5\varphi^5=M_0\cos\Omega t$$

例题2.6 在图2-6所示的三自由度质量单摆动力学系统中,质量块m_3通过长为l的无质量杠杆可绕质量块m_1的中心摆动。试以x_1、x_2和θ_1为广义坐标,建立该系统的动力学方程。

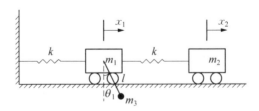

图2-6 三自由度质量单摆动力学系统

解:取有质量小车及含质量单摆的平衡位置为原点,以x_1、x_2和θ_1为各自的广义坐标,系统中对应的广义力(阻尼力以外的非有势力)为零。系统的动能及势能表达式如下。

系统动能：$T = \dfrac{1}{2} m_1 \dot{x}_1^2 + \dfrac{1}{2} m_2 \dot{x}_2^2 + \dfrac{1}{2} m_3 \big[(\dot{x}_1 + l\dot{\theta}_1 \cos\theta_1)^2 + (l\dot{\theta}_1 \sin\theta_1)^2 \big]$

系统势能：$V = \dfrac{1}{2} k x_1^2 + \dfrac{1}{2} k (x_2 - x_1)^2 - m_3 g l \cos\theta_1$

将拉格朗日函数 $L = T - V$，代入拉格朗日第二方程：

$$\frac{\mathrm{d}}{\mathrm{d}t}\left(\frac{\partial L}{\partial \dot{q}_i}\right) - \frac{\partial L}{\partial q_i} + \frac{\partial R}{\partial \dot{q}_i} = Q_i \quad (q_i = x_1,\ x_2,\ \theta_1)$$

得到

$$\begin{cases} \dfrac{\mathrm{d}}{\mathrm{d}t}\left(\dfrac{\partial L}{\partial \dot{x}_1}\right) - \dfrac{\partial L}{\partial x_1} = (m_1 + m_3)\ddot{x}_1 + m_3 l(\ddot{\theta}_1 \cos\theta_1 - \dot{\theta}_1^2 \sin\theta_1) + 2kx_1 - kx_2 = 0 \\[2mm] \dfrac{\mathrm{d}}{\mathrm{d}t}\left(\dfrac{\partial L}{\partial \dot{x}_2}\right) - \dfrac{\partial L}{\partial x_2} = m_2 \ddot{x}_2 + kx_2 - kx_1 = 0 \\[2mm] \dfrac{\mathrm{d}}{\mathrm{d}t}\left(\dfrac{\partial L}{\partial \dot{\theta}}\right) - \dfrac{\partial L}{\partial \theta} = m_3 l(l\ddot{\theta}_1 + \ddot{x}_1 \cos\theta_1 + g\sin\theta_1) = 0 \end{cases}$$

整理得到系统的动力学方程为

$$\begin{cases} (m_1 + m_3)\ddot{x}_1 + m_3 l(\ddot{\theta}_1 \cos\theta_1 - \dot{\theta}_1^2 \sin\theta_1) + 2kx_1 - kx_2 = 0 \\ m_2 \ddot{x}_2 + kx_2 - kx_1 = 0 \\ l\ddot{\theta}_1 + \ddot{x}_1 \cos\theta_1 + g\sin\theta_1 = 0 \end{cases}$$

考虑到微幅振动情况下 $\sin\theta_1 \approx \theta_1$，$\cos\theta_1 \approx 1$，略去高阶项 $\dot{\theta}_1^2 \theta_1$ 得

$$\begin{cases} (m_1 + m_3)\ddot{x}_1 + m_3 l\ddot{\theta}_1 + 2kx_1 - kx_2 = 0 \\ m_2 \ddot{x}_2 + kx_2 - kx_1 = 0 \\ l\ddot{\theta}_1 + \ddot{x}_1 + g\theta_1 = 0 \end{cases}$$

上式写成矩阵形式为

$$\begin{bmatrix} m_1 + m_3 & 0 & m_3 l \\ 0 & m_2 & 0 \\ m_3 l & 0 & m_3 l^2 \end{bmatrix} \begin{Bmatrix} \ddot{x}_1 \\ \ddot{x}_2 \\ \ddot{\theta}_1 \end{Bmatrix} + \begin{bmatrix} 2k & -k & 0 \\ -k & k & 0 \\ 0 & 0 & m_3 g l \end{bmatrix} \begin{Bmatrix} x_1 \\ x_2 \\ \theta_1 \end{Bmatrix} = \begin{Bmatrix} 0 \\ 0 \\ 0 \end{Bmatrix}$$

习题 2

2.1　在习题图 2 - 1 所示的四自由度质量单摆动力学系统中，质量块 m_3 及

m_4 分别通过长为 l 的无质量杠杆绕质量块 m_1 和 m_2 的中心摆动。试以 x_1、x_2 及 θ_1、θ_2 为广义坐标，建立该系统的动力学方程。

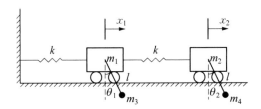

习题图 2 - 1　四自由度质量单摆动力学系统

2.2　采用影响系数法建立习题图 2 - 2 所示的三自由度多质量-弹簧-阻尼系统的动力学方程，再重新采用拉格朗日第二方程法建立该系统的动力学方程，验证两者的等效性。

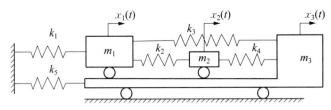

习题图 2 - 2　三自由度多质量-弹簧-阻尼系统

2.3　习题图 2 - 3 所示的质量-弹簧-阻尼系统是为控制原两自由度系统中 M_p 和 M_d 的振动并限制最大振幅而增加了一个子系统 M_C，形成三自由度多层隔振系统。M_C 存在两种状态，其作用是不同的，请建立系统的动力学方程，说明 M_C 何时为动力吸振器。

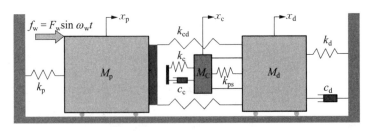

习题图 2 - 3　三自由度多层隔振系统

第 **3** 章 单自由度与两自由度系统的动力学分析

只需采用一个独立坐标(广义坐标)来描述其运动位置的系统称为单自由度系统。单自由度(single degree of freedom, SDoF)线性系统是最简单、最基本的振动系统,很多实际问题都可以简化为单自由度线性系统来处理(见图 3-1)。单自由度系统具有一般振动系统的一些基本特性,也是对多自由度(multi degree of freedom, MDoF)系统、连续系统乃至非线性系统进行动力学分析的基础。尽管两自由度系统本质上属于多自由度系统,但由于其动力学方程简单,便于推导解析解和验算,且常用的双层隔振装置和动力吸振器等可以简化为两自由度系统,为了指导工程应用,本书将其与单自由度系统一并介绍,给出相关解析公式[12-13, 19-24]。

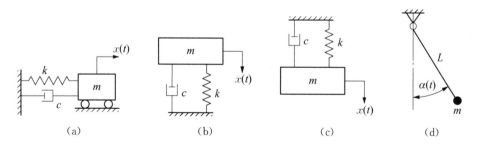

图 3-1 单自由度质量-弹簧-阻尼系统

系统仅受到初始条件(初始位移、初始速度)激励而引起的振动称为自由振动,系统在持续外力激励下的振动称为强迫振动。自由振动反映动力学系统的特性,是研究强迫振动的基础。本章给出单自由度和两自由度系统在简谐激励、周期激励和任意非周期激励下的强迫振动动力学响应,有阻尼与无阻尼作用也在动力学方程中予以考虑。

3.1 单自由度系统的自由振动

3.1.1 单自由度系统的无阻尼自由振动

扰动使图 3-2 中的质量块 m 偏离平衡位置而有一个初始位移或初始速

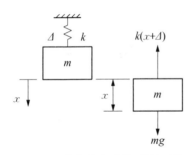

图 3 - 2　单自由度质量-弹簧系统

度,扰动消失后,质量块将在其平衡位置附近往复运动。质量块除受重力作用外,只受到弹簧恢复力作用,这类运动称为无阻尼自由振动。取质量块悬吊时静止位置为坐标原点,建立图示坐标系,则其动力学方程为

$$m\ddot{x} + kx = 0 \qquad (3-1)$$

令 $\omega_n^2 = \dfrac{k}{m} = (2\pi f)^2$,整理式(3-1)得

$$\ddot{x} + \omega_n^2 x = 0 \qquad (3-2)$$

设 $x(t) = c\mathrm{e}^{st}$,式(3-2)变换为

$$c(s^2 + \omega_n^2) = 0 \qquad (3-3)$$

解得 $s = \pm\sqrt{-\omega_n^2} = \mathrm{i}\omega_n$,所以

$$x(t) = c_1\mathrm{e}^{\mathrm{i}\omega_n t} + c_2\mathrm{e}^{-\mathrm{i}\omega_n t}$$

根据欧拉公式,$\mathrm{e}^{\pm\mathrm{i}\omega_n t} = \cos\omega_n t \pm \mathrm{i}\sin\omega_n t$,得式(3-2)的通解为

$$x(t) = A_1\cos\omega_n t + A_2\sin\omega_n t$$

考虑初始运动条件:$x(0) = x_0$,$\dot{x}(0) = \dot{x}_0$。 代入上式解得

$$A_1 = x_0, \ A_2 = \frac{\dot{x}_0}{\omega_n}$$

因此自由振动的位移解为

$$x(t) = x_0\cos\omega_n t + \frac{\dot{x}_0}{\omega_n}\sin\omega_n t = A\sin(\omega_n t + \alpha) \qquad (3-4)$$

式中,$A = \sqrt{x_0^2 + \left(\dfrac{\dot{x}_0}{\omega_n}\right)^2}$;$\alpha = \arctan\dfrac{x_0\omega_n}{\dot{x}_0}$。

图 3-3 给出了振动的位移响应曲线,表明单自由度无阻尼系统的自由振动为简谐振动,振动频率 $f = \dfrac{1}{2\pi}\sqrt{\dfrac{k}{m}}$,其振幅 A 和相位角取决于系统的初始条件(初始位移和初始速度),系统保持等幅振动。

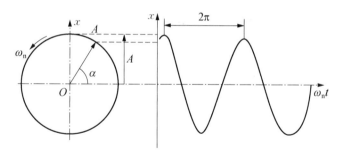

图 3 - 3　单自由度无阻尼系统自由振动位移响应曲线

3.1.2　单自由度系统的有阻尼自由振动

实际上由于存在阻尼,系统振动的振幅将会随时间的增长而衰减,最终趋于静止。各种阻尼力的机理十分复杂,难以给出恰当的数学表达式,在阻尼力较小时可以忽略阻尼力的存在。一般情况下,各种形式的阻尼都可以化作等效的黏性阻尼。黏性阻尼力与物体相对运动速度呈线性关系,即

$$R_x = -c\dot{x} \tag{3-5}$$

式中,R_x 为黏性阻尼力;c 为阻尼系数。

对于图 3 - 4 的有阻尼单自由度质量-弹簧-阻尼系统,其自由振动的动力学方程为

$$m\ddot{x} + c\dot{x} + kx = 0 \tag{3-6}$$

设 $x(t) = A\mathrm{e}^{st}$,代入式(3-6)得

$$s^2 + 2ns + \omega_n^2 = 0 \tag{3-7}$$

其中,$\omega_n^2 = \dfrac{k}{m}$,$n = \dfrac{c}{2m}$,解得

$$s_{1,2} = -n \pm \sqrt{n^2 - \omega_n^2}$$

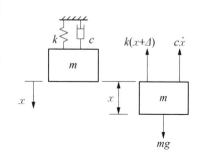

图 3 - 4　有阻尼单自由度质量-
弹簧-阻尼系统

随着 c 值的不同,根号内的值可正、可负,也可为零,即两个根 s_1 和 s_2 可以是实根,也可以是复根,解的性质也因此不同,故根号为零是一个分界线。

由临界状态 $\sqrt{n^2 - \omega_n^2} = 0$,解得 $\dfrac{c}{2m} = \sqrt{\dfrac{k}{m}}$,定义此时的阻尼系数为临界阻尼系数 C_c,$C_c = 2\sqrt{km} = 2m\omega_n$。

定义阻尼系数与临界阻尼系数的比值 $\zeta = \dfrac{c}{C_c} = \dfrac{c}{2\sqrt{km}} = \dfrac{n}{\omega_n}$，称为阻尼比或黏滞阻尼因子。

临界阻尼系数 C_c 的大小仅取决于系统本身的物理参数，而与系统所受的阻尼无关。阻尼比 ζ 是无量纲量，取决于系统的参数 m、k 和 c。改写式(3-7)为

$$s^2 + 2\zeta\omega_n s + \omega_n^2 = 0 \tag{3-8}$$

解得 $s_{1,2} = -\zeta\omega_n \pm \sqrt{\zeta^2 - 1}\,\omega_n$。

引入阻尼比后，根 $s_{1,2}$ 依赖于参数 ζ，当 ζ 值不同时解的形式为

$$x(t) = A_1 e^{s_1 t} + A_2 e^{s_2 t} \tag{3-9}$$

以下分为过阻尼、临界阻尼和欠阻尼三种情况讨论解的形式。

1) 过阻尼情况 $\zeta > 1(c > C_c)$

此时根 s_1 和 s_2 为两个不等的负实根：

$$s_1 = (-\zeta + \sqrt{\zeta^2 - 1})\omega_n < 0, \; s_2 = (-\zeta - \sqrt{\zeta^2 - 1})\omega_n < 0$$

位移解为

$$x(t) = A_1 e^{(-\zeta + \sqrt{\zeta^2 - 1})\omega_n t} + A_2 e^{(-\zeta - \sqrt{\zeta^2 - 1})\omega_n t} \tag{3-10}$$

式(3-10)表明，$x(t)$ 将随时间 t 的增加而趋近于零，质量块 m 不发生振动，而是做指数衰减振动。其物理意义：物体受激励而离开平衡位置，在解除激励后，由于黏性阻尼很大，致使物体不产生振动而逐渐回到平衡位置。

2) 临界阻尼情况 $\zeta = 1(c = C_c)$

此时根 s_1 和 s_2 为两个相等负实根：

$$s_1 = s_2 = -\zeta\omega_n = -\omega_n$$

位移解为

$$x(t) = (A_1 + A_2 t)e^{-\omega_n t} \tag{3-11}$$

考虑初始运动条件：$x(0) = x_0$，$\dot{x}(0) = \dot{x}_0$，解得

$$x(t) = [x_0 + (\dot{x}_0 + \omega_n x_0)t]e^{-\omega_n t} \tag{3-12}$$

当 $t \to \infty$ 时，$e^{-\omega_n t} \to 0$ 的速度比 t 的增大快得多，质量块也随时间 t 的增长而趋向平衡位置，所以运动不具有振动特点，而是做指数衰减运动。图 3-5 给

出了相同初位移不同初速度条件下单自由度临界阻尼系统的位移曲线。

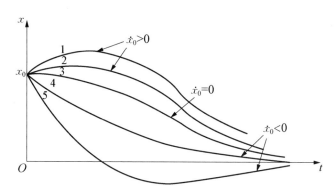

图 3–5　单自由度临界阻尼系统不同初始条件下的位移曲线

3) 欠阻尼(小阻尼或弱阻尼)情况 $\zeta < 1 (c < C_c)$

此时根 s_1 和 s_2 为两个不相等的复数根，令 $\omega_d = \sqrt{1-\zeta^2}\,\omega_n$，得

$$s_{1,2} = -\zeta\omega_n \pm i\sqrt{1-\zeta^2}\,\omega_n = -\zeta\omega_n \pm i\omega_d$$

位移解为

$$x(t) = e^{-\zeta\omega_n t}(A_1 e^{i\omega_d t} + A_2 e^{-i\omega_d t}) = e^{-\zeta\omega_n t}(A'_1\cos\omega_d t + A'_2\sin\omega_d t)$$

$$(3-13)$$

考虑初始运动条件：$x(0) = x_0$，$\dot{x}(0) = \dot{x}_0$，解得

$$A'_1 = x_0, \quad A'_2 = \frac{\dot{x}_0 + \zeta\omega_n x_0}{\omega_d}$$

则小阻尼单自由度系统自由振动的位移解为(位移曲线见图 3–6)

$$x(t) = A e^{-\zeta\omega_n t}\cos(\omega_d t - \theta) \tag{3-14}$$

式中，$A = \sqrt{x_0^2 + \dfrac{(\dot{x}_0 + \zeta\omega_n x_0)^2}{\omega_d^2}}$，$\theta = \arctan\dfrac{\dot{x}_0 + \zeta\omega_n x_0}{\omega_d x_0}$，$T_d = \dfrac{2\pi}{\omega_d} = \dfrac{2\pi}{\sqrt{1-\zeta^2}\,\omega_n}$。

可见，在欠阻尼情况下系统具有在平衡位置附近做往复运动的特点，是不等幅的简谐振动。振幅随时间的增长按指数规律递减，逐渐趋于零，称为指数衰减振动。

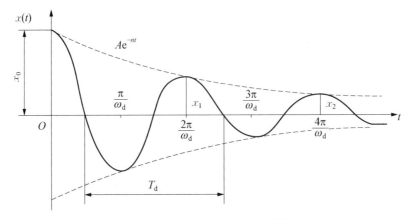

图 3 - 6 小阻尼单自由度系统自由振动位移曲线

(1) 将 $\cos(\omega_d t - \theta)$ 的周期和频率称为阻尼自由振动的周期和频率。

(2) 阻尼自由振动频率 ω_d 总是小于固有频率 ω_n，周期大于固有周期。

(3) 如果 $\zeta \ll 1$，则阻尼对频率或周期的影响可以忽略。

3.1.3 基于衰减振动的阻尼比测量与计算

利用指数衰减振动，通过测量对数衰减率 δ，可求得系统的阻尼参数，包括黏性阻尼系数 c 和阻尼比 ζ。对有阻尼系统的自由振动（见图 3 - 6），隔 N 个周期后位移峰值比为

$$\frac{x_i(t)}{x_i(t+NT_d)} = \frac{|Ae^{-\zeta\omega_n t}\cos(\omega_d t - \theta)|}{|Ae^{-\zeta\omega_n(t+NT_d)}\cos[\omega_d(t+NT_d) - \theta]|}$$

$$= \frac{|\cos(\omega_d t - \theta)|}{e^{-\zeta\omega_n NT_d}|\cos[\omega_d(t+NT_d) - \theta]|} = e^{\zeta\omega_n NT_d}$$

定义对数衰减率为

$$\delta = \ln\frac{x_i}{x_{i+1}} = \frac{1}{N}\ln\frac{x_i(t)}{x_i(t+NT_d)} = \zeta\omega_n T_d \qquad (3-15)$$

因为 $T_d = \dfrac{2\pi}{\omega_d} = \dfrac{2\pi}{\sqrt{1-\zeta^2}\,\omega_n} = \dfrac{T}{\sqrt{1-\zeta^2}}$，当 ζ 较小时，可以近似为 $T_d = \dfrac{2\pi}{\omega_n}$。

则对数衰减率近似为

$$\delta \approx 2\pi\zeta$$

$$\zeta = \frac{\delta}{2\pi} = \frac{c}{C_c} = \frac{c}{2\sqrt{km}} \tag{3-16}$$

3.2　单自由度系统简谐激励下的强迫振动

对图 3-2 和图 3-4 所示的单自由度系统,将其广义坐标 x 替换为 u 后进行下面的讨论。

3.2.1　无阻尼单自由度系统简谐激励下的强迫振动

在余弦简谐激振力 $p_0\cos\Omega t$ 的作用下,单自由度质量-弹簧系统的动力学方程为

$$m\ddot{u} + ku = p_0\cos\Omega t \tag{3-17}$$

简谐激振力作用下单自由度系统的总响应 $u(t)$ 是瞬态自由振动 $u_c(t)$ 和稳态强迫振动 $u_p(t)$ 解的合成,系统位移响应解为

$$u(t) = \left[u_0\cos\omega_n t + \frac{\dot{u}_0}{\omega_n}\sin\omega_n t\right] + \frac{p_0/k}{1-r^2}\cos\Omega t \tag{3-18}$$

式中, $r = \dfrac{\Omega}{\omega_n}$, $\omega_n = \sqrt{\dfrac{k}{m}}$; u_0 与 $\dot{u}_0$ 为振动初始位移及初始速度。

若外载荷为正弦简谐力 $p_0\sin(\Omega t + \beta)$,则单自由度质量-弹簧系统的动力学方程为

$$m\ddot{u} + ku = p_0\sin(\Omega t + \beta) \tag{3-19}$$

系统的位移响应解为

$$u(t) = \left(u_0\cos\omega_n t + \frac{\dot{u}_0}{\omega_n}\sin\omega_n t\right) - A\left(\sin\beta\cos\omega_n t + \frac{\Omega}{\omega_n}\cos\beta\sin\omega_n t\right) + A\sin(\Omega t + \beta)$$

$$\tag{3-20}$$

式中, $A = \dfrac{p_0/k}{1-r^2} = \dfrac{u_{st}}{1-r^2}$, $u_{st} = \dfrac{p_0}{k}$ 为静位移。

无阻尼单自由度系统简谐激励下强迫振动的时域特性如下:

(1) 系统的振动仍为一种简谐振动,振动的频率与外载荷频率相同;振动的相位不迟滞于激励的相位。

(2) 振动幅值与初始条件和时间无关,与频率比有关:

$$A = \frac{p_0/k}{1-r^2}$$

(3) $r = \frac{\Omega}{\omega_n} = 1$ 时称为共振点,此时振幅 $A = \infty$。

(4) 动力学放大系数 $Q = \dfrac{1}{1-\left(\dfrac{\Omega}{\omega_n}\right)^2} = \dfrac{1}{1-r^2}$。

共振区域:通常把共振点附近 5%～10% 的频率区域称为共振区域。为避免共振,一般要求使外载荷频率 Ω 与系统的固有频率 ω_n 相差 10%～20%。

3.2.2 有阻尼单自由度系统简谐激励下的强迫振动

图 3-4 所示的单自由度质量-弹簧-阻尼系统在余弦简谐激振力 $p_0\cos\Omega t$ 的作用下振动,其动力学方程为

$$m\ddot{u} + c\dot{u} + ku = p_0\cos\Omega t \tag{3-21}$$

系统的总响应为自由振动和强迫振动解的合成,系统位移响应解为

$$u(t) = \mathrm{e}^{-\zeta\omega_n t}\left(u_0\cos\omega_d t + \frac{\dot{u}_0 + \zeta\omega_n u_0}{\omega_d}\sin\omega_d t\right) + A\cos(\Omega t - \varphi) \tag{3-22}$$

式中,$A = \dfrac{p_0/k}{\sqrt{(1-r^2)^2 + (2\zeta r)^2}}$,$r = \dfrac{\Omega}{\omega_n}$,$\zeta = \dfrac{c}{C_c}$;$\varphi = \arctan\dfrac{2\zeta r}{1-r^2}$;$\omega_d = \sqrt{1-\zeta^2}\,\omega_n$;$\omega_n = \sqrt{\dfrac{k}{m}}$。

若外载荷为正弦简谐激振力 $p_0\sin(\Omega t + \beta)$,则系统的动力学方程为

$$m\ddot{u} + c\dot{u} + ku = p_0\sin(\Omega t + \beta) \tag{3-23}$$

系统的位移响应解为

$$u(t) = A\sin(\Omega t + \beta - \varphi) + \mathrm{e}^{-\zeta\omega_n t}\left(u_0\cos\omega_d t + \frac{\dot{u}_0 + \zeta\omega_n u_0}{\omega_d}\sin\omega_d t\right) -$$

$$\mathrm{e}^{-\zeta\omega_n t}A\left[\sin(\beta-\varphi)\cos\omega_d t + \frac{\Omega\cos(\beta-\varphi) + \zeta\omega_n\sin(\beta-\varphi)}{\omega_d}\sin\omega_d t\right]$$

$$\tag{3-24}$$

有阻尼单自由度系统简谐激励下强迫振动的稳态时域特性如下:

(1) 系统的振动仍为简谐振动,其振动频率与外载荷频率相同,振动相位迟滞于激励的相位。

（2）振动幅值与初始条件和时间无关，$A = \dfrac{p_0/k}{\sqrt{(1-r^2)^2 + (2\zeta r)^2}}$ 与频率比、阻尼比有关。

（3）动力学放大系数 $Q = \dfrac{1}{\sqrt{(1-r^2)^2 + (2\zeta r)^2}}$。

（4）共振特性：$r = \dfrac{\Omega}{\omega_n} = 1$ 时称为共振点，此时 $A = \dfrac{p_0/k}{2\zeta}$。

（5）共振时，动力学放大系数 $Q = \dfrac{1}{2\zeta}$。 动力学放大系数的最大值不在共振点处，而在 $r = \sqrt{1-2\zeta^2}$ 处，此时 $Q = \dfrac{1}{2\zeta\sqrt{1-\zeta^2}}$。

综上所述，有阻尼单自由度系统简谐激励下强迫振动的频域特性如下：

（1）幅频特性：以动力学放大系数 Q 为纵坐标，频率比 r 为横坐标，对于不同的阻尼比 ζ，绘制图 3-7 所示关系曲线，称为位移幅值的频率响应曲线，简称幅频曲线，也叫共振曲线。

（2）相频特性：振动响应滞后激振力一个相位角 $\tan\varphi = \dfrac{2\zeta r}{1-r^2}$。 以相位角为纵坐标，频率比为横坐标，对于不同的阻尼比，绘制图 3-8 所示关系曲线，称为相位的频率响应曲线，简称相频曲线。共振时，不论阻尼大小，相位差总是等于 90°。可以用这一性质确定系统的固有频率及阻尼系数，称为相位共振法。

根据频率响应曲线得到动力学设计时区间特性划分的依据：

（1）刚度控制区：系统固有频率 ω_n 远大于外载荷频率 Ω，$r = \dfrac{\Omega}{\omega_n} \to 0$，动力放大系数 $Q \to 1$，系统的动力学效应与静力学效应一致，没有振动放大效应，可以按照静力效应设计。

（2）阻尼控制区：当外载荷频率趋于系统固有频率时（$\Omega \approx \omega_n$），$r \to 1$，对于无阻尼系统 $Q \to \infty$，系统共振，动力学效应最大，振幅接近无穷大。对于有阻尼系统 $Q = \dfrac{1}{2\zeta}$，系统共振，动力学效应最大，振幅取决于阻尼比 ζ 的大小。

（3）质量控制区：系统固有频率 ω_n 远小于外载荷频率 Ω，$r = \dfrac{\Omega}{\omega_n} \to \infty$，$Q \to 0$，载荷的频率很高，系统由于惯性而来不及做出反应，几乎保持不动。

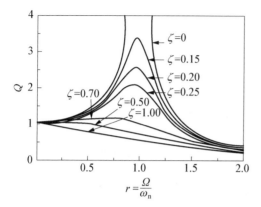

图 3 - 7　不同阻尼比时的幅频曲线

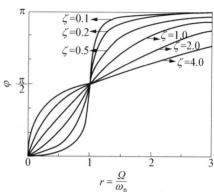

图 3 - 8　不同阻尼比时的相频曲线

图 3 - 9 给出了小阻尼单自由度系统在各种频率的简谐激励下的振动位移曲线,显示了处于刚度控制区、阻尼控制区和质量控制区时系统的运动特点。

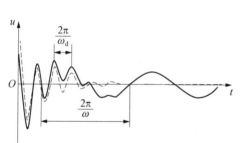

（a）干扰力频率小于固有频率

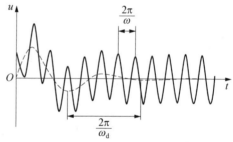

（b）干扰力频率大于固有频率

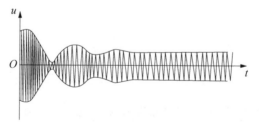

（c）干扰力频率近似于固有频率

图 3 - 9　小阻尼单自由度系统的振动位移曲线

进一步对各类控制区间的振动幅值给出解析解,具体如下:

(1) 刚度控制区——(高避设计,对应低频振动),外载荷频率小于系统固有频率的区域,系统振幅:

$$\Omega \to 0, \quad u \to \frac{p_0}{k}\cos\Omega t \to \frac{p_0}{k}$$

(2) 阻尼控制区——共振附近区域,外载荷频率等于系统固有频率,系统振幅:

$$\Omega \to \omega_n, \quad u \to \frac{p_0}{2k\zeta}\cos\left(\Omega t + \frac{\pi}{2}\right)$$

(3) 质量控制区——(低避设计,对应高频振动),外载荷频率大于系统固有频率的区域,系统振幅:

$$\Omega \to \infty, \quad u \to \frac{p_0}{m\Omega^2}\cos(\Omega t + \pi) \to 0$$

海洋工程中典型载荷的频率[4]如表 3-1 所示。

表 3-1　海洋工程中典型载荷的频率[4]

外力名称	典型频率范围/Hz	周期/s
风-湍流	0.05~20	20~0.05
潮流中的不稳定速度	1.0~10	1.0~0.1
旋涡脱离	0.5~3.0	2~0.3
波浪力	0.05~1.0	20~1.0
假潮(长周期波)	0.001~0.05	1 000~20
潮流	0.000 2	5 000

例题 3.1　设单自由度质量-弹簧-阻尼系统的刚度 $k = 7\,\text{kg/cm}$,质量 $m = 17.2\,\text{kg}$,阻尼比 $\zeta = 0.2$。 当激励以 $p(t) = 4.5\cos(10t)\,\text{kg}$ 在系统处于静止时开始作用,请给出系统的振动响应并画出响应的时程图。

解: 系统的总响应为自由振动和强迫振动解的合成:

$$u(t) = \mathrm{e}^{-\zeta\omega_n t}\left(u_0\cos\omega_d t + \frac{\dot{u}_0 + \zeta\omega_n u_0}{\omega_d}\sin\omega_d t\right) + \frac{\dfrac{p_0}{k}}{\sqrt{(1-r^2)^2 + (2\zeta r)^2}}\cos(\Omega t - \varphi)$$

式中，$\omega_n = \sqrt{\dfrac{k}{m}} = 20\,\text{rad/s}$；$u_0 = \dfrac{p_0}{k} = 0.64\,\text{cm}$；$r = \dfrac{\Omega}{\omega_n} = 0.5$；$\zeta\omega_n = 4\,\text{rad/s}$；$u =$

$\dfrac{u_0}{\sqrt{(1-r^2)^2 + (2\zeta r)^2}} = 0.82\,\text{cm}$；$\omega_d = \sqrt{1-\zeta^2}\,\omega_n = 19.6\,\text{rad/s}$；$\varphi = \arctan$

$\dfrac{2\zeta r}{1-r^2} = \arctan 0.267$。

将位移对时间求导，可得振动速度。

当 $t = 0$ 时，结合零初始位移与零初始速度条件，确定 u_0 及 $\dfrac{\dot{u}_0 + \zeta\omega_n u_0}{\omega_d}$。

最后得到系统振动位移表达式为

$$u(t) = 0.82\cos(10t - 0.26) - e^{-4t}(0.846\cos 19.6t + 0.28\sin 19.6t)\,\text{cm}$$

响应的时程图如图 3-10 所示。

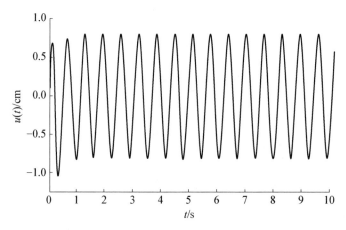

图 3-10　单自由度质量-弹簧-阻尼系统响应的时程图

3.2.3　基础简谐运动下单自由度系统的强迫振动

地震引起的建筑物振动，车辆在崎岖道路上行驶引起的振动，船舶舱室内仪表设备因船体振动而产生的振动都属于基础简谐运动下的强迫振动。图 3-11 所示的单自由度质量-弹簧-阻尼系统在基础垂向运动激励 $y(t) = Y\sin\omega t$ 的作用下发生振动。其动力学方程为

$$m\ddot{x} + c(\dot{x} - \dot{y}) + k(x - y) = 0 \qquad (3-25)$$

整理后得

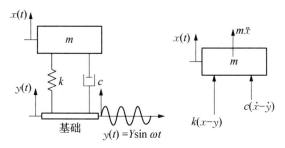

图 3 - 11 基础激励下小阻尼单自由度系统的强迫振动

$$m\ddot{x} + c\dot{x} + kx = p_0\sin(\omega t + \beta) \tag{3-26}$$

式中，$p_0 = Y\sqrt{k^2 + (c\omega)^2} = kY\sqrt{1 + (2\zeta r)^2}$；$\beta = \arctan\dfrac{c\omega}{k} = \arctan 2\zeta r$。

式（3-26）的振动响应是自由振动和强迫振动解的合成，其解为

$$x(t) = -e^{-\zeta\omega_n t}A\left[\sin(\beta - \phi)\cos\omega_d t + \frac{\omega\cos(\beta - \phi) + \zeta\omega_n\sin(\beta - \phi)}{\omega_d}\sin\omega_d t\right]$$

$$+ e^{-\zeta\omega_n t}\left[x_0\cos\omega_d t + \left(\frac{\dot{x}_0 + \zeta\omega_n x_0}{\omega_d}\right)\sin\omega_d t\right] + A\sin(\omega t + \beta - \phi)$$

$$\tag{3-27}$$

式中，$A = \dfrac{\sqrt{1 + (2\zeta r)^2}}{\sqrt{(1 - r^2)^2 + (2\zeta r)^2}}Y$，$r = \dfrac{\omega}{\omega_n}$，$\zeta = \dfrac{c}{C_c}$；$\phi = \arctan\dfrac{2\zeta r}{1 - r^2}$；$\omega_d = \sqrt{1 - \zeta^2}\,\omega_n$，$\omega_n = \sqrt{\dfrac{k}{m}}$。

若只考虑系统的稳态振动解，则其绝对运动位移为

$$x(t) = A\sin(\omega t + \beta - \phi) = \frac{Y\sqrt{1 + (2\zeta r)^2}}{\sqrt{(1 - r^2)^2 + (2\zeta r)^2}}\sin(\omega t + \psi) \tag{3-28}$$

式中，$\psi = \beta - \phi = -\arctan\dfrac{2\zeta r^3}{(1 - r^2) + (2\zeta r)^2}$。

引进绝对位移和基础位移幅值之比 T_d，也定义绝对位移传递函数为 $H(\omega)$，则

$$H(\omega) = \frac{A}{Y} = T_d = \frac{\sqrt{1 + (2\zeta r)^2}}{\sqrt{(1 - r^2)^2 + (2\zeta r)^2}} \tag{3-29}$$

绘制绝对位移传递函数曲线和相频曲线(见图3-12)。从图中可以看出:

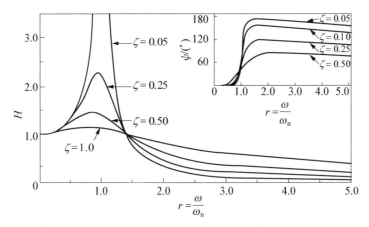

图3-12 绝对位移传递函数曲线和相频曲线

(1) $r=\sqrt{2}$ 时,$H(\omega)=T_d=1$,$\psi=0°$,与阻尼无关,绝对位移传递函数曲线过定点($\sqrt{2}$,1)。

(2) $r<\sqrt{2}$ 时,$H(\omega)=T_d>1$,振动放大。

(3) $r>\sqrt{2}$ 时,$H(\omega)=T_d<1$,振动缩小;且当 $r\gg1$ 时,$H(\omega)\approx0$,质量块 m 相当于处于静止状态,这是低避设计。

(4) $r=1$ 或 $r=\dfrac{\sqrt{\sqrt{1+8\zeta^2}-1}}{2\zeta}$ 时,系统达到共振,此时

$$H(\omega)=4\zeta^2\left[\frac{\sqrt{1+8\zeta^2}}{2+16\zeta^2+(16\zeta^4-8\zeta^2-2)\sqrt{1+8\zeta^2}}\right]^{1/2}$$

下面给出考虑系统相对位移传递函数 $H_1(\omega)$ 的情况,设图3-11中质量块与基础间的相对位移 $z=x-y$,则其动力学方程为

$$m\ddot{z}+c\dot{z}+kz=-m\ddot{y} \tag{3-30}$$

整理后得

$$\ddot{z}+2\zeta\omega_n\dot{z}+\omega_n^2z=\omega^2Y\sin\omega t \tag{3-31}$$

简谐激励下系统振动的总响应解为

$$z(t) = -\mathrm{e}^{-\zeta\omega_n t} A\left[\sin(-\phi)\cos\omega_d t + \frac{\omega\cos(-\phi) + \zeta\omega_n\sin(-\phi)}{\omega_d}\sin\omega_d t\right] +$$

$$\mathrm{e}^{-\zeta\omega_n t}\left[z_0\cos\omega_d t + \left(\frac{\dot{z}_0 + \zeta\omega_n z_0}{\omega_d}\right)\sin\omega_d t\right] + A\sin(\omega t - \phi)$$

$$(3-32)$$

式中，$A = \dfrac{r^2}{\sqrt{(1-r^2)^2 + (2\zeta r)^2}}Y$，$r = \dfrac{\omega}{\omega_d}$，$\zeta = \dfrac{c}{C_c}$；$\phi = \arctan\dfrac{2\zeta r}{1-r^2}$；$\omega_d = \sqrt{1-\zeta^2}\,\omega_n$，$\omega_n = \sqrt{\dfrac{k}{m}}$。

若只考虑稳态振动解，则相对位移为

$$z(t) = A\sin(\omega t - \phi) = \frac{r^2}{\sqrt{(1-r^2)^2 + (2\zeta r)^2}}Y\sin(\omega t - \phi) \quad (3-33)$$

引进相对位移和基础位移幅值之比 T_u，也称为相对位移传递函数 $H_1(\omega)$，则

$$H_1(\omega) = \frac{|z|}{Y} = T_u = \frac{r^2}{\sqrt{(1-r^2)^2 + (2\zeta r)^2}} \quad (3-34)$$

绘制相对位移传递函数曲线和相频曲线（见图 3-13）。从图中可以看出：

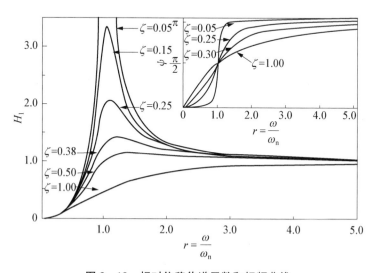

图 3-13　相对位移传递函数和相频曲线

（1）$r \gg 1$ 时，基础振动的频率远大于系统的固有频率，$H_1(\omega) \approx 1$，相位差 $\psi = 180°$，与阻尼无关，质量块 m 的绝对位移为零，悬在空中不动。

（2）$r \ll 1$ 时，基础振动的频率远小于系统的固有频率，$H_1(\omega) \approx 0$，质量块随基础振动运动，两者间没有相对运动。

3.2.4 "拍"振和共振的时间特征

下面介绍简谐振动的合成，进而探讨接近共振区域时的"拍"振现象。

3.2.4.1 同方向振动的合成

（1）考虑同方向同频率的两个简谐振动：$x_1(t) = A_1 \sin(\omega t + \varphi_1)$ 及 $x_2(t) = A_2 \sin(\omega t + \varphi_2)$。

合成后，仍然是同频率简谐振动 $x(t) = A\sin(\omega t + \varphi)$，其中：

$$A = \sqrt{A_1^2 + A_2^2 + 2A_1 A_2 \cos(\varphi_2 - \varphi_1)},$$
$$\varphi = \arctan\frac{A_1 \sin\varphi_1 + A_2 \sin\varphi_2}{A_1 \cos\varphi_1 + A_2 \cos\varphi_2} \tag{3-35}$$

（2）考虑同方向不同频率的两个简谐振动：$x_1(t) = A_1 \sin\omega_1 t$ 及 $x_2(t) = A_2 \sin\omega_2 t$。

若 $\omega_1 > \omega_2$，合成后振动为非简谐振动，且 $x(t) = x_1(t) + x_2(t) = A_1 \sin\omega_1 t + A_2 \sin\omega_2 t$。其波形如图 3-14 所示，合成振动的性质如同高频振动的轴线被低频所调制。

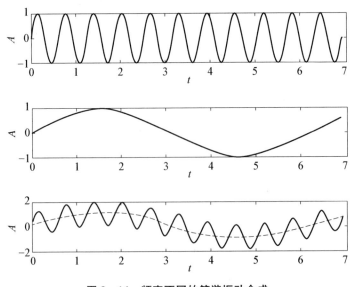

图 3-14　频率不同的简谐振动合成

若 $\omega_1 \approx \omega_2$，且 $A = A_1 = A_2$，则合成后振动为

$$x(t) = x_1(t) + x_2(t) = A_1 \sin\omega_1 t + A_2 \sin\omega_2 t = 2A\cos\frac{\omega_1 - \omega_2}{2}t \sin\frac{\omega_1 + \omega_2}{2}t$$

$$(3 - 36)$$

假定 $\omega_1 - \omega_2 = 2\Delta$，$\omega = \dfrac{\omega_1 + \omega_2}{2}$，则式(3 - 36)简化为

$$x(t) = 2A\cos\Delta t\sin\omega t \qquad (3 - 37)$$

这是一个振动频率为 ω，振幅按 $2A\cos\Delta t$ 变化的简谐振动。该系统出现了"拍"振现象，其波形如图 3 - 15(a)所示，"拍"振的频率为 Δ。

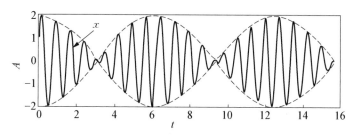

(a) 振幅相同、频率相近的两个振动

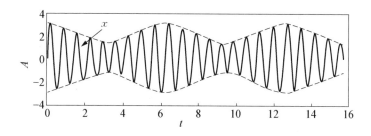

(b) 振幅不同、频率相近的两个振动

图 3 - 15　频率相近的简谐振动合成

若 $\omega_1 \approx \omega_2$，且 $A_1 \gg A_2$，$\omega_1 - \omega_2 = 2\Delta$，则合成后振动为

$$\begin{aligned}
x(t) &= x_1(t) + x_2(t)\\
&= (A_1 + A_2)\sin\omega_1 t\cos\Delta t + (A_1 - A_2)\cos\omega_1 t\sin\Delta t\\
&\approx A_1\sin(\omega_1 + \Delta)t
\end{aligned} \qquad (3 - 38)$$

这里出现了"拍"波现象,其波形如图 3-15(b)所示。

3.2.4.2 互相垂直方向的振动合成

对海洋平台中立管的振动进行评价时,通常是立管横截面两个垂直方向各取一点的振动,合成后得到管线横截面内的总体振动。

(1) 考虑互相垂直方向同频率的两个简谐振动:$x(t) = A\sin(\omega t + \varphi_1)$ 与 $y(t) = B\sin(\omega t + \varphi_2)$。

令 $\varphi = \varphi_2 - \varphi_1$,则合成后的运动轨迹可以用椭圆方程表示:

$$\frac{x^2}{A^2} + \frac{y^2}{B^2} - \frac{2xy}{AB}\cos\varphi - \sin^2\varphi = 0 \tag{3-39}$$

合成运动位于长宽分别为 $2A$ 和 $2B$ 的矩形内,相位差导致的合成运动轨迹如图 3-16 所示。

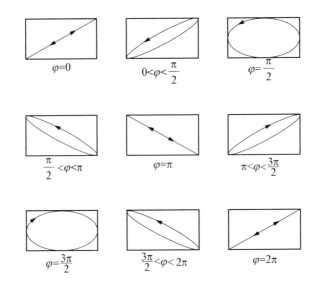

图 3-16 互相垂直方向同频率不同相位差的简谐振动合成后的运动轨迹

(2) 考虑互相垂直方向上不同频率的两个简谐振动:$x(t) = A\sin\omega_1 t$ 与 $y(t) = B\sin(\omega_2 t + \varphi)$。

它们合成后也能在矩形中画出各种合成运动轨迹。图 3-17 给出了垂直方向不同频率简谐振动合成后的运动轨迹。

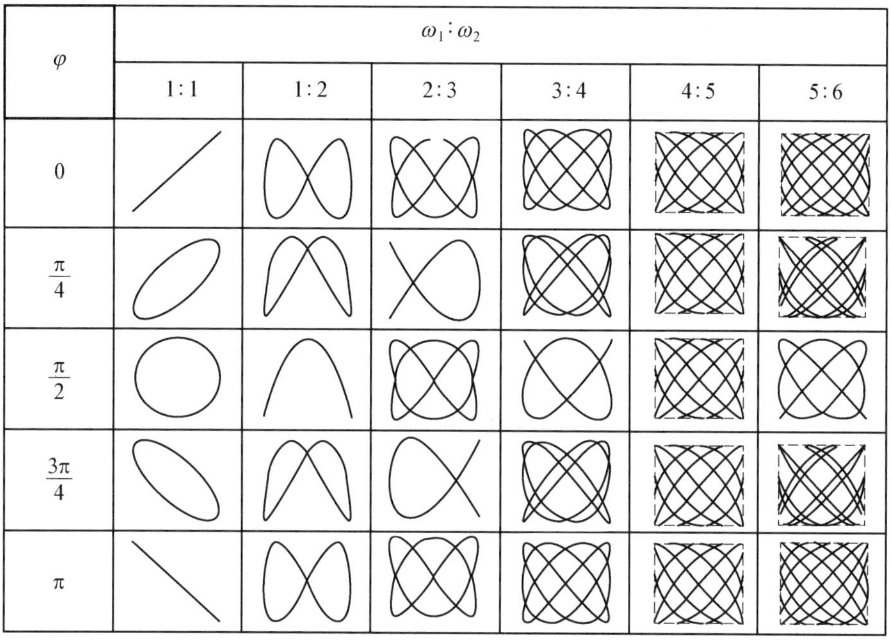

φ	$\omega_1 : \omega_2$					
	1:1	1:2	2:3	3:4	4:5	5:6
0						
$\frac{\pi}{4}$						
$\frac{\pi}{2}$						
$\frac{3\pi}{4}$						
π						

图 3‑17　垂直方向不同频率简谐振动合成后的运动轨迹

3.2.4.3　单自由度阻尼系统简谐激励下的"拍"振现象

在零值初始状态下,当激振力频率接近振动系统的固有频率时,正弦简谐激励 $p_0 \sin(\Omega t + \beta)$ 作用下单自由度阻尼系统达到稳态振动的振幅为

$$u(t) = A\sin(\Omega t + \beta - \phi) - \mathrm{e}^{-\zeta\omega_n t} A \Bigg[\sin(\beta - \varphi)\cos\omega_d t +$$

$$\frac{\Omega\cos(\beta - \phi) + \zeta\omega_n\sin(\beta - \phi)}{\omega_d}\sin\omega_d t \Bigg] \qquad (3\text{-}40)$$

考虑无阻尼状态并假设 $\beta = 0$, 则 $\zeta = 0$, $\omega_d = \omega_n$, $\phi = 0$, $A = \dfrac{p_0/k}{1 - r^2}$, 式 (3‑40) 简化为

$$u(t) = A\sin\Omega t - A\left(\frac{\Omega}{\omega_n}\sin\omega_n t\right) = A\left(\sin\Omega t - \frac{\Omega}{\omega_n}\sin\omega_n t\right) \qquad (3\text{-}41)$$

令 $\omega_n - \Omega = 2\Delta$, 代入式 (3‑41) 得

$$u(t) = \frac{A}{\omega_n}\left[-(\omega_n+\Omega)\cos\left(\frac{\omega_n+\Omega}{2}t\right)\sin\Delta t + 2\Delta\sin\left(\frac{\omega_n+\Omega}{2}t\right)\cos\Delta t\right]$$

$$(3-42)$$

当 ω_n 与 Ω 相接近时,$\dfrac{\omega_n+\Omega}{2}\approx\omega_n$,$\Delta\approx0$,可以略去式(3-42)第一项,得到

$$u(t) = 2\frac{A\Delta}{\omega_n}\cos\Delta t\sin(\omega_n t) \qquad (3-43)$$

此时系统为非稳态振动,振幅按照 $\cos\Delta t$ 的规律随时间而变化,是系统接近发生稳态共振的征兆。振幅变化周期为 $\dfrac{\pi}{\Delta}$,远大于系统振动周期 $\dfrac{2\pi}{\omega_n}$(见图3-18)。

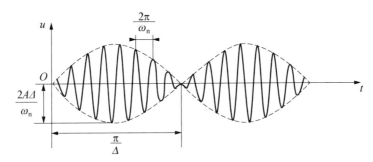

图3-18 单自由度阻尼系统简谐激励下的"拍"振现象

3.3 单自由度系统周期激励下的强迫振动

周期载荷是指在相同时间间隔内具有相同变化规律,并以该时间间隔为周期连续变化的载荷(见图3-19)。海洋中的波浪载荷和海冰载荷这类载荷与简谐载荷的区别是其频率成分不是单一的,因此结构对周期载荷的响应也呈现多频率成分的特点。不同频率成分的能量分布是不均匀的,某一个或几个频率成分聚集了大部分振动能量。

$$F(t+nT) = F(t) \quad (n=0, \pm1, 2, \cdots, \infty) \qquad (3-44)$$

由级数定理可知,任意的周期函数均可以展开为傅里叶级数,而级数中每一项对应于确定的简谐项,各阶频率项分别称为基波、二次谐波及高阶谐波等。

因此,只要将周期载荷展开成傅里叶级数,每一项成为简谐激励,再利用线性系统的叠加原理,周期激励的响应等于各简谐分量引起的响应之和。

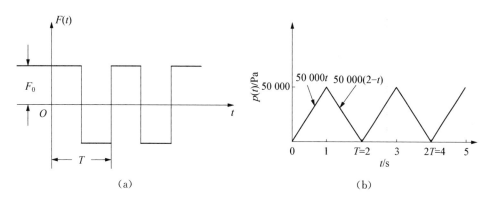

图 3 - 19　周期载荷示例

$$F(t) = \frac{a_0}{2} + \sum_{n=1}^{\infty} a_n \cos n\omega t + \sum_{n=1}^{\infty} b_n \sin n\omega t \qquad (3-45)$$

式中，$\omega = \dfrac{2\pi}{T}$；$a_0 = \dfrac{2}{T}\displaystyle\int_0^T F(t)\,\mathrm{d}t$；$a_n = \dfrac{2}{T}\displaystyle\int_0^T F(t)\cos n\omega t\,\mathrm{d}t$；$b_n = \dfrac{2}{T}\displaystyle\int_0^T F(t)\sin n\omega t\,\mathrm{d}t$ $(n=1,\ 2,\ \cdots,\ \infty)$。

单自由度系统在周期力 $F(t)$ 作用下，其振动方程为

$$m\ddot{x} + c\dot{x} + kx = F(t) = \frac{a_0}{2} + \sum_{n=1}^{\infty}(a_n \cos n\omega t + b_n \sin n\omega t) \quad (3-46)$$

由叠加原理，得到该方程的稳态解为

$$x(t) = \frac{a_0}{2k} + \sum_{n=1}^{\infty}\left[\frac{a_n}{k}\,|H_n(n\omega)|\cos(n\omega t - \theta_n)\right] + \sum_{n=1}^{\infty}\left[\frac{b_n}{k}\,|H_n(n\omega)|\sin(n\omega t - \theta_n)\right]$$

$$(3-47)$$

式中，$|H_n(n\omega)| = \dfrac{1}{\sqrt{(1-r_n^2)^2 + (2\zeta r_n)^2}}$，$r_n = \dfrac{n\omega}{\omega_n}$；$\theta_n = \arctan\dfrac{2\zeta r_n}{1 - r_n^2}$。

3.4　单自由度系统任意激励下的强迫振动

本节的任意激励是指非周期激励，但不是随机激励。该激励包括冲击型激励和阶跃型激励两种典型激励。这类激励所引起的系统响应包含了该系统的固有频率，属于瞬态响应，最大响应可能出现在载荷停止作用以后。

冲击型激励持续时间极短，故也称脉冲激励，其特点是非往复性，载荷从零迅速增至最大，然后迅速或逐渐减小至零。例如，舰船所受砰击载荷，舰载导弹

或炮弹发射时作用于舰船支承结构的反作用力,炮口气浪以及其他爆炸引起的冲击波对船体的作用,以及船舶碰撞作用等。理论上一般采用脉冲函数来模拟,常见脉冲函数有三角形脉冲、矩形脉冲、正弦波脉冲和单位脉冲等。

结构在冲击型激励作用下,短暂时间内弹性元件由于变形而储存能量,载荷消失后,弹性元件在不受外界干扰条件下将回复变形而自由地释放变性能,产生自由振动,因此系统对冲击载荷有强迫振动和自由振动两种响应。结构的阻尼在冲击载荷作用时段内对结构响应的影响较小,但在冲击载荷作用结束后的自由振动阶段阻尼将振动能量消耗殆尽。

阶跃型激励,又称突加力,其特点是激励的瞬时值突然增加到某个定常数,然后当时间无限增长时该激励保持恒值。例如,货物的突然起吊,船舶突然的落锚和制动过程等。图 3-20 所示为冲击型激励与阶跃型激励示例。

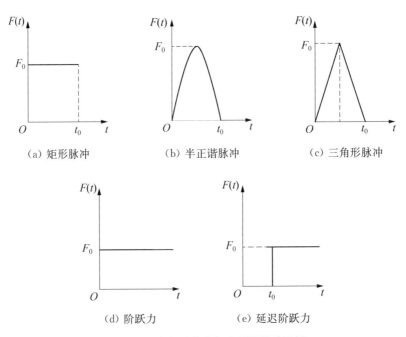

图 3-20　冲击型激励与阶跃型激励示例

计算非周期激励下振动系统响应的方法除了经典方法(如差分法、Wilson法等)外,还有卷积积分法[也称杜阿梅尔(Duhamel)积分法、脉冲响应函数法]、傅里叶变换法和拉普拉斯变换法。

3.4.1　Duhamel 积分法与时域分析

单位脉冲函数也称狄拉克 δ 函数,是数学上为描述脉冲力而引入的函数,定

义为

$$\delta(t-\tau)=\begin{cases}0 & (t\neq\tau)\\ \infty & (t=\tau)\end{cases} \tag{3-48}$$

其图像用位于时刻 τ、长度为 1 的有向线段表示。单位脉冲函数可以看作具有单位面积 1 的矩形脉冲,其量纲为 $1/s$,如图 3 - 21 所示,并具有如下性质:

$$\int_{-\infty}^{+\infty}\delta(t-\tau)\mathrm{d}t=1,\quad \int_{-\infty}^{+\infty}f(t)\delta(t-\tau)\mathrm{d}t=f(\tau) \tag{3-49}$$

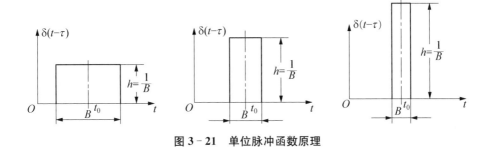

图 3 - 21　单位脉冲函数原理

利用狄拉克 δ 函数可以方便地描述脉冲力,力学定义单位脉冲激励等同于一个单位冲量,此冲量由一个作用时间极其短暂而幅值又极大的冲击力产生。冲量为 p_0 的脉冲激振力 $f(t)$ 的定义如下:

$$f(t)=p_0\delta(t-\tau) \tag{3-50}$$

当冲量 $p_0=1$ 时,脉冲激振力 $f(t)$ 成为单位脉冲力。

下面求零初始条件下系统对单位脉冲力的响应——单位脉冲响应。动力学方程为

$$\left.\begin{array}{l}m\ddot{x}+c\dot{x}+kx=\delta(t)\\ x(0^-)=\dot{x}(0^-)=0\end{array}\right\} \tag{3-51}$$

根据动量定理得单位冲量下的列式:

$$1=m\dot{x}(0^+)-m\dot{x}(0^-) \tag{3-52}$$

解得 $\dot{x}(0^+)=\dfrac{1}{m}$,单位冲量的作用相当于给系统一个初速度扰动 $\dot{x}_0$。

对于 $t>0^+$ 时刻,脉冲激振力作用已经结束,因此有

$$m\ddot{x} + c\dot{x} + kx = 0 \\ x(0^+) = 0, \ \dot{x}(0^+) = \frac{1}{m} \left.\right\} \tag{3-53}$$

代入单自由度系统自由振动的解析解公式,可得

$$h(t) = \frac{1}{m\omega_d} e^{-\zeta\omega_n t} \sin\omega_d t \ (t \geqslant 0) \tag{3-54}$$

式中,$\omega_d = \sqrt{1-\zeta^2}\,\omega_n$。

对于单位脉冲力不是作用于 $t=0$ 时刻,可得系统的单位脉冲响应函数为

$$h(t-\tau) = \frac{1}{m\omega_d} e^{-\zeta\omega_n(t-\tau)} \sin\omega_d(t-\tau) \ (t \geqslant \tau) \tag{3-55}$$

在任意激励作用下系统的响应为

$$x(t) = h(t)f(t) \tag{3-56}$$

Duhamel 积分法的本质:将任意激振力的时间函数分段离散成多段微冲量(元冲量或单位冲量)的连续作用,求出系统对每个微冲量的响应,然后根据叠加原理将各个微冲量响应相加,得出系统的总响应。

图 3-22 假想把时间分成无数极短的时间间隔,每个间隔以微分 $\mathrm{d}t$ 表示,在 $t=\tau$ 时的 $\mathrm{d}\tau$ 间隔内,系统质量 m 上受到一个元冲量 $\mathrm{d}I = F(\tau)\mathrm{d}\tau$ 的作用。在该冲量作用下系统的响应为

$$\mathrm{d}x = F(\tau)h(t-\tau)\mathrm{d}\tau \tag{3-57}$$

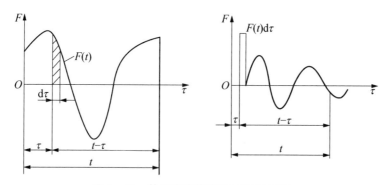

图 3-22　基于脉冲载荷的系统响应叠加

积分得零值($x_0 = \dot{x}_0 = 0$)初始条件下,在任意激振力 $F(t)$ 的作用下,单自

由度系统的振动位移解的表达式(Duhamel 积分):

$$x(t) = \frac{1}{m\omega_d}\int_0^t F(\tau)\mathrm{e}^{-\zeta\omega_n(t-\tau)}\sin\omega_d(t-\tau)\mathrm{d}\tau \qquad (3-58)$$

一般初始条件下,任意激励下单自由度系统的振动位移解的表达式为 Duhamel 积分形式:

$$
\begin{aligned}
x(t) = {}& \mathrm{e}^{-\zeta\omega_n t}\left(x_0\cos\omega_d t + \frac{\zeta\omega_n x_0 + \dot{x}_0}{\omega_d}\sin\omega_d t\right) \\
& + \frac{1}{m\omega_d}\int_0^t F(\tau)\mathrm{e}^{-\zeta\omega_n(t-\tau)}\sin\omega_d(t-\tau)\mathrm{d}\tau
\end{aligned}
\qquad (3-59)
$$

下面讨论几种常见激励下系统响应的特点。

1) 阶跃力(又称突加力)

单位阶跃函数定义为

$$x(t) = \begin{cases} 1 & (t \geqslant 0) \\ 0 & (t < 0) \end{cases} \qquad (3-60)$$

则阶跃力 $P(t) = p_0 x(t)$。

假设零值初始条件,则单自由度阻尼系统在阶跃力下的响应 $x(t)$ 如式(3-61)及图 3-23 所示。

$$x(t) = \frac{p_0}{m\omega_d}\int_0^t \mathrm{e}^{-\zeta\omega_n(t-\tau)}\sin\omega_d(t-\tau)\mathrm{d}\tau \qquad (3-61)$$

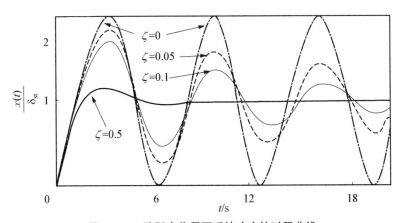

图 3-23 阶跃力作用下系统响应的时程曲线

对于无阻尼情况,响应 $x(t)$ 的表达式为

$$x(t) = \frac{p_0}{m\omega_n} \int_0^t \sin\omega_n(t-\tau)\mathrm{d}\tau = \frac{p_0}{k}(1-\cos\omega_n t) \tag{3-62}$$

式(3-62)表明,当平稳施加载荷时系统最大静位移为 $\dfrac{p_0}{k}$,而突加载荷时系统位移最大可达 2 倍静位移。因此船上起吊重物时应平稳、缓慢、局部地起吊,以免钢索产生大应力而遭到破坏。

2) 矩形脉冲力以及水下爆炸对舰船的脉动压力

矩形脉冲力函数定义为

$$P(t) = \begin{cases} p_0 & (0 \leqslant t \leqslant t_1) \\ 0 & (t > t_1) \end{cases} \tag{3-63}$$

单自由度系统在矩形脉冲力作用下系统响应分为两个阶段。第一阶段为强迫振动,第二阶段为自由振动。对于无阻尼情况,假设零值初始条件,第一阶段的响应为

$$x(t) = \frac{p_0}{m\omega_n} \int_0^t \sin\omega_n(t-\tau)\mathrm{d}\tau = \frac{p_0}{k}(1-\cos\omega_n t) \tag{3-64}$$

第二阶段没有外力作用,为剩余的自由振动,其响应为

$$x(t) = \frac{p_0}{k}\left[\cos\omega_n(t-t_1) - \cos\omega_n t\right] = \frac{p_0}{k}2\sin\frac{\omega_n t_1}{2}\sin\omega_n\left(t - \frac{t_1}{2}\right) \tag{3-65}$$

两个阶段的总位移响应为

$$x(t) = \begin{cases} \dfrac{p_0}{k}(1-\cos\omega_n t) & t < t_1 \\ \dfrac{p_0}{k}2\sin\dfrac{\omega_n t_1}{2}\sin\omega_n\left(t - \dfrac{t_1}{2}\right) & t > t_1 \end{cases} \tag{3-66}$$

这说明若脉冲作用时间 $t_1 \geqslant \dfrac{T}{2}$,则系统最大响应发生在第一阶段,且最大放大系数为 2;反之,系统最大响应发生在第二阶段,且最大放大系数为 $2\sin\dfrac{t_1}{T}$。矩形脉冲力作用下系统响应的时程曲线如图 3-24 所示。

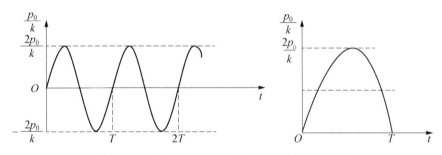

图 3 - 24　矩形脉冲力作用下系统响应的时程曲线

在商用有限元结构动力学分析软件中,上述脉冲及阶跃载荷可以通过表格或函数表达式输入。对于动力学问题,脉冲响应函数法(Duhamel 积分法)是将激励函数 $f(t)$ 分解成一系列的脉冲,直接在时间域中求 $f(t)$ 与系统的单位脉冲响应函数 $h(t)$ 的卷积而得到响应 $x(t) = h(t) \times f(t)$。

3.4.2　傅里叶变换法与频域分析

由于任何周期激励函数都可以展开成离散的傅里叶级数,当一个周期函数的周期 T 趋向无穷时,该函数就变成了一个任意的非周期函数,傅里叶级数就转化成连续的傅里叶积分。以傅里叶变换法求解振动系统对于非周期激励 $f(t)$ 的响应,可按图 3 - 25 表示的流程进行。

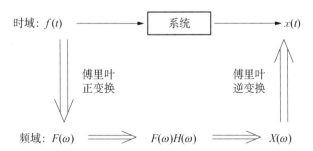

图 3 - 25　傅里叶变换法求解振动系统对于非周期激励 $f(t)$ 的响应过程

首先,以傅里叶正变换式求出 $f(t)$、$h(t)$ 的频谱密度 $F(\omega)$ 和频响函数 $H(\omega)$:

$$F(\omega) = \int_{-\infty}^{\infty} f(t) \mathrm{e}^{-\mathrm{i}\omega t} \mathrm{d}t \qquad (3-67)$$

$$H(\omega) = \int_{-\infty}^{\infty} h(t) \mathrm{e}^{-\mathrm{i}\omega t} \mathrm{d}t \qquad (3-68)$$

其次,根据卷积定理,两函数卷积的傅里叶变换,等于该两函数的傅里叶变换的乘积,计算响应的频谱密度 $X(\omega)$:

$$X(\omega) = F(\omega)H(\omega) \tag{3-69}$$

最后,以傅里叶逆变换求出 $x(t)$:

$$x(t) = \frac{1}{2\pi}\int_{-\infty}^{\infty} X(\omega)\mathrm{e}^{\mathrm{i}\omega t}\mathrm{d}\omega \tag{3-70}$$

$h(t)$ 和 $H(\omega)$ 分别是在时域和频域中用以描述系统动态特性的函数。振动幅值与相位角随频率 ω 的变化关系,称为频谱,可以采用离散的线条或者点来表示,离散的线条称为谱线。现有的商用结构动力学软件例如 MSC Patran/NASTRAN 都包含了频域响应分析模块,而时域瞬态响应分析模块是软件中的标准配置。

3.4.3　拉普拉斯变换法与复数域分析

当激振力具有脉冲特征,或者当力的作用在不同时间间隔内需用不同解析式表示时,用拉普拉斯(Laplace)变换法求响应往往很方便。此外,用拉普拉斯变换法还能够给出直接满足初始条件的解,由此可得到所谓的过渡过程响应,即振动系统对包括初值在内的全部响应。拉普拉斯变换法已成为求解线性系统振动问题的一个有力工具,本节将介绍拉普拉斯变换法及其在线性系统响应分析中的应用。

拉普拉斯变换法与傅里叶变换法类似,该方法的求解过程:常系数线性微分方程以及相应初始条件所表述的初值问题,通过拉普拉斯变换,可以转化为复数域的代数问题。在求得相应的变换(象函数)的代数表达式后,再通过拉普拉斯逆变换,即可求出响应。

拉普拉斯变换:设 $f(t)$ 是在 $0 < t < \infty$ 区间分段连续的单值函数,且当 $t < 0$ 时, $f(t) = 0$,则积分

$$F(s) = \int_0^{\infty} f(t)\mathrm{e}^{-st}\mathrm{d}t \tag{3-71}$$

称为拉普拉斯积分。借助拉普拉斯积分将函数 $f(t)$ 变换为 $F(s)$ 的变换称为拉普拉斯变换,记作 $L[f(t)]$ 。 s 是具有正实部的复数,而且与 t 无关。只有积分收敛的那类函数才是有意义的。

拉普拉斯逆变换:

$$f(t) = L^{-1}[F(s)] = \frac{1}{2\pi \mathrm{j}} \int_{a-\mathrm{j}\infty}^{a+\mathrm{j}\infty} F(s) \mathrm{e}^{st} \, \mathrm{d}s \tag{3-72}$$

各类函数的拉普拉斯正变换与逆变换形式可以查阅数学手册。对于动力学问题 $x(t) = h(t) \times f(t)$，求解过程是先计算 $F(s)$，之后得

$$X(s) = H(s)F(s) \tag{3-73}$$

最后，以拉普拉斯逆变换式求出 $x(t)$：

$$x(t) = \frac{1}{2\pi \mathrm{j}} \int_{a-\mathrm{j}\infty}^{a+\mathrm{j}\infty} X(s) \mathrm{e}^{st} \, \mathrm{d}s \tag{3-74}$$

例题 3.2　假设 $t=0$ 时初速度、初位移均为零[19]，用拉普拉斯变换法求无阻尼单自由度质量-弹簧系统对激振力 $\dfrac{m}{\omega} \sin \omega t$ 的响应。

解：系统的动力学方程为

$$m\ddot{x} + kx = \frac{m}{\omega} \sin \omega t$$

整理后得

$$\ddot{x} + \omega_{\mathrm{n}}^2 x = \frac{1}{\omega} \sin \omega t$$

进行拉普拉斯正变换，查阅数学手册中的拉普拉斯变换表后得到如下方程：

$$X(s)(s^2 + \omega_{\mathrm{n}}^2) = \frac{1}{s^2 + \omega^2}$$

整理后得

$$X(s) = \frac{1}{(s^2 + \omega_{\mathrm{n}}^2)(s^2 + \omega^2)}$$

进行拉普拉斯逆变换，查阅数学手册中的拉普拉斯逆变换表后得

$$x(t) = \frac{1}{\omega^2 - \omega_{\mathrm{n}}^2} \left(\frac{\sin \omega t}{\omega} - \frac{\sin \omega_{\mathrm{n}} t}{\omega_{\mathrm{n}}} \right)$$

3.4.4　单自由度系统分段线性激励下的强迫振动

对于任意载荷形式，无论其是解析表达式的还是测量得到的离散数据表、周

期或非周期的、确定的还是随机的,我们都可以采用曲线拟合法,将这些载荷用近似公式表示,然后代入 Duhamel 积分中求得响应。图 3 - 26 所示是激励函数的离散化方法。

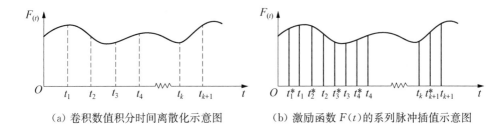

（a）卷积数值积分时间离散化示意图   （b）激励函数 $F(t)$ 的系列脉冲插值示意图

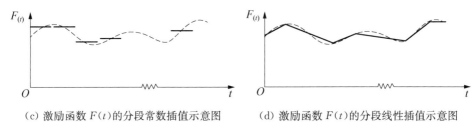

（c）激励函数 $F(t)$ 的分段常数插值示意图   （d）激励函数 $F(t)$ 的分段线性插值示意图

图 3 - 26　激励函数的离散化方法

假设激励函数可由一个分段线性函数近似给出［见图 3 - 26(d)］,形式如下:

$$F(t) = \left(1 - \frac{t - t_i}{\Delta t}\right)F_i + \left(\frac{t - t_i}{\Delta t}\right)F_{i+1} \tag{3-75}$$

式中对应相等的时间间隔 Δt, $t_i = i\Delta t$, $i = 1, 2, \cdots, N$。则单自由度系统动力学方程可写成:

$$m\ddot{u} + c\dot{u} + ku = \left(1 - \frac{t - t_i}{\Delta t}\right)F_i + \left(\frac{t - t_i}{\Delta t}\right)F_{i+1} \tag{3-76}$$

系统的位移响应为

$$u(t) = \mathrm{e}^{-\zeta\omega_\mathrm{n}(t-t_i)}\left[C_i\cos\omega_\mathrm{d}(t - t_i) + D_i\sin\omega_\mathrm{d}(t - t_i)\right] + B_i + A_i(t - t_i) \tag{3-77}$$

式中, $A_i = \dfrac{F_{i+1} - F_i}{k\Delta t}$; $B_i = \dfrac{F_i - cA_i}{k\Delta t}$; $C_i = u_i - B_i$; $D_i = \dfrac{\dot{u}_i - A_i - \zeta\omega_\mathrm{n}C_i}{\omega_\mathrm{d}}$

系统的速度响应为

$$\dot{u}_i(t) = \mathrm{e}^{-\zeta\omega_n(t-t_i)}\left[(\omega_d D_i - \zeta\omega_n C_i)\cos\omega_d(t-t_i) - \right. \tag{3-78}$$
$$\left.(\omega_d C_i + \zeta\omega_n D_i)\sin\omega_d(t-t_i)\right] + A_i$$

下一时刻的位移、速度及加速度为

$$u_{i+1} = \mathrm{e}^{-\zeta\omega_n\Delta t}(C_i\cos\omega_d\Delta t + D_i\sin\omega_d\Delta t) + B_i + A_i\Delta t \tag{3-79}$$

$$\dot{u}_{i+1} = \mathrm{e}^{-\zeta\omega_n\Delta t}\left[(\omega_d D_i - \zeta\omega_n C_i)\cos\omega_d\Delta t - (\omega_d C_i + \zeta\omega_n D_i)\sin\omega_d\Delta t\right] + A_i \tag{3-80}$$

$$\ddot{u}_{i+1} = \frac{1}{m}(F_{i+1} - c\dot{u}_{i+1} - ku_{i+1}) \tag{3-81}$$

例题 3.3 图 3-27 所示水塔的侧向刚度 $k = 1 \times 10^5\,\mathrm{kg/m}$，质量 $m = 100\,\mathrm{kg}$，假定其结构阻尼为临界阻尼的 20%，求水塔在给定爆炸激励 $F(t)$ 作用下的动力响应。

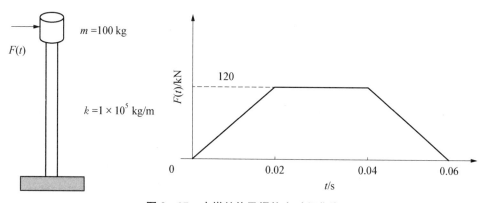

图 3-27 水塔结构及爆炸力时程曲线

解： 水塔的动力学特征参数为

$$\omega_n = \sqrt{\frac{k}{m}} = \sqrt{\frac{100\,000}{100}} = 31.62\,\mathrm{rad/s},\ T = \frac{2\pi}{\omega} = 0.20\,\mathrm{s}$$

令 $\Delta t \leqslant \dfrac{T}{10}$，这里取 $\Delta t = 0.02\,\mathrm{s}$，计算得 $c = c_c\zeta = 2\sqrt{km}\zeta = 1\,265\,\mathrm{N \cdot s/m}$，$\omega_d = \sqrt{1-\zeta^2}\,\omega_n = 30.989\,\mathrm{rad/s}$。

根据初始条件 $u(0) = \dot{u}(0) = 0$，以及 $A_i = \dfrac{F_{i+1}-F_i}{k\Delta t}$，$B_i = \dfrac{F_i - cA_i}{k}$，$C_i =$

$$u_i - B_i, \ D_i = \frac{\dot{u}_i - A_i - \zeta\omega_n C_i}{\omega_d}.$$

$$u(t) = \mathrm{e}^{-\zeta\omega_n(t-t_i)}\left[C_i\cos\omega_d(t-t_i) + D_i\sin\omega_d(t-t_i)\right] + B_i + A_i(t-t_i)$$

$$\dot{u}(t) = \mathrm{e}^{-\zeta\omega_n(t-t_i)}\left[(\omega_d D_i - \zeta\omega_n C_i)\cos\omega_d(t-t_i) - \right.$$
$$\left.(\omega_d C_i + \zeta\omega_n D_i)\sin\omega_d(t-t_i)\right] + A_i$$

解得 $A_0 = 60$，$B_0 = -0.759$，$C_0 = 0.759$，$D_0 = -1.7816$。

代入式（3-79）～式（3-81）的位移、速度和加速度公式，给出 $t = 0.1\,\mathrm{s}$ 的动力响应。

t_i	$u(t)$	$\dot{u}_{i+1}$	$\ddot{u}_{i+1}$	F_i	A_i	B_i	C_i	D_i
0.0	0	0	0	0	60	−0.759	0.7590	−1.7816
0.02	0.074	10.692	991.023	120000	0	1.200	−1.1263	0.1151
0.04	0.451	25.155	430.768	120000	−60	1.959	1.508	2.4405
0.06	0.926	17.096	−1142.511	0	0	0	0.9262	0.7409
0.08	1.044	−4.821	−982.581	0	0	0	1.0436	0.0574
0.10	0.778	−20.191	−522.555	0	0	0	0.778	−0.4929

3.5 两自由度系统的强迫振动

两自由度系统的动力学方程推导简单，便于得到该方程的解析解。船舶与海洋工程结构中的船舶横摇-纵摇耦合运动、立柱浮筒式平台垂荡-纵摇耦合运动、双层隔振装置和动力吸振器应用下的系统动力学响应问题等都可以简化为两自由度系统，反共振现象的利用也是基于两自由度系统的。为了指导工程应用，本节对典型两自由度动力学系统响应的解析求解过程进行详细介绍[22]。

3.5.1 两自由度系统动力学方程的建立

首先，使用第 2 章介绍的各类方法构建两自由度系统的动力学方程。

例题 3.4 图 3-28 所示为一扭转振动系统，轴的左端是固定的，轴上装有两个圆盘，圆盘对轴线的转动惯量分别为 J_1 和 J_2，两段轴的扭转弹性系数分别为 K_1 和 K_2。轴质量不计，圆盘上作用有扭矩 T_1 和 T_2，这是一个两自由度系统，设时刻 t 圆盘的扭角为 θ_1 和

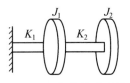

图 3-28　扭转振动系统

θ_2，求其运动方程[20]。

解: 采用观察法，写出该扭转振动系统的动力学方程为

$$\begin{bmatrix} J_1 & 0 \\ 0 & J_2 \end{bmatrix}\begin{bmatrix} \ddot{\theta}_1 \\ \ddot{\theta}_2 \end{bmatrix} + \begin{bmatrix} K_1+K_2 & -K_2 \\ -K_2 & K_2 \end{bmatrix}\begin{bmatrix} \theta_1 \\ \theta_2 \end{bmatrix} = \begin{bmatrix} T_1 \\ T_2 \end{bmatrix}$$

例题 3.5　图 3-29 所示为一简化的汽车两自由度动力学模型，车身质量为 m，支承在刚度为 K_1 和 K_2 的两个弹簧上，轮子的质量不计，其弹性包括在弹簧刚度 K_1 和 K_2 之内。车身质心 C 与两弹簧的距离分别为 l_1 和 l_2，车身对过质心 C 横轴的转动惯量为 J_C，试分析汽车在自身对称面内的微振动。

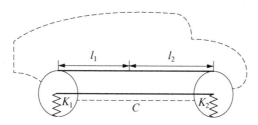

图 3-29　汽车两自由度动力学模型

解: 汽车的位置可用两个广义坐标确定，分别是质心 C 偏离其平衡位置的垂向位移 x，以及汽车绕质心 C 转过的角度 θ。 则该系统的动力学方程为

$$\begin{bmatrix} m & 0 \\ 0 & J_C \end{bmatrix}\begin{bmatrix} \ddot{x} \\ \ddot{\theta} \end{bmatrix} + \begin{bmatrix} K_1+K_2 & K_2l_2-K_1l_1 \\ K_2l_2-K_1l_1 & K_1l_1^2+K_2l_2^2 \end{bmatrix}\begin{bmatrix} x \\ \theta \end{bmatrix} = \begin{bmatrix} 0 \\ 0 \end{bmatrix}$$

3.5.2　两自由度系统简谐激励下的复频率响应

当两自由度系统受简谐激励作用时，可以用复数方法直接求解。设简谐激振力为 $\boldsymbol{F}_0 e^{i\omega t}$，则系统的动力学方程为

$$\boldsymbol{M}\ddot{\boldsymbol{q}} + \boldsymbol{C}\dot{\boldsymbol{q}} + \boldsymbol{K}\boldsymbol{q} = \boldsymbol{F}_0 e^{i\omega t} \tag{3-82}$$

设其稳态响应为 $\boldsymbol{q}(t)=\boldsymbol{q}_0 e^{i\omega t}$，代入式(3-82)，得矩阵运算式:

$$(\boldsymbol{K} - \omega^2\boldsymbol{M} + i\omega\boldsymbol{C})\boldsymbol{q}_0 = \boldsymbol{F}_0 \tag{3-83}$$

设 $\boldsymbol{H}(i\omega) = \dfrac{1}{(\boldsymbol{K} - \omega^2\boldsymbol{M} + i\omega\boldsymbol{C})}$，得 $\boldsymbol{q}_0 = \boldsymbol{H}(i\omega)\boldsymbol{F}_0$。

所以，方程的稳态响应解为

$$q(t) = H(i\omega) F_0 e^{i\omega t} \tag{3-84}$$

式中，$H(i\omega)$ 为复频响应函数矩阵或频响函数矩阵。

3.5.3 动力吸振器的反共振消振原理

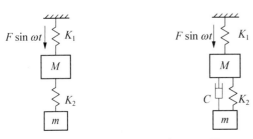

图 3-30 无阻尼/有阻尼动力吸振器

反共振现象：在图 3-30 所示的两自由度系统中，对主系统 M 施加简谐激振力，在某个频率点（反共振点），主系统 M 虽然受到激励但保持不动，只有从系统 m 发生剧烈振动，这就是反共振现象。从系统 m 与弹簧 K_2 构成动力吸振器。

动力吸振器的消振原理：利用反共振现象实现消振。从力平衡角度分析，该反共振频率等于从系统的固有频率，从系统 m 共振运动的惯性力由弹簧传递到主系统 M，该惯性力大小与激振力相等，方向相反，抵消了外界激振力，导致主系统 M 处于静止状态。弹簧 K_2、阻尼器 C 及从系统 m 构成有阻尼动力吸振器。

下面推导图 3-30 中含无阻尼动力吸振器系统的固有频率及响应[19]。

设主系统 M 和从系统 m 沿铅垂方向的位移为 x_1 和 x_2，坐标原点在各自的平衡位置，则系统的动力学方程为

$$\begin{bmatrix} M & 0 \\ 0 & m \end{bmatrix} \begin{bmatrix} \ddot{x}_1 \\ \ddot{x}_2 \end{bmatrix} + \begin{bmatrix} K_1 + K_2 & -K_2 \\ -K_2 & K_2 \end{bmatrix} \begin{bmatrix} x_1 \\ x_2 \end{bmatrix} = \begin{bmatrix} F\sin\omega t \\ 0 \end{bmatrix} \tag{3-85}$$

设方程的特解形式如下：

$$\begin{bmatrix} x_1 \\ x_2 \end{bmatrix} = \begin{bmatrix} X_1 \\ X_2 \end{bmatrix} \sin\omega t \tag{3-86}$$

代入式(3-85)，求得振幅放大系数 β_1 和 β_2 分别为

$$\begin{cases} \beta_1 = \dfrac{X_1}{\delta_{st}} = \dfrac{1 - \left(\dfrac{\omega}{\omega_a}\right)^2}{\left[1 - \left(\dfrac{\omega}{\omega_a}\right)^2\right]\left[1 + \dfrac{K_2}{K_1} - \left(\dfrac{\omega}{\omega_0}\right)^2\right] - \dfrac{K_2}{K_1}} \\[4ex] \beta_2 = \dfrac{X_2}{\delta_{st}} = \dfrac{1}{\left[1 - \left(\dfrac{\omega}{\omega_a}\right)^2\right]\left[1 + \dfrac{K_2}{K_1} - \left(\dfrac{\omega}{\omega_0}\right)^2\right] - \dfrac{K_2}{K_1}} \end{cases} \tag{3-87}$$

式中，$\delta_{st} = \dfrac{F}{K_1}$ 为无吸振器（从系统 m 及弹簧）时主系统 M 的静位移；$\omega_0 = \sqrt{\dfrac{K_1}{M}}$

为无吸振器时主系统 M 的固有频率；$\omega_a = \sqrt{\dfrac{K_2}{m}}$ 为吸振器的固有频率。

可以看出，如果吸振器的固有频率设计成 $\omega_a = \sqrt{\dfrac{K_2}{m}} = \omega$，则有 $\beta_1 = 0$，主系

统保持不动，实现反共振。此时 $\beta_2 = -\dfrac{K_1}{K_2}$，吸振器的振幅 $X_2 = -\dfrac{F}{K_2}$。动力吸

振器的弹簧作用于主系统 M 上的力 $K_2 X_2 = -F\sin\omega t$，恰好与外激振力抵消。

该两自由度系统的固有频率为

$$\omega_{1,2}^2 = \omega_0^2 \left[\left(1 + \frac{\mu}{2} \right) \pm \sqrt{\mu + \frac{\mu^2}{4}} \right] \tag{3-88}$$

式中，$\mu = \dfrac{m}{M}$。两个固有频率与系统质量比之间的关系如图 3-31 所示，两个固

有频率相差较大为好，因此质量比 μ 的选取很重要。

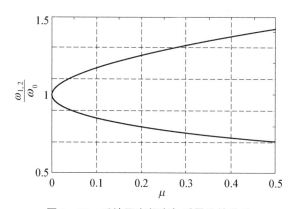

图 3-31　系统固有频率与质量比的关系

在动力吸振器中加入适当的阻尼，减振效果更好，而且可使减振频带加宽，具有更广的适用范围。图 3-30 中含有阻尼的动力吸振器系统的动力学方程为

$$\begin{bmatrix} M & 0 \\ 0 & m \end{bmatrix} \begin{bmatrix} \ddot{x}_1 \\ \ddot{x}_2 \end{bmatrix} + \begin{bmatrix} C & -C \\ -C & C \end{bmatrix} \begin{bmatrix} \dot{x}_1 \\ \dot{x}_2 \end{bmatrix} + \begin{bmatrix} K_1 + K_2 & -K_2 \\ -K_2 & K_2 \end{bmatrix} \begin{bmatrix} x_1 \\ x_2 \end{bmatrix} = \begin{bmatrix} F\sin\omega t \\ 0 \end{bmatrix}$$

$$\tag{3-89}$$

这个方程的解由自由振动齐次解与强迫振动特解合成，这里考虑特解，设方

程的特解形式如下：

$$\begin{bmatrix} x_1 \\ x_2 \end{bmatrix} = \begin{bmatrix} X_1 \\ X_2 \end{bmatrix} \sin \omega t$$

代入式(3-89)求得振幅放大系数：

$$\begin{cases} \beta_1 = \dfrac{X_1}{\delta_{st}} = \sqrt{\dfrac{(2\zeta r)^2 + (r^2 - \lambda^2)^2}{(2\zeta r)^2 [(1+\mu)r^2 - 1]^2 + [\mu r^2 \lambda^2 - (r^2 - 1)(r^2 - \lambda^2)]^2}} \\[4mm] \beta_2 = \dfrac{X_2}{\delta_{st}} = \sqrt{\dfrac{(2\zeta r)^2 + (\lambda^2)^2}{(2\zeta r)^2 [(1+\mu)r^2 - 1]^2 + [\mu r^2 \lambda^2 - (r^2 - 1)(r^2 - \lambda^2)]^2}} \end{cases}$$

$$(3-90)$$

式中，$\lambda = \dfrac{\omega_a}{\omega_0}$；$r = \dfrac{\omega}{\omega_0}$。

图 3-32 给出了 $\mu = \dfrac{1}{20}$，$\lambda = 1$ 时，不同阻尼值主系统振幅放大倍数的变化，且所有曲线都经过 P 和 Q 两点。定点理论就是利用频响曲线上与阻尼无关的特定点(P 和 Q)来设计吸振器的理论。

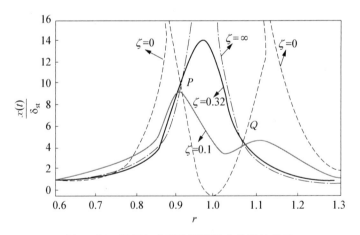

图 3-32 阻尼与主系统振幅放大倍数的关系

3.5.4 振动能量的利用

将动力设备有害的振动能量或海洋中波浪、潮汐及海风往复运动能量收集起来，并转化为电能，是目前清洁再生能源利用的热点之一。波浪能发电设备与潮汐能发电设备都是典型的振动能量收集器，其主要原理是基于单自由度阻尼振动系统或者含动力吸振器两自由度振动系统的振动响应特性。转子(质量单元)通过弹簧单元、阻尼单元与振动基础(或振动设备)相连,其中阻尼单元的作用就是实现振动能量的传递和转换。

阻尼不断消耗系统的能量,如果没有外界能量的持续输入,系统的振动会逐渐衰弱并最终消失。在单自由度阻尼系统强迫振动中,外部激振力持续做功,系统的能量得以不断补充。而当每周期内向系统输入的能量与阻尼所消耗的能量相等时,振幅便不再变化,系统做定常振动。

简谐激振力 $F = p_0 \sin \Omega t$ 对图 3-1 所示的单自由度质量-弹簧-阻尼系统所激起的强迫振动响应为 $x(t) = A \sin(\Omega t - \phi)$,其中 $A = \dfrac{p_0/k}{\sqrt{(1-r^2)^2 + (2\zeta r)^2}}$,

$r = \dfrac{\Omega}{\omega_n}$,$\zeta = \dfrac{c}{C_c}$,$\tan \phi = \dfrac{2\zeta r}{1-r^2}$。因此,外激振力在一个周期内所做的功为

$$W_{in} = \int F \, dx = \int_0^{2\pi/\Omega} F\dot{x} \, dt = \Omega A p_0 \int_0^{2\pi/\Omega} \sin \Omega t \cos(\Omega t - \phi) \, dt = \pi A p_0 \sin \phi$$

$$(3-91)$$

因此,激振力输入的能量 W_{in} 与振幅 A 成正比,且当 $\varphi = \dfrac{\pi}{2}$ 时,能量 W_{in} 取最大值,即共振时能量输入最多。

阻尼力所做的功是系统每周期消耗的能量:

$$W_{damp} = \int C\dot{x} \, dx = \int_0^{2\pi/\Omega} C\dot{x}^2 \, dt = C\Omega^2 A^2 \int_0^{2\pi/\Omega} \cos^2(\Omega t + \beta - \phi) \, dt = C\Omega \pi A^2$$

$$(3-92)$$

阻尼力所消耗的能量与振幅 A 成正比。令外激振力做功所输入的能量与阻尼消耗的能量相等,便得到稳态强迫振动的振幅为

$$A = \frac{p_0 \sin \phi}{C\Omega} = \frac{p_0 \sin \phi}{2\zeta\sqrt{mk}\,\Omega} = \frac{p_0/k}{\sqrt{(1-r^2)^2 + (2\zeta r)^2}} \qquad (3-93)$$

与之前简谐激励下单自由度阻尼振动的振幅结果一致。

阻尼器在一个周期内收集的平均功率为

$$\bar{P} = \frac{W_{damp}}{T} = \frac{1}{T}\int C\dot{x} \, dx = \frac{1}{T}\int_0^T C\dot{x}^2 \, dt = \frac{1}{2}C\Omega^2 A^2 \qquad (3-94)$$

将功率函数无量纲化,可以得到平均功率与能量采集器的固有频率 ω_n 以及阻尼比之间的数量关系。

至于采用图 3-30 所示的阻尼动力吸振器系统收集能量,其平均功率计算公式与上面的推导类似,阻尼器功能是消耗并转换能量。

3.6 **基于强迫振动的阻尼比测量与计算**

前面给出利用自由衰减振动测量并计算单自由度系统的阻尼比,本节给出利用强迫振动来测量与计算阻尼比的共振点法和半带宽法(半功率点法)。

两自由度以上阻尼系统的简谐振动,针对其中任意质点的频响曲线有两个共振峰值点 1 和点 2,利用共振点法分别列出振幅 A_1 和 A_2 的表达式为

$$A_1 = \frac{x_{st}}{\sqrt{(1-r_1^2)^2 + (2\zeta r_1)^2}}$$

$$A_2 = \frac{x_{st}}{\sqrt{(1-r_2^2)^2 + (2\zeta r_2)^2}}$$

A_1 和 A_2 相除得到含单一未知数的方程,求解后可计算出阻尼比 ζ。

半带宽法的原理可采用图 3-33 所示的船体尾部某点振动频响曲线来说明。在振动频响曲线上,量出共振曲线上幅值为共振幅值 $\frac{1}{\sqrt{2}}$ 点所对应的频率 N_1 和 N_2,该频率为半带宽频率,N_0 为共振频率。阻尼比可近似地用两个半带

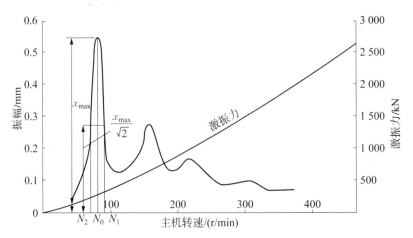

图 3-33 船体尾部某点振动频响曲线

宽频率与共振频率比值差的一半来表示。则动力学放大系数表达式：

$$Q = \frac{1}{\sqrt{(1-r^2)^2+(2\zeta r)^2}} \qquad (3-95)$$

动力学放大系数的最大值不在共振点处，而在 $r=\sqrt{1-2\zeta^2}$ 处，此时

$$Q = \frac{1}{2\zeta\sqrt{1-\zeta^2}} \qquad (3-96)$$

对于频率 N_1 和 N_2，该处的动力学放大系数为

$$\frac{1}{\sqrt{(1-r^2)^2+(2\zeta r)^2}} = \frac{1}{\sqrt{2}}\frac{1}{2\zeta\sqrt{1-\zeta^2}}$$

整理后，考虑 $\zeta \ll 1$，最终得

$$\zeta = \frac{N_2-N_1}{2N_0} = \frac{N_2-N_1}{N_2+N_1} \qquad (3-97)$$

根据频响曲线计算得到的是首阶固有振动对应的 ζ。对于多自由度系统的频响曲线，其每个共振峰都对应有相应的阻尼比，可按照本方法求出各个频率下的阻尼比 ζ_1。

习题 3

3.1　自由振动与强迫振动的振幅各由哪些因素决定？

3.2　一个单自由度有阻尼系统的弹簧在 90 kN 力作用下产生 4.9 mm 静变形，结构阻尼比为 0.033 5。在该初始位移条件下令系统产生自由振动，请计算：

（1）系统的质量。

（2）振动 6 个周期后系统的振幅。

3.3　一台质量为 m 的机器放置在刚度系数为 k 的弹簧垫上，机器的工作频率为 f，不平衡力为 F_0，请计算：

（1）传递给基础的力，以频率 f 和静位移 x_{st} 的函数形式表示。

（2）当 $f=20$ Hz，且传递给基础的力等于 F_0 的 10% 时的静位移 x_{st}。

3.4　一个单自由度系统的质量为 45 kg，弹簧在质量块重力作用下的静变形为 0.254 mm，阻尼系数为 0.34 N·s/mm。假设系统受到半余弦波冲击载荷

$F = 690.9\cos 20\pi$ N 的作用，请计算：

（1）最大响应发生的时刻。

（2）弹簧的最大受力。

3.5 求阶跃力 P 作用时单自由度系统的响应（设位移及速度初始条件为零）。

3.6 求脉冲力 P 作用时单自由度系统的响应（设位移及速度初始条件为零）。

第 4 章 多自由度系统的动力学特性分析

用一个广义坐标描述的振动系统称作单自由度系统,它是实际振动问题中最简单的,用两个或更多有限个广义坐标描述的振动系统称作多自由度系统。工程上的各种机械和结构物多是由杆、梁、板或壳等元件组成的弹性体,它们的质量与刚度具有分布性质,只有掌握其上每个点每一瞬时的动力学状态,才能描述系统的动力学响应,因此理论上它们是无限自由度系统,需要用连续模型描述。具体到船舶这种水中的结构,描述其在任意时刻的结构动力学状态,也需要无限多个广义坐标,但该无限自由度系统问题可以简化为有限多自由度系统进行研究。例如,研究船舶在波浪上的运动或振动时,若是将船舶视为刚体,则可将船舶简化为六自由度系统,其动力学自由度分别是 3 个刚体平动和 3 个刚体转动。若仅研究船舶在波浪中的总纵强度时,且只讨论船舶的升沉和纵摇运动,则可将船舶简化为两自由度系统。若是将船舶视为弹性体考虑其振动问题,则必须将船舶简化为动力自由度数值较大的 N 自由度系统,采用船舶动力学有限元法研究时,船舶结构动力学方程是 N 个互相耦合的二阶常系数微分方程组[13, 16-17]。

4.1 多自由度系统动力学方程建立

建立结构系统动力学方程的主要方法如下:

(1) 牛顿力学-达朗贝尔原理方法。

(2) 分析力学方法。

(3) 影响系数法(观察法)。

动力自由度较多时,通过受力分析并按牛顿定律或达朗贝尔原理建立动力学方程的方法是很不方便的,这种情况下建议采用拉格朗日第二方程。具体过程如下:

设 n 自由度定常系统的广义坐标向量为 $\boldsymbol{q} = \begin{bmatrix} q_1 & \cdots & q_n \end{bmatrix}^{\mathrm{T}}$,则系统的动能 T、势能 V、耗散能 R 以及拉格朗日函数 L 为

$$T = \frac{1}{2} \sum_{i=1}^{n} \sum_{j=1}^{n} m_{ij} \dot{q}_i \dot{q}_j = \frac{1}{2} \dot{\boldsymbol{q}}^{\mathrm{T}} \boldsymbol{M} \dot{\boldsymbol{q}} \tag{4-1}$$

$$V = \frac{1}{2} \sum_{i=1}^{n} \sum_{j=1}^{n} K_{ij} q_i q_j = \frac{1}{2} \boldsymbol{q}^{\mathrm{T}} \boldsymbol{K} \boldsymbol{q} \tag{4-2}$$

$$R = \frac{1}{2} \sum_{i=1}^{n} \sum_{j=1}^{n} C_{ij} \dot{q}_i \dot{q}_j = \frac{1}{2} \dot{\boldsymbol{q}}^{\mathrm{T}} \boldsymbol{C} \dot{\boldsymbol{q}} \tag{4-3}$$

根据拉格朗日第二方程:

$$\frac{\mathrm{d}}{\mathrm{d}t} \left(\frac{\partial L}{\partial \dot{q}_j} \right) - \frac{\partial L}{\partial q_j} + \frac{\partial R}{\partial \dot{q}_j} = Q_j^F (i = 1, 2, \cdots, n) \tag{4-4}$$

可建立系统的动力学方程为

$$\boldsymbol{M} \ddot{\boldsymbol{q}}(t) + \boldsymbol{C} \dot{\boldsymbol{q}}(t) + \boldsymbol{K} \boldsymbol{q}(t) = \boldsymbol{Q}^F(t) \tag{4-5}$$

式中,$\boldsymbol{M}$ 为系统质量矩阵;$\boldsymbol{K}$ 为系统刚度矩阵;$\boldsymbol{C}$ 为系统阻尼矩阵,均为 $n \times n$ 阶对称矩阵;$\boldsymbol{Q}$ 为外载荷向量,为 $n \times 1$ 阶矩阵。多自由度系统的振动是由二阶常微分方程组描述的数学问题,一般采用数值法对该方程组进行求解,例如直接积分法和模态叠加法,而对结构系统的离散问题可采用有限元法、边界元法和无限元法等。

4.2 多自由度系统的自由振动

下面分为无阻尼和有阻尼两种情况讨论多自由度系统的自由振动特性。

4.2.1 无阻尼自由振动的解

多自由度无阻尼系统自由振动的动力学方程为

$$\boldsymbol{M} \ddot{\boldsymbol{q}}(t) + \boldsymbol{K} \boldsymbol{q}(t) = \boldsymbol{0} \tag{4-6}$$

其展开形式为

$$\begin{bmatrix} m_{11} & \cdots & m_{1n} \\ \vdots & & \vdots \\ m_{n1} & \cdots & m_{nn} \end{bmatrix} \begin{Bmatrix} \ddot{q}_1 \\ \vdots \\ \ddot{q}_n \end{Bmatrix} + \begin{bmatrix} k_{11} & \cdots & k_{1n} \\ \vdots & & \vdots \\ k_{n1} & \cdots & k_{nn} \end{bmatrix} \begin{Bmatrix} q_1 \\ \vdots \\ q_n \end{Bmatrix} = \begin{Bmatrix} 0 \\ \vdots \\ 0 \end{Bmatrix} \tag{4-7}$$

对多自由度系统无阻尼自由振动的求解一般按照如下 8 个步骤进行。

(1) 首先假设简谐形式的解,设系统中各点按同频率和同相位做简谐振动。

$$\boldsymbol{q} = \boldsymbol{A} \sin(\omega t + \theta) \tag{4-8}$$

展开形式为 $\begin{bmatrix} q_1 \\ \vdots \\ q_n \end{bmatrix} = \begin{bmatrix} A_1 \\ \vdots \\ A_n \end{bmatrix} \sin(\omega t + \theta)$，或 $q_j = A_j \sin(\omega t + \theta)(j = 1, 2, \cdots, n)$。

式中，$\boldsymbol{q} = [q_1 \quad \cdots \quad q_n]^{\mathrm{T}}$ 为位移向量；$\boldsymbol{A} = [A_1 \quad \cdots \quad A_n]^{\mathrm{T}}$ 为振幅向量。

（2）将假设的位移简谐解[式（4-8）]代入动力学方程[式（4-6）]，得到代数特征值方程：

$$(\boldsymbol{K} - \omega^2 \boldsymbol{M})\boldsymbol{A} = \boldsymbol{0} \tag{4-9}$$

或特征值问题：

$$\boldsymbol{K}\boldsymbol{A} = \omega^2 \boldsymbol{M}\boldsymbol{A} \tag{4-10}$$

（3）根据代数特征值方程有非零解的条件——系数行列式为零，得到频率方程（或称特征方程）：

$$\det(\omega^2) = |\boldsymbol{K} - \omega^2 \boldsymbol{M}| = 0 \tag{4-11}$$

展开形式为 $\begin{vmatrix} k_{11} - \omega^2 m_{11} & k_{12} - \omega^2 m_{12} & \cdots & k_{1n} - \omega^2 m_{1n} \\ k_{21} - \omega^2 m_{21} & k_{22} - \omega^2 m_{22} & \cdots & k_{2n} - \omega^2 m_{2n} \\ \vdots & \vdots & & \vdots \\ k_{n1} - \omega^2 m_{n1} & k_{n2} - \omega^2 m_{n2} & \cdots & k_{nn} - \omega^2 m_{nn} \end{vmatrix} = 0$，或者

写成

$$\omega^{2n} + a_1 \omega^{2(n-1)} + \cdots + a_{n-1} \omega^2 + a_n = 0 \tag{4-12}$$

（4）解频率方程[或称特征方程，式（4-12）]，可得到特征值（固有频率的平方）$\omega_1^2, \omega_2^2, \cdots, \omega_{n-1}^2, \omega_n^2$。对固有频率由小到大排序，$\omega_1 < \omega_2 < \cdots < \omega_{n-1} < \omega_n$，对应排序的固有频率值分别称为基频，第二阶固有频率，$\cdots$，第 n 阶固有频率。

（5）将特征值 ω_1^2 代入式（4-10），解得振幅 $A_1^{(1)}, \cdots, A_n^{(1)}$ 的比值 $\beta_1^{(1)}, \cdots, \beta_n^{(1)}$，记为特征向量 $\boldsymbol{A}^{(1)} = [\beta_1^{(1)} \quad \cdots \quad \beta_n^{(1)}]^{\mathrm{T}} = [A_1^{(1)} \quad \cdots \quad A_n^{(1)}]^{\mathrm{T}}$。

同理，将特征值 $\omega_2^2, \cdots, \omega_n^2$ 分别代入代数特征值方程，得到振幅 $A_1^{(2)}, \cdots, A_n^{(2)}$ 的比值 $\beta_1^{(2)}, \cdots, \beta_n^{(2)}$，振幅 $A_1^{(n)}, \cdots, A_n^{(n)}$ 的比值 $\beta_1^{(n)}, \cdots, \beta_n^{(n)}$。记为

$$\boldsymbol{A}^{(2)} = [\beta_1^{(2)} \quad \cdots \quad \beta_n^{(2)}]^{\mathrm{T}} = [A_1^{(2)} \quad \cdots \quad A_n^{(2)}]^{\mathrm{T}}$$

$$\boldsymbol{A}^{(n)} = [\beta_1^{(n)} \quad \cdots \quad \beta_n^{(n)}]^{\mathrm{T}} = [A_1^{(n)} \quad \cdots \quad A_n^{(n)}]^{\mathrm{T}}$$

与 ω_1^2 对应的特征向量 $\boldsymbol{A}^{(1)} = [\beta_1^{(1)} \quad \cdots \quad \beta_n^{(1)}]^{\mathrm{T}} = [A_1^{(1)} \quad \cdots \quad A_n^{(1)}]^{\mathrm{T}}$ 称为第一阶主振型或第一阶主模态向量。与 $\omega_2^2, \cdots, \omega_n^2$ 对应的特征向量 $\boldsymbol{A}^{(2)} = [\beta_1^{(2)} \quad \cdots \quad \beta_n^{(2)}]^{\mathrm{T}} = [A_1^{(2)} \quad \cdots \quad A_n^{(2)}]^{\mathrm{T}}, \cdots, \boldsymbol{A}^{(n)} = [\beta_1^{(n)} \quad \cdots \quad \beta_n^{(n)}]^{\mathrm{T}} = [A_1^{(n)} \quad \cdots \quad A_n^{(n)}]^{\mathrm{T}}$ 分别称为第二阶主振型或第二阶主模态向量,$\cdots$,第 n 阶主振型或第 n 阶主模态向量。

在机械振动理论、振动力学和结构动力学的书籍中经常出现模态、振型、特征值、固有频率和特征向量等名词,这些名词其实是不同学科研究人员对同一物理量的不同翻译。线性代数中,对特征方程的求解可以获得全部特征值与特征向量。在振动力学领域,对自由振动的求解过程要建立该振动问题的特征方程,求解特征方程所获得的特征值与特征向量被定义为固有频率(natural frequency)和振型(mode of vibration)。在机械工程领域,结构振动特性的计算或测量常被称为模态分析(modal analysis),模态就是 modal 的音译,特征向量或振型在机械工程领域也被称为模态(或模态振型),所说的模态参数包括模态频率(固有频率)、模态振型和模态阻尼比等。从广义角度看,特征值、固有频率和模态频率的含义是相同的,特征向量、振型与模态(模态振型)的含义是相同的,但后面讲到的模态坐标和广义坐标却是两个不同的概念。

振型矩阵(模态矩阵):n 自由度动力学系统必有 n 个主振型(或者主模态),将各阶主振型自左向右依次排列,可得一个 $n \times n$ 阶矩阵,定义该矩阵为振型矩阵(或模态矩阵)。

$$\widetilde{\boldsymbol{A}} = [\boldsymbol{A}^{(1)} \quad \cdots \quad \boldsymbol{A}^{(i)} \quad \cdots \quad \boldsymbol{A}^{(n)}] = \begin{bmatrix} A_1^{(1)} & \cdots & A_1^{(i)} & \cdots & A_1^{(n)} \\ A_2^{(1)} & \cdots & A_2^{(i)} & \cdots & A_2^{(n)} \\ A_3^{(1)} & \cdots & A_3^{(i)} & \cdots & A_3^{(n)} \\ \vdots & \cdots & \vdots & & \vdots \\ A_n^{(1)} & \cdots & A_n^{(i)} & \cdots & A_n^{(n)} \end{bmatrix}$$

$$(4-13)$$

式中,$\boldsymbol{A}^{(i)} = [A_1^{(i)} \quad \cdots \quad A_r^{(i)} \quad \cdots \quad A_n^{(i)}]^{\mathrm{T}}$ 为第 i 阶振型向量,其元素 $A_n^{(i)}$ 的上标代表振型阶次,下标代表该阶次振型中广义坐标分量的序号。

(6)确定主振动。系统以某一阶固有频率按其相应主振型进行的振动,称为系统的主振动。对于第 i 阶主振动,其列式为

$$\begin{Bmatrix} q_1^{(i)} \\ \vdots \\ q_n^{(i)} \end{Bmatrix} = \begin{Bmatrix} A_1^{(i)} \\ \vdots \\ A_n^{(i)} \end{Bmatrix} \sin(\omega_i t + \theta) \text{ 或者} \begin{cases} q_1^{(i)} = A_1^{(i)} \sin(\omega_i t + \theta_i) \\ \vdots \\ q_n^{(i)} = A_n^{(i)} \sin(\omega_i t + \theta_i) \end{cases} \qquad (4-14)$$

（7）求出一般情况下自由振动的通解。系统的自由振动是不同频率主振动的线性组合，其结果不一定是简谐振动，这与单自由度系统自由振动不同。

$$\begin{cases} q_1 = A_1^{(1)} \sin(\omega_1 t + \theta_1) + \cdots + A_1^{(n)} \sin(\omega_n t + \theta_n) \\ \qquad\qquad\qquad\qquad \vdots \\ q_n = A_n^{(1)} \sin(\omega_1 t + \theta_1) + \cdots + A_n^{(n)} \sin(\omega_n t + \theta_n) \end{cases} \tag{4-15a}$$

$$\boldsymbol{q} = \begin{bmatrix} q_1 \\ \vdots \\ q_n \end{bmatrix} = \begin{bmatrix} A_1^{(1)} & \cdots & A_1^{(i)} & \cdots & A_1^{(n)} \\ A_2^{(1)} & \cdots & A_2^{(i)} & \cdots & A_2^{(n)} \\ A_3^{(1)} & \cdots & A_3^{(i)} & \cdots & A_3^{(n)} \\ \vdots & \cdots & \vdots & & \vdots \\ A_n^{(1)} & \cdots & A_n^{(i)} & \cdots & A_n^{(n)} \end{bmatrix} \begin{bmatrix} \sin(\omega_1 t + \theta_1) \\ \vdots \\ \sin(\omega_n t + \theta_n) \end{bmatrix} \tag{4-15b}$$

（8）根据系统对初始条件的响应，确定式（4-15a）中待定常数 $A_1^{(1)}$，…，$A_n^{(n)}$ 和 θ_1，…，θ_n，与单自由度系统自由振动一样，其振幅及相位由初始条件决定。

4.2.2 主振型的正交性、正则化和展开定理

N 自由度系统必有 N 个固有频率和 N 个主振型。主振型不是系统的实际振幅，只是系统振动特性的反映。主振型最重要的特性是正交性，主振型关于质量矩阵和刚度矩阵是正交的，下面给出证明。

对于多自由度动力学系统［式（4-6）］，假设其第 i 阶固有频率和主振型为 ω_i 及 $\{\boldsymbol{X}\}_i$，第 j 阶固有频率和主振型为 ω_j 及 $\{\boldsymbol{X}\}_j$。则它们一定满足如下特征方程式：

$$\boldsymbol{K}\{\boldsymbol{X}\}_i = \omega_i^2 \boldsymbol{M}\{\boldsymbol{X}\}_i \tag{4-16}$$

$$\boldsymbol{K}\{\boldsymbol{X}\}_j = \omega_j^2 \boldsymbol{M}\{\boldsymbol{X}\}_j \tag{4-17}$$

上述列式两边分别乘以 $\{\boldsymbol{X}\}_j^{\mathrm{T}}$ 和 $\{\boldsymbol{X}\}_i^{\mathrm{T}}$ 得

$$\{\boldsymbol{X}\}_j^{\mathrm{T}} \boldsymbol{K}\{\boldsymbol{X}\}_i = \omega_i^2 \{\boldsymbol{X}\}_j^{\mathrm{T}} \boldsymbol{M}\{\boldsymbol{X}\}_i \tag{4-18}$$

$$\{\boldsymbol{X}\}_i^{\mathrm{T}} \boldsymbol{K}\{\boldsymbol{X}\}_j = \omega_j^2 \{\boldsymbol{X}\}_i^{\mathrm{T}} \boldsymbol{M}\{\boldsymbol{X}\}_j \tag{4-19}$$

由于 $\boldsymbol{K}$ 与 $\boldsymbol{M}$ 都是对称矩阵，所以有

$$\{\boldsymbol{X}\}_i^{\mathrm{T}} \boldsymbol{K}\{\boldsymbol{X}\}_j = \{\boldsymbol{X}\}_j^{\mathrm{T}} \boldsymbol{K}\{\boldsymbol{X}\}_i$$

$$\{\boldsymbol{X}\}_i^{\mathrm{T}} \boldsymbol{M}\{\boldsymbol{X}\}_j = \{\boldsymbol{X}\}_j^{\mathrm{T}} \boldsymbol{M}\{\boldsymbol{X}\}_i$$

式(4-18)与式(4-19)相减得

$$(\omega_i^2 - \omega_j^2)\{\boldsymbol{X}\}_i^{\mathrm{T}}\boldsymbol{M}\{\boldsymbol{X}\}_j = 0 \tag{4-20}$$

因此有

$$\{\boldsymbol{X}\}_i^{\mathrm{T}}\boldsymbol{M}\{\boldsymbol{X}\}_j = \begin{cases} 0 & i \neq j \\ \widetilde{M}_i & i = j \end{cases} \tag{4-21}$$

式中,$\widetilde{M}_i$ 为模态质量或广义质量。将式(4-21)回代到特征方程[式(4-19)]得

$$\{\boldsymbol{X}\}_i^{\mathrm{T}}\boldsymbol{K}\{\boldsymbol{X}\}_j = \begin{cases} 0 & i \neq j \\ \widetilde{K}_i & i = j \end{cases} \tag{4-22}$$

式中,$\widetilde{K}_i = \omega_i^2\widetilde{M}_i = \lambda_i\widetilde{M}_i$ 为模态刚度或广义刚度。

质量矩阵(刚度矩阵)关于模态正交性的物理含义:第 j 阶振型的惯性力(弹性力)在第 i 阶振型上不做功,各不同阶主振动之间不存在动能或势能的转换。该性质是实现动力学方程解耦的理论基础。如果 $\boldsymbol{K}$ 与 $\boldsymbol{M}$ 不是对称矩阵,则没有这种正交性。

如下定义模态刚度矩阵、模态质量矩阵和谱矩阵(或特征值矩阵):

模态刚度矩阵 $\widetilde{\boldsymbol{K}} = \begin{bmatrix} \widetilde{K}_1 & \cdots & 0 \\ \vdots & \ddots & \vdots \\ 0 & \cdots & \widetilde{K}_n \end{bmatrix}$,其中 $\widetilde{K}_i = \{\boldsymbol{X}\}_i^{\mathrm{T}}\boldsymbol{K}\{\boldsymbol{X}\}_i$。

模态质量矩阵 $\widetilde{\boldsymbol{M}} = \begin{bmatrix} \widetilde{M}_1 & \cdots & 0 \\ \vdots & \ddots & \vdots \\ 0 & \cdots & \widetilde{M}_n \end{bmatrix}$,其中 $\widetilde{M}_i = \{\boldsymbol{X}\}_i^{\mathrm{T}}\boldsymbol{M}\{\boldsymbol{X}\}_i$。

谱矩阵(特征值矩阵) $\boldsymbol{\omega}^2 = \boldsymbol{\Lambda} = \begin{bmatrix} \lambda_1 & 0 & \cdots & \cdots & \cdots & 0 \\ 0 & \lambda_2 & \ddots & & & \vdots \\ \vdots & \ddots & \ddots & & & \vdots \\ \vdots & & & \lambda_i & & \vdots \\ \vdots & & & & \ddots & 0 \\ 0 & \cdots & \cdots & \cdots & 0 & \lambda_n \end{bmatrix}$,其中 $\lambda_i = \omega_i^2 = \dfrac{\widetilde{K}_i}{\widetilde{M}_i}$。

主振型的正则化:主振型 $\widetilde{\boldsymbol{X}}$ 表示系统中各广义坐标的相对位移关系,代表它们之间的比例关系,而非唯一确定的量。使振型向量的元素成为单值的过程

化方法称为正则化，所得振型称为正则振型、正则模态或规范模态（normal mode）。

质量正则模态（振型）矩阵 $\widetilde{\boldsymbol{\varphi}}$：关于质量矩阵 $\boldsymbol{M}$ 归一化的模态称为质量正则模态（振型），它使第 r 阶模态的广义质量等于 1，具体形式为 $\widetilde{\boldsymbol{\varphi}} = \begin{bmatrix} \widetilde{\boldsymbol{\varphi}}_1 & \cdots \end{bmatrix}$

$\widetilde{\boldsymbol{\varphi}}_r \quad \cdots \quad \widetilde{\boldsymbol{\varphi}}_n]$。其中，$\widetilde{\boldsymbol{\varphi}}_r = \begin{bmatrix} \phi_1^{(r)} \\ \vdots \\ \phi_n^{(r)} \end{bmatrix}$ 为第 r 阶正则模态，它由一般模态矩阵 $\widetilde{\boldsymbol{X}} = $

$[\{\boldsymbol{X}\}_1 \quad \cdots \quad \{\boldsymbol{X}\}_r \quad \cdots \quad \{\boldsymbol{X}\}_n]$ 按下式变换得到。

$$\widetilde{\boldsymbol{\varphi}} = [\widetilde{\boldsymbol{\varphi}}_1 \quad \cdots \quad \widetilde{\boldsymbol{\varphi}}_r \quad \cdots \quad \widetilde{\boldsymbol{\varphi}}_n] = [c_1\{\boldsymbol{X}\}_1 \quad \cdots \quad c_r\{\boldsymbol{X}\}_r \quad \cdots \quad c_n\{\boldsymbol{X}\}_n]$$

$$= \left[\frac{1}{\sqrt{\widetilde{M}_1}}\{\boldsymbol{X}\}_1 \quad \cdots \quad \frac{1}{\sqrt{\widetilde{M}_r}}\{\boldsymbol{X}\}_r \quad \cdots \quad \frac{1}{\sqrt{\widetilde{M}_n}}\{\boldsymbol{X}\}_n \right] \tag{4-23}$$

式中，$c_r = \dfrac{1}{\sqrt{\{\boldsymbol{X}\}_r^{\mathrm{T}}\boldsymbol{M}\{\boldsymbol{X}\}_r}} = \dfrac{1}{\sqrt{\widetilde{M}_r}}$ 为正则振型常数，$\widetilde{M}_r$ 为模态质量。

对于正则振型，下式恒成立：

$$\boldsymbol{\varphi}_r^{\mathrm{T}}\boldsymbol{M}\boldsymbol{\varphi}_r = \frac{1}{\sqrt{\widetilde{M}_r}}\{\boldsymbol{X}\}_r^{\mathrm{T}}\boldsymbol{M}\frac{1}{\sqrt{\widetilde{M}_r}}\{\boldsymbol{X}\}_r = \frac{1}{\widetilde{M}_r}\{\boldsymbol{X}\}_r^{\mathrm{T}}\boldsymbol{M}\{\boldsymbol{X}\}_r = \frac{\widetilde{M}_r}{\widetilde{M}_r} = 1 \tag{4-24}$$

正则振型的正交性为

$$\widetilde{\boldsymbol{\varphi}}^{\mathrm{T}}\boldsymbol{M}\widetilde{\boldsymbol{\varphi}} = \boldsymbol{I}, \quad \widetilde{\boldsymbol{\varphi}}^{\mathrm{T}}\boldsymbol{K}\widetilde{\boldsymbol{\varphi}} = \boldsymbol{\lambda} \tag{4-25}$$

$$\widetilde{\boldsymbol{\varphi}}_i^{\mathrm{T}}\boldsymbol{M}\widetilde{\boldsymbol{\varphi}}_j = \begin{cases} 0 & i \neq j \\ 1 & i = j \end{cases} \tag{4-26}$$

$$\widetilde{\boldsymbol{\varphi}}_i^{\mathrm{T}}\boldsymbol{K}\widetilde{\boldsymbol{\varphi}}_j = \begin{cases} 0 & i \neq j \\ \omega_j^2 & i = j \end{cases} \tag{4-27}$$

展开定理：动力学系统任一位形 $\boldsymbol{q}(t)$ 可用系统主模态（主振型）的线性组合表示，即

$$\boldsymbol{q}(t) = \begin{Bmatrix} q_1(t) \\ q_2(t) \\ \vdots \\ q_n(t) \end{Bmatrix} = \widetilde{\boldsymbol{\varphi}}\boldsymbol{\eta}(t) = [\widetilde{\boldsymbol{\varphi}}_1 \quad \widetilde{\boldsymbol{\varphi}}_2 \quad \cdots \quad \widetilde{\boldsymbol{\varphi}}_n] \begin{Bmatrix} \eta_1 \\ \eta_2 \\ \vdots \\ \eta_n \end{Bmatrix}$$

$$= \begin{bmatrix} \widetilde{\varphi}_1^{(1)} & \cdots & \widetilde{\varphi}_1^{(i)} & \cdots & \widetilde{\varphi}_1^{(n)} \\ \widetilde{\varphi}_2^{(1)} & \cdots & \widetilde{\varphi}_2^{(i)} & \cdots & \widetilde{\varphi}_2^{(n)} \\ \widetilde{\varphi}_3^{(1)} & \cdots & \widetilde{\varphi}_3^{(i)} & \cdots & \widetilde{\varphi}_3^{(n)} \\ \vdots & \cdots & \vdots & & \vdots \\ \widetilde{\varphi}_n^{(1)} & \cdots & \widetilde{\varphi}_n^{(i)} & \cdots & \widetilde{\varphi}_n^{(n)} \end{bmatrix} \begin{Bmatrix} \eta_1 \\ \eta_2 \\ \vdots \\ \eta_n \end{Bmatrix} = \sum_{i=1}^{n} \widetilde{\boldsymbol{\varphi}}_i \boldsymbol{\eta}_i \qquad (4-28)$$

式中，$\boldsymbol{\eta} = \begin{bmatrix} \eta_1 & \eta_2 & \cdots & \eta_n \end{bmatrix}^{\mathrm{T}}$ 为模态坐标(或主坐标)向量，代表响应中各阶主模态所占成分；$\widetilde{\boldsymbol{\varphi}}$ 为质量正则模态(振型)矩阵。第 r 阶位形分量 $q_r(t) = \sum_{i=1}^{n} \varphi_r^{(i)} \eta_i = \varphi_r^{(1)} \eta_1 + \varphi_r^{(2)} \eta_2 + \cdots + \varphi_r^{(n)} \eta_n$，$\varphi_r^{(i)}$ 为第 i 阶模态中第 r 个位形分量。

考虑截断误差的振型叠加(模态从 1 到 $\hat{N}$ 截断)为

$$\boldsymbol{q}(t) = \begin{Bmatrix} q_1(t) \\ q_2(t) \\ \vdots \\ q_n(t) \end{Bmatrix} = \widetilde{\boldsymbol{\varphi}} \boldsymbol{\eta}(t) = \begin{bmatrix} \widetilde{\boldsymbol{\varphi}}_1 & \widetilde{\boldsymbol{\varphi}}_2 & \cdots & \boldsymbol{\varphi}_n \end{bmatrix} \begin{Bmatrix} \eta_1 \\ \eta_2 \\ \vdots \\ \eta_n \end{Bmatrix} = \sum_{i=1}^{n} \widetilde{\boldsymbol{\varphi}}_i \boldsymbol{\eta}_i \approx \sum_{i=1}^{\hat{N}} \widetilde{\boldsymbol{\varphi}}_i \boldsymbol{\eta}_i$$

$$(4-29)$$

下面给出多自由度无阻尼系统自由振动方程[式(4-6)]的正则变换，对于动力学方程 $\boldsymbol{M}\ddot{\boldsymbol{q}}(t) + \boldsymbol{K}\boldsymbol{q}(t) = \boldsymbol{0}$ 应用展开定理，设 $\boldsymbol{q}(t) = \widetilde{\boldsymbol{\varphi}} \boldsymbol{\eta}(t)$，其中 $\widetilde{\boldsymbol{\varphi}}$ 为正则模态矩阵。代入动力学方程得

$$\boldsymbol{M}\widetilde{\boldsymbol{\varphi}}\ddot{\boldsymbol{\eta}}(t) + \boldsymbol{K}\widetilde{\boldsymbol{\varphi}}\boldsymbol{\eta}(t) = \boldsymbol{0} \qquad (4-30)$$

式(4-30)左侧乘以 $\widetilde{\boldsymbol{\varphi}}^{\mathrm{T}}$ 得

$$\widetilde{\boldsymbol{\varphi}}^{\mathrm{T}}\boldsymbol{M}\widetilde{\boldsymbol{\varphi}}\ddot{\boldsymbol{\eta}}(t) + \widetilde{\boldsymbol{\varphi}}^{\mathrm{T}}\boldsymbol{K}\widetilde{\boldsymbol{\varphi}}\boldsymbol{\eta}(t) = \boldsymbol{0}$$

因为 $\widetilde{\boldsymbol{\varphi}}^{\mathrm{T}}\boldsymbol{M}\widetilde{\boldsymbol{\varphi}} = \boldsymbol{I}$，$\widetilde{\boldsymbol{\varphi}}^{\mathrm{T}}\boldsymbol{K}\widetilde{\boldsymbol{\varphi}} = \boldsymbol{\Lambda}$，则式(4-30)变为解耦的无阻尼自由振动方程：

$$\ddot{\boldsymbol{\eta}}(t) + \boldsymbol{\Lambda}\boldsymbol{\eta}(t) = \boldsymbol{0} \qquad (4-31)$$

或改写为

$$\ddot{\eta}_i(t) + \omega_i^2 \eta_i(t) = 0 \quad (i = 1, 2, \cdots, n) \qquad (4-32)$$

式中，ω_i 为系统第 i 阶固有频率。

4.2.3 有阻尼自由振动的解

多自由度有阻尼系统的自由振动方程为

$$\boldsymbol{M}\ddot{\boldsymbol{q}}(t)+\boldsymbol{C}\dot{\boldsymbol{q}}(t)+\boldsymbol{K}\boldsymbol{q}(t)=\boldsymbol{0} \tag{4-33}$$

求解的通用步骤如下：

（1）首先求解无阻尼自由振动的特征值问题。

$$(\boldsymbol{K}-\boldsymbol{\omega}^2\boldsymbol{M})\widetilde{\boldsymbol{\varphi}}=\boldsymbol{0} \tag{4-34}$$

式（4-33）中，$\boldsymbol{q}=[q_1 \ \cdots \ q_n]^{\mathrm{T}}$ 为位移向量。解得正则振型 $\widetilde{\boldsymbol{\varphi}}=$

$$[\widetilde{\boldsymbol{\varphi}}_1 \ \ \widetilde{\boldsymbol{\varphi}}_2 \ \ \cdots \ \ \widetilde{\boldsymbol{\varphi}}_n]=\begin{bmatrix} \widetilde{\varphi}_1^{(1)} & \cdots & \widetilde{\varphi}_1^{(i)} & \cdots & \widetilde{\varphi}_1^{(n)} \\ \widetilde{\varphi}_2^{(1)} & \cdots & \widetilde{\varphi}_2^{(i)} & \cdots & \widetilde{\varphi}_2^{(n)} \\ \widetilde{\varphi}_3^{(1)} & \cdots & \widetilde{\varphi}_3^{(i)} & \cdots & \widetilde{\varphi}_3^{(n)} \\ \vdots & \cdots & \vdots & & \vdots \\ \widetilde{\varphi}_n^{(1)} & \cdots & \widetilde{\varphi}_n^{(i)} & \cdots & \widetilde{\varphi}_n^{(n)} \end{bmatrix}$$ 及对应的固有频率 ω_1^2，

$\omega_2^2, \cdots, \omega_{n-1}^2, \omega_n^2$。

（2）对式（4-33）进行模态坐标变换。

根据展开定理，式（4-33）的位移解 $\boldsymbol{q}$ 可以按主振型 $\widetilde{\boldsymbol{\varphi}}$（主模态）展开为

$$\boldsymbol{q}=\widetilde{\boldsymbol{\varphi}}\boldsymbol{\xi}=\sum_{i=1}^{n}\widetilde{\boldsymbol{\varphi}}_i\boldsymbol{\xi}_i \tag{4-35}$$

式中，$\boldsymbol{\xi}=[\xi_1 \ \ \xi_2 \ \ \cdots \ \ \xi_n]^{\mathrm{T}}$ 为模态坐标向量。将式（4-35）代入式（4-33）后左侧乘以 $\widetilde{\boldsymbol{\varphi}}^{\mathrm{T}}$ 得

$$\widetilde{\boldsymbol{\varphi}}^{\mathrm{T}}\boldsymbol{M}\widetilde{\boldsymbol{\varphi}}\ddot{\boldsymbol{\xi}}+\widetilde{\boldsymbol{\varphi}}^{\mathrm{T}}\boldsymbol{C}\widetilde{\boldsymbol{\varphi}}\dot{\boldsymbol{\xi}}+\widetilde{\boldsymbol{\varphi}}^{\mathrm{T}}\boldsymbol{K}\widetilde{\boldsymbol{\varphi}}\boldsymbol{\xi}=\boldsymbol{0} \tag{4-36}$$

根据模态的正交性，上式可解耦为 n 个单自由度有阻尼系统的自由振动方程：

$$\ddot{\xi}_i+2\zeta_i\omega_i\dot{\xi}_i+\omega_i^2\xi_i=0 \ (i=1,\ 2,\ \cdots,\ n) \tag{4-37}$$

式中，ω_i 为系统第 i 阶固有频率；$\zeta_i=\dfrac{\widetilde{c}_i}{2\widetilde{m}_i\omega_i}$ 为第 i 阶模态阻尼比。这些单自由度动力学方程可以采用第 3 章中介绍的解法直接给出解析解。

（3）求单自由度有阻尼系统自由振动的解。对于欠阻尼情况，$\zeta_i<1$，则有

$$s_{1,2}=-\zeta_i\omega_i\pm\mathrm{i}\sqrt{1-\zeta_i^2}\omega_i=-\zeta_i\omega_i\pm\mathrm{i}\omega_{di} \tag{4-38}$$

令 $\omega_{di}=\sqrt{1-\zeta_i^2}\omega_i$，代入 $\xi_i(t)=B_1\mathrm{e}^{s_1t}+B_2\mathrm{e}^{s_2t}$，得模态坐标解的一般形式为

$$\xi_i(t) = e^{-\zeta_i\omega_i t}(B_1 e^{i\omega_{di}t} + B_2 e^{-i\omega_{di}t}) = e^{-\zeta_i\omega_i t}(B'_1\cos\omega_{di}t + B'_2\sin\omega_{di}t) \tag{4-39}$$

(4)根据系统对初始条件的响应,确定待定常数 B'_1 和 B'_2,得到单自由度有阻尼系统自由振动的解为

$$\xi_i(t) = Be^{-\zeta_i\omega_i t}\cos(\omega_{di}t - \theta_i) \tag{4-40}$$

(5)求出模态坐标 $\xi_i(t)$ 后,由 $\boldsymbol{q} = \widetilde{\boldsymbol{\varphi}}\boldsymbol{\xi} = \sum_{i=1}^{n}\widetilde{\boldsymbol{\varphi}}_i\boldsymbol{\xi}_i$ 可求出原方程的位移解 $\boldsymbol{q}$。

例题 4.1 图 4-1 所示为海洋平台上部模块的生活区中某二层楼房建筑的力学模型,其各层的质量 $m_1 = m_2 = 1000\,\text{kg}$,立柱的等效侧向刚度 $k_1 = 1\,000\,\text{N/m}$,$k_2 = 1500\,\text{N/m}$。请给出:

(1)楼房建筑的动力学方程及解的简谐形式。

(2)楼房建筑自由振动的频率方程。

(3)楼房建筑的自振频率与振型。

解:(1)该楼房建筑的动力学方程为

$$\begin{bmatrix} m_1 & 0 \\ 0 & m_2 \end{bmatrix}\begin{Bmatrix} \ddot{u}_1 \\ \ddot{u}_2 \end{Bmatrix} + \begin{bmatrix} k_1 & -k_1 \\ -k_1 & k_1+k_2 \end{bmatrix}\begin{Bmatrix} u_1 \\ u_2 \end{Bmatrix} = \begin{Bmatrix} 0 \\ 0 \end{Bmatrix}$$

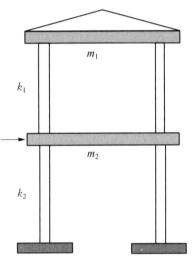

图 4-1　二层楼房建筑的力学模型

代入数据得

$$\begin{bmatrix} 1\,000 & 0 \\ 0 & 1\,000 \end{bmatrix}\begin{Bmatrix} \ddot{u}_1 \\ \ddot{u}_2 \end{Bmatrix} + \begin{bmatrix} 1\,000 & -1\,000 \\ -1\,000 & 2\,500 \end{bmatrix}\begin{Bmatrix} u_1 \\ u_2 \end{Bmatrix} = \begin{Bmatrix} 0 \\ 0 \end{Bmatrix}$$

设该方程的解为

$$\boldsymbol{u} = \begin{Bmatrix} u_1 \\ u_2 \end{Bmatrix} = \boldsymbol{A}\cos(\omega t + \theta) = \begin{Bmatrix} A_1 \\ A_2 \end{Bmatrix}\cos(\omega t + \theta)$$

(2)该楼房建筑自由振动的频率方程为

$$1\,000^2\omega^4 - (1\,000\times2\,500 + 1\,000\times1\,000)\omega^2 + (1\,000\times2\,500 - 1\,000^2) = 0$$

化简得 $\omega^4 - 3.5\omega^2 + 1.5 = 0$。

（3）解得 $\omega_1^2=0.5$，$\omega_2^2=3$，所以 $f_1=\dfrac{1}{2\pi}\sqrt{\dfrac{1}{2}}$，$f_2=\dfrac{1}{2\pi}\sqrt{3}$。

将固有频率值代入动力学方程，则有

当 $\omega_1^2=0.5$ 时，$(1\,000\times0.5-1\,000)A_1+1\,000A_2=0$；$1\,000A_1+(1\,000\times0.5-2\,500)A_2=0$

当 $\omega_2^2=3$ 时，$(1\,000\times3-1\,000)A_1+1\,000A_2=0$；$1\,000A_1+(1\,000\times3-2\,500)A_2=0$

解上述方程得 $\dfrac{A_1}{A_2}=\dfrac{1}{2}$，或 $A_1:A_2=1:0.5$。$\dfrac{A_2}{A_1}=-2$ 或 $A_1:A_2=1:-2$。二层楼房建筑对应的振型如图 4-2 所示。

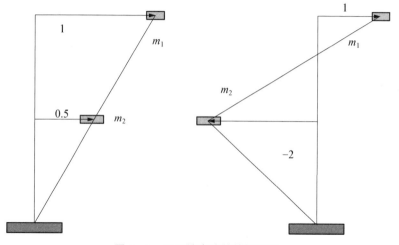

图 4-2　二层楼房建筑的振型图

4.3　固有频率与固有振型的数值近似解法

计算多自由度系统的低阶固有频率和固有振型可以归结为求解如下特征值问题：

（1）MK 型特征问题：$\boldsymbol{Kx}=\lambda\boldsymbol{Mx}$ 或 $\boldsymbol{Pz}=\lambda\boldsymbol{z}$。

（2）MCK 型特征问题：$\mu^2\boldsymbol{Mz}+\mu\boldsymbol{Cz}+\boldsymbol{Kz}=\boldsymbol{0}$。

式中，$\boldsymbol{x}$ 和 $\boldsymbol{z}$ 为特征向量（振型）；μ 和 λ 为特征值（固有频率）。常见解法分为直接解法和变换为标准型后的解法这两类[28-30]。

先求特征值时，MK 型方程的解法有瑞利-里兹法、子空间迭代法、广义雅可比法、QL 算法、STURM 法和逐阶滤频法等，MCK 型方程的解法有兰乔斯

(Lanczos)法和伯努利法等。

先求特征向量时,MCK 型方程的解法有幂法、豪斯霍尔德法、子空间迭代法、逆迭代法和同时迭代法等。

其中,子空间迭代法和 Lanczos 法是面向大型工程特征问题的实用解法,对同样问题 Lanczos 法比子空间迭代法求解效率高 5~10 倍。

广义雅可比法的原理:直接对广义特征值方程两边的矩阵 $\boldsymbol{K}$、矩阵 $\boldsymbol{M}$ 施行一系列相似变换,将两个矩阵同时化为对角矩阵。将它们对角线上的元素对应相除,就可得到原问题的所有特征值;而将各次变换的矩阵连乘起来,就可得到原问题的特征向量矩阵,并可按对角化后的矩阵 $\boldsymbol{M}$ 进行归一化。

豪斯霍尔德法的原理:利用豪斯霍尔德变换,将 MK 型方程的矩阵 $\boldsymbol{P}$ 三对角化。

QL 算法的原理:利用多次正交变换,按指定的精度逼近对角矩阵。

逆迭代法的原理:基于系统的特征方程,构造迭代式 $\boldsymbol{K} \dfrac{1}{\lambda} \{\boldsymbol{x}\}^{i+1} = \boldsymbol{M}\{\boldsymbol{x}\}^i$ 获得近似最低阶特征向量及特征值。

4.3.1 瑞利能量法

对于弹性系统,当其做某个主振动时,最大动能值等于其最大位能值,因此有固有频率计算公式为

$$\omega_i^2 = \frac{\{\boldsymbol{X}\}_i^{\mathrm{T}} \boldsymbol{K} \{\boldsymbol{X}\}_i}{\{\boldsymbol{X}\}_i^{\mathrm{T}} \boldsymbol{M} \{\boldsymbol{X}\}_i} \tag{4-41}$$

采用式(4-41)计算系统固有频率时,若固有振型是未知的,可以选取一个近似的振型向量来代替精确的振型向量,然后计算

$$R(\boldsymbol{\psi}) = \frac{\boldsymbol{\psi}^{\mathrm{T}} \boldsymbol{K} \boldsymbol{\psi}}{\boldsymbol{\psi}^{\mathrm{T}} \boldsymbol{M} \boldsymbol{\psi}} \tag{4-42}$$

并将该值作为第 r 阶固有频率的近似值,这种方法称为瑞利(Rayleigh)法,$R(\boldsymbol{\psi})$ 称为瑞利商。使用该方法可以快速估算出系统的基频值。

4.3.2 瑞利-里兹法

当需要计算更多阶固有频率时,可以采用瑞利法引申出来的瑞利-里兹法(Rayleigh-Ritz)。其原理是用 s 个假设模态,对系统的自由度进行缩减,求出最低的前 s 阶特征对近似值。步骤如下:

(1)用选定的一组假设模态向量 $\boldsymbol{\Phi}_1, \boldsymbol{\Phi}_2, \cdots, \boldsymbol{\Phi}_s$ 的线性组合,构造包含 s

个待定常数的向量 a 的近似振型 ψ：

$$\psi = \begin{bmatrix} \boldsymbol{\Phi}_1 & \boldsymbol{\Phi}_2 & \cdots & \boldsymbol{\Phi}_s \end{bmatrix} \begin{Bmatrix} a_1 \\ a_2 \\ \vdots \\ a_s \end{Bmatrix} = \sum_{i=1}^{s} \boldsymbol{\Phi}_i a_i \qquad (4-43)$$

（2）代入瑞利商公式，得到用待定常数表示的瑞利函数 $R(a)$。

$$R(a) = \frac{a^{\mathrm{T}} \psi^{\mathrm{T}} K \psi a}{a^{\mathrm{T}} \psi^{\mathrm{T}} M \psi a} = \frac{a^{\mathrm{T}} \bar{K} a}{a^{\mathrm{T}} \bar{M} a} = \omega_n^2 \qquad (4-44)$$

（3）由瑞利函数的极值性质

$$\frac{\partial \omega_n^2}{\partial a} = \begin{bmatrix} \dfrac{\partial \omega_n^2}{\partial a_1} & \dfrac{\partial \omega_n^2}{\partial a_2} & \cdots & \dfrac{\partial \omega_n^2}{\partial a_s} \end{bmatrix} = 0 \qquad (4-45)$$

导出关于 a 的线性代数方程组：

$$\frac{2\bar{K}a(a^{\mathrm{T}}\bar{M}a) - 2(a^{\mathrm{T}}\bar{K}a)(\bar{M}a)}{(a^{\mathrm{T}}\bar{M}a)^2} = 0 \qquad (4-46)$$

整理后得到

$$(\bar{K} - \omega_n^2 \bar{M})a = 0 \qquad (4-47)$$

（4）解上式的频率方程式：

$$D(\omega_n^2) = |\bar{K} - \omega_n^2 \bar{M}| = 0 \qquad (4-48)$$

求得系统前 s 个固有频率的近似值。

4.3.3　子空间迭代法

子空间迭代法的原理：通过对一组试验向量反复使用里兹法和逆迭代法，获得近似的特征向量及特征值。该方法的优点是不会漏根。其主要步骤及迭代过程如下。

假设前 q 阶振型向量 $\{\varphi\}^{(1)}$，$\{\varphi\}^{(2)}$，$\cdots$，$\{\varphi\}^{(q)}$ 构成初始迭代振型矩阵 x_0，之后按照式（4-49）～式（4-53）的顺序及迭代公式求解，直到前后两次特征值的解的相对误差小于限值 ε（ε 是一个很小的正数）。

$$K \bar{x}_k = M x_{k-1} \qquad (4-49)$$

$$K^* = \bar{x}_k^{\mathrm{T}} K \bar{x}_k \qquad (4-50)$$

$$\boldsymbol{M}^* = \bar{\boldsymbol{x}}_k^{\mathrm{T}} \boldsymbol{M} \bar{\boldsymbol{x}}_k \tag{4-51}$$

$$\boldsymbol{K}^* \boldsymbol{A}_k = \boldsymbol{M}^* \boldsymbol{A}_k \boldsymbol{\Omega}_k^2 \tag{4-52}$$

$$\boldsymbol{x}_k = \bar{\boldsymbol{x}}_k \boldsymbol{A}_k \tag{4-53}$$

式中，$\boldsymbol{A}_k = [\{\boldsymbol{A}\}^{(1)} \quad \{\boldsymbol{A}\}^{(2)} \quad \cdots \quad \{\boldsymbol{A}\}^{(q)}]$ 为式(4-52)的 q 阶特征向量排列而成，而

$$\boldsymbol{\Omega}_k^2 = \begin{bmatrix} \omega_1^2 & & & & \\ & \omega_2^2 & & & \\ & & \ddots & & \\ & & & \ddots & \\ & & & & \omega_q^2 \end{bmatrix} \tag{4-54}$$

判断 $\left| \dfrac{\boldsymbol{\Omega}_{k+1}^2 - \boldsymbol{\Omega}_k^2}{\boldsymbol{\Omega}_{k+1}^2} \right| \leqslant \varepsilon$ 是否满足，若不满足则用 $\boldsymbol{x}_k$ 代替 $\boldsymbol{x}_{k-1}$ 并转至式(4-49)继续从式(4-49)至式(4-53)的迭代，若满足则输出特征向量和固有频率。

子空间迭代法的收敛速度与初始迭代向量的个数和初始向量有重要关系，因此初始向量的个数应大于所需求的特征值阶数；此外，还需含有所求特征向量成分。

原则上，初始迭代向量的个数 $p = \min(m+8, 2m)$，m 是所需求的特征解的阶数。

例题 4.2 已知广义特征值问题的矩阵 $\boldsymbol{K}$ 和矩阵 $\boldsymbol{M}$，用子空间迭代法求其前两阶特征解。

$$\boldsymbol{K} = \begin{bmatrix} 3 & & & \\ & 2 & & \\ & & 4 & \\ & & & 8 \end{bmatrix}, \quad \boldsymbol{M} = \begin{bmatrix} 2 & & & \\ & 0 & & \\ & & 4 & \\ & & & 1 \end{bmatrix}$$

解：选择两阶初始迭代向量构成初始迭代振型矩阵 $\boldsymbol{x}_0 = \begin{bmatrix} 0 & 1 \\ 0 & 0 \\ 1 & 0 \\ 0 & 0 \end{bmatrix}$

代入式(4-49)～式(4-53)进行计算：

$$\bar{x}_1 = K^{-1}Mx_0 = \begin{bmatrix} 0 & 6 \\ 0 & 0 \\ 16 & 0 \\ 0 & 0 \end{bmatrix}, \ K_1^* = \bar{x}_1^{\mathrm{T}}K\bar{x}_1 = \begin{bmatrix} 1\,024 & \\ & 108 \end{bmatrix}$$

$$M_1^* = \bar{x}_1^{\mathrm{T}}M\bar{x}_1 = \begin{bmatrix} 1\,024 & \\ & 72 \end{bmatrix}, \ \Omega_1^2 = \begin{bmatrix} 1 & \\ & 1.5 \end{bmatrix}, \ A_1 = \begin{bmatrix} 1 & 0 \\ 0 & 1 \end{bmatrix}$$

$$x_1 = \bar{x}_1 A_1 = \begin{bmatrix} 0 & 6 \\ 0 & 0 \\ 16 & 0 \\ 0 & 0 \end{bmatrix}$$

显然,初始振型向量与第一步迭代求解后的振型向量是一致的,原初始值就是前两阶的精确特征解。

4.3.4　Lanczos 法

Lanczos 法是适用于大型工程特征问题的解法。所谓大型工程特征问题,首先其特征值的阶数较大,量级可达 10^4 甚至更高;其次仅需求出它的部分特征解,主要是最低阶的若干特征解。Lanczos 法的原理:选择 k 个线性无关的初始向量,通过反迭代和正规化处理,形成 k 个正交的 Lanczos 向量(使用逆迭代幂法改进的里兹基)。而后将其逐个轮流进行反迭代和正规化,再形成 p 个 Lanczos 向量和三对角矩阵,直接求特征值。

较为常用的两类方法是块 Lanczos 法和逐个加入初始向量的 Lanczos 法。下面介绍块 Lanczos 法,其优点是误差小,不漏根。

对 MK 型动力学方程,应用如下线性变换关系:

$$q = Ql \tag{4-55}$$

式中,l 为 Lanczos 向量;Q 为 Lanczos 向量矩阵。

$$Q^{\mathrm{T}}MQ = I \tag{4-56}$$

$$Q^{\mathrm{T}}MK^{-1}MQ = T \tag{4-57}$$

式中,T 为三对角矩阵。

求解三对角矩阵 $Tz = \lambda z$ 的特征解,则得到原特征问题的前 m 阶近似特征解。

4.4 动力子结构法

为了解决复杂及大型结构动力学分析问题中所涉及的自由度超大规模、计算机内存及硬件条件难以满足需求的难题,发展出了动力子结构法。该类方法可细分为模态综合法和界面位移凝聚法。Gladwell 和 Hurty 在 20 世纪 60 年代提出了模态综合法,将复杂大型结构划分成若干个便于动力学分析的子结构,分别计算每个子结构的动力特性;之后根据子结构相邻界面上的位移协调和力平衡条件,将子结构的低阶模态组合而形成原结构的主要模态,实现原特征值方程的降阶;最后以这些模态组成的向量作为里兹向量导出减缩自由度的结构特征值问题,再进行求解。模态综合法分为固定界面法和自由界面法两大类,即分别将子结构间界面固定处理,或者不加任何约束条件形成自由界面。这个方法的计算效率和精度常常依赖计算者的经验及力学知识,而另一类动力子结构法——界面位移凝聚法则可以克服上述缺点[28]。

界面位移凝聚法的原理:将各子结构的刚度矩阵与质量矩阵分别进行“凝聚”处理,将整个子结构的刚度、质量特性反映到其边界点(或称出口点)上,于是在将所有子结构拼装成整体后,总刚度矩阵与总质量矩阵的阶数就是所有这些出口自由度的总和,从而达到降阶的目的。该类方法包括盖恩(Guyan)法、库哈(Kuhar)法和模态修正法等。

4.4.1 盖恩法

设广义特征值方程为

$$\boldsymbol{R}\{\boldsymbol{D}\} = \omega^2 \boldsymbol{M}\{\boldsymbol{D}\} \tag{4-58}$$

式(4-58)可分块写成如下形式:

$$\begin{bmatrix} \boldsymbol{R}_{ii} & \boldsymbol{R}_{io} \\ --- & --- \\ \boldsymbol{R}_{oi} & \boldsymbol{R}_{oo} \end{bmatrix} \begin{Bmatrix} \boldsymbol{D}_i \\ --- \\ \boldsymbol{D}_o \end{Bmatrix} = \omega^2 \begin{bmatrix} \boldsymbol{M}_{ii} & \boldsymbol{M}_{io} \\ --- & --- \\ \boldsymbol{M}_{oi} & \boldsymbol{M}_{oo} \end{bmatrix} \begin{Bmatrix} \boldsymbol{D}_i \\ --- \\ \boldsymbol{D}_o \end{Bmatrix} \tag{4-59}$$

式中,$\{\boldsymbol{D}_i\}$ 是副自由度,在考虑它的变位时,认为按准静态方式(固有频率 $\omega \approx 0$)由主自由度带动。由式(4-59)第一行可解得

$$\boldsymbol{R}_{ii}\{\boldsymbol{D}_i\} + \boldsymbol{R}_{io}\{\boldsymbol{D}_o\} = \{\boldsymbol{0}\} \tag{4-60}$$

或者

$$\{\boldsymbol{D}_i\} = -\boldsymbol{R}_{ii}^{-1}\boldsymbol{R}_{io}\{\boldsymbol{D}_o\}$$

则

$$\{D\} = \left\{ \begin{matrix} D_i \\ --- \\ D_o \end{matrix} \right\} = T\{D_o\} \tag{4-61}$$

式中，$T = \begin{bmatrix} -R_{ii}^{-1}R_{io} \\ --- \\ I \end{bmatrix}$。因此得

$$RT\{D_o\} = \omega^2 MT\{D_o\} \tag{4-62}$$

两边乘以 T^{T}，得到降阶的广义特征值问题：

$$R^*\{D_o\} = \omega^2 M^*\{D_o\} \tag{4-63}$$

式中，$R^* = T^{\mathrm{T}}RT$；$M^* = T^{\mathrm{T}}MT$。

4.4.2　库哈法

这是一种动凝聚法。该方法在确定 $\{D_i\}$ 时，并不认为式（4-59）中固有频率 ω^2 小得可以忽略。于是按第一行展开时得到

$$(R_{ii} - \omega^2 M_{ii})\{D_i\} + (R_{io} - \omega^2 M_{io})\{D_o\} = \{0\} \tag{4-64}$$

$$\{D_i\} = -(R_{ii} - \omega^2 M_{ii})^{-1}(R_{io} - \omega^2 M_{io})\{D_o\} \tag{4-65}$$

取一个接近于 ω_j^2 的值 P_j 来计算第 j 阶特征对，于是式（4-65）改写为

$$\{D_i\} = \boldsymbol{\eta}\{D_o\} \tag{4-66}$$

式中，$\boldsymbol{\eta} = -(R_{ii} - P_j M_{ii})^{-1}(R_{io} - P_j M_{io})$。则

$$\{D\} = \left\{ \begin{matrix} D_i \\ --- \\ D_o \end{matrix} \right\} = \left\{ \begin{matrix} \boldsymbol{\eta} \\ --- \\ I \end{matrix} \right\}\{D_o\} = T\{D_o\} \tag{4-67}$$

两边乘以 T^{T}，得到降阶的广义特征值问题：

$$R^*\{D_o\} = \omega^2 M^*\{D_o\} \tag{4-68}$$

式中，$R^* = T^{\mathrm{T}}RT$；$M^* = T^{\mathrm{T}}MT$。

上述值 P_j 是一个估计值，可以按盖恩法计算得到。按库哈法计算得到的固有频率 ω_j^2 也可作为新的 P_j 值进行迭代计算，结果将收敛于原系统的真实解。

例题 4.3 已知广义特征值问题表达式[式(4-58)]的矩阵 $\boldsymbol{R}$ 和 $\boldsymbol{M}$,试用库哈法求系统前两阶特征解。

$$\boldsymbol{R} = \begin{bmatrix} 2 & -1 & 0 & | & 0 \\ -1 & 2 & -1 & | & 0 \\ 0 & -1 & 2 & | & -1 \\ - & - & - & - & - \\ 0 & 0 & -1 & | & 1 \end{bmatrix}, \boldsymbol{M} = \begin{bmatrix} 1 & 0 & 0 & | & 0 \\ 0 & 1 & 0 & | & 0 \\ 0 & 0 & 1 & | & 0 \\ - & - & - & - & - \\ 0 & 0 & 0 & | & 1 \end{bmatrix}$$

解:设三个内部自由度为副自由度,按照 $\{\boldsymbol{D}_i\} = -(\boldsymbol{R}_{ii} - \omega^2\boldsymbol{M}_{ii})^{-1}(\boldsymbol{R}_{io} - \omega^2\boldsymbol{M}_{io})\{\boldsymbol{D}_o\}$ 得

$$\{\boldsymbol{D}_i\} = \begin{bmatrix} 2-\omega^2 & -1 & 0 \\ -1 & 2-\omega^2 & -1 \\ 0 & -1 & 2-\omega^2 \end{bmatrix}^{-1} \begin{bmatrix} 0 \\ 0 \\ -1 \end{bmatrix} \{\boldsymbol{D}_o\} \equiv \begin{Bmatrix} a \\ b \\ c \end{Bmatrix} \{\boldsymbol{D}_o\}$$

令 $\lambda = 2-\omega^2$,解得 $a = \dfrac{1}{\lambda^3 - 2\lambda}$, $b = \dfrac{1}{\lambda^2 - 2}$, $c = \dfrac{\lambda^2 - 1}{\lambda^3 - 2\lambda}$。

在边界点(出口点)处的凝聚刚度矩阵和凝聚质量矩阵都是一阶的:

$$\boldsymbol{R}^* = \{a \quad b \quad c \quad 1\} \begin{bmatrix} 2 & -1 & 0 & 0 \\ -1 & 2 & -1 & 0 \\ 0 & -1 & 2 & -1 \\ 0 & 0 & -1 & 1 \end{bmatrix} \begin{Bmatrix} a \\ b \\ c \\ 1 \end{Bmatrix},$$

$$\boldsymbol{M}^* = \{a \quad b \quad c \quad 1\} \begin{bmatrix} 1 & 0 & 0 & 0 \\ 0 & 1 & 0 & 0 \\ 0 & 0 & 1 & 0 \\ 0 & 0 & 0 & 1 \end{bmatrix} \begin{Bmatrix} a \\ b \\ c \\ 1 \end{Bmatrix}$$

做盖恩变换,$\lambda = 2-\omega^2 = 2$,计算得 $\begin{Bmatrix} a \\ b \\ c \\ 1 \end{Bmatrix} = \begin{Bmatrix} \dfrac{1}{4} \\ \dfrac{2}{4} \\ \dfrac{3}{4} \\ 1 \end{Bmatrix}$, $\boldsymbol{R}^* = \dfrac{1}{4}$, $\boldsymbol{M}^* = \dfrac{30}{16}$;求得

$$\omega^2 = \frac{R^*}{M^*} = \frac{4}{30} = 0.133\,3。$$

再做库哈变换,令 $\lambda = 2 - \omega^2 = 2 - \frac{4}{30}$,计算出 a、b、c、R^*、M^* 的值,最后解得 $\omega^2 = 0.120\,798\,2$(第一次迭代)。

用它再做一次迭代,算得 $\omega^2 = 0.120\,614\,8$(第二次迭代),与精确解基本一致。

4.4.3　模态修正法

盖恩法按照静变位模式(约束模态)进行刚度矩阵与质量矩阵的缩减,从而造成误差。库哈法考虑惯性力影响,对凝聚的刚度矩阵与质量矩阵进行动态修正从而减小误差,或通过迭代消除上述误差。对盖恩法还有另一个修正途径,它是使子结构的内部变位成为静变位与自由振动振型的某种组合,从而减小乃至消除由盖恩法凝聚造成的误差,这个方法就是模态修正法。

- - - - - - - - - - - ● 习题 4 ● - - - - - - - - - - -

4.1　已知三自由度系统的质量矩阵和刚度矩阵分别为

$$\boldsymbol{M} = \begin{bmatrix} 1 & 0 & 0 \\ 0 & 2 & 0 \\ 0 & 0 & 1 \end{bmatrix}, \boldsymbol{K} = \begin{bmatrix} 2 & -1 & 0 \\ -1 & 3 & -2 \\ 0 & -2 & 2 \end{bmatrix}$$

比较采用不同方法(子空间迭代法、幂法、豪斯霍尔德法、逆迭代法、同时迭代法、广义雅可比法和 Lanczos 法等)求解其固有频率时计算效率及精度的差异。

4.2　采用动力子结构法求解习题 4.1 中系统的第一阶和第三阶固有频率及振型。

第5章 多自由度系统动力学响应分析的模态叠加法

对于多自由度及连续(分布参数)系统动力学响应的分析,主要采用模态叠加法、直接积分法和状态空间法三类方法。模态叠加法(mode superposition method)求解多自由度系统动力学响应的基本原理:利用模态振型的正交性对动力学方程进行坐标变换,将求 n 自由度耦合系统的动力学响应问题,转化为求以模态坐标(或称主坐标)表示的解耦的 n 个单自由度的响应问题,再逐个求解。模态叠加法的应用范围是基于叠加原理的线性系统。

凡用"固有振动、振型、模态"的手段分析振动问题的方法,皆称模态(振型)叠加法,它可求解外载荷或初始激励下系统的动力响应问题。模态叠加法分为模态位移法与模态加速度法两种,这是按照首先求解的未知量是位移还是加速度加以区分的[13, 28, 30]。

5.1 模态位移法

假设 n 自由度系统受到动载荷的作用,其动力学方程为

$$M\ddot{q} + C\dot{q} + Kq = F(t) \tag{5-1}$$

式中,M 为质量矩阵;K 为刚度矩阵;C 为阻尼矩阵,均为 $n \times n$ 阶实对称矩阵;$q = \begin{bmatrix} q_1 & q_2 & \cdots & q_n \end{bmatrix}^{\mathrm{T}}$ 为系统的广义坐标向量;$F(t)$ 为外载荷向量,均为 $n \times 1$ 阶矩阵。

设该系统的模态振型矩阵 $\tilde{\boldsymbol{\varphi}}$ 和固有频率(谱)矩阵 $\boldsymbol{\Lambda}$ 的形式为

$$\tilde{\boldsymbol{\varphi}} = \begin{bmatrix} \tilde{\boldsymbol{\varphi}}_1 & \tilde{\boldsymbol{\varphi}}_2 & \cdots & \tilde{\boldsymbol{\varphi}}_n \end{bmatrix} = \begin{bmatrix} \tilde{\varphi}_1^{(1)} & \cdots & \tilde{\varphi}_1^{(i)} & \cdots & \tilde{\varphi}_1^{(n)} \\ \tilde{\varphi}_2^{(1)} & \cdots & \tilde{\varphi}_2^{(i)} & \cdots & \tilde{\varphi}_2^{(n)} \\ \tilde{\varphi}_3^{(1)} & \cdots & \tilde{\varphi}_3^{(i)} & \cdots & \tilde{\varphi}_3^{(n)} \\ \vdots & \cdots & \vdots & \cdots & \vdots \\ \tilde{\varphi}_n^{(1)} & \cdots & \tilde{\varphi}_n^{(i)} & \cdots & \tilde{\varphi}_n^{(n)} \end{bmatrix}$$

$$\boldsymbol{\Lambda} = \mathrm{diag}(\omega_1^2, \omega_2^2, \cdots, \omega_n^2)$$

式中,第 i 阶模态振型向量为 $\widetilde{\boldsymbol{\varphi}}_i = \begin{bmatrix} \varphi_1^{(i)} & \cdots & \varphi_n^{(i)} \end{bmatrix}^{\mathrm{T}}$。

根据展开定理,动力学方程[式(5-1)]的解可以按主振型展开为

$$q = \widetilde{\boldsymbol{\varphi}}\boldsymbol{\xi} = \sum_{i=1}^{n} \widetilde{\boldsymbol{\varphi}}_i \xi_i(t) \tag{5-2}$$

式中,$\boldsymbol{\xi} = \begin{bmatrix} \xi_1 & \xi_2 & \cdots & \xi_i & \cdots & \xi_n \end{bmatrix}^{\mathrm{T}}$ 为模态坐标向量;$\xi_i(t)$ 为第 i 个模态坐标。将该解代入式(5-1)后,等式两侧乘以 $\widetilde{\boldsymbol{\varphi}}^{\mathrm{T}}$ 得

$$\widetilde{\boldsymbol{\varphi}}^{\mathrm{T}}\boldsymbol{M}\widetilde{\boldsymbol{\varphi}}\ddot{\boldsymbol{\xi}} + \widetilde{\boldsymbol{\varphi}}^{\mathrm{T}}\boldsymbol{C}\widetilde{\boldsymbol{\varphi}}\dot{\boldsymbol{\xi}} + \widetilde{\boldsymbol{\varphi}}^{\mathrm{T}}\boldsymbol{K}\widetilde{\boldsymbol{\varphi}}\boldsymbol{\xi} = \widetilde{\boldsymbol{\varphi}}^{\mathrm{T}}\boldsymbol{F} \tag{5-3}$$

根据模态矩阵的正交性:

$$\widetilde{\boldsymbol{\varphi}}^{\mathrm{T}}\boldsymbol{M}\widetilde{\boldsymbol{\varphi}} = \mathrm{diag}(\widetilde{m}_1, \widetilde{m}_2, \cdots, \widetilde{m}_n)$$

$$\widetilde{\boldsymbol{\varphi}}^{\mathrm{T}}\boldsymbol{K}\widetilde{\boldsymbol{\varphi}} = \mathrm{diag}(\widetilde{m}_1\omega_1^2, \widetilde{m}_2\omega_2^2, \cdots, \widetilde{m}_n\omega_n^2) = \mathrm{diag}(\widetilde{K}_1, \widetilde{K}_2, \cdots, \widetilde{K}_n)$$

式(5-3)可转化为如下 n 个单自由度振动方程:

$$\ddot{\xi}_i + 2\zeta_i\omega_i\dot{\xi}_i + \omega_i^2\xi_i = \frac{1}{\widetilde{m}_i}\boldsymbol{\varphi}_i^{\mathrm{T}}\boldsymbol{F} \quad (i = 1, 2, \cdots, n) \tag{5-4}$$

式中,ω_i 为系统第 i 阶固有频率;$\zeta_i = \dfrac{\boldsymbol{\varphi}_i^{\mathrm{T}}\boldsymbol{C}\boldsymbol{\varphi}_i}{2\widetilde{m}_i\omega_i} = \dfrac{\widetilde{c}_i}{2\widetilde{m}_i\omega_i}$ 为第 i 阶模态阻尼比;$\widetilde{K}_i$ 为第 i 阶模态刚度;$\widetilde{m}_i$ 为第 i 阶模态质量;$\widetilde{F}_i = \boldsymbol{\varphi}_i^{\mathrm{T}}\boldsymbol{F}$ 为第 i 阶模态载荷。若 $\widetilde{\boldsymbol{\varphi}}$ 为正则模态矩阵,则 $\widetilde{m}_i = 1(i = 1, 2, \cdots, n)$。

这 n 个单自由度有阻尼强迫振动方程可以用 Duhamel 积分求解,$\xi_i(t)$ 是由初始条件引起的瞬态响应与外部载荷引起的稳态响应叠加而成的,其解的表达式为

$$\xi_i(t) = \mathrm{e}^{-\zeta_i\omega_i t}\left[\xi_i(0)\cos\omega_{\mathrm{d}i}t + \frac{\dot{\xi}_i(0) + \zeta_i\omega_i\xi_i(0)}{\omega_{\mathrm{d}i}}\sin\omega_{\mathrm{d}i}t\right] +$$

$$\frac{1}{\widetilde{m}_i\omega_{\mathrm{d}i}}\int_0^t \mathrm{e}^{-\zeta_i\omega_i(t-\tau)}\sin\omega_{\mathrm{d}i}(t-\tau)Q_i(\tau)\mathrm{d}\tau \tag{5-5}$$

式中,$\omega_{\mathrm{d}i} = \sqrt{1 - \zeta_i^2}\omega_i$;$Q_i = \widetilde{\boldsymbol{\varphi}}_i^{\mathrm{T}}\boldsymbol{F}(i = 1, 2, \cdots, n)$ 是标量,表示外载荷在第 i 阶振型上所做的功。

求出模态坐标 $\xi_i(t)$ 后,回代到解的表达式[式(5-2)]中得系统振动的位移响应为

$$q = \widetilde{\boldsymbol{\varphi}}\boldsymbol{\xi} = \sum_{i=1}^{n} \widetilde{\boldsymbol{\varphi}}_i\xi_i = \widetilde{\boldsymbol{\varphi}}_1\xi_1 + \widetilde{\boldsymbol{\varphi}}_2\xi_2 + \cdots + \widetilde{\boldsymbol{\varphi}}_n\xi_n \tag{5-6}$$

初始运动条件采用模态坐标可表示为 $\boldsymbol{q}(0)=\widetilde{\boldsymbol{\varphi}}\boldsymbol{\xi}(0)$, $\dot{\boldsymbol{q}}(0)=\widetilde{\boldsymbol{\varphi}}\dot{\boldsymbol{\xi}}(0)$, 均为 $n\times1$ 阶矩阵。对初始运动条件的等式两侧分别乘以 $\widetilde{\boldsymbol{\varphi}}^{\mathrm{T}}\boldsymbol{M}$, 整理得 $\xi_i(0)=\left(\dfrac{1}{\widetilde{m}_i}\right)\widetilde{\boldsymbol{\varphi}}_i^{\mathrm{T}}\boldsymbol{M}\boldsymbol{q}(0)$, $\dot{\xi}_i(0)=\left(\dfrac{1}{\widetilde{m}_i}\right)\widetilde{\boldsymbol{\varphi}}_i^{\mathrm{T}}\boldsymbol{M}\dot{\boldsymbol{q}}(0)$, 均为单个标量值。

多自由度系统无阻尼强迫振动的第 i 个自由度的振动位移为

$$q_i(t)=\xi_i(0)\cos\omega_i t+\frac{1}{\omega_i}\dot{\xi}_i(0)\sin\omega_i t+\frac{1}{\widetilde{m}_i\omega_i}\int_0^t Q_i(\tau)\sin\omega_i(t-\tau)\mathrm{d}\tau \tag{5-7}$$

特殊情况讨论：对于简谐激励 $\boldsymbol{F}(t)=\boldsymbol{P}_0\sin\Omega t$ 作用的情况，对应的模态载荷为 $\widetilde{\boldsymbol{F}}=\widetilde{\boldsymbol{\varphi}}^{\mathrm{T}}\boldsymbol{P}=\begin{bmatrix}\widetilde{F}_1 & \cdots & \widetilde{F}_i & \cdots & \widetilde{F}_n\end{bmatrix}^{\mathrm{T}}$, 其中 $\widetilde{F}_i=\widetilde{\boldsymbol{\varphi}}_i^{\mathrm{T}}\boldsymbol{P}_0$。

1) 简谐激励下单自由度无阻尼系统振动的稳态响应

此时式(5-4)的模态坐标 $\xi_i(t)$ 的解析解为

$$\xi_i(t)=\frac{\widetilde{F}_i}{\widetilde{K}_i}\frac{1}{\left[1-\left(\dfrac{\Omega}{\omega_i}\right)^2\right]}\sin\Omega t \tag{5-8}$$

以模态坐标 $\xi_i(t)$ 表示的无阻尼多自由度系统的振动位移解 $\boldsymbol{q}(t)$ 为

$$\boldsymbol{q}(t)=\sum_{i=1}^n\widetilde{\boldsymbol{\varphi}}_i\left(\frac{\widetilde{F}_i}{\widetilde{K}_i}\right)\frac{1}{\left[1-\left(\dfrac{\Omega}{\omega_i}\right)^2\right]}\sin\Omega t \tag{5-9(a)}$$

式[5-9(a)]的矩阵形式为

$$\boldsymbol{q}(t)=\begin{Bmatrix}q_1(t)\\q_2(t)\\\vdots\\q_n(t)\end{Bmatrix}=\begin{bmatrix}\varphi_1^{(1)} & \cdots & \varphi_1^{(i)} & \cdots & \varphi_1^{(n)}\\\varphi_2^{(1)} & \cdots & \varphi_2^{(i)} & \cdots & \varphi_2^{(n)}\\\varphi_3^{(1)} & \cdots & \varphi_3^{(i)} & \cdots & \varphi_3^{(n)}\\\vdots & \cdots & \vdots & \cdots & \vdots\\\varphi_n^{(1)} & \cdots & \varphi_n^{(i)} & \cdots & \varphi_n^{(n)}\end{bmatrix}\begin{Bmatrix}\dfrac{\widetilde{F}_1}{\widetilde{K}_1}\dfrac{1}{1-\left(\dfrac{\Omega}{\omega_1}\right)^2}\\[2mm]\dfrac{\widetilde{F}_2}{\widetilde{K}_2}\dfrac{1}{1-\left(\dfrac{\Omega}{\omega_2}\right)^2}\\\vdots\\\dfrac{\widetilde{F}_n}{\widetilde{K}_n}\dfrac{1}{1-\left(\dfrac{\Omega}{\omega_n}\right)^2}\end{Bmatrix}\sin\Omega t$$

$$\tag{5-9(b)}$$

2) 简谐激励下单自由度有阻尼系统振动的稳态响应

采用复数表达式求解解耦的单自由度振动方程[式(5-4)]。设模态坐标

$\xi_i(t)$ 的复数稳态解的形式为

$$\xi_i(t) = H_i(\Omega) \widetilde{F}_i \mathrm{e}^{\mathrm{i}\Omega t} \tag{5-10}$$

代入解耦的单自由度动力学方程[式(5-4)],解得

$$H_i(\Omega) = \frac{1}{\widetilde{K}_i} \frac{1}{(1 - r_i^2) + \mathrm{i}(2\zeta_i r_i)} \tag{5-11}$$

式中,$H_i(\Omega)$ 为第 i 个主坐标(模态坐标)$\xi_i(t)$ 的复频响应函数;$r_i = \dfrac{\Omega}{\omega_i}$;$\zeta_i = $ $\dfrac{\boldsymbol{\varphi}_i^{\mathrm{T}} \boldsymbol{C} \boldsymbol{\varphi}_i}{2\widetilde{m}_i \omega_i} = \dfrac{\widetilde{c}_i}{2\widetilde{m}_i \omega_i}$。则物理坐标下的频响 $\boldsymbol{q}(t)$ 可以改写为以模态坐标 $\xi_i(t)$ 表示的复数形式表达式:

$$\boldsymbol{q}(t) = \widetilde{\boldsymbol{\varphi}} \boldsymbol{\xi} = \sum_{i=1}^{n} \widetilde{\boldsymbol{\varphi}}_i \xi_i(t) = \sum_{i=1}^{n} \widetilde{\boldsymbol{\varphi}}_i H_i(\Omega) \widetilde{F}_i \mathrm{e}^{\mathrm{i}\Omega t} = \sum_{i=1}^{n} H_i(\Omega) \widetilde{\boldsymbol{\varphi}}_i \widetilde{\boldsymbol{\varphi}}_i^{\mathrm{T}} \boldsymbol{P}_0 \mathrm{e}^{\mathrm{i}\Omega t}$$

$$= \boldsymbol{H}(\Omega) P_0 \mathrm{e}^{\mathrm{i}\Omega t} \tag{5-12}$$

式中,$\boldsymbol{H}(\Omega) = \widetilde{\boldsymbol{\varphi}} \boldsymbol{\Lambda} \widetilde{\boldsymbol{\varphi}}^{\mathrm{T}} = \sum_{i=1}^{n} \dfrac{\widetilde{\boldsymbol{\varphi}}_i \widetilde{\boldsymbol{\varphi}}_i^{\mathrm{T}}}{\widetilde{K}_i} \dfrac{1}{(1 - r_i^2) + \mathrm{i}(2\zeta_i r_i)}$ 为 $n \times n$ 矩阵,称为复频响应函数矩阵或传递函数矩阵。其中

$$\boldsymbol{\Lambda} = \begin{bmatrix} \ddots & & \\ & \dfrac{1}{\widetilde{K}_i} \dfrac{1}{(1 - r_i^2) + \mathrm{i}(2\zeta_i r_i)} & \\ & & \ddots \end{bmatrix}$$

对于在主坐标 q_j 处作用单位简谐激振力而引起的在主坐标 q_i 处的复数响应 $H_{ij}(\Omega)$,按下式求解:

$$H_{ij}(\Omega) = \sum_{m=1}^{n} \frac{\varphi_m^{(i)} \varphi_m^{(j)}}{\widetilde{K}_m} \frac{1}{(1 - r_m^2) + \mathrm{i}(2\zeta_m r_m)} \tag{5-13}$$

因为激振力为正弦函数形式,所以稳态响应的最终解应取式(5-12)的虚部,即

$$\boldsymbol{q}(t) = \sum_{i=1}^{n} \frac{\widetilde{\boldsymbol{\varphi}}_i \widetilde{\boldsymbol{\varphi}}_i^{\mathrm{T}} \boldsymbol{P}_0}{\widetilde{K}_i} \frac{1}{\sqrt{(1 - r_i^2)^2 + (2\zeta_i r_i)^2}} \sin(\Omega t - \alpha_i) \tag{5-14}$$

式中，$\alpha_i = \arctan \dfrac{2\zeta_i r_i}{1 - r_i^2}$。

用模态振型和模态载荷表示的多自由度有阻尼系统简谐激励下的稳态响应为

$$
\boldsymbol{q}(t) = \begin{Bmatrix} q_1(t) \\ q_2(t) \\ \vdots \\ q_n(t) \end{Bmatrix} = \begin{bmatrix} \varphi_1^{(1)} & \cdots & \varphi_1^{(i)} & \cdots & \varphi_1^{(n)} \\ \varphi_2^{(1)} & \cdots & \varphi_2^{(i)} & \cdots & \varphi_2^{(n)} \\ \varphi_3^{(1)} & \cdots & \varphi_3^{(i)} & \cdots & \varphi_3^{(n)} \\ \vdots & \cdots & \vdots & & \vdots \\ \varphi_n^{(1)} & \cdots & \varphi_n^{(i)} & \cdots & \varphi_n^{(n)} \end{bmatrix} \begin{Bmatrix} \dfrac{\widetilde{F}_1}{\widetilde{K}_1} \dfrac{1}{\sqrt{(1-r_1^2)^2 + (2\zeta_1 r_1)^2}} \sin(\Omega t - \alpha_1) \\ \dfrac{\widetilde{F}_2}{\widetilde{K}_2} \dfrac{1}{\sqrt{(1-r_2^2)^2 + (2\zeta_2 r_2)^2}} \sin(\Omega t - \alpha_2) \\ \vdots \\ \dfrac{\widetilde{F}_n}{\widetilde{K}_n} \dfrac{1}{\sqrt{(1-r_n^2)^2 + (2\zeta_n r_n)^2}} \sin(\Omega t - \alpha_n) \end{Bmatrix}
$$

$$(5-15)$$

例题 5.1 图 5-1 所示为四层楼房框架结构，已知其模态矩阵，且简谐激励 $P_1 \cos \Omega t$ 作用于顶层，求解：

(1) 模态质量、模态刚度。

(2) 模态载荷。

(3) 系统的稳态响应。

(4) $u_1(t)$ 的表达式。

(5) 利用截断项数 $N=1$、$N=3$、$N=4$ 对 $\Omega = 0$（对应静态力情况）、$\Omega = 0.5\omega_1$ 及 $\Omega = 1.3\omega_3$ 时的激振频率列出振幅表。

(6) 根据计算结果，谈谈有关截出 1 个、2 个或 3 个模态的看法。已知结构刚度矩阵、质量矩阵、振型矩阵和特征值矩阵分别为

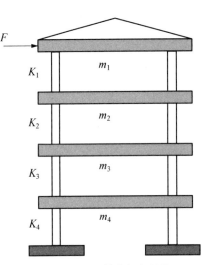

图 5-1 四层楼房框架结构

$$
\boldsymbol{K} = 800 \times \begin{bmatrix} 1 & -1 & 0 & 0 \\ -1 & 3 & -2 & 0 \\ 0 & -2 & 5 & -3 \\ 0 & 0 & -3 & 7 \end{bmatrix}, \quad \boldsymbol{M} = \begin{bmatrix} 1 & 0 & 0 & 0 \\ 0 & 2 & 0 & 0 \\ 0 & 0 & 2 & 0 \\ 0 & 0 & 0 & 3 \end{bmatrix}
$$

$$\boldsymbol{U} = \begin{bmatrix} 1 & 1 & -0.90145 & 0.15436 \\ 0.77910 & -0.09963 & 1 & -0.44817 \\ 0.49655 & -0.53989 & -0.15859 & 1 \\ 0.23506 & -0.43761 & -0.70797 & -0.63680 \end{bmatrix}, \quad \boldsymbol{\omega} = \begin{bmatrix} 13.294 \\ 29.660 \\ 41.079 \\ 55.882 \end{bmatrix}。$$

解: (1) 由 $\tilde{K}_i = \boldsymbol{U}_i^{\mathrm{T}} \boldsymbol{K} \boldsymbol{U}_i$，$\tilde{M}_i = \boldsymbol{U}_i^{\mathrm{T}} \boldsymbol{M} \boldsymbol{U}_i$ 得

$$\tilde{M}_1 = \boldsymbol{U}_1^{\mathrm{T}} \boldsymbol{M} \boldsymbol{U}_1 = \begin{bmatrix} 1 \\ 0.77910 \\ 0.49655 \\ 0.23506 \end{bmatrix}^{\mathrm{T}} \begin{bmatrix} 1 & 0 & 0 & 0 \\ 0 & 2 & 0 & 0 \\ 0 & 0 & 2 & 0 \\ 0 & 0 & 0 & 3 \end{bmatrix} \begin{bmatrix} 1 \\ 0.77910 \\ 0.49655 \\ 0.23506 \end{bmatrix} = 2.87288$$

$$\tilde{K}_1 = \tilde{M}_1 \lambda_1 = \tilde{M}_1 \omega_1^2 = 2.87288 \times 13.294^2 = 507.725$$

同法得到

$$\tilde{M}_2 = 2.17732, \quad \tilde{M}_3 = 4.36658, \quad \tilde{M}_4 = 3.64239$$

$$\tilde{K}_2 = 1915.39, \quad \tilde{K}_3 = 7368.43, \quad \tilde{K}4 = 11374.4$$

(2) $\boldsymbol{F} = \begin{bmatrix} P_1 & 0 & 0 & 0 \end{bmatrix}^{\mathrm{T}}$，由 $\tilde{F}_i = \boldsymbol{U}_i^{\mathrm{T}} \boldsymbol{F}$ 得

$$\tilde{\boldsymbol{F}} = \begin{bmatrix} P_1 & P_1 & -0.90145P_1 & 0.15436P_1 \end{bmatrix}^{\mathrm{T}}$$

(3) 单自由度无阻尼系统受简谐激励的模态坐标为

$$\xi_i(t) = \frac{\tilde{F}_i}{\tilde{K}_i} \frac{1}{\left[1 - \left(\dfrac{\Omega}{\omega_i} \right)^2 \right]} \cos \Omega t$$

代入稳态响应表达式得

$$\boldsymbol{u}(t) = \begin{Bmatrix} u_1(t) \\ u_2(t) \\ u_3(t) \\ u_4(t) \end{Bmatrix} = \boldsymbol{U}\boldsymbol{\xi} = \begin{bmatrix} \boldsymbol{U}_1 & \boldsymbol{U}_2 & \boldsymbol{U}_3 & \boldsymbol{U}_4 \end{bmatrix} \begin{Bmatrix} \xi_1 \\ \xi_2 \\ \xi_3 \\ \xi_4 \end{Bmatrix}$$

$$= \sum_{i=1}^{4} \boldsymbol{U}_i \xi_i(t) = \sum_{i=1}^{4} \boldsymbol{U}_i \left(\frac{\tilde{F}_i}{\tilde{K}_i} \right) \frac{1}{\left[1 - \left(\dfrac{\Omega}{\omega_i} \right)^2 \right]} \cos \Omega t$$

$$= \boldsymbol{U}_1 \left(\frac{\tilde{F}_1}{\tilde{K}_1} \right) \frac{1}{\left[1 - \left(\dfrac{\Omega}{\omega_1} \right)^2 \right]} \cos \Omega t + \boldsymbol{U}_2 \left(\frac{\tilde{F}_2}{\tilde{K}_2} \right) \frac{1}{\left[1 - \left(\dfrac{\Omega}{\omega_2} \right)^2 \right]} \cos \Omega t$$

$$+ U_3 \left(\frac{\widetilde{F}_3}{\widetilde{K}_3} \right) \frac{1}{\left[1 - \left(\frac{\Omega}{\omega_3} \right)^2 \right]} \cos \Omega t + U_4 \left(\frac{\widetilde{F}_4}{\widetilde{K}_4} \right) \frac{1}{\left[1 - \left(\frac{\Omega}{\omega_4} \right)^2 \right]} \cos \Omega t$$

（4）设第 i 阶振型 $\boldsymbol{U}_i = \left\{ \begin{matrix} \boldsymbol{U}_1^{(i)} \\ \boldsymbol{U}_2^{(i)} \\ \boldsymbol{U}_3^{(i)} \\ \boldsymbol{U}_4^{(i)} \end{matrix} \right\}$，则 $u_1(t) = \sum\limits_{i=1}^{N} \boldsymbol{U}_1^{(i)} \xi_i(t)$，展开为

$$u_1(t) = \sum_{i=1}^{N} \boldsymbol{U}_1^{(i)} \left(\frac{\widetilde{F}_i}{\widetilde{K}_i} \right) \frac{1}{\left[1 - \left(\frac{\Omega}{\omega_i} \right)^2 \right]} \cos \Omega t$$

$$= \frac{P_1 \cos \Omega t}{507.695 \left[1 - \left(\frac{\Omega^2}{176.72} \right) \right]} + \frac{P_1 \cos \Omega t}{1\,915.39 \left[1 - \left(\frac{\Omega^2}{879.70} \right) \right]} +$$

$$\frac{(-0.901\,45)(-0.901\,45 P_1 \cos \Omega t)}{7\,368.43 \left[1 - \left(\frac{\Omega^2}{1\,687.46} \right) \right]} + \frac{0.154\,36(0.154\,36 P_1 \cos \Omega t)}{11\,374.4 \left[1 - \left(\frac{\Omega^2}{3\,122.79} \right) \right]}$$

（5）利用截断项数 $N=1$、$N=3$、$N=4$ 对 $\Omega=0$、$\Omega=0.5\omega_1$ 及 $\Omega=1.3\omega_3$ 时的激振频率列出的振幅表如下：

Ω	$N=1$	$N=2$	$N=3$	$N=4$
0	1.97×10^{-3}	2.492×10^{-3}	2.602×10^{-3}	2.640×10^{-3}
$0.5\omega_1$	2.626×10^{-3}	3.176×10^{-3}	3.289×10^{-3}	3.291×10^{-3}
$1.3\omega_3$	-1.301×10^{-3}	-3.630×10^{-4}	-5.288×10^{-4}	-4.987×10^{-4}

（6）根据计算结果，谈谈有关截出 1 个、2 个或 3 个模态的看法如下：

① 对于题中 3 个频率，任何情况下，取一个模态的解是不精确的。

② 对于 $\Omega=0$ 或 $\Omega=0.5\omega_1$，取三阶模态的解已经足够精确，但对于 $\Omega=1.3\omega_3$，该频率对于位移的贡献量主要是 ω_4，故在该频率上（ω_3）截断是不合理的。

5.2 模态加速度法

采用模态加速度法求解强迫振动方程 [（式 5-1）] 要分为两步进行[30]。

第一步,求解系统在外载荷作用下的准静态位移 $\boldsymbol{q}^*(t)$:

$$\boldsymbol{q}^*(t) = \boldsymbol{K}^{-1}\boldsymbol{F}(t) \tag{5-16}$$

令系统位移分解为准静态位移 $\boldsymbol{q}^*(t)$ 与由惯性效应产生的动态位移 $\tilde{\boldsymbol{q}}(t)$ 之和:

$$\boldsymbol{q}(t) = \boldsymbol{q}^*(t) + \tilde{\boldsymbol{q}}(t) \tag{5-17}$$

第二步,将式(5-17)代入系统动力学方程[(式 5-1)]中,得到

$$\tilde{\boldsymbol{q}}(t) = -\boldsymbol{K}^{-1}\boldsymbol{M}\ddot{\boldsymbol{q}}(t) - \boldsymbol{K}^{-1}\boldsymbol{C}\dot{\boldsymbol{q}}(t) \tag{5-18}$$

根据展开定理,该方程的解 $\boldsymbol{q}(t)$ 按主振型展开为

$$\boldsymbol{q} = \tilde{\boldsymbol{\varphi}}\boldsymbol{\xi} = \sum_{i=1}^{n} \tilde{\boldsymbol{\varphi}}_i \xi_i \tag{5-19}$$

将式(5-19)代入式(5-18),因为 $\dfrac{1}{\omega_i^2}\tilde{\boldsymbol{\varphi}}_i = \boldsymbol{K}^{-1}\boldsymbol{M}\tilde{\boldsymbol{\varphi}}_i$,$\dfrac{2\zeta_i}{\omega_i}\tilde{\boldsymbol{\varphi}}_i = \boldsymbol{K}^{-1}\boldsymbol{C}\tilde{\boldsymbol{\varphi}}_i$,可得

$$\tilde{\boldsymbol{q}}(t) = -\sum_{i=1}^{n}\left[\frac{1}{\omega_i^2}\ddot{\xi}_i(t) + \frac{2\zeta_i}{\omega_i}\dot{\xi}_i(t)\right]\tilde{\boldsymbol{\varphi}}_i \tag{5-20}$$

从而得

$$\boldsymbol{q}(t) = \boldsymbol{q}^*(t) - \sum_{i=1}^{n}\left[\frac{1}{\omega_i^2}\ddot{\xi}_i(t) + \frac{2\zeta_i}{\omega_i}\dot{\xi}_i(t)\right]\tilde{\boldsymbol{\varphi}}_i \tag{5-21}$$

当忽略阻尼时得

$$\boldsymbol{q}(t) = \boldsymbol{q}^*(t) - \sum_{i=1}^{n}\frac{1}{\omega_i^2}\ddot{\xi}_i(t)\tilde{\boldsymbol{\varphi}}_i \tag{5-22}$$

这说明系统位移 $\boldsymbol{q}(t)$ 是模态加速度坐标 $\ddot{\xi}_i(t)$ 的线性函数,模态加速度法由此得名。模态加速度坐标可按下式解得

$$\ddot{\xi}_i(t) = -\omega_i^2\left(\xi_{0i}\cos\omega_i t + \frac{\xi_{0i}}{\omega_i}\sin\omega_i t\right) + \frac{Q_i(t)}{\tilde{m}_i} - \frac{\omega_i}{\tilde{m}_i}\int_0^t \sin\omega_i(t-\tau)Q_i(\tau)\mathrm{d}\tau$$

$$\tag{5-23}$$

$Q_i = \tilde{\boldsymbol{\varphi}}_i^{\mathrm{T}}\boldsymbol{F}$ 为外载荷在第 i 阶振型上所做的功,将式(5-23)代入式(5-22)可求得 $\boldsymbol{q}(t)$。

模态位移法与模态加速度法比较:

（1）当采用全部振型叠加求解时，模态位移法与模态加速度法将给出完全等价解。

（2）采用截断项进行计算时，两者会给出有差异的结果，对于都保留相同阶次的计算，模态加速度近似解 $\boldsymbol{q}_{\mathrm{acc}}(t)$ 与模态位移近似解 $\boldsymbol{q}_{\mathrm{disp}}(t)$ 有如下关系：

$$\boldsymbol{q}_{\mathrm{acc}}(t) = \boldsymbol{q}_{\mathrm{disp}}(t) + \sum_{i=p+1}^{n} \xi_i^*(t)\widetilde{\boldsymbol{\varphi}}_i \tag{5-24}$$

式中，$\xi_i^*(t) = \dfrac{1}{\omega_i^2}\widetilde{F}_i(t)$。 模态加速度法的计算结果是模态位移法的结果附加高阶模态的准静态位移，因此它比模态位移法收敛性好，计算精度高。

实际计算中模态加速度并不需要计算出来，只要按照下式计算即可：

$$\boldsymbol{q}(t) = \boldsymbol{K}^{-1}\boldsymbol{F}(t) - \sum_{i=1}^{n}\left[\frac{1}{\omega_i^2}\widetilde{F}_i(t) - \xi_i(t)\right]\widetilde{\boldsymbol{\varphi}}_i \tag{5-25}$$

例题 5.2 针对图 5-1 所示的四层楼房框架结构，请采用模态加速度法写出 $u_1(t)$ 的表达式；利用截断项数 $N=1$、$N=3$、$N=4$，对 $\Omega=0$、$\Omega=0.5\omega_1$ 及 $\Omega=1.3\omega_3$ 的激振频率列出振幅表。已知结构刚度矩阵的逆矩阵为

$$\boldsymbol{K}^{-1} = \begin{bmatrix} 2.604\,17 & 1.354\,17 & 0.729\,17 & 0.312\,50 \\ 1.354\,17 & 1.354\,17 & 0.729\,17 & 0.312\,50 \\ 0.729\,17 & 0.729\,17 & 0.729\,17 & 0.312\,50 \\ 0.312\,50 & 0.312\,50 & 0.312\,50 & 0.312\,50 \end{bmatrix} \times 10^{-3}$$

解：（1）先求完整的稳态位移响应 $\boldsymbol{u}(t)$ 的表达式，根据式（5-25）得

$$\boldsymbol{u}(t) = \begin{Bmatrix} u_1(t) \\ u_2(t) \\ u_3(t) \\ u_4(t) \end{Bmatrix} = \boldsymbol{K}^{-1}\boldsymbol{F}(t) - \sum_{i=1}^{4}\left[\frac{1}{\omega_i^2}\widetilde{F}_i(t) - \xi_i(t)\right]\boldsymbol{U}_i$$

$$= \boldsymbol{K}^{-1}\boldsymbol{F}(t) - \sum_{i=1}^{4}\left\{\frac{1}{\omega_i^2}\widetilde{F}_i(t) - \frac{\widetilde{F}_i(t)}{\widetilde{K}_i}\frac{1}{\left[1-\left(\frac{\Omega}{\omega_i}\right)^2\right]}\cos\Omega t\right\}\boldsymbol{U}_i$$

设第 i 阶振型 $\boldsymbol{U}_i = \begin{Bmatrix} U_1^{(i)} \\ U_2^{(i)} \\ U_3^{(i)} \\ U_4^{(i)} \end{Bmatrix}$，则 $u_1(t)$ 的表达式为

$$u_1(t) = 2.604\,17 \times 10^{-3} P_1 \cos \Omega t + \frac{\left(\frac{\Omega^2}{176.72}\right)(1.0)P_1 \cos \Omega t}{507.695\left[1 - \left(\frac{\Omega^2}{176.72}\right)\right]}$$

$$+ \frac{\left(\frac{\Omega^2}{879.70}\right)(1.0)P_1 \cos \Omega t}{1\,915.39\left[1 - \left(\frac{\Omega^2}{879.70}\right)\right]} + \frac{\left(\frac{\Omega^2}{1\,687.46}\right)(-0.901\,45)(-0.901\,45 P_1 \cos \Omega t)}{7\,368.43\left[1 - \left(\frac{\Omega^2}{1\,687.46}\right)\right]}$$

$$+ \frac{\left(\frac{\Omega^2}{3\,122.79}\right)(0.154\,36)(0.154\,36 P_1 \cos \Omega t)}{1\,1374.4\left[1 - \left(\frac{\Omega^2}{3\,122.79}\right)\right]}$$

（2）利用截断项数 $N = 1$、$N = 3$、$N = 4$ 对 $\Omega = 0$、$\Omega = 0.5\omega_1$ 及 $\Omega = 1.3\omega_3$ 时的激振频率列出的振幅表如下：

Ω	$N=1$	$N=2$	$N=3$	$N=4$
0	2.604×10^{-3}	2.604×10^{-3}	2.604×10^{-3}	2.604×10^{-3}
$0.5\omega_1$	3.261×10^{-3}	3.288×10^{-3}	3.291×10^{-3}	3.291×10^{-3}
$1.3\omega_3$	5.044×10^{-4}	-2.506×10^{-4}	-5.207×10^{-4}	-4.987×10^{-4}

根据计算结果，谈谈有关截出 1 个、2 个或 3 个模态的看法如下：

① 对于 $\Omega = 0$，可得到精确的静力解，且不含模态贡献。

② 对于 $\Omega = 0.5\omega_1$ 的低频区间，任何情况下，取一个模态所得的解也是精确的。

③ 对于 $\Omega = 1.3\omega_3$ 的高频区间，该频率对于位移的贡献量主要是 ω_4，故在该频率上（ω_3）截断是不合理的。

综上所述，关于模态叠加法使用过程中对结构模态数选取的一般原则如下：

（1）对于可计算出全部模态的简单结构，建议选取全部模态。

（2）一般规模的结构系统，建议取到计算截止频率的 1.5 倍固有频率对应的模态所在阶数。

（3）大规模复杂结构系统，建议取到计算截止频率的 1 倍固有频率对应的模态所在阶数。

（4）对更为复杂的结构，不建议采用模态叠加法，建议采用直接积分法求解。

5.3 阻尼的表达与处理

结构振动时都存在阻尼,阻尼产生的机理很复杂,与材料、结构黏性、结构内摩擦有关。影响船体与海洋工程结构振动的阻尼一般被划分为外阻尼和内阻尼两大类,通过试验测试或经验方法确定,相关内容详见第 9 章。在经典结构动力学中为了近似估计系统振动时所损耗的能量,可以通过定义各种阻尼矩阵进行描述,其中经典的阻尼形式是柯西(Cauchy)阻尼和瑞利(Rayleigh)阻尼。

柯西阻尼　满足下列条件的阻尼矩阵 $\boldsymbol{C}$ 称为柯西阻尼。

$$\boldsymbol{C} = \sum_{b=0}^{r} a_b \boldsymbol{M} (\boldsymbol{M}^{-1} \boldsymbol{K})^b \ (r \leqslant n-1) \tag{5-26}$$

式中,a_b 为柯西阻尼系数,b 为整数;$\boldsymbol{M}$ 和 $\boldsymbol{K}$ 分别为系统的质量矩阵及刚度矩阵。柯西阻尼矩阵 $\boldsymbol{C}$ 可以用实模态矩阵 $\boldsymbol{\Phi}$ 变换成对角矩阵 $\boldsymbol{D}$。

$$\boldsymbol{D} = \boldsymbol{\Phi}^{\mathrm{T}} \boldsymbol{C} \boldsymbol{\Phi} = \boldsymbol{\Phi}^{\mathrm{T}} \Big[\sum_{b=0}^{r} a_b \boldsymbol{M} (\boldsymbol{M}^{-1} \boldsymbol{K})^b \Big] \boldsymbol{\Phi} = \sum_{b=0}^{r} a_b \boldsymbol{\Lambda}^b \tag{5-27}$$

柯西阻尼系数 a_b 与第 i 阶模态的阻尼比 ζ_i 及固有频率 ω_i 之间的关系为

$$2\zeta_i \omega_i = \sum_{b=0}^{r} a_b \omega_b^{2b} = a_0 + a_1 \omega_i^2 + \cdots + a_r \omega_i^{2r} \tag{5-28}$$

瑞利阻尼　对于小阻尼系统的模态分析,常采用的阻尼假设是线性阻尼(或称为比例阻尼),阻尼力与系统的速度呈线性关系,称为瑞利阻尼。即:

$$\boldsymbol{C} = \alpha \boldsymbol{M} + \beta \boldsymbol{K} \tag{5-29}$$

式中,α、β 为常数:

$$\alpha = \frac{2\omega_i \omega_j (\omega_j \zeta_i - \omega_i \zeta_j)}{\omega_j^2 - \omega_i^2}, \ \beta = \frac{2(\omega_j \zeta_j - \omega_i \zeta_i)}{\omega_j^2 - \omega_i^2}$$

瑞利阻尼是柯西阻尼在 $r=1$ 时的一种特殊情况,即

$$\boldsymbol{C} = \sum_{b=0}^{r} a_b \boldsymbol{M} (\boldsymbol{M}^{-1} \boldsymbol{K})^b = \sum_{b=0}^{1} a_b \boldsymbol{M} (\boldsymbol{M}^{-1} \boldsymbol{K})^b = a_0 \boldsymbol{M} + a_1 \boldsymbol{K} \tag{5-30}$$

例题 5.3　图 5-2 所示的两自由度质量-弹簧-阻尼系统,简谐激励 $P_1 \cos \Omega t$ 作用于 m_1,$K = 987$,$k = 217$,$m_1 = m_2 = 1$,$C = 0.6284$,$c = 0.0628$。

(1)确定系统的固有频率和振型。

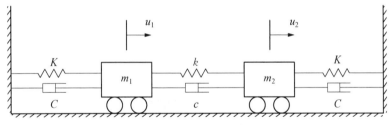

图 5-2　两自由度质量-弹簧-阻尼系统

（2）求模态质量、模态刚度和模态阻尼。

（3）确定模态阻尼系数 ξ_1 和 ξ_2。

（4）确定复频响应函数 H_{11} 和 H_{21}。

解:（1）该系统的动力学方程为

$$\begin{bmatrix} m_1 & 0 \\ 0 & m_2 \end{bmatrix} \begin{Bmatrix} \ddot{u}_1 \\ \ddot{u}_2 \end{Bmatrix} + \begin{bmatrix} C+c & -c \\ -c & C+c \end{bmatrix} \begin{Bmatrix} \dot{u}_1 \\ \dot{u}_2 \end{Bmatrix} + \begin{bmatrix} K+k & -k \\ -k & K+k \end{bmatrix} \begin{Bmatrix} u_1 \\ u_2 \end{Bmatrix} = \begin{Bmatrix} P_1 \cos \Omega t \\ 0 \end{Bmatrix}$$

令阻尼项和载荷项为零,求系统模态。设

$$\boldsymbol{u} = \begin{Bmatrix} u_1 \\ u_2 \end{Bmatrix} = \boldsymbol{A} \cos \omega t = \begin{Bmatrix} A_1 \\ A_2 \end{Bmatrix} \cos \omega t$$

代入动力学方程得特征值方程:

$$\left\{ \begin{bmatrix} K+k & -k \\ -k & K+k \end{bmatrix} - \omega^2 \begin{bmatrix} m_1 & 0 \\ 0 & m_2 \end{bmatrix} \right\} \begin{Bmatrix} A_1 \\ A_2 \end{Bmatrix} = \begin{Bmatrix} 0 \\ 0 \end{Bmatrix}$$

解得 $\omega_1^2 = \dfrac{K}{m}$, $\omega_2^2 = \dfrac{K+2k}{m}$, $\boldsymbol{\varphi}_1 = \begin{Bmatrix} A_1^{(1)} \\ A_2^{(1)} \end{Bmatrix} = \begin{Bmatrix} 1 \\ 1 \end{Bmatrix}$, $\boldsymbol{\varphi}_2 = \begin{Bmatrix} A_1^{(2)} \\ A_2^{(2)} \end{Bmatrix} = \begin{Bmatrix} 1 \\ -1 \end{Bmatrix}$。

将数值代入得 $\omega_1^2 = 987$, $\omega_2^2 = 1421$, $f_1 = 5.0$, $f_2 = 6.0$。

（2）$\boldsymbol{\Phi} = \begin{bmatrix} \boldsymbol{\varphi}_1 & \boldsymbol{\varphi}_2 \end{bmatrix} = \begin{bmatrix} 1 & 1 \\ 1 & -1 \end{bmatrix}$,

$$\widetilde{\boldsymbol{M}} = \boldsymbol{\Phi}^{\mathrm{T}} \boldsymbol{M} \boldsymbol{\Phi} = \begin{bmatrix} 1 & 1 \\ 1 & -1 \end{bmatrix} \begin{bmatrix} 1 & 0 \\ 0 & 1 \end{bmatrix} \begin{bmatrix} 1 & 1 \\ 1 & -1 \end{bmatrix} = \begin{bmatrix} 2 & 0 \\ 0 & 2 \end{bmatrix},$$

$$\widetilde{\boldsymbol{C}} = \boldsymbol{\Phi}^{\mathrm{T}} \boldsymbol{C} \boldsymbol{\Phi} = \begin{bmatrix} 1 & 1 \\ 1 & -1 \end{bmatrix} \begin{bmatrix} 0.6912 & -0.0628 \\ -0.0628 & 0.6912 \end{bmatrix} \begin{bmatrix} 1 & 1 \\ 1 & -1 \end{bmatrix} = \begin{bmatrix} 1.2566 & 0 \\ 0 & 1.5080 \end{bmatrix},$$

$$\widetilde{\boldsymbol{K}} = \boldsymbol{\Phi}^{\mathrm{T}} \boldsymbol{K} \boldsymbol{\Phi} = \begin{bmatrix} 1 & 1 \\ 1 & -1 \end{bmatrix} \begin{bmatrix} K+k & -k \\ -k & K+k \end{bmatrix} \begin{bmatrix} 1 & 1 \\ 1 & -1 \end{bmatrix} = \begin{bmatrix} 1974 & 0 \\ 0 & 2842 \end{bmatrix}。$$

（3）确定模态阻尼系数 ζ_1 及 ζ_2：

$$\xi_1 = \frac{\widetilde{C}_1}{2\widetilde{M}_1\omega_1} = \frac{1}{2\widetilde{M}_1\omega_1}\boldsymbol{\varphi}_1^{\mathrm{T}}\boldsymbol{C}\boldsymbol{\varphi}_1 = 0.01$$

$$\xi_2 = \frac{\widetilde{C}_2}{2\widetilde{M}_2\omega_2} = \frac{1}{2\widetilde{M}_2\omega_2}\boldsymbol{\varphi}_2^{\mathrm{T}}\boldsymbol{C}\boldsymbol{\varphi}_2 = 0.01$$

（4）对于在主坐标 j 处由单位简谐激励而引起的在主坐标 i 上的响应，根据频响函数表达式 $H_{ij}(\Omega) = \sum\limits_{r=1}^{n}\frac{\varphi_r^{(i)}\varphi_r^{(j)}}{\widetilde{K}_r} \times \left[\frac{1}{(1-r_r^2)+\mathrm{i}(2\xi_r r_r)}\right]$，得

$$H_{11}(\Omega) = \sum_{r=1}^{2}\frac{\varphi_r^{(1)}\varphi_r^{(1)}}{\widetilde{K}_r} \times \left\{\frac{1}{1-\left(\frac{\Omega}{\omega_r}\right)^2 + \mathrm{i}\left[2\xi_r\left(\frac{\Omega}{\omega_r}\right)\right]}\right\}$$

$$= \frac{1\times1}{1\,974} \times \left\{\frac{1}{1-\left(\frac{\Omega}{31.43}\right)^2 + \mathrm{i}\left[2\times0.01\times\left(\frac{\Omega}{31.43}\right)\right]}\right\}$$

$$+ \frac{1\times1}{2\,842} \times \left\{\frac{1}{1-\left(\frac{\Omega}{37.70}\right)^2 + \mathrm{i}\left[2\times0.01\times\left(\frac{\Omega}{37.70}\right)\right]}\right\}$$

$$H_{21}(\Omega) = \sum_{r=1}^{2}\frac{\varphi_r^{(2)}\varphi_r^{(1)}}{\widetilde{K}_r} \times \left\{\frac{1}{1-\left(\frac{\Omega}{\omega_r}\right)^2 + \mathrm{i}\left[2\xi_r\left(\frac{\Omega}{\omega_r}\right)\right]}\right\}$$

$$= \frac{1\times1}{1\,974} \times \left\{\frac{1}{1-\left(\frac{\Omega}{31.43}\right)^2 + \mathrm{i}\left[2\times0.01\times\left(\frac{\Omega}{31.43}\right)\right]}\right\}$$

$$+ \frac{-1\times1}{2\,842} \times \left\{\frac{1}{1-\left(\frac{\Omega}{37.70}\right)^2 + \mathrm{i}\left[2\times0.01\times\left(\frac{\Omega}{37.70}\right)\right]}\right\}$$

计算结果表明，发生共振的那一阶的模态响应比其他阶的模态响应大得多，以至于其他阶的模态响应均可以忽略不计。此时系统所呈现的振动形状与该阶固有频率对应的固有振型近似相同。因此，N 自由度系统共振时，会出现主振动。

---------- • **习题 5** • ----------

5.1　打桩机的物理模型和动力学模型见习题图 5-1,请计算打桩机的瞬态响应。已知 $m_1 = 3.0\,\text{kg}$, $m_2 = 1.5\,\text{kg}$, $C_2 = 30\,\text{N·s/m}$, $K_1 = 500\,000\,\text{N/m}$, $K_2 = 125\,000\,\text{N/m}$,外载荷为正弦激励,即 $Q(t) = 100\sin(360t)$。求打桩机的固有频率及其在 $t = 0 \sim 3\,\text{s}$ 的响应。

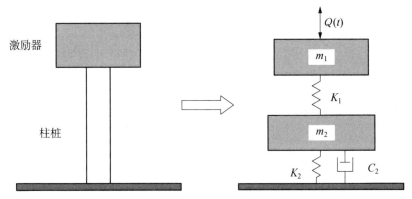

习题图 5-1　打桩机的物理模型及动力学模型

5.2　写出例题 5.1 中 u_2 的表达式。

5.3　某艇辅机舱内装有一台 4135 型柴油发电机,机组用弹簧隔振器、舱底板架与船体连接。机组、舱底板架及船体的关系可以视为一个两自由度系统,如习题图 5-2 所示。已知发电机组的干扰力 $Q(t) = 10\,500\sin(100\pi t)\,\text{N}$,两个质量块分别为 $m_1 = 2.48 \times 10^3\,\text{kg}$, $m_2 = 1.54 \times 10^3\,\text{kg}$,设弹簧刚度分别为 $K_1 = 4.1 \times 10^7\,\text{N/m}$, $K_2 = 2.2 \times 10^6\,\text{N/m}$。请求出船体所受动载荷和隔振器的隔振效率。

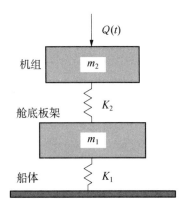

习题图 5-2　柴油机系统的动力学模型

5.4　已知习题图 5-3 所示的三层框架结构动力学模型,简谐激励 $F = P_1\cos\Omega t$ 作用于顶层。$m_1 = m_2 = 1.3123$, $m_3 = 1.6404$, $K_1 = 954$, $K_2 = 1312$, $K_3 = 1640$。

求:(1) 系统固有频率和振型。

(2) 模态质量、模态刚度。

(3) 确定模态载荷。

(4) 确定稳态响应。

(5) 利用模态叠加法求 $u_1(t)$ 的表达式,并指出每个模态的贡献。

(6) 对应 $\Omega = 0$ 及 $\Omega = \dfrac{1}{2}(\omega_1 + \omega_2)$ 时的激振频率列出振幅表。

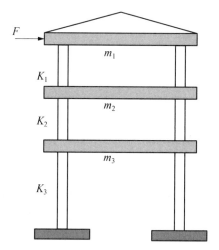

习题图 5-3 三层框架结构动力学模型

第 6 章　多自由度系统动力学响应 分析的直接积分法

模态叠加法在求解多自由度系统动力响应时并非总是有效的,遇到下列情况之一时一般不易采用。①当刚度矩阵 K、质量矩阵 M 或阻尼矩阵 C 三者之一随时间变化时;②当阻尼矩阵 C 不是比例阻尼矩阵时,以致各阶振动之间耦联(除非借助费时的复特征值技术);③如果外载荷 P 会激起很多阶振型参振,则需计算的特征解对数太多,在时间上不经济。这时,可以将结构动力学方程在时间域上离散化求解,称为直接积分法(或逐步积分法,time-stepping method)。

直接积分法对系统的运动微分方程或状态方程直接用数值方法积分求解,而不是模态叠加法先进行某种变换后再求解。直接积分法可用于求解非线性问题和时变系统问题,适用范围广,在处理爆炸、冲击等载荷下结构动力学响应问题时也非常有效。

直接积分法将未知函数在时间域内离散化,在离散点(时间离散点) $t_k (k = 0,1,2,\cdots,n)$ 上满足系统的运动方程或状态方程;在离散点之间的时间域内,即 $\Delta t_k = t_k - t_{k-1}$ 内,用各种基函数近似插值或用加权残量法进行离散化。该方法可分为以下两大类。

(1)显式解法:计算某离散瞬时 t_i 的响应时,只要利用该瞬时 t_i 以前已经解得的响应值和动力学方程。

(2)隐式解法:计算某离散瞬时 t_i 的响应时,需要求解该瞬时的动力学方程。

常见的求解动力学方程数值算法包括中心差分法、龙格-库塔(Runge-Kutta)法、威尔逊-θ(Wilson-θ)法、纽马克-β(Newmark-β)法及精细积分法等。对于各种直接积分法优劣的考察应注意以下六个方面[12-13, 28-30]:

(1)算法的收敛性(指随着时间步长 $\Delta t \to 0$,与精确解的误差 $\delta \to 0$)。

(2)算法的稳定性(指随着时间步长 Δt 的增大,数值解仍收敛于精确解)。

(3)算法的相容性(指数值差分解与原方程解的关系)。

(4)解的精度(即误差大小,截断误差与时间步长的关系)。

(5)超越性(算法本身的超越现象,即初始阶段的解远远超过精确解的现象)。

(6) 计算效率(所花费计算时间的长短)。

下面介绍各种方法的具体细节。

6.1 中心差分法

对系统的动力学方程：

$$M\ddot{q} + C\dot{q} + Kq = Q(t) \tag{6-1}$$

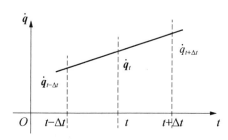

根据图 6 - 1 所示的定常加速度假设(线性速度假设)，中心差分式在 t 瞬时的速度向量和加速度向量可以表示为

$$\dot{q}_t = \frac{1}{2\Delta t}(q_{t+\Delta t} - q_{t-\Delta t}) \tag{6-2}$$

$$\ddot{q}_t = \frac{1}{(\Delta t)^2}(q_{t+\Delta t} - 2q_t + q_{t-\Delta t}) \tag{6-3}$$

图 6 - 1 中心差分法/定常加速度法的示意图

代入动力学方程[式(6-1)]，整理后得到等效静平衡方程：

$$\bar{M}q_{t+\Delta t} = \bar{Q}_t \tag{6-4}$$

式中，

$$\bar{M} = \frac{1}{(\Delta t)^2}M + \frac{1}{2\Delta t}C \tag{6-5}$$

$$\bar{Q}_t = Q_t - \left[K - \frac{2}{(\Delta t)^2}M\right]q_t - \left[\frac{1}{(\Delta t)^2}M - \frac{1}{2\Delta t}C\right]q_{t-\Delta t} \tag{6-6}$$

由上式可以解得在 $t+\Delta t$ 瞬时的位移向量 $q_{t+\Delta t}$，此时需要用到 q_t 和 $q_{t-\Delta t}$。在计算 $t = \Delta t$ 瞬时的响应 $\dot{q}_{\Delta t}$ 和 $\ddot{q}_{\Delta t}$ 时，需要用到 q_0 和 $q_{-\Delta t}$。

假设初始条件 q_0 和 $\dot{q}_0$ 是已知的，利用 $t = 0$ 时的动力平衡方程可以解得 $\ddot{q}_0$。利用速度差分式[式(6-2)]可得

$$\dot{q}_0 = \frac{1}{2\Delta t}(q_{\Delta t} - q_{-\Delta t}) \tag{6-7}$$

利用加速度差分式[式(6-3)]可得

$$\ddot{\boldsymbol{q}}_0 = \frac{1}{(\Delta t)^2} (\boldsymbol{q}_{\Delta t} - 2\boldsymbol{q}_0 + \boldsymbol{q}_{-\Delta t}) \tag{6-8}$$

$$\boldsymbol{q}_{-\Delta t} = \boldsymbol{q}_0 - \Delta t \dot{\boldsymbol{q}}_0 + (\Delta t)^2 \frac{\ddot{\boldsymbol{q}}_0}{2} \tag{6-9}$$

在计算 $\boldsymbol{q}_{t+\Delta t}$ 时只用到了 $t+\Delta t$ 瞬时前的 $\boldsymbol{q}_t$ 和 $\boldsymbol{q}_{t-\Delta t}$，以及 t 瞬时的动力平衡条件。因此，中心差分法是一种显式解法，其解法非无条件稳定的。利用中心差分法时，时间步长必须满足下列条件，才能保证解的收敛。

$$\Delta t \leqslant \frac{2}{\omega_{\max}} = \frac{2}{2\pi f_{\max}} = \frac{T_{\min}}{\pi} \tag{6-10}$$

式中，$\omega_{\max}$ 为该离散系统的最大固有频率，它对应结构固有振动的最小周期。

6.2　龙格-库塔法

这是一种使用非常广泛的一阶常微分方程的数值解法，可以用于求解状态方程。考虑下列一维状态方程：

$$\dot{X} = f[X(t), t] \tag{6-11}$$

设 f 为连续函数，其解存在且可用泰勒级数展开为

$$X(t + \Delta t) = X(t) + \Delta t \dot{X} + \frac{(\Delta t)^2}{2!} \ddot{X} + \frac{(\Delta t)^3}{3!} \dddot{X} + \cdots \tag{6-12}$$

由状态方程得

$$\ddot{X} = \frac{\partial f}{\partial t} + \frac{\partial f}{\partial x} \frac{\partial x}{\partial t} = f_t + f_x f \tag{6-13}$$

$$\dddot{X} = f_{tt} + 2ff_{tx} + f^2 f_{xx} + f_x(f_t + ff_x) \tag{6-14}$$

将 $\ddot{X}$ 和 $\dddot{X}$ 代入式(6-12)，可以得到

$$\begin{aligned}
X(t + \Delta t) = {} & X(t) + \Delta t f + \frac{(\Delta t)^2}{2}(f_t + ff_x) \\
& + \frac{(\Delta t)^3}{6}[f_{tt} + 2ff_{tx} + f^2 f_{xx} + f_x(f_t + ff_x)] + \cdots
\end{aligned}$$

$$\tag{6-15}$$

以上级数一般保留至 $(\Delta t)^4$，称为四阶龙格-库塔法。

为了避免对 f 的偏导数进行求解,可以利用龙格-库塔近似式:

$$X(t+\Delta t) = X(t) + \frac{\Delta t}{6}(\mathbf{k}_1 + 2\mathbf{k}_2 + 2\mathbf{k}_3 + \mathbf{k}_4) \tag{6-16}$$

式中,$\mathbf{k}_1 = f(x, t)$,$\mathbf{k}_2 = f\left(x + \mathbf{k}_1\frac{\Delta t}{2}, t + \frac{\Delta t}{2}\right)$,$\mathbf{k}_3 = f\left(x + \mathbf{k}_2\frac{\Delta t}{2}, t + \frac{\Delta t}{2}\right)$,$\mathbf{k}_4 = f(x + \mathbf{k}_3\Delta t, t + \Delta t)$ 为 n 维空间的向量,该方法的截尾误差为 $(\Delta t)^5$ 量级。

龙格-库塔法也是一种显式解法,其解也不是无条件稳定的,可以用改变步长的方法来保证解的稳定性。

6.3 威尔逊-θ法

线性加速度法:假设在 t 到 $t + \Delta t$ 的时间区间内加速度是线性变化的($0 \leqslant \tau \leqslant \Delta t$),即

$$\ddot{\mathbf{q}}_{t+\tau} = \ddot{\mathbf{q}}_t + \frac{\tau}{\Delta t}(\ddot{\mathbf{q}}_{t+\Delta t} - \ddot{\mathbf{q}}_t) \tag{6-17}$$

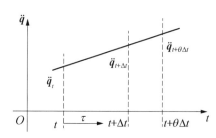

威尔逊-θ 法是线性加速度法的推广,它假设在 t 到 $t + \theta\Delta t$ 的时间区间内(θ 是大于 1 的常数)加速度是线性变化的(见图 6-2)。设 τ 为此时间区间内的局部时间坐标,$0 \leqslant \tau \leqslant \theta\Delta t$,则在 $t + \tau$ 的瞬时有

$$\ddot{\mathbf{q}}_{t+\tau} = \ddot{\mathbf{q}}_t + \frac{\tau}{\theta\Delta t}(\ddot{\mathbf{q}}_{t+\theta\Delta t} - \ddot{\mathbf{q}}_t) \tag{6-18}$$

图 6-2 线性加速度法/威尔逊-θ 法示意图

积分后得到

$$\dot{\mathbf{q}}_{t+\tau} = \dot{\mathbf{q}}_t + \ddot{\mathbf{q}}_t\tau + \frac{\tau^2}{2\theta\Delta t}(\ddot{\mathbf{q}}_{t+\theta\Delta t} - \ddot{\mathbf{q}}_t) \tag{6-19}$$

$$\mathbf{q}_{t+\tau} = \mathbf{q}_t + \dot{\mathbf{q}}_t\tau + \frac{1}{2}\ddot{\mathbf{q}}_t\tau^2 + \frac{\tau^3}{6\theta\Delta t}(\ddot{\mathbf{q}}_{t+\theta\Delta t} - \ddot{\mathbf{q}}_t) \tag{6-20}$$

令 $\tau = \theta\Delta t$,则由式(6-19)和式(6-20)得到

$$\dot{\mathbf{q}}_{t+\theta\Delta t} = \dot{\mathbf{q}}_t + \frac{\theta\Delta t}{2}(\ddot{\mathbf{q}}_{t+\theta\Delta t} + \ddot{\mathbf{q}}_t) \tag{6-21}$$

$$\boldsymbol{q}_{t+\theta\Delta t} = \boldsymbol{q}_t + \theta\Delta t\dot{\boldsymbol{q}}_t + \frac{\theta^2(\Delta t)^2}{6}(\ddot{\boldsymbol{q}}_{t+\theta\Delta t} + 2\ddot{\boldsymbol{q}}_t) \tag{6-22}$$

于是可以求得用 $\boldsymbol{q}_{t+\theta\Delta t}$ 表示的 $\dot{\boldsymbol{q}}_{t+\theta\Delta t}$ 和 $\ddot{\boldsymbol{q}}_{t+\theta\Delta t}$，即

$$\ddot{\boldsymbol{q}}_{t+\theta\Delta t} = \frac{6}{\theta^2(\Delta t)^2}(\boldsymbol{q}_{t+\theta\Delta t} - \boldsymbol{q}_t) - \frac{6}{\theta\Delta t}\dot{\boldsymbol{q}}_t - 2\ddot{\boldsymbol{q}}_t \tag{6-23}$$

$$\dot{\boldsymbol{q}}_{t+\theta\Delta t} = \frac{3}{\theta\Delta t}(\boldsymbol{q}_{t+\theta\Delta t} - \boldsymbol{q}_t) - 2\dot{\boldsymbol{q}}_t - \frac{\theta\Delta t}{2}\ddot{\boldsymbol{q}}_t \tag{6-24}$$

再利用 $t+\theta\Delta t$ 瞬时的动力学方程式：

$$\boldsymbol{M}\ddot{\boldsymbol{q}}_{t+\theta\Delta t} + \boldsymbol{C}\dot{\boldsymbol{q}}_{t+\theta\Delta t} + \boldsymbol{K}\boldsymbol{q}_{t+\theta\Delta t} = \boldsymbol{Q}_{t+\theta\Delta t} \tag{6-25}$$

式中广义力满足线性变化率：

$$\boldsymbol{Q}_{t+\theta\Delta t} = \boldsymbol{Q}_t + \theta(\boldsymbol{Q}_{t+\Delta t} - \boldsymbol{Q}_t) \tag{6-26}$$

将 $\dot{\boldsymbol{q}}_{t+\theta\Delta t}$ 和 $\ddot{\boldsymbol{q}}_{t+\theta\Delta t}$ 代入动力学方程[式(6-25)]，得到以下等效静平衡方程：

$$\bar{\boldsymbol{M}}\boldsymbol{q}_{t+\theta\Delta t} = \bar{\boldsymbol{Q}}_{t+\theta\Delta t} \tag{6-27}$$

$$\bar{\boldsymbol{M}} = \frac{6}{\theta^2(\Delta t)^2}\boldsymbol{M} + \frac{3}{\theta\Delta t}\boldsymbol{C} + \boldsymbol{K} \tag{6-28}$$

$$\begin{aligned}
\bar{\boldsymbol{Q}}_{t+\theta\Delta t} &= \boldsymbol{Q}_{t+\theta\Delta t} + \left[\frac{6}{\theta^2(\Delta t)^2}\boldsymbol{M} + \frac{3}{\theta\Delta t}\boldsymbol{C}\right]\boldsymbol{q}_t + \left(\frac{6}{\theta\Delta t}\boldsymbol{M} + 2\boldsymbol{C}\right)\dot{\boldsymbol{q}}_t + \left(2\boldsymbol{M} + \frac{\theta\Delta t}{2}\boldsymbol{C}\right)\ddot{\boldsymbol{q}}_t \\
&= \boldsymbol{Q}_t + \theta(\boldsymbol{Q}_{t+\Delta t} - \boldsymbol{Q}_t) + \left[\frac{6}{\theta^2(\Delta t)^2}\boldsymbol{M} + \frac{3}{\theta\Delta t}\boldsymbol{C}\right]\boldsymbol{q}_t + \left(\frac{6}{\theta\Delta t}\boldsymbol{M} + 2\boldsymbol{C}\right)\dot{\boldsymbol{q}}_t + \\
&\quad \left(2\boldsymbol{M} + \frac{\theta\Delta t}{2}\boldsymbol{C}\right)\ddot{\boldsymbol{q}}_t
\end{aligned} \tag{6-29}$$

由式(6-23)解出 $\boldsymbol{q}_{t+\theta\Delta t}$ 后，将式(6-23)代入式(6-18)，并令 $\tau=\Delta t$，即可得到 $t+\Delta t$ 瞬时的加速度：

$$\ddot{\boldsymbol{q}}_{t+\Delta t} = \frac{6}{\theta^3(\Delta t)^2}(\boldsymbol{q}_{t+\theta\Delta t} - \boldsymbol{q}_t) - \frac{6}{\theta^2\Delta t}\dot{\boldsymbol{q}}_t + \left(1 - \frac{3}{\theta}\right)\ddot{\boldsymbol{q}}_t \tag{6-30}$$

积分以后，得到

$$\dot{\boldsymbol{q}}_{t+\Delta t} = \dot{\boldsymbol{q}}_t + \frac{\Delta t}{2}(\ddot{\boldsymbol{q}}_{t+\Delta t} + \ddot{\boldsymbol{q}}_t) \tag{6-31}$$

$$q_{t+\Delta t} = q_t + \Delta t \dot{q}_t + \frac{(\Delta t)^2}{6}(\ddot{q}_{t+\Delta t} + 2\ddot{q}_t) \tag{6-32}$$

对算法的说明：

(1) 威尔逊-θ 法是一种隐式解法。

(2) 已经证明，对于线性系统在 $\theta > 1.37$ 时，该方法是无条件稳定的，但对于非线性系统通常取 $\theta = 1.5$。

6.4 纽马克-β 法

纽马克-β 法也是线性加速度法的推广，它采用 α 和 β 两个参数来按需要调节计算精度和稳定性，实际上是用这两个参数改变在 Δt 区间内加速度的分布。

假设 $t + \Delta t$ 瞬时的速度和位移为

$$\dot{q}_{t+\Delta t} = \dot{q}_t + [(1-\alpha)\ddot{q}_t + \alpha\ddot{q}_{t+\Delta t}]\Delta t \tag{6-33}$$

$$q_{t+\Delta t} = q_t + \dot{q}_t \Delta t + \left[\left(\frac{1}{2} - \beta\right)\ddot{q}_t + \beta\ddot{q}_{t+\Delta t}\right](\Delta t)^2 \tag{6-34}$$

(1) 在计算速度增量 $\dot{q}_{t+\Delta t} - \dot{q}_t$ 时用 α 来调节加速度在 Δt 区间的分布：$\alpha = \frac{1}{2}$ 表示加速度取该时间区间的平均值 $\frac{(\ddot{q}_{t+\Delta t} - \ddot{q}_t)}{2}$。

(2) 在计算位移增量 $q_{t+\Delta t} - q_t$ 时用 β 来调节加速度在 Δt 区间的分布：$\beta = \frac{1}{4}$ 表示在该时间区间内加速度是常数；$\beta = \frac{1}{6}$ 表示在该时间区间内加速度是线性分布；$\beta = \frac{1}{8}$ 表示加速度是在 $\frac{\Delta t}{2}$ 处有阶跃的两个常数。

纽马克-β 法的差分公式为

$$\ddot{q}_{t+\Delta t} = \frac{1}{\beta(\Delta t)^2}(q_{t+\Delta t} - q_t) - \frac{1}{\beta\Delta t}\dot{q}_t - \left(\frac{1}{2\beta} - 1\right)\ddot{q}_t \tag{6-35}$$

$$\dot{q}_{t+\Delta t} = \frac{\alpha}{\beta\Delta t}(q_{t+\Delta t} - q_t) - \left(\frac{\alpha}{\beta} - 1\right)\dot{q}_t - \Delta t\left(\frac{\alpha}{2\beta} - 1\right)\ddot{q}_t \tag{6-36}$$

再利用 $t + \Delta t$ 瞬时的动力学方程：

$$M\ddot{q}_{t+\Delta t} + C\dot{q}_{t+\Delta t} + Kq_{t+\Delta t} = Q_{t+\Delta t} \tag{6-37}$$

可以得到

$$\overline{M}q_{t+\Delta t} = \overline{Q}_{t+\Delta t} \tag{6-38}$$

$$\bar{M} = \frac{1}{\beta(\Delta t)^2} M + \frac{\alpha}{\beta \Delta t} C + K \tag{6-39}$$

$$\bar{Q}_{t+\Delta t} = Q_{t+\Delta t} + \left[\left(\frac{1}{2\beta} - 1 \right) M + \Delta t \left(\frac{1}{2\beta} - 1 \right) C \right] \ddot{q}_t +$$

$$\left[\frac{1}{\beta \Delta t} M + \left(\frac{\alpha}{\beta} - 1 \right) C \right] \dot{q}_t + \left[\frac{1}{\beta(\Delta t)^2} M + \frac{\alpha}{\beta \Delta t} C \right] q_t$$

$$\tag{6-40}$$

由此可以求出 $q_{t+\Delta t}$，代入即可得到 $t + \Delta t$ 瞬时的速度和加速度。

对于线性系统，在 $\alpha \geqslant \frac{1}{2}$ 且 $\beta \geqslant \frac{\alpha + 0.5^2}{4}$ 的情况下是无条件稳定的。

直接（逐步）积分法的求解过程如下：

步骤一　进行初始计算。

（1）形成刚度矩阵 K、质量矩阵 M 和阻尼矩阵 C。

（2）给定初始值 q_0、$\dot{q}_0$、$\ddot{q}_0$。

（3）选择时间步长和各种参数，计算积分常数。

（4）形成有效刚度矩阵或质量矩阵。

步骤二　逐个时刻计算。

（1）计算 $t + \Delta t$ 时刻的有效载荷。

（2）求解等效静平衡方程，得到 $t + \Delta t$ 时刻的位移。

（3）计算 $t + \Delta t$ 时刻的速度、加速度。

例题 6.1　第 3 章图 3-27 所示水塔的侧向刚度 $k = 1 \times 10^5$ kg/m，质量 $m = 100$ kg，假定其结构阻尼为临界阻尼的 20%，请采用中心差分法、威尔逊-θ 法和纽马克-β 法求水塔在给定爆炸激励 $F(t)$ 作用下的动力响应，列出 Matlab 源程序。

解： 该系统的质量为 100 kg、刚度为 1×10^5 kg/m、阻尼为 1 265 N·s/m，由于外载荷在 0.02 s 的范围内变化，因此取时间步长 Δt 为载荷变化时间的 $\frac{1}{10}$，即 $\Delta t = 0.002$。

中心差分法的 Matlab 源程序：

```
clc;
clear;
%形成各矩阵
M=100; K=1e5; C=0.2*2*sqrt(K*M); P=120e3;
```

```
%形成初始条件,i=2 表示 t=0
u(2)=0；v(2)=0；w(2)=(0-C*v(2)-K*u(2))/M；
%选择时间步长 h,并计算积分常数
n=10；
h=0.02/n；
a=[1/h^2, 1/(2*h),2/h^2, h^2/2]；
%计算施加载荷前一时间步长,i=1
u(1)=u(2)-v(2)*h+w(2)/a(3)；
%形成等效刚度矩阵
Kn=a(1)*M+a(2)*C；
for i=2:n+1
    Pn(i)=P/n*(i-2)-(K-a(3)*M)*u(i)-(a(1)*M-a(2)*C)*
u(i-1)；
    u(i+1)=inv(Kn)*Pn(i)；
    w(i)=a(2)*(u(i+1)-u(i-1))；
    v(i)=a(1)*(u(i+1)-2*u(i)+u(i-1))；
end
for i=n+2:2*n+1
    Pn(i)=P-(K-a(3)*M)*u(i)-(a(1)*M-a(2)*C)*u(i-1)；
    u(i+1)=inv(Kn)*Pn(i)；
    w(i)=a(2)*(u(i+1)-u(i-1))；
    v(i)=a(1)*(u(i+1)-2*u(i)+u(i-1))；
end
for i=2*n+2:3*n+1
    Pn(i)=P-P/n*(i-(2*n+1))-(K-a(3)*M)*u(i)-(a(1)*
M-a(2)*C)*u(i-1)；
    u(i+1)=inv(Kn)*Pn(i)；
    w(i)=1/2/h*(u(i+1)-u(i-1))；
    v(i)=1/h^2*(u(i+1)-2*u(i)+u(i-1))；
end
t=2:3*n+2；
u1=u(2:3*n+2)；
```

威尔逊-θ 法的 Matlab 源程序:

```
clc；
clear；
%形成各矩阵
M＝100；K＝1e5；C＝0.2 * 2 * sqrt(K * M)；P＝120e3；
%形成初始条件
u(1)＝0；v(1)＝0；w(1)＝0；
%选择时间步长 h,参数 theta,并计算积分常数
theta＝1.4；h＝0.02/10；
a＝[6/(theta * h)^2, 3/(theta * h), 6/(theta * h), (theta * h)/2, 6/
(theta * (theta * h)^2), 6/(theta * (theta * h)), 1－3/theta, h/2, h^2/6]；
%形成等效刚度矩阵
Kn＝a(1) * M＋a(2) * C＋K；
%不同时刻等效载荷 Pn,位移 u,速度 v,加速度 w 的迭代计算
%第一段时间
for i＝1:10
    Pn(i＋1)＝P/10 * (i－1)＋theta * P/10＋(a(1) * M＋a(2) * C) * u
(i)＋(a(3) * M＋2 * C) * v(i)＋(2 * M＋a(4) * C) * w(i)；
    un(i＋1)＝inv(Kn) * Pn(i＋1)；
    w(i＋1)＝a(5) * (un(i＋1)－u(i))－a(6) * v(i)＋a(7) * w(i)；
    v(i＋1)＝v(i)＋a(8) * (w(i＋1)＋w(i))；
    u(i＋1)＝u(i)＋h * v(i)＋a(9) * (w(i＋1)＋2 * w(i))；
end
%第二段时间
for i＝11:20
    Pn(i＋1)＝P＋0＋(a(1) * M＋a(2) * C) * u(i)＋(a(3) * M＋2 * C) * v
(i)＋(2 * M＋a(4) * C) * w(i)；
    un(i＋1)＝inv(Kn) * Pn(i＋1)；
    w(i＋1)＝a(5) * (un(i＋1)－u(i))－a(6) * v(i)＋a(7) * w(i)；
    v(i＋1)＝v(i)＋a(8) * (w(i＋1)＋w(i))；
    u(i＋1)＝u(i)＋h * v(i)＋a(9) * (w(i＋1)＋2 * w(i))；
end
%第三段时间
for i＝21:30
```

```
    Pn(i+1)=P−theta*P/10*(i−21)+(a(1)*M+a(2)*C)*u(i)+
(a(3)*M+2*C)*v(i)+(2*M+a(4)*C)*w(i);
    un(i+1)=inv(Kn)*Pn(i+1);
    w(i+1)=a(5)*(un(i+1)−u(i))−a(6)*v(i)+a(7)*w(i);
    v(i+1)=v(i)+a(8)*(w(i+1)+w(i));
    u(i+1)=u(i)+h*v(i)+a(9)*(w(i+1)+2*w(i));
end
t=1:31;
u2=u;
```

纽马克-β 法的 Matlab 源程序：

```
clc;
clear;
%形成各矩阵
M=100;K=1e5;C=0.2*2*sqrt(K*M);P=120e3;
%形成初始条件
u(1)=0;v(1)=0;w(1)=0;
%选择时间步长 h,参数 beta 和 alpha,并计算积分常数
%根据加速度的变化情况,将 beta 分为 1/4(常数),1/6(线性分布)和 1/8
(阶跃的常数)
alpha =0.5;beta=[1/4, 1/6, 1/8];h=0.02/10;
for i=1:3
aa(i,:)=[1/(beta(i)*h^2),alpha/(beta(i)*h),1/(beta(i)*h),1/(2*
beta(i))−1, alpha/beta(i)−1, 0.5*h*(alpha/beta(i) −2), h*(1−
alpha), alpha*h];
    %形成等效刚度矩阵
Kna(i)=aa(i, 1)*M+aa(i, 2)*C+K;
end
%不同时刻等效载荷 Pn,位移 u,速度 v,加速度 w 的迭代计算
%第一段时间,加速度线性分布,beta 取 1/6
a=aa(2,:);
Kn=Kna(2);
for i=1:10
    Pn(i+1)=P/10*i+(a(4)*M+h*a(4)*C)*w(i)+(a(3)*M+a
```

(5) * C) * v(i)＋(a(1) * M＋a(2) * C) * u(i)；
　　u(i＋1)＝inv(Kn) * Pn(i＋1)；
　　w(i＋1)＝a(1) * (u(i＋1)－u(i))－a(3) * v(i)－a(4) * w(i)；
　　v(i＋1)＝v(i)＋a(7) * w(i)＋a(8) * w(i＋1)；
　end
　％第二段时间,加速度为常数,beta 取 1/4
　a＝aa(1,:)；
　Kn＝Kna(1)；
　for i＝11:20
　　Pn(i＋1)＝P＋(a(4) * M＋h * a(4) * C) * w(i)＋(a(3) * M＋a(5) * C)
* v(i)＋(a(1) * M＋a(2) * C) * u(i)；
　　u(i＋1)＝inv(Kn) * Pn(i＋1)；
　　w(i＋1)＝a(1) * (u(i＋1)－u(i))－a(3) * v(i)－a(4) * w(i)；
　　v(i＋1)＝v(i)＋a(7) * w(i)＋a(8) * w(i＋1)；
　end
　％第三段时间,加速度线性分布,beta 取 1/6
　a＝aa(2,:)；
　Kn＝Kna(2)；
　for i＝21:30
　　Pn(i＋1)＝P－P/10 * (i－20)＋(a(4) * M＋h * a(4) * C) * w(i)＋(a
(3) * M＋a(5) * C) * v(i)＋(a(1) * M＋a(2) * C) * u(i)；
　　u(i＋1)＝inv(Kn) * Pn(i＋1)；
　　w(i＋1)＝a(1) * (u(i＋1)－u(i))－a(3) * v(i)－a(4) * w(i)；
　　v(i＋1)＝v(i)＋a(7) * w(i)＋a(8) * w(i＋1)；
　end
　t＝1:31；
　u3＝u；
　比较三种方法的结果(计算结果事先存储在文件中,见图 6-3)
　％中央差分法的解
　load u1；
　％威尔逊-θ 法的解
　load u2；

```
% 纽马克-β 法的解
load u3;
t=1:31;
figure;
plot(t, u1(1,:), '—*k', t, u2(1,:), '—^k', t, u3(1,:), '—ok');
xlabel('迭代次数/次');
ylabel('响应 u/m');
legend('中央差分法','威尔逊-\θ 法','纽马克-\β 法');
```

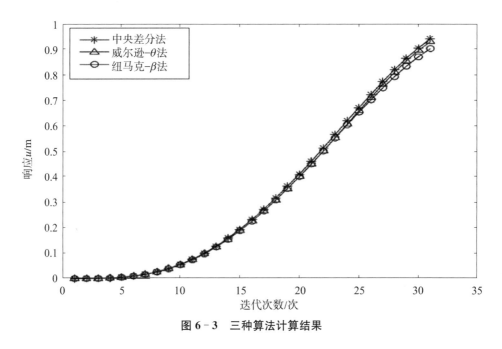

图 6-3　三种算法计算结果

6.5　精细时程积分法

6.5.1　结构动力学方程的正则化

对于结构动力学方程

$$M\ddot{x} + G\dot{x} + Kx = r(t) \tag{6-41}$$

式中，M 为对称正定质量矩阵；G 为阻尼矩阵（对称非负）与陀螺力矩阵（反对称）之和；K 为结构刚度矩阵（对称非负），均为 $n \times n$ 阶矩阵，皆为已知量。当处理流体共同作用问题时，K 可以是一般的矩阵；$r(t)$ 是外力向量，为 $n \times 1$ 阶矩阵；x 是待求位移向量，其初始状态为已知的 x_0 及 $\dot{x}_0$。精细时程积分法宜于处理一阶方程[30]，因此将式(6-41)简化为

$$\dot{v} = Hv + f \qquad\qquad (6-42)$$

式中，v 是 $2n$ 维待求向量，而且

$$v = \{x,\ p\}^{\mathrm{T}},\ p = M\dot{x} + \frac{Gx}{2},\ H = \begin{bmatrix} A & D \\ B & C \end{bmatrix} \qquad [6-43(\mathrm{a})]$$

$$A = -M^{-1}\frac{G}{2},\ B = GM^{-1}\frac{G}{4} - K,\ C = -G\frac{M^{-1}}{2},\ D = M^{-1},\ f = \{0,\ r\}^{\mathrm{T}}$$

$$\qquad\qquad [6-43(\mathrm{b})]$$

当 $f = 0$ 时，即为自由陀螺系统，体系为保守的。此时 B 和 D 为对称矩阵，$A = -C^{\mathrm{T}}$，H 为哈密顿矩阵。

6.5.2　齐次方程的精细时程积分公式

根据常微分方程组理论，应当先解式(6-42)对应的齐次方程：

$$\dot{v} = Hv \qquad\qquad (6-44)$$

因为 H 为常数矩阵，式(6-44)的通解可写成：

$$v = \mathrm{e}^{(Ht)} v_0 \qquad\qquad (6-45)$$

令时间步长为 τ，一系列等步长 τ 的时刻为

$$t_0 = 0,\ t_1 = \tau,\ \cdots,\ t_k = k\tau,\ \cdots \qquad\qquad (6-46)$$

令

$$T = \mathrm{e}^{(H\tau)} \qquad\qquad (6-47)$$

于是有

$$v(\tau) = v_1 = Tv_0 \qquad\qquad (6-48)$$

递推的逐步积分公式：

$$v_1 = Tv_0,\ v_2 = Tv_1,\ \cdots,\ v_{k+1} = Tv_k \qquad\qquad (6-49)$$

于是问题归结到式(6-47)指数矩阵 T 的计算。根据指数函数的加法定理：

$$\mathrm{e}^{(H\tau)} = \left[\mathrm{e}^{\left(\frac{H\tau}{m}\right)} \right]^m \qquad\qquad (6-50)$$

选用

$$m = 2^N \tag{6-51}$$

由于 τ 是不大的时间区间,因此 $\Delta t = \dfrac{\tau}{m}$ 是非常小的时间区段。对时间区段 Δt,按幂级数展开式,则有

$$\mathrm{e}^{(H\Delta t)} \approx I + H\Delta t + \frac{(H\Delta t)^2}{2} + \frac{(H\Delta t)^3}{3!} + \frac{(H\Delta t)^4}{4!} \tag{6-52}$$

由于 Δt 很小,幂级数的 5 项展开式的精度很好,此时指数矩阵 T 与单位矩阵 I 相差不大,因此

$$\mathrm{e}^{(H\Delta t)} \approx I + T_a \tag{6-53}$$

$$T_a = H\Delta t + \frac{(H\Delta t)^2}{2} + \frac{(H\Delta t)^3}{3!} + \frac{(H\Delta t)^4}{4!} \tag{6-54}$$

为计算指数矩阵 T,先将式(6-53)分解为

$$T = (I + T_a)^m = (I + T_a)^{2^N} = (I + T_a)^{2^{(N-1)}} \times (I + T_a)^{2^{(N-1)}} \tag{6-55}$$

这种分解一直做下去共 N 次。注意到对任意 T_b 和 T_c,有

$$(I + T_b) \times (I + T_c) = I + T_b + T_c + T_b \times T_c \tag{6-56}$$

若将 T_b 和 T_c 都看成 T_a,则式(6-56)相当于以下循环语句:

$$\text{for } (\text{iter} = 0; \text{ iter} < N; \text{ iter}{+}{+}) \quad T_a = 2T_a + T_a \times T_a \tag{6-57}$$

循环结束后 T_a 已算好,再计算

$$T = I + T_a \tag{6-58}$$

式(6-55)、式(6-57)和式(6-58)就是指数矩阵 T 的精细计算公式。这是一种 2^N 类算法,相当于在每个时间步长内再进一步划分为 2^N 个精细步长,其中还可用幂级数的 5 项展开式来提高计算精度。

6.5.3 非齐次方程的精细时程积分公式

假定非齐次项在时间步长 (t_k, t_{k+1}) 内是线性的,即

$$\dot{v} = Hv + r_0 + r_1(t - t_k) \tag{6-59}$$

当 $t = t_k$ 时,$v = v_k$。式中,r_0、r_1 是给定向量。采用叠加原理求解式(6-59),令 $\Phi(t - t_k)$ 是齐次方程的解,有

$$\dot{\Phi} = H\Phi, \text{ 且 } \Phi(0) = I \qquad (6-60)$$

则式(6-59)的解为

$$v = \Phi(t - t_k)[v_k + H^{-1}(r_0 + H^{-1}r_1)] - H^{-1}[r_0 + H^{-1}r_1 + r_1(t - t_k)] \qquad (6-61)$$

对于 $t_{k+1} = t_k + \tau$ 时刻的向量 v_{k+1},此时

$$v_{k+1} = \Phi(t_{k+1} - t_k) = \Phi(\tau) = T = e^{H\tau} \qquad (6-62)$$

根据式(6-55)计算指数矩阵 T。因此得

$$v_{k+1} = T[v_k + H^{-1}(r_0 + H^{-1}r_1)] - H^{-1}(r_0 + H^{-1}r_1 + r_1\tau) \qquad (6-63)$$

这就是非齐次方程[式(6-42)]的精细时程积分公式。

例题 6.2 采用精细时程积分法、威尔逊-θ 法、纽马克-β 法求解下列两自由度系统的瞬态动力响应,并比较三种方法在相同条件下的计算精度。

$$\begin{bmatrix} 2 & 0 \\ 0 & 1 \end{bmatrix} \begin{Bmatrix} \ddot{x}_1 \\ \ddot{x}_2 \end{Bmatrix} + \begin{bmatrix} 6 & -2 \\ -2 & 4 \end{bmatrix} \begin{Bmatrix} x_1 \\ x_2 \end{Bmatrix} = \begin{Bmatrix} 0 \\ 10 \end{Bmatrix}$$

初始条件:

$$\begin{Bmatrix} \ddot{x}_1 \\ \ddot{x}_2 \end{Bmatrix} \bigg|_{t=0} = \begin{Bmatrix} 0 \\ 10 \end{Bmatrix}, \begin{Bmatrix} \dot{x}_1 \\ \dot{x}_2 \end{Bmatrix} \bigg|_{t=0} = \begin{Bmatrix} 0 \\ 0 \end{Bmatrix}, \begin{Bmatrix} x_1 \\ x_2 \end{Bmatrix} \bigg|_{t=0} = \begin{Bmatrix} 0 \\ 0 \end{Bmatrix}$$

解: 该系统的质量矩阵、结构刚度矩阵和载荷矩阵分别为

$$M = \begin{bmatrix} 2 & 0 \\ 0 & 1 \end{bmatrix}, G = \begin{bmatrix} 0 & 0 \\ 0 & 0 \end{bmatrix}, K = \begin{bmatrix} 6 & -2 \\ -2 & 4 \end{bmatrix}, r = \begin{Bmatrix} 0 \\ 10 \end{Bmatrix}$$

则 $A = -M^{-1}\dfrac{G}{2} = \begin{bmatrix} 0 & 0 \\ 0 & 0 \end{bmatrix}$, $B = GM^{-1}\dfrac{G}{4} - K = \begin{bmatrix} -6 & 2 \\ 2 & -4 \end{bmatrix}$, $C =$

$-G\dfrac{M^{-1}}{2} = \begin{bmatrix} 0 & 0 \\ 0 & 0 \end{bmatrix}$, $D = M^{-1} = \begin{bmatrix} 0.5 & 0 \\ 0 & 1 \end{bmatrix}$, $f = \{0, r\}^{\mathrm{T}} = \begin{Bmatrix} 0 \\ 0 \\ 0 \\ 10 \end{Bmatrix}$, $H = \begin{bmatrix} A & D \\ B & C \end{bmatrix} =$

$$\begin{bmatrix} 0 & 0 & 0.5 & 0 \\ 0 & 0 & 0 & 1 \\ -6 & 2 & 0 & 0 \\ 2 & -4 & 0 & 0 \end{bmatrix}。$$

设该系统动力学方程的解为 $x = \boldsymbol{\varphi} \sin \omega t$，则该系统的特征值方程为

$$\left\{ \begin{bmatrix} 6 & -2 \\ -2 & 4 \end{bmatrix} - \omega^2 \begin{bmatrix} 2 & 0 \\ 0 & 1 \end{bmatrix} \right\} \begin{Bmatrix} \phi_1 \\ \phi_2 \end{Bmatrix} = \begin{Bmatrix} 0 \\ 0 \end{Bmatrix}$$

系统的特征解为

$$\omega_1^2 = 2,\ \phi_1 = \begin{Bmatrix} \dfrac{1}{\sqrt{3}} \\ \dfrac{1}{\sqrt{3}} \end{Bmatrix},\ \omega_2^2 = 5,\ \phi_2 = \begin{Bmatrix} \dfrac{1}{2}\sqrt{\dfrac{2}{3}} \\ -\sqrt{\dfrac{2}{3}} \end{Bmatrix}$$

所以系统的自振周期 $T_1 = 4.45$，$T_2 = 2.8$。取时间步长 Δt 为最小周期的 $\dfrac{1}{10}$，即 $\Delta t = \tau = 0.28$。

精细时程积分法的 Matlab 源程序：

```
clc;
clear;
%定义各矩阵
M=[2 0; 0 1]; K=[6 -2; -2 4]; r=[0;10]; G=zeros(2,2);
A=-inv(M)*G/2; B=G*inv(M)*G/4-K; C=-G*inv(M)/2;
D=inv(M);
f=[0;0; r];
H=[A, D; B, C];
%定义其他参数
tau=0.28; N=20; m=2^N; t=tau/m;
I=eye(size(H));
Ta=H*t+(H*t)^2*(I+(H*t)/3+(H*t)^2/12)/2;
%指数矩阵 T 的计算
for i=1:20
   Ta=2*Ta+Ta^2;
end
T=I+Ta;
%非齐次项的时程积分；
v=zeros(4, 20);
for j=1:19
```

$$v(:,j+1)=T*(v(:,j)+inv(H)*f)-inv(H)*f;$$

end

%输出位移响应

u3=v(1:2, 2:13);

u3

计算结果如下：

Columns 1 through 8

0.0025	0.0381	0.1756	0.4860	0.9964	1.6570	2.3382	2.8608
0.3819	1.4116	2.7809	4.0936	4.9962	5.2905	4.9857	4.2766

Columns 9 through 12

3.0517	2.8057	2.1306	1.1572
3.4575	2.8062	2.4843	2.4888

威尔逊-θ 法的 Matlab 源程序：

clc;

clear;

%形成各矩阵

M=[2 0; 0 1]; K=[6 −2; −2 4]; P=[0;10];

%确定初始条件

u(:,1)=[0;0]; v(:,1)=[0;0]; w(:,1)=[0;10];

%选择时间步长 h,参数 theta,并计算积分常数

theta=1.4; h=0.28;

a=[6/(theta*h)^2, 3/(theta*h), 6/(theta*h), (theta*h)/2, 6/(theta*(theta*h)^2), 6/(theta*(theta*h)), 1−3/theta, h/2, h^2/6];

%形成等效刚度矩阵

Kn=K+a(1)*M;

%不同时刻等效载荷 Pn,位移 u,速度 v,加速度 w 的迭代计算

for i=1:12

    Pn(:,i+1)=P+M*(a(1)*u(:,i)+a(3)*v(:,i)+2*w(:,i));

    un(:,i+1)=inv(Kn)*Pn(:,i+1);

    w(:,i+1)=a(5)*(un(:,i+1)−u(:,i))−a(6)*v(:,i)+a(7)*w(:,i);

    v(:,i+1)=v(:,i)+a(8)*(w(:,i+1)+w(:,i));

    u(:,i+1)=u(:,i)+h*v(:,i)+a(9)*(w(:,i+1)+2*w(:,i));

end

u2＝u(：,2：13)；

u2

计算结果如下：

Columns 1 through 10

0.0060 0.0525 0.1960 0.4896 0.9516 1.5425 2.1623 2.6702

2.9226 2.8182

0.3663 1.3393 2.6394 3.9235 4.8793 5.3093 5.1781 4.6064

3.8182 3.0605

Columns 11 through 12

2.3340 1.5415

2.5233 2.2862

纽马克-β 法的 Matlab 源程序：

```
clc；

clear；

%形成各矩阵

M＝[2 0；0 1]；K＝[6 −2；−2 4]；P＝[0；10]；

%形成初始条件

u(：,1)＝[0；0]；v(：,1)＝[0；0]；w(：,1)＝[0；10]；

%选择时间步长 h,参数 alpha,delta,并计算积分常数

alpha＝0.25；delta ＝0.5；h＝0.28；

a＝[1/(alpha * h^2),delta/(alpha * h),1/(alpha * h),1/(2 * alpha)−1,

delta/alpha−1,0.5 * h * (delta/alpha −2),h * (1−delta),delta * h]；

%形成等效刚度矩阵

Kn＝K＋a(1) * M；

%不同时刻等效载荷 Pn,位移 u,速度 v,加速度 w 的迭代计算

for i＝1：12

    Pn(：,i+1)＝P＋M * (a(1) * u(：,i)＋a(3) * v(：,i)＋a(4) * w(：,i))；

    u(：,i+1)＝inv(Kn) * Pn(：,i+1)；

    w(：,i+1)＝a(1) * (u(：,i+1)−u(：,i))−a(3) * v(：,i)−a(4) * w(：,

i)；

    v(：,i+1)＝v(：,i)＋a(7) * w(：,i)＋a(8) * w(：,i+1)；

end
```

u1＝u(:,2:13);

u1

计算结果如下：

Columns 1 through 10

　0.0067　0.0504　0.1894　0.4846　0.9613　1.5805　2.2328　2.7607

3.0035　2.8505

　0.3637　1.3510　2.6833　3.9954　4.9497　5.3366　5.1296　4.4781

3.6424　2.8967

　Columns 11 through 12

　2.2840　1.3968

　2.4352　2.3129

比较三种方法在相同条件下的精度(计算结果事先存储在文件中,见图6-4)

clc;

clear;

tau＝0.28;

％求精确解

H＝[1/sqrt(3)　sqrt(2/3)/2; 1/sqrt(3)　－sqrt(2/3)];

for i=1:12

　　u(:,i)＝H＊[(5/sqrt(3))＊(1－cos(sqrt(2)＊tau＊i)); 2＊sqrt(2/3)

＊(－1＋cos(sqrt(5)＊tau＊i))];

　end

　u

　％Newmark-β法的解

　load u1;

　％Wilson-θ法的解

　load u2;

　％精细时程积分法的解

　load u3;

　t＝1:12;

　figure;

　plot(t, u(1,:), '-kx', t, u1(1,:), '-＊k', t, u2(1,:), '-^k', t, u3

(1,:), '-ok');

figure;

plot(t, u(2,:), '—xk ', t, u1(2,:), '— * k ', t, u2(2,:), '—^k ', t, u3(2,:), '—ok ');

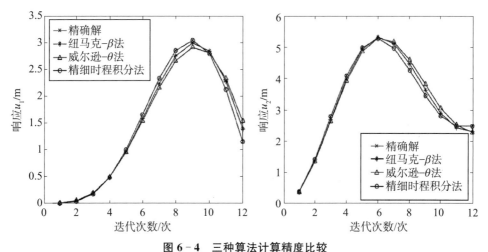

图 6 - 4　三种算法计算精度比较

总结:显式求解与隐式求解的计算效率比较。

对于瞬态动力学问题,隐式求解一般采用纽马克-β法,显式求解一般采用中心差分算法。显式求解的时间步长是隐式求解的时间步长的 $\frac{1}{1\,000} \sim \frac{1}{100}$,但每一步的计算过程不做矩阵分解。

(1) 显式求解方法的计算成本与模型的非线性性无关,隐式求解方法的计算成本则随模型的非线性程度的增加呈指数提高。

(2) 显式求解方法的计算成本与模型单元数量的线性性相关,隐式求解方法的计算成本与模型网格矩阵带宽的平方相关。

(3) 模型的动力响应现象时间越短,采用显式积分法求解的优势就越明显。较小的时间步长利于在分析时准确遵循系统的非线性形态。

(4) 随着计算机软硬件的发展,显式积分法已被应用到只能用隐式求解方法的长时间持续现象的计算中。

习题 6

6.1 采用精细时程积分法、威尔逊-θ法、纽马克-β法求解如下两自由度系统的瞬态响应,并比较三种方法在相同条件下的计算精度。

$$\begin{bmatrix} 1 & 0 \\ 0 & 1 \end{bmatrix} \begin{Bmatrix} \ddot{x}_1 \\ \ddot{x}_2 \end{Bmatrix} + \begin{bmatrix} 3 & -1 \\ -1 & 3 \end{bmatrix} \begin{Bmatrix} x_1 \\ x_2 \end{Bmatrix} = \begin{Bmatrix} 1 \\ 0 \end{Bmatrix}$$

初始条件:

$$\begin{Bmatrix} \ddot{x}_1 \\ \ddot{x}_2 \end{Bmatrix} \Bigg|_{t=0} = \begin{Bmatrix} 1 \\ 0 \end{Bmatrix}, \quad \begin{Bmatrix} \dot{x}_1 \\ \dot{x}_2 \end{Bmatrix} \Bigg|_{t=0} = \begin{Bmatrix} 0 \\ 0 \end{Bmatrix}, \quad \begin{Bmatrix} x_1 \\ x_2 \end{Bmatrix} \Bigg|_{t=0} = \begin{Bmatrix} 0 \\ 0 \end{Bmatrix}$$

第 **7** 章　连续系统的动力学分析

　　连续系统又称分布参数系统，系统的力学模型由具有分布质量、分布弹性和分布阻尼的元件组成，例如小型简单结构中的梁、板和圆柱壳体等，大型复杂结构，如船舶、海洋平台及航天飞机等，它们都不是简单的离散系统。描述连续系统内每个点的运动位置，需要采用空间位置与时间两个坐标，空间位置不像在离散系统中那样以隐含方式描述，连续系统中有无限多个质量点，因而连续系统是无限动力自由度系统，鉴于连续系统包含无限多个弹性元件，因此连续系统也是弹性体系统。连续系统与离散系统是同一物理系统的两种数学模型，可以通过将连续系统简化为有限数量的理想化质点、弹性元件和阻尼元件实现两个系统的转化。连续系统与离散系统的数学方程及力学关系如图 7-1 和表 7-1[21-24] 所示。

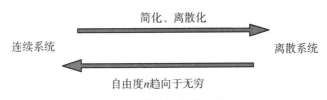

图 7-1　连续系统与离散系统的相互转换

表 7-1　连续系统与离散系统的区别与联系

系统与描述	离散系统	连续系统
动力自由度数	有限个	无穷多个
运动描述的变量	时间	时间和空间位置
动力学方程	二阶常微分方程组	高阶偏微分方程组
方程消去时间变量后	代数方程组	微分方程的边值问题

　　本章讨论最简单的几种分布参数系统（或弹性系统）——梁、板和壳体的动力学问题，它们是船舶与海洋工程结构中最常见的弹性结构件，这是后续研究船体梁振动和船体全尺度三维振动的基础。以下讨论我们假定材料是均匀连续的，结构中应力服从胡克定律，发生小变形且变形满足连续性条件。

7.1　杆(梁)的纵向振动

7.1.1　杆(梁)纵向振动方程

设长度为 L 两端固定的非均匀杆上受均布单位长度轴向力 $f(x,t)$,杆上 x 处的单位长度轴向刚度与质量密度分别为 $EA(x)$ 和 $m(x) = \rho A(x)$,其中,E 为弹性模量,A 为截面积,ρ 为材料密度,受力分析如图 7‑2 所示。取杆上微段 dx 作为隔离体进行受力分析。根据材料力学理论,任一瞬时作用在杆微段两端的轴向内力与轴向应变成正比:

$$P(x,t) = EA(x)\frac{\partial u(x,t)}{\partial x} \tag{7-1}$$

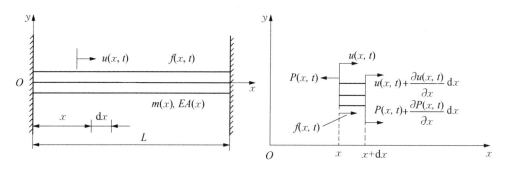

图 7‑2　杆(梁)纵向振动受力分析

根据牛顿第二定律,任一瞬时作用在杆微段上的轴向力与杆微段的加速度满足:

$$[\rho A(x)dx]\frac{d^2 u(x,t)}{dt^2} = \frac{\partial P(x,t)}{\partial x}dx + f(x,t)dx \tag{7-2}$$

将式(7‑1)代入式(7‑2)得到线弹性变截面杆纵向强迫振动动力学方程为

$$\rho A(x)\frac{d^2 u(x,t)}{dt^2} = \frac{\partial}{\partial x}\left[EA(x)\frac{\partial u(x,t)}{\partial x}\right] + f(x,t) \quad (0 < x < L) \tag{7-3}$$

对于线弹性等截面杆纵向自由振动,$A(x)$ 为常数,$f(x,t) = 0$,则得

$$\frac{d^2 u(x,t)}{dt^2} = a^2\frac{\partial u^2(x,t)}{\partial x^2} \quad (0 < x < L) \tag{7-4}$$

简写为

$$\ddot{u}(x,t) = a^2 u''(x,t) \quad (0 < x < L) \tag{7-5}$$

式中，$a^2 = \dfrac{E}{\rho}$ 为位移或应力波在杆轴向的传播速度，这是典型的波动方程。

7.1.2 杆(梁)纵向振动的特征值计算

采用分离变量法求解式(7-3)。设位移解 $u(x,t) = U(x)F(t)$，边界条件为 $u(0,t) = u(L,t) = 0$，代入得

$$\frac{d}{dx}\left[EA(x)\frac{dU(x)}{dx}\right]F(t) = m(x)\frac{d^2 F(t)}{dt^2}U(x) \tag{7-6}$$

等式两边同除以 $m(x)U(x)$，得

$$\frac{1}{m(x)U(x)}\frac{d}{dx}\left[EA(x)\frac{dU(x)}{dx}\right] = \frac{1}{F(t)}\frac{d^2 F(t)}{dt^2} \tag{7-7}$$

式(7-7)两边分别依赖于变量 x 和 t，因此当两边都等于常数时，等式才能恒成立。设该常数为 $-\omega^2$，可得

$$\frac{d^2 F(t)}{dt^2} + \omega^2 F(t) = 0 \tag{7-8}$$

$$-\frac{d}{dx}\left[EA(x)\frac{dU(x)}{dx}\right] = \omega^2 m(x)U(x) \quad (0 < x < L) \tag{7-9}$$

由关于时间的方程[式(7-8)]解得

$$F(t) = b\sin(\omega t + \varphi) \tag{7-10}$$

由关于位置 x 的方程[式(7-9)]可以确定位移的形状 $U(x)$，它必须在区间 $0 < x < L$ 满足方程及边界条件 $U(0) = U(L) = 0$。

主振型/振型函数 $U(x)$ 为

$$U(x) = B_1 \sin\frac{\omega x}{a} + B_2 \cos\frac{\omega x}{a} \tag{7-11}$$

解得位移解为

$$u(x,t) = \left(B_1 \sin\frac{\omega x}{a} + B_2 \cos\frac{\omega x}{a}\right) b\sin(\omega t + \varphi) \tag{7-12}$$

当 $U(x)$ 为常数时，杆做刚体运动。表7-2给出常见的边界条件。

表 7－2　纵向振动杆的边界条件讨论（位移边界条件、力边界条件）

边界状况	左端	右端
固定——位移为零	$u(0,t)=0$	$u(L,t)=0$
自由——内力为零	$EA\dfrac{\partial u(0,t)}{\partial x}=0$	$EA\dfrac{\partial u(L,t)}{\partial x}=0$
带有弹簧 k	$ku(0,t)=EA\dfrac{\partial u(0,t)}{\partial x}$	$ku(L,t)=EA\dfrac{\partial u(L,t)}{\partial x}$
带有集中质量 M	$M\dfrac{\partial^2 u(0,t)}{\partial t^2}=EA\dfrac{\partial u(0,t)}{\partial x}$	$M\dfrac{\partial^2 u(L,t)}{\partial t^2}=EA\dfrac{\partial u(L,t)}{\partial x}$

例题 7.1　对于一端固定另一端自由的杆，求其纵向振动的特征值。

解： 其边界条件可写为

左端 $u(0,t)=U(0)F(t)=0$，右端 $EA\dfrac{\partial u(L,t)}{\partial x}=EA\dfrac{\partial U(L,t)}{\partial x}F(t)=0$。

将边界条件代入主振型函数 $U(x)=B_1\sin\dfrac{\omega x}{a}+B_2\cos\dfrac{\omega x}{a}$，

解得

$$B_2=0,\ \frac{\omega}{a}B_1\cos\frac{\omega L}{a}=0,$$

由第二式可得频率方程：

$$\cos\frac{\omega L}{a}=0$$

解得固有频率为

$$\omega_i=\frac{(2i-1)\pi a}{2L}\ (i=1,2,\cdots,n)$$

解得主振型为

$$U_i(x)=B_i\sin\frac{(2i-1)\pi x}{2L}\ (i=1,2,\cdots,n)$$

纵向振动杆在各种边界状况下的频率方程和振型函数如表 7－3 所示。

表 7-3 纵向振动杆在各种边界状况下的频率方程和振型函数

边界状况	频率方程	振型函数
两端固定	$\omega_i = \beta_i\sqrt{\dfrac{EA}{m}} = i\pi\sqrt{\dfrac{EA}{mL^2}}\ (i=1,2,\cdots,n)$	$U_i(x) = B_i\sin\dfrac{i\pi x}{L}\ (i=1,2,\cdots,n)$
两端自由	$\omega_i = \beta_i\sqrt{\dfrac{EA}{m}} = i\pi\sqrt{\dfrac{EA}{mL^2}}\ (i=1,2,\cdots,n)$	$U_i(x) = B_i\cos\dfrac{i\pi x}{L}\ (i=1,2,\cdots,n)$
一端固定，另一端自由	$\omega_i = \dfrac{(2i-1)\pi}{2L}\sqrt{\dfrac{EA}{m}}\ (i=1,2,\cdots,n)$	$U_i(x) = B_i\sin\dfrac{(2i-1)\pi x}{2L}\ (i=1,2,\cdots,n)$

7.1.3 杆(梁)的纵向强迫振动

针对强迫振动动力学方程[式(7-3)]，设其初始条件为 $u(x,0)=f_1(x)$，$\dfrac{\partial u}{\partial t}\Big|_{t=0}=f_2(x)$。

采用模态叠加法求解式(7-3)，将杆的位移展开为正则振型的无穷级数：

$$u(x,t) = \sum_{i=1}^{\infty} U_i(x)\eta_i(t) \tag{7-13}$$

代入式(7-3)，得

$$\sum_{i=1}^{\infty}(EAU_i')'\eta_i(t) + f(x,t) = \rho A\sum_{i=1}^{\infty}U_i\ddot{\eta}_i(t)\ (0<x<L) \tag{7-14}$$

式(7-14)两边乘以振型 U_j 并沿杆长对变量 x 积分，得

$$\sum_{i=1}^{\infty}\eta_i\int_0^L(EAU_i')'U_j\,\mathrm{d}x + \int_0^L f(x,t)U_j\,\mathrm{d}x = \sum_{i=1}^{\infty}\ddot{\eta}_i\int_0^L \rho A U_i U_j\,\mathrm{d}x\ (0<x<L)$$

$$\tag{7-15}$$

由振型正交性和正则振型性质可知：

$$\int_0^L(EAU_i')'U_j\,\mathrm{d}x = -\omega_{ij}^2\delta_{ij},\ \int_0^L \rho A U_i U_j\,\mathrm{d}x = \delta_{ij},\ \delta_{ij}=\begin{cases}1 & i=j\\ 0 & i\neq j\end{cases}$$

代入方程[式(7-14)]得第 j 个正则坐标方程为

$$\ddot{\eta}_j + \omega_j^2 \eta_j = q_j(t) \tag{7-16}$$

式中，$q_j(t) = \int_0^L f(x, t) U_j \mathrm{d}x$。正则坐标下的初始条件为

$$u(x, 0) = f_1(x) = \sum_{i=1}^{\infty} U_i(x) \eta_i(0), \quad \frac{\partial u}{\partial t}\bigg|_{t=0} = f_2(x) = \sum_{i=1}^{\infty} U_i(x) \dot{\eta}_i(0)$$

上式两边乘以振型 U_j 并沿杆长对变量 x 积分，得

$$\eta_j(0) = \int_0^L \rho A f_1(x) U_j(x) \mathrm{d}x, \quad \dot{\eta}_j(0) = \int_0^L \rho A f_2(x) U_j(x) \mathrm{d}x$$

则第 j 个正则坐标方程的解为

$$\eta_j(t) = \eta_j(0) \cos \omega_j t + \frac{\dot{\eta}_j(0)}{\omega_j} \sin \omega_j t + \frac{1}{\omega_j} \int_0^t q_j(\tau) \sin \omega_j (t - \tau) \mathrm{d}\tau \tag{7-17}$$

代入杆的位移展开式，得

$$u(x, t) = \sum_{j=1}^{\infty} U_j(x) \left[\eta_j(0) \cos \omega_j t + \frac{\dot{\eta}_j(0)}{\omega_j} \sin \omega_j t + \frac{1}{\omega_j} \int_0^t q_j(\tau) \sin \omega_j (t - \tau) \mathrm{d}\tau \right] \tag{7-18}$$

7.2　杆(梁)的扭转振动

7.2.1　杆(梁)的扭转振动方程

设长度为 L、一端固定另一端自由的杆上受到的均布单位外扭矩 $M(x, t)$ 与轴的扭转角 θ 同向，杆的扭转刚度与单位长度转动惯量分别为 $GI_p(x)$ 和 $J(x)$。取杆的微段 $\mathrm{d}x$ 作为隔离体，对隔离体的受力分析如图 7-3 所示。根据材料力学理论，任一瞬时作用在杆微段两端的扭转内力矩 $T(x, t)$ 与轴的角应变 $\dfrac{\partial \theta(x, t)}{\partial x}$ 成正比，即

$$GI_p(x) \frac{\partial \theta(x, t)}{\partial x} = T(x, t) \tag{7-19}$$

根据动量矩定律，任一瞬时作用在杆微段上的内外力矩与杆微段的角加速度满足：

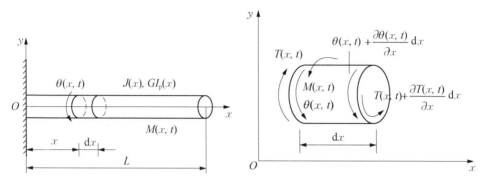

图 7 - 3　杆扭转振动的受力分析

$$J(x)\frac{\mathrm{d}^2\theta(x,t)}{\mathrm{d}t^2}\mathrm{d}x = \frac{\partial T(x,t)}{\partial x}\mathrm{d}x + M(x,t)\mathrm{d}x \qquad (7-20)$$

将式(7-19)中的 $T(x,t)$ 代入式(7-20)得

$$J(x)\frac{\mathrm{d}^2\theta(x,t)}{\mathrm{d}t^2} = \frac{\partial}{\partial x}\left[GI_\mathrm{p}(x)\frac{\partial\theta(x,t)}{\partial x}\right] + M(x,t)\ (0 < x < L)$$

$$(7-21)$$

式中，$I_\mathrm{p}(x)$ 为绕纵轴的剖面极惯性矩；杆的单位长度转动惯量 $J(x) = \rho I_\mathrm{p}(x)$。

对于线弹性等截面杆扭转自由振动，$I_\mathrm{p}(x)$ 为常数，$M(x,t) = 0$。上述方程可简化为

$$\ddot{\theta}(x,t) = b^2\theta''(x,t) \qquad (7-22)$$

式中，$b^2 = \dfrac{G}{\rho}$ 为扭转波在杆中的传播速度，这也是典型的波动方程。

对于非圆截面，扭矩与扭转角的关系为 $k'GI_\mathrm{p}(x)\dfrac{\partial\theta(x,t)}{\partial x} = T(x,t)$，此时 $b^2 = \dfrac{k'G}{\rho}$ 为扭转波在杆中的传播速度，k 为与横剖面尺寸有关的对极惯性矩的修正系数。

7.2.2　杆(梁)扭转振动的特征值计算

假设边界条件 $\theta(0,t) = 0$，$\dfrac{\partial\theta(L,t)}{\partial x} = 0$，采用分离变量法求解式(7-21)。设方程的解为

$$\theta(x,t) = \Theta(x)F(t)$$

代入式(7-21)得

$$\frac{\mathrm{d}}{\mathrm{d}x}\left[GI_\mathrm{p}(x)\frac{\mathrm{d}\Theta(x)}{\mathrm{d}x}\right]F(t)=J(x)\frac{\mathrm{d}^2F(t)}{\mathrm{d}t^2}\Theta(x)$$

等式两边同除以 $\Theta(x)J(x)F(t)$，得

$$\frac{1}{J(x)\Theta(x)}\frac{\mathrm{d}}{\mathrm{d}x}\left[GI_\mathrm{p}(x)\frac{\mathrm{d}\Theta(x)}{\mathrm{d}x}\right]=\frac{1}{F(t)}\frac{\mathrm{d}^2F(t)}{\mathrm{d}t^2}$$

上式两边分别依赖于变量 x 和 t，因此只有当两边都等于常数时方程才恒成立。设该常数为 $-\omega^2$，解得

$$\frac{\mathrm{d}^2F(t)}{\mathrm{d}t^2}+\omega^2F(t)=0$$

$$-\frac{\mathrm{d}}{\mathrm{d}x}\left[GI_\mathrm{p}(x)\frac{\mathrm{d}\Theta(x)}{\mathrm{d}x}\right]=\omega^2J(x)\Theta(x)\ (0<x<L)$$

由关于时间的方程解得

$$F(t)=b\cos(\omega t+\varphi)$$

由关于位置 x 的方程可以确定位移的形状 $\Theta(x)$，它必须在区间 $0<x<L$ 内满足方程及边界条件：

$$-\frac{\mathrm{d}}{\mathrm{d}x}\left[GI_\mathrm{p}(x)\frac{\mathrm{d}\Theta(x)}{\mathrm{d}x}\right]=\omega^2J(x)\Theta(x)。$$

例题 7.2　图 7-3 所示为一端固定另一端自由的均匀杆，其扭转刚度为常数，求该扭转振动系统的特征值。

解：系统满足如下特征方程：

$$\frac{\mathrm{d}^2\Theta(x)}{\mathrm{d}x^2}+\beta^2\Theta(x)=0\ (0<x<L)$$

式中，$\beta^2=\dfrac{\omega^2J}{GI_\mathrm{p}}$，且有 $\Theta(0)=0,\dfrac{\mathrm{d}\Theta(L)}{\mathrm{d}x}=0$。从方程可知 $\Theta(x)$ 是 x 的简谐函数，一般可写成：

$$\Theta(x)=a\sin(\beta x)+b\cos(\beta x)$$

由边界条件 $\Theta(0)=0,\dfrac{\mathrm{d}\Theta(L)}{\mathrm{d}x}=0$，可得 $b=0$，则

$$\Theta(x) = a\sin(\beta x),$$

$$\frac{\mathrm{d}\Theta(L)}{\mathrm{d}x} = a\beta\cos(\beta L) = 0$$

由于 a 不为零,因此必有特征方程 $\cos(\beta L) = 0$。

解得特征值为 $\beta_i L = \dfrac{(2i-1)\pi}{2}$ $(i = 1, 2, \cdots, n)$,即

$$\omega_i = \beta_i \sqrt{\frac{GI_{\mathrm{p}}}{J}} = \frac{(2i-1)\pi}{2}\sqrt{\frac{GI_{\mathrm{p}}}{JL^2}} \quad (i = 1, 2, \cdots, n)$$

振型函数为

$$\Theta_i(x) = a_i\sin\left[\frac{(2i-1)\pi x}{2L}\right] \quad (i = 1, 2, \cdots, n)$$

7.3 梁的横向振动

7.3.1 欧拉-伯努利梁(细长梁)的横向振动方程

梁的横向振动也称弯曲振动。欧拉-伯努利梁的定义如下:

(1) 梁的长度 L 与截面高度比大于 5。

(2) 梁各截面的中心主惯性轴在同一平面内,外载荷作用于该平面内。

(3) 梁在该平面内横向振动,梁的主要变形是弯曲变形。

(4) 低频振动时忽略剪切变形以及截面绕中性轴的转动惯量对系统的影响。

设细长梁上受 y 方向的均布载荷 $f(x, t)$,梁的弯曲刚度与单位长度质量分别为 $EI(x)$ 和 $m(x)$。取梁的微段 $\mathrm{d}x$ 做隔离体,其受力分析如图 7-4 所示。

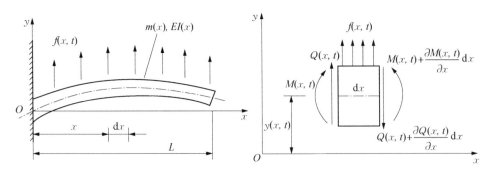

图 7-4　细长梁横向振动受力分析

根据牛顿第二定律,任一瞬时作用在梁微段上的剪切力和外力与梁微段的加速度有如下关系:

$$-\frac{\partial Q(x,t)}{\partial x}\mathrm{d}x + f(x,t)\mathrm{d}x = m(x)\frac{\mathrm{d}^2 y(x,t)}{\mathrm{d}t^2}\mathrm{d}x \qquad (7-23)$$

根据梁微段的力矩平衡(对微元左端面),有如下关系:

$$\frac{\partial M(x,t)}{\partial x}\mathrm{d}x - \left[Q(x,t) + \frac{\partial Q(x,t)}{\partial x}\mathrm{d}x\right]\mathrm{d}x + f(x,t)\mathrm{d}x\frac{\mathrm{d}x}{2} = 0$$

$$(7-24)$$

忽略 $\mathrm{d}x$ 的二次项,则有

$$\frac{\partial M(x,t)}{\partial x} - Q(x,t) = 0 \qquad (7-25)$$

将式(7-25)代入式(7-23),得

$$-\frac{\partial^2 M(x,t)}{\partial x^2} + f(x,t) = m(x)\frac{\partial^2 y(x,t)}{\partial t^2} \ (0 < x < L) \quad (7-26)$$

根据材料力学理论,梁的弯矩与挠度/变形关系为

$$M(x,t) = EI(x)\frac{\partial^2 y(x,t)}{\partial x^2} \qquad (7-27)$$

把梁的弯矩 M 与位移 y 的关系式代入方程[式(7-26)],得到变截面梁弯曲振动方程:

$$m(x)\frac{\mathrm{d}^2 y(x,t)}{\mathrm{d}t^2} + \frac{\partial^2}{\partial x^2}\left[EI(x)\frac{\mathrm{d}^2 y(x,t)}{\mathrm{d}x^2}\right] = f(x,t) \ (0 < x < L)$$

$$(7-28)$$

因此,梁的横向振动在 $0\sim L$ 的区间内满足上述欧拉-伯努利梁方程,在边界上满足相应的边界条件。

对于等截面直梁 $I(x)$ 及 $m(x) = \rho A(x)$ 为常数,式(7-28)改写为

$$\frac{\mathrm{d}^2 y}{\mathrm{d}t^2} + \frac{EI}{\rho A}\frac{\partial^4 y}{\partial x^4} = \frac{f(x,t)}{\rho A} \ (0 < x < L) \qquad (7-29)$$

或者改写为

$$\rho A\ddot{y} + EIy^{\mathrm{IV}} = f(x,t) \ (0 < x < L) \qquad (7-30)$$

7.3.2 铁木辛柯梁(短梁)的横向振动方程

铁木辛柯(Timoshenko)梁(短梁)的定义如下:

(1) 梁的长度 L 与梁截面尺寸相当。

(2) 细长梁的高阶振型计算。

(3) 振动时考虑剪切变形以及截面绕中性轴转动惯量对系统的影响。

设长度为 L 的等截面梁上受 y 方向的均布载荷 $f(x,t)$,梁的弯曲刚度、剪切模量、截面积和质量密度分别为 EI、G、A 和 ρ。取梁的微段 $\mathrm{d}x$ 做隔离体,其受力分析如图 7-5 所示。

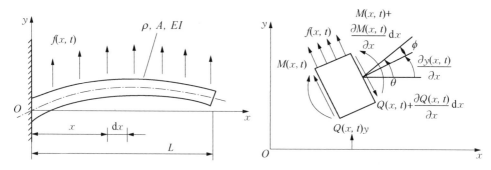

图 7-5 Timoshenko 梁横向振动的受力分析

挠度曲线的斜率/转角是剪切力与弯矩共同作用的结果,即

$$\frac{\partial y(x,t)}{\partial x} = \theta - \phi \tag{7-31}$$

考虑旋转惯量与剪切变形的影响,纯由剪切引起的中性轴处的剪切角为

$$\phi = \frac{Q(x,t)}{\psi AG} \tag{7-32}$$

式中,ψ 为与截面形状有关的因子。

根据材料力学理论,梁的截面转角与弯矩的关系为

$$M(x,t) = EI\frac{\partial\theta(x,t)}{\partial x} = EI\frac{\partial^2 y(x,t)}{\partial x^2} \tag{7-33}$$

根据达朗贝尔原理,忽略 $\mathrm{d}x$ 的二次项有如下关系:

$$-\frac{\partial Q(x,t)}{\partial x}\mathrm{d}x + f(x,t)\mathrm{d}x = \rho A\frac{\mathrm{d}^2 y(x,t)}{\mathrm{d}t^2}\mathrm{d}x \tag{7-34}$$

$$\frac{\partial M(x,t)}{\partial x}\mathrm{d}x - Q(x,t)\mathrm{d}x = \rho I(x)\frac{\mathrm{d}^2\theta(x,t)}{\mathrm{d}t^2}\mathrm{d}x \qquad (7-35)$$

将上述关系综合并整理得

$$EI\frac{\partial^4 y(x,t)}{\partial x^4} + \rho A\frac{\partial^2 y(x,t)}{\partial t^2} - \rho I\left(1+\frac{E}{\psi G}\right)\frac{\partial^4 y(x,t)}{\partial x^2\partial t^2} + \frac{\rho^2 I}{\psi G}\frac{\partial^4 y(x,t)}{\partial t^4}$$

$$= f(x,t) + \frac{\rho I}{\psi AG}\frac{\partial^2 f(x,t)}{\partial t^2} - \frac{EI}{\psi AG}\frac{\partial^2 f(x,t)}{\partial x^2}\ (0<x<L)$$

$$(7-36)$$

当梁做自由振动时,式(7-36)变为

$$EI\frac{\partial^4 y(x,t)}{\partial x^4} + \rho A\frac{\partial^2 y(x,t)}{\partial t^2} - \rho I\left(1+\frac{E}{\psi G}\right)\frac{\partial^4 y(x,t)}{\partial x^2\partial t^2} + \frac{\rho^2 I}{\psi G}\frac{\partial^4 y(x,t)}{\partial t^4}$$

$$= 0\ (0<x<L)$$

$$(7-37)$$

此为 Timoshenko 梁的横向振动方程。忽略剪切变形,得到仅考虑旋转惯量的方程:

$$EI\frac{\partial^4 y(x,t)}{\partial x^4} + \rho A\frac{\mathrm{d}^2 y(x,t)}{\mathrm{d}t^2} - \rho I\frac{\partial^4 y(x,t)}{\partial x^2\partial t^2} = f(x,t)\ (0<x<L)$$

$$(7-38)$$

7.3.3　梁横向振动的特征值计算

对于细长梁,其自由振动动力学方程为

$$-\frac{\partial^2}{\partial x^2}\left[EI(x)\frac{\partial^2 y(x,t)}{\partial x^2}\right] = m(x)\frac{\partial^2 y(x,t)}{\partial t^2}\ (0<x<L)\ (7-39)$$

设梁的振动解为 $y(x,t)=Y(x)F(t)$,代入式(7-39)得

$$-F(t)\frac{\mathrm{d}^2}{\mathrm{d}x^2}\left[EI(x)\frac{\mathrm{d}^2 Y(x)}{\mathrm{d}x^2}\right] = m(x)Y(x)\frac{\mathrm{d}^2 F(t)}{\mathrm{d}t^2}\ (0<x<L)$$

等式两边同除以 $Y(x)m(x)F(t)$,得

$$-\frac{1}{m(x)Y(x)}\frac{\mathrm{d}^2}{\mathrm{d}x^2}\left[EI(x)\frac{\mathrm{d}^2 Y(x)}{\mathrm{d}x^2}\right] = \frac{1}{F(t)}\frac{\mathrm{d}^2 F(t)}{\mathrm{d}t^2}\ (0<x<L)$$

$$(7-40)$$

上式两边分别依赖于变量 x 和 t，因此两边都等于常数。设该常数为 $-\omega^2$：

$$\frac{1}{F(t)} \frac{\mathrm{d}^2 F(t)}{\mathrm{d}t^2} = -\omega^2 \tag{7-41}$$

解得

$$F(t) = b\sin(\omega t + \varphi) \tag{7-42}$$

特征方程为

$$\frac{\mathrm{d}^2}{\mathrm{d}x^2}\left[EI(x)\frac{\mathrm{d}^2 Y(x)}{\mathrm{d}x^2}\right] = \omega^2 m(x)Y(x) \ (0 < x < L) \tag{7-43}$$

对等截面均匀梁，其特征值问题为

$$EI(x)\frac{\mathrm{d}^4 Y(x)}{\mathrm{d}x^4} - \omega^2 \rho A Y(x) = 0 \tag{7-44}$$

整理得

$$Y^{\mathrm{IV}} - \lambda^4 Y = 0 \tag{7-45}$$

式中，$\lambda^4 = \dfrac{\omega^2}{a^2}$，$a^2 = \dfrac{EI}{\rho A}$。其通解为

$$Y(x) = C_1 e^{\lambda x} + C_2 e^{-\lambda x} + C_3 e^{\mathrm{i}\lambda x} + C_4 e^{-\mathrm{i}\lambda x} \tag{7-46}$$

用双曲函数与三角函数表示该通解：

$$\cosh(\lambda x) = \frac{e^{\lambda x} + e^{-\lambda x}}{2}, \ \sinh(\lambda x) = \frac{e^{\lambda x} - e^{-\lambda x}}{2},$$

$$\cos(\lambda x) = \frac{e^{\mathrm{i}\lambda x} + e^{-\mathrm{i}\lambda x}}{2}, \ \sin(\lambda x) = \frac{e^{\mathrm{i}\lambda x} - e^{-\mathrm{i}\lambda x}}{2}$$

整理得

$$Y(x) = C_1\sin(\lambda x) + C_2\cos(\lambda x) + C_3\sinh(\lambda x) + C_4\cosh(\lambda x)$$

$$\tag{7-47}$$

例题 7.3 求两端简支均匀梁的固有频率和固有振型。

解：边界条件为两端简支的位移及弯矩表达式为

$$y(0, t) = 0, \ EI(x)\frac{\partial^2 y(x, t)}{\partial x^2}\bigg|_{x=0} = 0, \ y(L, t) = 0, \ EI(x)\frac{\partial^2 y(x, t)}{\partial x^2}\bigg|_{x=L} = 0$$

将其代入通解[式(7-47)]中得

$$C_2 = C_4 = 0, C_1 \sin(\lambda L) + C_3 \sinh(\lambda L) = 0, -C_1 \sin(\lambda L) + C_3 \sinh(\lambda L) = 0$$

解得

$$C_3 = 0$$

得到频率方程为

$$\sin(\lambda L) = 0$$

解得两端简支均匀梁的固有频率为

$$\lambda_i = \frac{i\pi}{L}$$

$$\omega_i = (\lambda_i)^2 a = \left(\frac{n\pi}{L}\right)^2 \sqrt{\frac{EI}{\rho A}} \ (i = 1, 2, \cdots)$$

解得固有振型为

$$Y_i(x) = C_i \sin(\lambda_i x) = C_i \sin\left(\frac{i\pi x}{L}\right) (i = 1, 2, \cdots)$$

一般来说,固支代表约束点处位移与转角为零,铰支代表约束点处位移及弯矩为零,自由代表约束点处弯矩及剪切力为零,其他边界支承下梁的固有频率和固有振型的具体解如表 7-4 所示。

表 7-4　梁的常见边界条件

边界条件 (梁右端)	位移 y	转角 $\theta = \dfrac{\partial y}{\partial x}$	弯矩 $M = EI \dfrac{\partial^2 y}{\partial x^2}$	剪切力 $Q = EI \dfrac{\partial^3 y}{\partial x^3} = \dfrac{\partial M}{\partial x}$
固支	0	0		
简支	0		0	
自由			0	0
弹性支承			$M = -K_1 \dfrac{\partial y}{\partial x}$	$Q = K_2 y$
集中质量 (惯性载荷)			0	$Q = m \dfrac{\partial^2 y}{\partial t^2}$

图 7-6~图 7-8 绘出了两端简支梁、全自由梁以及悬臂梁的前三阶固有振

型,据此可以得到如下梁的固有振型的阶次 j 与振型节点数或者半波数 n 之间的关系定理。

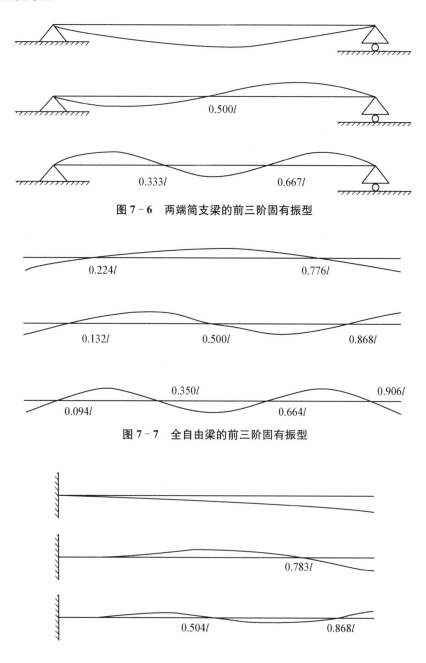

图 7 - 6　两端简支梁的前三阶固有振型

图 7 - 7　全自由梁的前三阶固有振型

图 7 - 8　悬臂梁的前三阶固有振型

固有振型的节点定理　只要梁有足够约束数而无刚体位移,则梁横向振动的第 j 阶固有振型的节点数 $n=j-1$,且相邻固有振型的各节点位置不相重合而呈交错状排列。全自由梁横向振动的振型的节点数 $n=j+1$。

比较欧拉-伯努利梁与 Timoshenko 梁的固有频率计算精度可知[16]:

(1) 剪切使梁的总位移增大,相当于梁的刚度下降,而转动惯量使系统的有效质量增加,因而导致固有频率下降。

(2) 随着振动阶次的上升,剪切和剖面转动的影响可使梁的固有频率下降 $1.2\%\sim54.4\%$。

船舶升沉运动引起的浮力变化相当于给船舶以弹性基础支承,导致船舶固有频率略有升高,所以船体振动方程可以考虑为

$$m(x)\frac{\partial^2 y(x,t)}{\partial t^2}+\frac{\partial^2}{\partial x^2}\left[EI(x)\frac{\partial^2 y(x,t)}{\partial x^2}\right]+ky(x,t)$$
$$=f(x,t)\ (0<x<L)$$

$$(7-48)$$

或

$$\rho A(x)\frac{\partial^2 y(x,t)}{\partial t^2}+\frac{\partial^2}{\partial x^2}\left[EI(x)\frac{\partial^2 y(x,t)}{\partial x^2}\right]+ky(x,t)$$
$$=f(x,t)\ (0<x<L)$$

$$(7-49)$$

7.4　薄板的弯曲振动

薄板的定义:厚度 t 与长或宽 b 相比,$t\ll b/8$ 或 $b/5$ 的板。

受力状态决定问题类型,纵向载荷作用时载荷平行于板面,此时属于平面应力问题;横向载荷作用时载荷垂直于板面,此时属于板弯曲变形问题。图 7-9 给出薄板微元的受力分析。

如下概念需掌握:

中面——平分板厚的中间平面。

中性面——弯曲时不产生变形的中面。

薄板坐标系定义——以板中面为 xoy 面,右手坐标系,位移变量为 u、v 和 w。

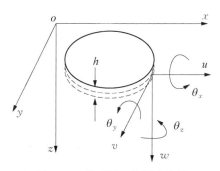

图 7-9　薄板微元的受力分解

基尔霍夫(Kirchhoff)薄板假设：

直法线假设——横向剪切变形被忽略，但横向剪切应力不为零。

板内应力——弯曲应力为主，而横向剪切应力为次，z 向应力更小。

厚度变化忽略——横向应变为零，w 与 z 无关。

中面内无变形——挠度远小于板厚，中面为中性面，面内各点只有法向位移，无水平面内位移。

薄板中取与 oxz 平行的截面，可得位移与挠度关系：

$$u = -z \frac{\partial w}{\partial x} \tag{7-50}$$

薄板中取与 oyz 平行的截面，可得位移与挠度关系：

$$v = -z \frac{\partial w}{\partial y} \tag{7-51}$$

根据应变与位移的几何关系得到如下薄板几何方程：

$$\varepsilon_x = \frac{\partial u}{\partial x} = -z \frac{\partial^2 w}{\partial x^2}, \ \varepsilon_y = \frac{\partial v}{\partial y} = -z \frac{\partial^2 w}{\partial y^2}, \ \gamma_{xy} = \frac{\partial v}{\partial x} + \frac{\partial u}{\partial y} = -2z \frac{\partial^2 w}{\partial x \partial y} \tag{7-52}$$

由广义胡克定律，应力与应变满足如下物理方程：

$$\sigma_x = \frac{E}{1-\mu^2}(\varepsilon_x + \mu \varepsilon_y) = -\frac{Ez}{1-\mu^2}\left(\frac{\partial^2 w}{\partial x^2} + \mu \frac{\partial^2 w}{\partial y^2}\right)$$

$$\sigma_y = \frac{E}{1-\mu^2}(\varepsilon_y + \mu \varepsilon_x) = -\frac{Ez}{1-\mu^2}\left(\frac{\partial^2 w}{\partial y^2} + \mu \frac{\partial^2 w}{\partial x^2}\right) \tag{7-53}$$

$$\tau_{xy} = G\gamma_{xy} = -\frac{Ez}{1+\mu} \frac{\partial^2 w}{\partial x \partial y}$$

可知，①薄板中应力分量沿板厚方向呈线性分布，在中面上为零；②它们是 z 的奇函数，只能合成弯矩和扭矩。

$$\theta_x = \frac{\partial w}{\partial y}, \ \theta_y = \frac{\partial w}{\partial x}$$

在垂直于 x 方向的截面上，正应力合成弯矩，剪切应力合成扭矩：

$$M_x = \int_{-h/2}^{h/2} \sigma_x z \, \mathrm{d}z, \ M_{xy} = \int_{-h/2}^{h/2} \tau_{xy} z \, \mathrm{d}z$$

在垂直于 y 方向的截面上,正应力合成弯矩,剪切应力合成扭矩:

$$M_y = \int\limits_{-h/2}^{h/2} \sigma_y z \, \mathrm{d}z , \ M_{yx} = \int\limits_{-h/2}^{h/2} \tau_{yx} z \, \mathrm{d}z$$

在薄板横截面上,横向剪切应力合成横向剪切力:

$$Q_x = \int\limits_{-h/2}^{h/2} \tau_{xz} \, \mathrm{d}z , \ Q_y = \int\limits_{-h/2}^{h/2} \tau_{yz} \, \mathrm{d}z$$

7.4.1　薄板弯曲振动方程

薄板的动能为

$$V = \frac{1}{2} \iiint\limits_{-h/2}^{h/2} \rho \left(\frac{\partial w}{\partial t} \right)^2 \mathrm{d}x \, \mathrm{d}y \, \mathrm{d}z = \frac{1}{2} \iint \rho h \left(\frac{\partial w}{\partial t} \right)^2 \mathrm{d}x \, \mathrm{d}y \qquad (7-54)$$

薄板的应变能为

$$U = \frac{1}{2} \iiint\limits_{-h/2}^{h/2} (\sigma_x \varepsilon_x + \sigma_y \varepsilon_y + \tau_{xy} \gamma_{xy}) \mathrm{d}x \, \mathrm{d}y \, \mathrm{d}z$$

$$= \frac{1}{2} \iint D \left[\left(\frac{\partial^2 w}{\partial x^2} \right)^2 + \left(\frac{\partial^2 w}{\partial y^2} \right)^2 + 2\mu \frac{\partial^2 w}{\partial x^2} \frac{\partial^2 w}{\partial y^2} + 2(1-\mu) \left(\frac{\partial^2 w}{\partial x \partial y} \right)^2 \right] \mathrm{d}x \, \mathrm{d}y$$

$$(7-55)$$

式中,D 为板的弯曲刚度,$D = \dfrac{Eh^3}{12(1-\mu^2)}$。

作用于板表面的横向载荷 $f(x, y, t)$ 在相应虚位移上的虚功为

$$\delta W_1 = \iint f(x, y, t) \delta w \, \mathrm{d}x \, \mathrm{d}y \qquad (7-56)$$

用图 7-10 所示中面的边界作为板的边界,$x = x(s)$,$y = y(s)$,其中,s 为曲线的弧长。若边界各点作用有弯矩和横向力,则边界力的虚功为

$$\delta W_2 = -\oint \left(M_n \delta \frac{\partial w}{\partial n} - Q_n \delta w - M_{ns} \delta \frac{\partial w}{\partial s} \right) \mathrm{d}s \qquad (7-57)$$

根据哈密顿原理 $\delta \int\limits_{t_1}^{t_2} (V-U) \mathrm{d}t + \int\limits_{t_1}^{t_2} \delta W \mathrm{d}t = 0$,得

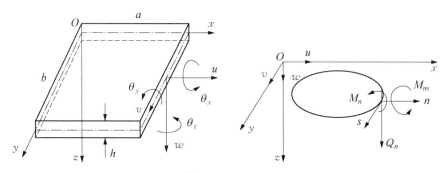

图 7 - 10 薄板几何尺寸定义及受力图

$$\delta \int_{t_1}^{t_2} \left\{ \frac{\rho h}{2} \iint \left(\frac{\partial w}{\partial t} \right)^2 dx\,dy - \frac{1}{2} \iint D \left[\left(\frac{\partial^2 w}{\partial x^2} \right)^2 + \left(\frac{\partial^2 w}{\partial y^2} \right)^2 + 2\mu \frac{\partial^2 w}{\partial x^2} \frac{\partial^2 w}{\partial y^2} + \right. \right.$$

$$\left. \left. 2(1-\mu) \left(\frac{\partial^2 w}{\partial x \partial y} \right)^2 \right] dx\,dy \right\} dt + \int_{t_1}^{t_2} \left[\iint f(x,\,y,\,t) \delta w\,dx\,dy - \right.$$

$$\left. \oint \left(M_n \delta \frac{\partial w}{\partial n} - Q_n \delta w - M_{ns} \delta \frac{\partial w}{\partial s} \right) ds \right] dt = 0$$

$$(7-58)$$

经过变分运算,再利用将面积分化为线积分的格林公式,考虑到 δw 是任意变分,而且在边界上 $\delta \frac{\partial w}{\partial n}$ 和 δw 是相互独立的,因此可得振动微分方程和边界条件:

$$D \left(\frac{\partial^4 w}{\partial x^4} + 2 \frac{\partial^4 w}{\partial x^2 \partial y^2} + \frac{\partial^4 w}{\partial y^4} \right) + \rho h \ddot{w} = f(x,\,y,\,t) \qquad (7-59)$$

对于边界上转角未给定的情况(简支边或自由边),边界条件为

$$-D \left[\left(\frac{\partial^2 w}{\partial x^2} + \mu \frac{\partial^2 w}{\partial y^2} \right) \cos^2\theta + \left(\frac{\partial^2 w}{\partial y^2} + \mu \frac{\partial^2 w}{\partial x^2} \right) \sin^2\theta + 2(1-\mu) \frac{\partial^2 w}{\partial x \partial y} \sin\theta \cos\theta \right] = M$$

式中,θ 为边界的外法线与 x 轴的夹角。

自由边边界条件为

$$-D \left[\frac{\partial}{\partial x} \left(\frac{\partial^2 w}{\partial x^2} + \frac{\partial^2 w}{\partial y^2} \right) \cos\theta + \frac{\partial}{\partial y} \left(\frac{\partial^2 w}{\partial x^2} + \mu \frac{\partial^2 w}{\partial y^2} \right) \sin\theta \right] -$$

$$D \frac{\partial}{\partial s} \left[\left(\frac{\partial^2 w}{\partial y^2} + \mu \frac{\partial^2 w}{\partial x^2} \right) \sin\theta\cos\theta - \left(\frac{\partial^2 w}{\partial x^2} + \mu \frac{\partial^2 w}{\partial y^2} \right) \sin\theta\cos\theta + \right.$$

$$\left. (1-\mu) \frac{\partial^2 w}{\partial x \partial y} (\cos^2\theta - \sin^2\theta) \right]$$

$$= Q_n - \frac{\partial M_{ns}}{\partial s}$$

固定边的边界条件为

$$\frac{\partial w}{\partial n} = 0$$

对于边界上位移给定的情况（简支边或固定边），位移边界条件为

$$w = 0$$

7.4.2　薄板弯曲振动的特征值计算

以图 7-10 所示边长分别为 a 和 b 的等厚矩形板系统的特征值计算为例说明。该薄板自由振动方程为

$$\frac{\partial^4 w}{\partial x^4} + 2 \frac{\partial^4 w}{\partial x^2 \partial y^2} + \frac{\partial^4 w}{\partial y^4} + \frac{\rho h \ddot{w}}{D} = 0 \qquad (7-60)$$

当矩形板边界无外力作用时，设 $w = Z(x, y)e^{i\omega t}$，代入式（7-60）得到函数 Z 的方程为

$$\frac{\partial^4 Z}{\partial x^4} + 2 \frac{\partial^4 Z}{\partial x^2 \partial y^2} + \frac{\partial^4 Z}{\partial y^4} - \beta^4 Z = 0 \qquad (7-61)$$

式中，$\beta^2 = \omega \sqrt{\dfrac{\rho h}{D}}$。对于四边简支矩形板振动，设振型函数 Z 为

$$Z_{m,n}(x, y) = A_{m,n} \sin\frac{m\pi x}{a} \sin\frac{m\pi y}{b} \ (m, n = 1, 2, \cdots) \qquad (7-62)$$

可以验证，当 m 和 n 为整数时振型函数 Z 满足边界条件。将振型函数 Z 代入式（7-61）得

$$\left[\left(\frac{m\pi}{a} \right)^4 + 2 \left(\frac{m\pi}{a} \right)^2 \left(\frac{n\pi}{b} \right)^2 + \left(\frac{n\pi}{b} \right)^4 - \beta^4 \right] A_{m,n} = 0 \qquad (7-63)$$

只有假设的函数满足方程才是振型函数。由 $A_{m,n}$ 不为零，可导出频率方程：

$$\beta^4 = \left[\left(\frac{m\pi}{a} \right)^2 + \left(\frac{n\pi}{b} \right)^2 \right]^2 \ (m, n = 1, 2, \cdots) \tag{7-64}$$

解得固有圆频率为

$$\omega_{m,n} = \pi^2 \left[\frac{m^2}{a^2} + \frac{n^2}{b^2} \right] \sqrt{\frac{D}{\rho h}} \ (m, n = 1, 2, \cdots) \tag{7-65}$$

振型：$m=1, n=1$；$m=2, n=1$；$m=1, n=2$；$m=2, n=1$。矩形板的振型以及常见的边界条件如图 7-11 和表 7-5 所示。

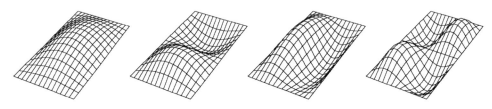

图 7-11　矩形板的振型

表 7-5　板的常见边界条件

边界条件	位移/挠度 $w\|_{x=0}$	转角(绕 x 轴、y 轴) $\theta_x = \frac{\partial w}{\partial y}, \theta_y = \frac{\partial w}{\partial x}$	弯矩 M_x, M_y $\frac{\partial^2 w}{\partial x^2}, \frac{\partial^2 w}{\partial y^2}$	剪切力 Q_x/扭矩
固定边	0	0		
简支	0		$\frac{\partial^2 w}{\partial x^2} = 0$	
自由			0	0/0

对照图 7-11 可以理解简支矩形板的横向振动模态。

7.5　连续动力系统振动的展开定理与特征值计算

对于连续动力系统,其振型函数(特征向量)间具有正交性,下面以梁的横向振动为例进行证明[21]。梁的任意阶特征值 ω_i^2、ω_j^2 及其特征向量 $\boldsymbol{Y}_i(x)$、$\boldsymbol{Y}_j(x)$ 必定都满足其振动方程:

$$\frac{\mathrm{d}^2}{\mathrm{d}x^2} \left[EI(x) \frac{\mathrm{d}^2 \boldsymbol{Y}_i(x)}{\mathrm{d}x^2} \right] = \omega_i^2 m(x) \boldsymbol{Y}_i(x) \ (0 < x < L) \tag{7-66}$$

$$\frac{\mathrm{d}^2}{\mathrm{d}x^2}\left[EI(x)\frac{\mathrm{d}^2\boldsymbol{Y}_j(x)}{\mathrm{d}x^2}\right]=\omega_j^2 m(x)\boldsymbol{Y}_j(x)\quad(0<x<L)\qquad(7-67)$$

对式(7-66)两边分别乘以 $\boldsymbol{Y}_j(x)$，并从 $0\sim L$ 积分得

$$\int_0^L \boldsymbol{Y}_j(x)\frac{\mathrm{d}^2}{\mathrm{d}x^2}\left[EI(x)\frac{\mathrm{d}^2\boldsymbol{Y}_i(x)}{\mathrm{d}x^2}\right]\mathrm{d}x=\int_0^L \boldsymbol{Y}_j(x)\mathrm{d}\left\{\frac{\mathrm{d}}{\mathrm{d}x}\left[EI(x)\frac{\mathrm{d}^2\boldsymbol{Y}_i(x)}{\mathrm{d}x^2}\right]\right\}$$

$$=\boldsymbol{Y}_j(x)\frac{\mathrm{d}}{\mathrm{d}x}\left[EI(x)\frac{\mathrm{d}^2\boldsymbol{Y}_i(x)}{\mathrm{d}x^2}\right]\Bigg|_0^L-\frac{\mathrm{d}\boldsymbol{Y}_j(x)}{\mathrm{d}x}EI(x)\frac{\mathrm{d}^2\boldsymbol{Y}_i(x)}{\mathrm{d}x^2}\Bigg|_0^L+$$

$$\int_0^L \frac{\mathrm{d}^2\boldsymbol{Y}_j(x)}{\mathrm{d}x^2}EI(x)\frac{\mathrm{d}^2\boldsymbol{Y}_i(x)}{\mathrm{d}x^2}\mathrm{d}x=\int_0^L \omega_i^2 m(x)\boldsymbol{Y}_i(x)\boldsymbol{Y}_j(x)\mathrm{d}x$$

$$(7-68)$$

对式(7-67)两边分别乘以 $\boldsymbol{Y}_i(x)$，并从 $0\sim L$ 积分得

$$\int_0^L \boldsymbol{Y}_i(x)\frac{\mathrm{d}^2}{\mathrm{d}x^2}\left[EI(x)\frac{\mathrm{d}^2Y_j(x)}{\mathrm{d}x^2}\right]\mathrm{d}x=\int_0^L \boldsymbol{Y}_i(x)\mathrm{d}\left\{\frac{\mathrm{d}}{\mathrm{d}x}\left[EI(x)\frac{\mathrm{d}^2Y_j(x)}{\mathrm{d}x^2}\right]\right\}$$

$$=\boldsymbol{Y}_i(x)\frac{\mathrm{d}}{\mathrm{d}x}\left[EI(x)\frac{\mathrm{d}^2Y_j(x)}{\mathrm{d}x^2}\right]\Bigg|_0^L-\frac{\mathrm{d}\boldsymbol{Y}_i(x)}{\mathrm{d}x}EI(x)\frac{\mathrm{d}^2Y_j(x)}{\mathrm{d}x^2}\Bigg|_0^L+$$

$$\int_0^L \frac{\mathrm{d}^2\boldsymbol{Y}_i(x)}{\mathrm{d}x^2}EI(x)\frac{\mathrm{d}^2Y_j(x)}{\mathrm{d}x^2}\mathrm{d}x=\int_0^L \omega_j^2 m(x)\boldsymbol{Y}_i(x)\boldsymbol{Y}_j(x)\mathrm{d}x$$

$$(7-69)$$

将式(7-68)与式(7-69)相减可得

$$(\omega_i^2-\omega_j^2)\int_0^L m(x)\boldsymbol{Y}_i(x)\boldsymbol{Y}_j(x)\mathrm{d}x$$

$$=\left\{\boldsymbol{Y}_j(x)\frac{\mathrm{d}}{\mathrm{d}x}\left[EI(x)\frac{\mathrm{d}^2\boldsymbol{Y}_i(x)}{\mathrm{d}x^2}\right]\right\}\Bigg|_0^L-\left[\frac{\mathrm{d}\boldsymbol{Y}_j(x)}{\mathrm{d}x}EI(x)\frac{\mathrm{d}^2\boldsymbol{Y}_i(x)}{\mathrm{d}x^2}\right]\Bigg|_0^L-$$

$$\left\{\boldsymbol{Y}_i(x)\frac{\mathrm{d}}{\mathrm{d}x}\left[EI(x)\frac{\mathrm{d}^2\boldsymbol{Y}_j(x)}{\mathrm{d}x^2}\right]\right\}\Bigg|_0^L+\left[\frac{\mathrm{d}\boldsymbol{Y}_i(x)}{\mathrm{d}x}EI(x)\frac{\mathrm{d}^2\boldsymbol{Y}_j(x)}{\mathrm{d}x^2}\right]\Bigg|_0^L$$

对于边界为固支 $\left[\boldsymbol{Y}_i=0,\dfrac{\mathrm{d}Y_i(x)}{\mathrm{d}x}=0\right]$、铰支 $\left[\boldsymbol{Y}_i=0,\dfrac{\mathrm{d}^2\boldsymbol{Y}_i(x)}{\mathrm{d}x^2}=0\right]$、自

由 $\left[\dfrac{\mathrm{d}^2\boldsymbol{Y}_i(x)}{\mathrm{d}x^2}=0,\dfrac{\mathrm{d}^3\boldsymbol{Y}_i(x)}{\mathrm{d}x^3}=0\right]$ 或它们的任意组合,都能使等式右边为零:

$$(\omega_i^2 - \omega_j^2) \int_0^L \boldsymbol{Y}_i(x) m(x) \boldsymbol{Y}_j(x) \mathrm{d}x = 0 \qquad (7-70)$$

对于不同的固有圆频率,它们平方的差不为零。因此恒有

$$\int_0^L \boldsymbol{Y}_i(x) m(x) \boldsymbol{Y}_j(x) \mathrm{d}x = 0 \ (i \neq j) \qquad (7-71)$$

式(7-71)代表振型函数关于质量密度 $m(x)$ 正交。

将式(7-71)代入式(7-68)得

$$\int_0^L \boldsymbol{Y}_j(x) \frac{\mathrm{d}^2}{\mathrm{d}x^2} \left[EI(x) \frac{\mathrm{d}^2 \boldsymbol{Y}_i(x)}{\mathrm{d}x^2} \right] \mathrm{d}x = 0 \qquad (7-72)$$

由分部积分:

$$\int_0^L \boldsymbol{Y}_j(x) \frac{\mathrm{d}^2}{\mathrm{d}x^2} \left[EI(x) \frac{\mathrm{d}^2 \boldsymbol{Y}_i(x)}{\mathrm{d}x^2} \right] \mathrm{d}x = \boldsymbol{Y}_j(x) \frac{\mathrm{d}}{\mathrm{d}x} \left[EI(x) \frac{\mathrm{d}^2 \boldsymbol{Y}_i(x)}{\mathrm{d}x^2} \right] \Big|_0^L -$$

$$\frac{\mathrm{d}\boldsymbol{Y}_j(x)}{\mathrm{d}x} \left[EI(x) \frac{\mathrm{d}^2 \boldsymbol{Y}_i(x)}{\mathrm{d}x^2} \right] \Big|_0^L + \int_0^L \frac{\mathrm{d}^2 \boldsymbol{Y}_j(x)}{\mathrm{d}x^2} EI(x) \frac{\mathrm{d}^2 \boldsymbol{Y}_i(x)}{\mathrm{d}x^2} \mathrm{d}x = 0$$

对于上述边界条件,有

$$\int_0^L \frac{\mathrm{d}^2 \boldsymbol{Y}_j(x)}{\mathrm{d}x^2} EI(x) \frac{\mathrm{d}^2 \boldsymbol{Y}_i(x)}{\mathrm{d}x^2} \mathrm{d}x = 0 \qquad (7-73)$$

式(7-73)代表特征函数的二阶导数(不是特征函数本身,导数的阶次是特征值问题的一半)关于弯曲刚度 $EI(x)$ 正交。

综上所述,对于振型函数的正交性可做如下归纳:

(1) 当 $i=j$ 时,对正则化的振型函数有

$$\int_0^L \boldsymbol{Y}_i(x) m(x) \boldsymbol{Y}_j(x) \mathrm{d}x = 1 \ (i=j) \qquad (7-74)$$

(2) 正则化的振型函数关于质量密度 $m(x)$ 正交的表达式可写成:

$$\int_0^L \boldsymbol{Y}_i(x) m(x) \boldsymbol{Y}_j(x) \mathrm{d}x = \delta_{ij}(i, j=1, 2, \cdots, n) \qquad (7-75)$$

式中,$\delta_{ij} = \begin{cases} 1 & \text{当 } i=j \\ 0 & \text{当 } i \neq j \end{cases}$。

（3）正则化的振型函数关于弯曲刚度 $EI(x)$ 正交的表达式可写成：

$$\int_0^L \frac{\mathrm{d}^2 \boldsymbol{Y}_j(x)}{\mathrm{d}x^2} EI(x) \frac{\mathrm{d}^2 \boldsymbol{Y}_i(x)}{\mathrm{d}x^2} \mathrm{d}x = \omega_i^2 \delta_{ij} \ (i,j=1,2,\cdots,n) \quad (7-76)$$

据此可以给出连续动力系统的展开定理。

展开定理：对于任一函数 $\widetilde{\phi}(x)$，如果其和固有振型 $\boldsymbol{Y}_i(x)(i=1,2,\cdots,n)$ 一样都满足动力系统的边界条件，且 $\dfrac{\mathrm{d}^2 \widetilde{\phi}(x)}{\mathrm{d}x^2} EI(x) \dfrac{\mathrm{d}^2 \widetilde{\phi}(x)}{\mathrm{d}x^2} \mathrm{d}x$ 为连续函数，则该函数可以用系统的振型函数 $\boldsymbol{Y}_i(x)$ 的绝对单调一致收敛级数来表示：

$$\widetilde{\phi}(x) = \sum_{i=1}^{\infty} c_i \boldsymbol{Y}_i(x) \quad (7-77)$$

式中，$c_i = \dfrac{\displaystyle\int_0^L m(x)\widetilde{\phi}(x)\boldsymbol{Y}_i(x)\mathrm{d}x}{\displaystyle\int_0^L m(x)\boldsymbol{Y}_i^2(x)\mathrm{d}x}$ $(i=1,2,\cdots,n)$。

离散系统的瑞利商具有标量的性质，对连续系统也可以定义类似的瑞利商：

$$\frac{V_{\max}}{T^*} = \omega_1^2 \quad (7-78)$$

对于梁、板、壳系统，可以通过假设系统的低阶固有振型，来确定系统的低阶固有频率。

例题 7.4　长为 l，弯曲刚度为 EI，单位长度质量为 ρA 的悬臂梁，其端部有一集中质量 $2M = 2\rho Al$，请利用瑞利法求解该梁的基频。

解：根据自由端受集中载荷悬臂梁的静挠度曲线形状，设梁的近似振型为

$$\varphi(x) = A(3lx^2 - x^3)$$

验证边界条件如下：

$$\varphi(x)\big|_{x=0} = A(3lx^2 - x^3)\big|_{x=0} = 0$$

$$\varphi'(x)\big|_{x=0} = A(6lx - 3x^2)\big|_{x=0} = 0$$

将振型、端部质量及坐标、梁的刚度、质量分布参数代入梁振动的位能及动能表达式。其中，包括弹簧（假定 L 个集中质量）应变能的梁振动系统最大内能为

$$V_{\max} = \frac{1}{2}\int_0^L EI\left[\varphi''(x)\right]^2 \mathrm{d}x + \frac{1}{2}\sum_{j=1}^{L} k_j\left[\varphi(x)\right]^2$$

包括集中质量（假定 N 个集中质量）在内的梁振动系统最大动能为

$$T_{\max} = \frac{1}{2}\omega_n^2 \left\{ \int_0^L \rho A \left[\varphi(x) \right]^2 \mathrm{d}x + \frac{1}{2}\sum_{j=1}^N m_j \left[\varphi(x) \right]^2 \right\} = \omega_n^2 T^*$$

根据能量守恒定律，最大动能等于最大位能，之后求得

$$\frac{V_{\max}}{T^*} = \omega_1^2$$

7.6 连续系统动力学响应分析的有限元法

针对形状规则且构件数量较少的简单连续系统，采用解析法分析其动力学响应是较为方便的。但是针对大型船舶、飞机或者高耸建筑等复杂连续系统，解析法难以处理且计算代价较大，因此必须采用其他有效的方法。有限元法[23, 27]是近五十年来首先在固体力学领域发展起来的一种有效的数值计算方法，其基本思想是离散。在有限元法中，将一个连续的结构（系统）划分成一些相互连接的区域（称为单元），在单元内部各点的位移以及应力应变等物理量都是连续和解析的，它们可以用边界上称为节点的位移和内力来表示，在边界上的位移和力是离散的。进行静力分析时，利用变分原理把关联系统位移和力（包括内力和外力）的微分方程组转换成代数方程组，以节点位移、节点内力或是把部分节点位移和部分节点内力一起作为未知量。

有限元法根据未知量选择的不同可分为位移法、力法或混合法，工程中常用的方法是位移法。由于有限元法提供了适应性很强的统一数值分析方法，因此在短短的五十余年内，成为强有力的结构力学分析手段，已广泛应用于航空、航天、土木、机械、造船、起重、核工程和海洋工程等领域。

有限元法中动力学问题与静力学问题的计算一样，也是将一个连续系统离散成以有限个节点的位移为广义坐标的多自由度系统。但在单元大小的选取上，静力学计算仅影响其精度，而在动力学计算中若单元划分不当则在影响计算精度的同时，还会导致错误的结果。动力学有限元法分析的基本步骤包括结构离散、时间离散及有限元方程求解。

1) 结构离散

单元的划分通常要注意以下两点：结构划分的最小单元对应动力学响应分析的频率必须高于整体结构的计算频率。若出现低于整体计算频率的情况，应将相应的单元再进行划分。这是动力学计算中有限元划分的一个基本准则。单

元划分的大小应与计算精度相适应,在满足上一条要求的情况下,单元应尽可能划分得大一些,这样可有效地节省计算机内存和计算时间。

2) 单元类型选择

(1) 轴向变形单元:桁架单元(每个节点 3 个自由度 u、v、w),单元刚度矩阵是 6×6 阶矩阵。

(2) 梁单元:能够抵抗轴力、弯矩、扭矩的杆单元(每个节点 6 个自由度 u、v、w、θ_x、θ_y、θ_z),2 节点单元刚度矩阵是 12×12 阶矩阵。

(3) 板/壳单元:每个节点 3~5 个自由度。基于离散 Kirchhoff 理论(DKT) 板单元的自由度为 w、$\theta_x = \dfrac{\partial w}{\partial y}$、$\theta_y = \dfrac{\partial w}{\partial x}$,3 节点单元刚度矩阵是 9×9 阶矩阵。 厚板/厚壳单元包含 3 个线位移 u、v、w 和 2 个角位移 ϕ、ψ,3 节点单元刚度矩阵是 15×15 阶矩阵。

(4) 体单元:每个节点 3 个自由度 u、v 和 w。4 节点块体单元刚度矩阵是 12×12 阶矩阵。

下面以杆单元为例说明求解过程。

(1) 位移模式。

设轴向位移在单元长度 L 内线性变化,则杆单元内任意点的位移为

$$u(x,t) = \varphi_1(x)u_i(t) + \varphi_2(x)u_j(t) = \boldsymbol{N}\boldsymbol{u}_e = \begin{bmatrix} 1 - \dfrac{x}{L} & \dfrac{x}{L} \end{bmatrix} \begin{Bmatrix} u_i \\ u_j \end{Bmatrix}$$

$$(7-79)$$

则杆单元的动能为

$$T_e = \frac{1}{2} \int_{\Omega} \rho \left(\frac{\partial u}{\partial t} \right)^2 \mathrm{d}\Omega = \frac{1}{2} \int_{\Omega} \rho (\boldsymbol{N}\dot{\boldsymbol{u}}_e)^{\mathrm{T}} (\boldsymbol{N}\dot{\boldsymbol{u}}_e) \mathrm{d}\Omega = \frac{1}{2} \dot{\boldsymbol{u}}_e^{\mathrm{T}} \int_{\Omega} \rho \boldsymbol{N}^{\mathrm{T}} \boldsymbol{N} \mathrm{d}\Omega \dot{\boldsymbol{u}}_e = \frac{1}{2} \dot{\boldsymbol{u}}_e^{\mathrm{T}} m_e \dot{\boldsymbol{u}}_e$$

$$(7-80)$$

(2) 单元质量矩阵。

$$\boldsymbol{m}_e = \int_{\Omega} \rho \boldsymbol{N}^{\mathrm{T}} \boldsymbol{N} \mathrm{d}\Omega \qquad\qquad (7-81)$$

对于杆单元:

$$\boldsymbol{m}_e = \int_0^L \rho A \begin{bmatrix} 1 - \dfrac{x}{L} \\ \dfrac{x}{L} \end{bmatrix} \begin{bmatrix} 1 - \dfrac{x}{L} & \dfrac{x}{L} \end{bmatrix} \mathrm{d}x = \rho A L \begin{bmatrix} \dfrac{1}{3} & \dfrac{1}{6} \\ \dfrac{1}{6} & \dfrac{1}{3} \end{bmatrix} \qquad (7-82)$$

杆单元的弹性应变能为

$$V_e = \frac{1}{2} \int_\Omega \boldsymbol{\varepsilon}^\mathrm{T} \boldsymbol{\sigma} \, \mathrm{d}\Omega = \frac{1}{2} \int_\Omega \boldsymbol{u}_e^\mathrm{T} \boldsymbol{B}^\mathrm{T} \boldsymbol{DB} \boldsymbol{u}_e \, \mathrm{d}\Omega = \frac{1}{2} \boldsymbol{u}_e^\mathrm{T} \boldsymbol{k}_e \boldsymbol{u}_e \qquad (7-83)$$

(3) 单元刚度矩阵。

$$\boldsymbol{k}_e = \int_\Omega \boldsymbol{B}^\mathrm{T} \boldsymbol{DB} \, \mathrm{d}\Omega \qquad (7-84)$$

对于杆单元,则有

$$\boldsymbol{B} = \frac{1}{L} \begin{bmatrix} -1 & 1 \end{bmatrix}, \; \boldsymbol{D} = \boldsymbol{E}$$

$$\boldsymbol{k}_e = \int_0^L \frac{EA}{L^2} \begin{bmatrix} -1 \\ 1 \end{bmatrix} \begin{bmatrix} -1 & 1 \end{bmatrix} \mathrm{d}x = \frac{EA}{L} \begin{bmatrix} 1 & -1 \\ -1 & 1 \end{bmatrix} \qquad (7-85)$$

(4) 等效节点力计算。

体积力转换为节点力为

$$\boldsymbol{Q}_e = \int_\Omega \boldsymbol{N}^\mathrm{T} \boldsymbol{f} \, \mathrm{d}\Omega = \int_0^L \boldsymbol{N}^\mathrm{T} f(x, t) \, \mathrm{d}x \qquad (7-86)$$

均布力转换为节点力为

$$\boldsymbol{Q}_e = \begin{bmatrix} \dfrac{Lf_0}{2} & \dfrac{Lf_0}{2} \end{bmatrix}^\mathrm{T} \qquad (7-87)$$

(5) 局部坐标系到整体坐标系的转换。

$$\boldsymbol{u}_e = \boldsymbol{T}_e \boldsymbol{U}_e = \begin{bmatrix} \cos\theta & \sin\theta & 0 & 0 \\ 0 & 0 & \cos\theta & \sin\theta \end{bmatrix} \begin{Bmatrix} U_1 \\ V_1 \\ U_2 \\ V_2 \end{Bmatrix} \qquad (7-88)$$

(6) 得到结构总体动力学方程。

$$\begin{cases} T = \sum_e T_e = \dfrac{1}{2} \dot{\boldsymbol{U}}^\mathrm{T} \sum_e \boldsymbol{m}_e \dot{\boldsymbol{U}} = \dfrac{1}{2} \dot{\boldsymbol{U}}^\mathrm{T} \boldsymbol{M} \dot{\boldsymbol{U}} \\[2mm] V = \sum_e V_e = \dfrac{1}{2} \boldsymbol{U}^\mathrm{T} \sum_e \boldsymbol{k}_e \boldsymbol{U} = \dfrac{1}{2} \boldsymbol{U}^\mathrm{T} \boldsymbol{K} \boldsymbol{U} \\[2mm] \delta W = \sum_e \delta W_e = \delta \boldsymbol{U}^\mathrm{T} \sum_e \boldsymbol{Q}_e = \delta \boldsymbol{U}^\mathrm{T} \boldsymbol{Q} \end{cases} \qquad (7-89)$$

代入拉格朗日第二方程得到振动方程的对应代数方程组形式：

$$M\ddot{u} + C\dot{u} + Ku = Q \tag{7-90}$$

① 施加边界条件：对有限元模型添加位移和应力边界条件。

② 时间的离散及步长确定：根据动力响应计算的最高频率值以及计算规格书的要求，确定时域求解中的时间步长或频率步长。

③ 求解动力学有限元方程[式(7-90)]：采用模态叠加法或直接积分法计算每个时刻的位移、速度、加速度、应变和应力等。

7.7　连续系统动力学响应分析的统计能量方法

有限元法(FEM)和边界元法(BEM)是解决复杂结构振动与声辐射问题的有效方法。但在高频域，弹性波的波长减小，为了保证计算精度必须将网格划分得更密，对于船舶这类大型结构，动力学计算规模将变得非常庞大。同时，在高频域采用模态叠加法计算动力学响应时，由于复杂耦合结构各子系统在中高频段的模态比较密集，且相邻模态的固有频率间隔通常小于其对应模态的半功率频带，因而在高频响应分析中很难完全分离相邻模态的模态响应，无法准确确定各子系统单一模态间的能量传递。因此有限元法和边界元法在高频域的应用变得非常困难，效率低下。统计能量分析(statistical energy analysis, SEA)法是解决结构高频振动与声辐射问题的有效方法，能够在子系统具体声振特性未知条件下通过统计方法快速估算复杂耦合系统各子系统间高频声振的能量传递[13]。SEA 法自 20 世纪 60 年代被提出以来，经过多年的完善与发展，出现了 AutoSEA、VirtualLab、VA One 等成熟的商业软件，已成功应用于车辆、建筑、航空航天等领域，用于船舶结构振动与声辐射问题的计算中[31]。

SEA 法根据模态近似原则将复杂系统划分为多个相互耦合的子系统，通过构建各子系统间能量流平衡方程组求得各子系统的平均动态响应及声振能量。相比于有限元或边界元法，SEA 法是一种从统计能量角度分析处理复杂系统高频动力学问题的有效工具。

7.7.1　SEA 法计算振动及辐射声压的原理

对于统计能量分析模型中某个子系统 i，其内损耗功率 P_{id} 满足：

$$P_{id} = \omega \eta_i E_i \tag{7-91}$$

式中，ω 为分析带宽 $\delta\omega$ 内的中心频率；E_i 为子系统 i 的能量；η_i 为内损耗因子，由结构阻尼 η_s、结构声辐射损耗 η_{rad} 和边界连接阻尼损耗 η_b 三部分构成，即

$$\eta_i = \eta_s + \eta_{rad} + \eta_b。$$

对于一般耦合系统,子系统 i 传递到子系统 j 的单向功率 P_{ij} 表示为

$$P_{ij} = \omega \eta_{ij} E_i \qquad (7-92)$$

根据能量守恒,稳态时输入子系统的功率等于子系统自身损耗的功率和流入其他子系统的功率之和。假设一个结构有 N 个子系统,则子系统 i 的功率平衡方程为

$$P_{i,\,in} = \dot{E}_i + P_{id} + \sum_{j=1,\,j\neq i}^{N} P_{ij} \qquad (7-93)$$

式中,$P_{i,\,in}$ 为外界对子系统 i 的输入功率;$\dot{E}_i = \dfrac{\mathrm{d}E_i}{\mathrm{d}t}$ 为子系统 i 的能量变化率。

对于稳态系统 $\dot{E}_i = 0$,式(7-93)可以写成矩阵的形式:

$$
\begin{bmatrix}
\sum\limits_{k=1}^{N} \eta_{1k} & -\eta_{21} & \cdots & -\eta_{N1} \\
-\eta_{12} & \sum\limits_{k=1}^{N} \eta_{2k} & \cdots & -\eta_{N2} \\
\vdots & \vdots & \vdots & \vdots \\
-\eta_{1N} & \cdots & \cdots & \sum\limits_{k=1}^{N} \eta_{Nk}
\end{bmatrix}
\begin{Bmatrix}
E_1 \\ E_2 \\ \vdots \\ E_N
\end{Bmatrix}
= \frac{1}{\omega}
\begin{Bmatrix}
P_1 \\ P_2 \\ \vdots \\ P_N
\end{Bmatrix}
\qquad (7-94)
$$

左侧矩阵为总损耗因子矩阵,它与结构本身的动力学特性有关,可以通过试验或半经验公式得到。左侧列向量为子系统的能量;右侧列向量为子系统输入功率,可以由激振力和输入阻抗得到。解该矩阵方程,可以得到每个子系统的能量。由子系统的能量可以得到子系统的各种动力学参数(位移、速度、加速度、应力、声压等)。

对于流体负载下的结构振动,给结构附加一个与频率和流体属性有关的"附加质量"和一个与结构在"轻质流体"下振动时向半无限流域辐射声功率有关的"附加阻尼",可以求出流体负载下结构各子系统的能量 E_i。

子系统的能量与响应速度的关系为

$$E = M \langle \bar{v}^2 \rangle = M v_{\mathrm{rms}}^2 \qquad (7-95)$$

式中,M 为子系统的质量;v_{rms} 是子系统响应速度的均方根。具有相同面积,相同均方速度的刚性平板的辐射功率 p'_{rad} 为

$$p'_{\text{rad}} = A\rho_{\text{a}}C_{\text{a}}v_{\text{rms}}^2 \tag{7-96}$$

辐射比的定义为

$$\sigma_{\text{rad}} = \frac{p_{\text{rad}}}{p'_{\text{rad}}} \tag{7-97}$$

式中,σ_{rad} 是结构的辐射比;p_{rad} 是结构的辐射声功率。根据式(7-96)和式(7-97),已知结构振动的均方速度和辐射比可以求出其辐射声功率 p_{rad}。

在远场,声波以球面波的形式传播,根据辐射声功率计算测点所在波振面的平均声强,进而得到测点处的声压级。这个声压级是假设声场均匀分布时的声压级。

结构子系统的振动均方速度为

$$v_{i\,\text{rms}}^2 = \frac{E_i}{M_i} \tag{7-98}$$

声场子系统的声压均方值为

$$p_{i\,\text{rms}}^2 = \frac{E_i\rho c^2}{V_i} \tag{7-99}$$

声压级为

$$L_p = 10\lg\frac{p_{i\,\text{rms}}^2}{p_0^2} \tag{7-100}$$

图 7-12 和图 7-13 为半潜式钻井平台声振分析统计能量子系统模型。

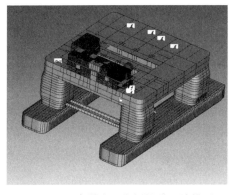

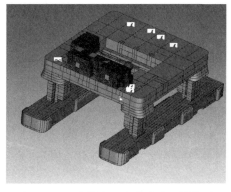

图 7-12　半潜式平台板梁子系统模型　　　**图 7-13　半潜式平台声腔子系统模型**

7.7.2 子系统划分方式和内损耗因子误差对 SEA 计算结果的影响

合理划分子系统对 SEA 计算结果的准确性有重要影响。同一子系统的模态要满足模态相似和模态均分的假设,并且保证有足够高的模态密度。如果不能满足这些假设,计算结果可能会出现较大误差。参考文献[32]通过不同划分方式下圆柱壳辐射声压级的计算结果的比较,探讨子系统划分方式对仿真结果的影响。算例圆柱壳模型长为 5.4 m,直径为 3.79 m,两端含盖板,激振力为作用在壳体上 1 N 的径向力,测点距离圆柱壳 15 m,内损耗因子取 0.01,计算频率为 10~50 000 Hz。

1) 子系统的划分原则

子系统是指相似的共振模态组成的振形群,同一振形群的模态具有相同的振动能量和耦合损耗因子。子系统的划分首先要满足模态相似原则,其次要满足模态密度足够高以保证计算的可靠性。对于复杂模型,通常按照自然几何边界条件、动力学边界条件、材料介质特性等建立子系统模型。统计能量分析软件 VA One 可以根据几何子系统自动划分振形群子系统,因此只需要将几何形状划分成合适的子系统即可。

2) 不同方式划分子系统的效果

通常将两个盖板划分为两个平板子系统,将内部声腔划分为一个声场子系统。而圆柱壳则有多种划分方式,可以将圆柱壳沿周向划分为不同数量的圆柱壳子系统,或者沿周向划分为不同数量的单曲率板子系统。如图 7-14 所示,将圆柱壳分别沿轴向划分为 1、3、5、7、12 个子系统,沿周向划分为 2、4 个子系统。分别计算了圆柱壳在 15 m 处的辐射声压级。

图 7-14 不同的子系统划分方式

对比不同方式划分子系统时计算的辐射声压级可以看出,轴向划分子系统时,在圆柱壳环频率(f_r＝459 Hz)至吻合频率(f_c＝14 302 Hz)的频带上对结果影响比较显著,随着子系统数目的增多,辐射噪声增大,最大误差在 2 dB 左右;在环频率之下和吻合频率以上时,计算结果误差很小。

周向划分子系统时,随着子系统数目的增多,会导致计算结果向低频带偏移。因为将圆柱壳周向划分为单曲率曲面,会导致"环频率"改变,计算结果不准确;大于"吻合频率"时子系统划分数目对计算结果影响很小,与轴向划分方式相同。

因此,对于圆柱壳模型,当激励为作用在壳体上的径向激振力时,划分子系统的数目对计算结果的影响较小,沿轴向划分子系统比沿周向划分子系统的计算结果更加准确。

内损耗因子(internal loss factor, ILF)是由系统阻尼特性决定的,反映系统能量损耗的参数。确定内损耗因子的方法主要是经验公式和试验等方法,但这些方法都很难精确得到内损耗因子的真实值,总是存在一定的误差。内损耗因子的误差不仅会引起子系统本身能量损耗的误差,还会导致子系统间流动能量的误差。针对上述圆柱壳算例,通过改变所有子系统的内损耗因子和改变单个子系统的内损耗因子,研究内损耗因子误差对仿真结果的影响。

假设用统计能量软件 VA One 计算的所有子系统的内损耗因子存在相同误差,所有子系统内损耗因子为 0.01。研究发现:

(1) 若内损耗因子误差分别为 10％、20％、30％、40％、50％、100％时,内损耗因子的误差对辐射噪声的影响基本呈线性规律。每增加 10％内损耗因子误差大约产生 0.3 dB 的辐射声压级误差,内损耗因子误差达到 100％时,辐射声压级误差为 2～3 dB。

(2) 单个子系统内损耗因子存在误差。分别计算了内损耗因子误差为100％时不同子系统的辐射声压级误差;计算了内损耗因子为 0.01 时各个子系统的能量,研究单个子系统内损耗因子误差的影响。

(3) 不同子系统的内损耗因子敏感性是不同的,能量大的子系统,内损耗因子误差对计算结果的影响更大。

因此,在确定子系统内损耗因子时,对于激励比较大、振动比较剧烈的子系统,应当采取更加精确的方法。

习题 7

7.1　假设简支工字梁的长度为 10 m,材料弹性模量为 3×10^7 N/cm^2,截面

惯性矩 $I = 91\,060\,\text{cm}^4$，单位长度质量为 $13.7\,\text{kg/m}$，求其在做垂向振动时的一阶固有频率。

7.2 假设悬臂梁在自由端受简谐力 $P_0 \sin \Omega t$ 作用，求其稳态响应。

7.3 请画出全自由梁垂向振动前五阶振型图，指出节点数与阶次的关系。

7.4 请画出一端简支另一端固定梁的垂向振动前五阶振型图，并指出各阶振型的节点数与阶次的关系。

7.5 使用瑞利法计算长为 l、弯曲刚度为 EI、单位长度质量为 ρA 的均匀悬臂梁的基频。设梁的近似振型函数：

(1) $\varphi(x) = A\left(1 - \cos\dfrac{\pi x}{2l}\right)$。

(2) $\varphi(x) = A\dfrac{x^2}{l^2}$。

7.6 统计能量分析法、有限元法和边界元法在计算弹性体动力学问题时有哪些主要差别？

第 8 章　海洋环境载荷和设备激励源

　　海洋环境是指与海洋紧密相关的陆地和空间三位一体的复杂系统，这是一个非静止的动力学耦合系统，彼此之间存在能量输运和相互作用，因此也称为海洋动力环境。海洋环境载荷是指由风、波浪、海流、海冰、水温、气温、潮汐和地震等自然环境引起的载荷，主要有风载荷、波浪载荷、流载荷、冰载荷与地震载荷等。海洋工程结构及船舶等在使用中可能承受这些类型的环境载荷，表现出不同的静力学及动力学性能，因此必须对这些环境载荷的特性进行准确掌握，这也是动力学的主要研究内容之一。

　　国家自然科学基金委员会建议"水利科学与海洋工程"学科中海洋动力环境的主要研究内容包括海洋中非均匀波浪场、波浪、非线性波浪、不规则波、规则波、涌浪、多向波、台风、热带气旋、分层流、风、海冰、层冰、浮冰、覆雪冰、海流、海洋环流、畸形波、内波、破碎波、海底、涡、波群、海况、低频波、破碎波卷气、风生流、风生浪、陷波、波浪阻塞、白浪、地震波、海啸波、波-波相互作用、海冰与波浪相互作用、波流相互作用、海浪谱、谱分析、海洋动力环境数值重构等。建议海洋环境载荷的主要研究内容包括波浪载荷、流载荷、风载荷、冰载荷、慢漂力、低频慢漂阻尼、和频力、管线附加阻尼、砰击、上浪、冰力学、阻力、升力、入水、出水、附加质量、恢复力、附加阻尼、高压载荷、腐蚀载荷、极端载荷、组合载荷、设计载荷、设计准则、涡激振动、冲击载荷、周期性载荷、随机载荷、射流、喷溅载荷、地震载荷、波流联合、气动载荷、弯矩统计分析和谱分析等。

　　国际船舶与海洋工程结构大会（ISSC）将船舶和海洋工程结构可能承受的载荷划分为两大类，一类是使用或设计载荷（operational/design load），另一类是事故载荷（accidental load），工程设计中还需要考虑这两类载荷的组合（load combinations for application），考虑不同载荷间的相位（phase）关系，局部及整体载荷（local and global load）关系。也有学者将船舶与海洋工程结构可能承受的载荷总体分为环境载荷、使用载荷及施工载荷（建造及海上吊运、安装过程中所承受的载荷）三大类。

　　使用或设计载荷可以细分为静水及波浪载荷（still water and wave load）、极限载荷（ultimate load）、风载荷（wind load）、晃荡及砰击载荷（sloshing and slamming load)、内波、冰载荷（ice load）、转塔载荷（turret load）、系泊载荷（mooring load）和拖曳载荷（towing load）等。事故载荷可以细分为碰撞与搁浅（collision and grounding）、火灾（fire）、爆炸（explosion）、地震、海啸和热源次生载荷（secondary load from heat sources）等。这些环境载荷中的动载荷都会引起海洋工程结构及船舶的动力学响应，必须重视这些环境动载荷，例如对海洋工程结构进行设计时，设计风速和设计波浪的重现期一般不少于 50 年[33]。

不同于由海洋环境产生的载荷，船舶采用风帆、螺旋桨或喷水推进器航行，气垫船采用风机及风扇推进航行，人类发明的这些推进装置运行时都会对船体产生激振力。船上及海洋平台上使用的各类机电设备在运行时也会产生激振力，导致船体振动。按照船舶与海洋工程结构所受激励的时间特性划分，可分为瞬时性激励和持续性（稳态）激励。持续性激励又分为周期激励和随机激励。我们把这些由人类发明的船上、海洋装备上及海洋工程结构设施上的机械或电气设备产生的激振力统称为船海装备振动源与噪声源[4-5, 34]。图 8 - 1 给出了船海装备上的主要振动噪声源。

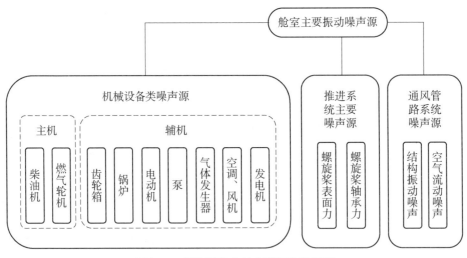

图 8 - 1　船海装备上的主要振动噪声源

船体瞬态振动包括海浪对船体的砰击、空中/水下爆炸冲击波对船体的冲击、火炮或导弹发射时气浪对船体的后坐力、舰载机在航空母舰上着陆时对甲板的冲击、船舶抛锚锚链突然刹住的瞬间对船体造成的颤动、碰撞、搁浅和晃荡，以及船舶破冰航行时受到的冲击等振动。船体稳态振动包括持续性激励下产生的船舶振动，各类规范评估的正是这类振动，如主机和螺旋桨振源引起的振动。

船舶振动激励源有原发性的,也有继发性的。原发性激励主要有螺旋桨激励(固定轴系式或吊舱式)、主机激励、各种辅机(电动机、泵、风机等)激励、舵激励、波浪激励、附体和开口周围的湍流激励、管道中的流体流动(水动力源)激励等。继发性激励主要有轴系纵向振动、轴系扭转振动、轴系回旋振动、柴油机机架横向振动、柴油机机架纵向振动,海洋钻井平台钻井设备引起的扰力,深海采矿车工作时、挖掘时产生的冲击力等。船舶与海洋工程结构上装备的机械设备振源,其振动频带宽达 2~8 000 Hz,主要分布在 2~1 000 Hz 的频率范围内。船上出现的有害振动主要由螺旋桨、动力设备和波浪激励引起。

8.1　海洋环境载荷

涉及海洋环境的各类外部载荷,包括海流、风、波浪和冰载荷等,这些环境载荷大部分是随机载荷[4, 16, 33, 35]。

8.1.1　流载荷

海流对发生在海洋中的很多物理、化学和生物过程有重要影响。在船舶与海洋工程结构中,海流对建筑物、船舶和海岸线都有作用力,海洋中的水流一般包括潮流和风海流。牛顿第二定律和质量守恒定律是描述海水运动的主要物理定律。海流中作用于海水的力主要是压力梯度 F_{pg}、科里奥利力 F_{cf}、地球引力 F_g、摩擦力 F_f 和离心力 F_c。

潮汐:在天体引潮力作用下产生的海面周期性涨落现象,分为半日潮、日潮和混合潮。涨潮是潮流冲向海岸,落潮是潮流远离海岸。大多数海图中的深度都是平均低潮水位值(MLW)。低水位和高水位之间的高差称为潮差,一般的潮流方向 12 小时反转一次。海洋中潮流流速通常是很小的,但在海峡及水道内的潮流流速比较大。

风海流:海洋中由海面风力驱动的大尺度水流环流,其流向几乎不变,北半球呈顺时针,南半球呈逆时针。

潮流力的计算公式:潮流对海洋工程结构的作用通常在波浪力计算中以海流流速与水质点速度向量叠加形式考虑。参考的挪威船级社(DNV)的推荐公式如下:

$$F_c = K\frac{\rho}{2}U_c^2 A \tag{8-1}$$

$$U_c(y) = U_t(y) + U_w(y) \tag{8-2}$$

$$U_t(y) = U_{t0}\left(\frac{y}{d}\right)^{1/7} \tag{8-3}$$

$$U_w(y) = U_{w0}\left(\frac{y}{d}\right) \qquad (8-4)$$

式中，$U_c(y)$ 为距海底高度为 y 处的海流总速度；U_{t0} 为静水面处的潮流流速；U_{w0} 为静水面处的风海流流速；A 为构件在垂直于流向平面上的投影面积；ρ 为海水密度；K 为流力系数，通常取与拖曳力系数 C_D 同样的数值；d 为水深。

密度流、盐度流等梯度流：是由于海水密度、盐度等的变化不均匀而引起的海水流动。

8.1.2 风载荷

笼罩在海洋、陆地上的大气不断流动，这种空气的移动叫作风。风的流动使海面所受压力发生变化，水面与空气的相对运动存在摩擦力，使水面承受切应力，加之表层水体重力作用，导致变形的水面从原有平衡位置做往复运动，水面不断起伏，形成风浪。

为了实用上的方便，根据风对海面物体的影响程度，按风速从 0 到 12 分成 13 个等级，称为蒲氏风级。0 级为无风，风速 0～0.2 m/s，海面如境，有义波高为 0 m；12 级为飓风，风速 32.6 m/s 以上，海面飞沫，有义波高为 14 m。风级与风速间的关系为

$$U = 1.63\sqrt{F^3} \qquad (8-5)$$

式中，U 为风速（kn[①]）；F 为蒲式风级。

一般而言，设计风速在自存状态下应不小于 51.5 m/s（约 100 kn），正常作业状态下应不小于 36 m/s（约 70 kn），在遮蔽海区正常作业状态下应不小于 25.8 m/s（约 50 kn）。

构件表面所受风压的计算公式：

$$p = 0.613C_H C_S v^2 = C_H C_S p_0 \text{(Pa)} \qquad (8-6)$$

式中，C_H 为考虑风压沿高度变化的高度系数；C_S 为考虑受风构件形状影响的形状系数，是构件形状、构件表面粗糙度及雷诺数的函数；p_0 为基本风压。计算风压时，设计风速一般选 50 年一遇或 100 年一遇的风速。基本风压的标准高度为海面上 10 m 处，其他高度的风速可以按下式换算：

$$v_z = \left(\frac{z}{10}\right)^{1/n} v_{10} \qquad (8-7)$$

---

① 节，国际通用的航海速度单位，也可计量水量和水中武器航行的速度。1 kn=1 n mile/h。

$$C_H = \left(\frac{z}{10}\right)^{2/n} \tag{8-8}$$

式中,n 与测量风速的时距及离岸的距离有关,一般在 7~13 之间变化,美国石油学会(American Petroleum Institute,API)推荐阵风风速时 $n=13$,持续风风速时 $n=8$。

海面因风力引起的波动状况称为海况,依波峰的形状、波顶的破碎程度和浪花出现的多少,将海况分为 10 级,一般的结构动力学及噪声测试规范规定试验条件要在 3 级海况以下。3 级海况时海浪不大,但很触目,波峰破裂,有些地方形成白色浪花。

浪高通常用浪级来表示,浪级是海面因风力强弱引起波动程度的大小,波浪愈高则级别愈大。常用的浪级表除国际通用浪级表外,还有蒲氏浪级表、道氏浪级表及美制浪级表。中国于 1986 年起采用国际通用浪级表划分波浪等级(见表8-1),具体分为无浪、微浪、小浪、轻浪、中浪、大浪、巨浪、狂浪、狂涛、怒涛等不同级别,其中浪高达到 20 m 以上的波浪称为暴涛,由于极其罕见,浪级表中未予列入。实海域船舶航行可以先根据气象等条件,利用浪级表对风浪进行预报。

表 8-1　开阔海面出现的风、浪和海况等级

浪级	名称	有义波高/m	风级	风速/(m/s)	海　况
0	无浪	0	0	0	海面平静。水面平整如镜,或仅有涌浪存在。船静止不动
1	微浪	0~0.1	1	0.5~1.54	波纹或涌浪和小波纹同时存在,微小波浪呈鱼鳞状,没有浪花。寻常渔船略觉摇动,海风尚不足以把帆船推行
2	小浪	0.1~0.5	2	2.06~3.1	波浪很小,波长尚短,但波形显著。浪峰不破裂,因而不显白色,而是仅呈玻璃色。渔船有晃动,张帆可随风每小时移行 2~3 n mile
3	轻浪	0.5~1.25	3~4	3.6~5.14 5.66~8.23	波浪不大,但很触目,波长变长,波峰开始破裂。浪沫光亮,有时可有散见的白浪花,其中有些地方形成连片的白色浪花——白浪。渔船略觉簸动,渔船张帆时每小时随风移行 3~5 n mile,满帆时,可使船身倾于一侧

（续表）

浪级	名称	有义波高/m	风级	风速/(m/s)	海　况
4	中浪	1.25～2.5	5	8.75～10.8	波浪具有很明显的形状，许多波峰破裂，到处形成白浪，成群出现，偶有飞沫。同时较明显的长波状开始出现。渔船明显簸动，需缩帆（即收去帆的一部分）
5	大浪	2.5～4	6	11.3～13.9	高大波峰开始形成，到处都有更大的白沫峰，有时有些飞沫。浪花的峰顶占去波峰上很大面积，风开始削去波峰上的浪花，碎浪成白沫沿风向呈条状。渔船起伏加剧，要加倍缩帆。捕鱼需注意风险
6	巨浪	4～6	7	14.4～17	海浪波长较长，高大波峰随处可见。波峰上被风削去的浪花开始沿波浪斜面伸长呈带状，有时波峰出现风暴波的长波形状。波峰边缘开始破碎成飞沫片；白沫沿风向呈明显带状。渔船停息港中不再出航，在海者下锚
7	狂浪	6～9	8～9	17.5～20 20.6～24.2	海面开始颠簸，波峰出现翻滚。风削去的浪花带布满了波浪的斜面，并且有的地方达到波谷，白沫能成片出现，沿风向白沫呈浓密的条带状。飞沫可使能见度受影响。汽船航行困难。所有近港渔船都要靠港，停留不出
8	狂涛	9～14	10～17	24.7～28.3 28.8～32.4 32.9～36.5	海面颠簸加大，有震动感，波峰长而翻卷。稠密的浪花布满波浪斜面。海面几乎完全被沿风向吹出的白沫片所掩盖，因而变成白色，只在波底有些地方才没有浪花。海面能见度显著降低。汽船遇之相当危险
9	怒涛	14 以上	17 以上		海浪滔天，奔腾咆哮，汹涌非凡。波峰猛烈翻卷，海面剧烈颠簸。波浪到处破成泡沫，整个海面完全变白，布满了稠密的浪花层。空气中充满白色的浪花、水滴和飞沫，能见度严重受到影响

浪高达到 20 m 以上的暴涛由于极其罕见，浪级表中未予列入

我国近海具有明显的季风特征,总体海况趋势如下:冬强夏弱,外海强近岸弱,东、南海强黄、渤海弱,平均风速为 $4\sim12\,\mathrm{m/s}$,平均波高为 $0.8\sim1.8\,\mathrm{m}$(风浪)及 $1.2\sim2.5\,\mathrm{m}$(涌浪)。

8.1.3　波浪载荷

海浪主要指表层海水受外力影响而发生的起伏现象。引起海浪的原因包括风引起的风浪,由日月引力引起的潮波,由地震引起的海啸,风暴潮及冰诱导产生的海浪和船行波等。确定波浪载荷的方法有设计波法与设计谱法两种。下面主要介绍设计波法计算波浪载荷的主要理论[35-36]。

8.1.3.1　波浪理论的选择

海浪是非常复杂的,在某一给定的时间、地点可以存在很多复杂的波浪周期,短波通常叠加在长波上。另外,波浪在各个方向上相互作用,很难用数学模型表达。设计波浪采用最大波高 H、相应的波浪周期和发生概率来描述。

任意波浪场可采用直角坐标系 (x,z) 描述,以静水表面(still waterline, SWL)某点为坐标原点,波浪以速度 C、周期 T、波长 L 及波高 H 在水深 d 中从左向右传播。水面高度 η 为位移 x 和时间 t 的函数:

$$\eta=\frac{H}{2}\cos(kx-\omega t) \tag{8-9}$$

式中,$k=\dfrac{2\pi}{L}$ 为波数;$\omega=\dfrac{2\pi}{T}$ 为波浪角频率。

对于无黏、无旋且不可压缩的理想流体,其中任意水质点的运动采用速度势函数描述,其形式为拉普拉斯方程:

$$\frac{\partial^2\Phi}{\partial x^2}+\frac{\partial^2\Phi}{\partial z^2}=0 \tag{8-10}$$

式中,$\Phi(x,z,t)$ 为理想流体的速度势函数。方程应满足下列边界条件。

(1) 海底条件:在海底 $z=-d$ 处垂直流速为零,$\dfrac{\partial\Phi}{\partial z}\Big|_{z=-d}=0$。

(2) 波浪表面压力条件:波浪表面压强等于标准大气压,写成伯努利公式形式为

$$\frac{\partial\Phi}{\partial t}+\frac{1}{2}\left[\left(\frac{\partial\Phi}{\partial x}\right)^2\left(\frac{\partial\Phi}{\partial z}\right)^2\right]+gz+\frac{p_a}{\rho}=0\ (z=0)$$

(3) 波浪表面水质点条件:自由表面上的水质点在垂直于该表面的速度等

于自由表面在该方向的运动速度,即

$$\frac{\partial \eta}{\partial t} + \frac{\partial \Phi}{\partial x}\frac{\partial \eta}{\partial x} - \frac{\partial \Phi}{\partial z} = 0 \ (z = \eta)$$

(4) 波浪周期性条件: $\Phi(x, z, t) = \Phi(x - ct, z)$。

对于微幅波(波高 H 与波长 L 及水深 d 相比甚小的波浪)采用线性波理论描述(也称艾里波、正弦波),其波形为正弦曲线。且波长、波速和水深的基本关系为

$$C = \sqrt{\frac{gL}{2\pi}\tanh\left(\frac{2\pi d}{L}\right)}$$

(8 - 11)

近似表达为

$$L \approx \frac{gT^2}{2\pi}\sqrt{\tanh\left(\frac{4\pi^2 d}{T^2 g}\right)}$$

(8 - 12)

当波幅较大时,波浪剖面不再是简单的正弦波形,而是坦谷曲线,波谷比波峰平坦,采用高阶波浪理论描述。对于有限波幅波,深水用斯托克斯(Stokes)高阶波(三阶或五阶)理论,浅水用椭圆余弦波或孤立波理论描述。

这些常用波浪理论的具体方程和边界条件数学表达式的细节请参阅文献[35]中线性波(艾里波)理论、斯托克斯五阶波理论、椭圆余弦波理论和孤立波理论的介绍。

水波按照相对深度 $\left(\frac{D}{L}\right)$ 和其他无因次比率,分为深水波、浅水波和极浅水波。随机波浪理论认为海浪是一个具备平稳性和各态历经条件的随机过程,假定海浪的振幅、频率、相位和方向都是随机量。目前仅考虑相位是随机量,常见的海浪谱有 P - M(Pierson-Moskowitz)谱、双参数谱、JONSWAP 谱和方向谱等,并可通过叠加原理构建随机波浪场。

8.1.3.2 周期性波浪载荷的计算

波浪诱导的载荷分为拖曳力、惯性力和绕射力。拖曳力是由物体造成水流的扰动引起的。惯性力由两个分量组成,一个是入射波压力场引起的作用力(弗劳德-克雷洛夫力),另一个是水的惯性引起的附加质量力。绕射力是考虑物体的作用,而使波浪发生绕射时引起的作用力。根据结构构件的尺寸(直径 D)和它所遇波浪的波长(L)及高度(H),选用不同的方法。1950 年,莫里森(Morison)在模型试验的基础上提出计算垂直于海底的刚性柱体上波浪载荷的

公式,简称莫里森公式。

(1) 当 $\dfrac{D}{L} \leqslant 0.2$ 时,属于小尺度构件,采用莫里森公式计算波浪力,此时拖曳力和惯性力是主要分量。当 $\dfrac{D}{H} \leqslant 0.1$ 时,拖曳力是主要分量;当 $0.5 < \dfrac{D}{H} \leqslant 1.0$ 时,惯性力是主要分量。

对于小尺度构件,莫里森公式的微分形式如下:

垂直作用于构件长度 $\mathrm{d}z$ 上的波浪力 $\mathrm{d}F$ 是正比于水质点速度平方的拖曳力和正比于水质点加速度的惯性力之和。

$$\mathrm{d}F = \left(\frac{1}{2} C_{\mathrm{D}} \rho D U |U| + C_{\mathrm{M}} \rho A \dot{U} \right) \mathrm{d}z \tag{8-13}$$

$$F = \int_0^H \mathrm{d}F \tag{8-14}$$

式中, C_{D}、C_{M} 分别是拖曳力(或阻力)系数和惯性力(或质量)系数, ρ、D、U、A 和 $\dot{U}$ 分别为流体密度、构件截面宽度或直径、垂直于构件轴线的水流速度、构件截面积和水流加速度。

当小尺度构件呈水平或倾斜状态时,莫里森公式应修正后再应用。

(2) 当 $\dfrac{D}{L} > 0.2$ 时,属于大尺度构件,采用绕射理论计算波浪力,此时惯性力和绕射力是主要分量。

对于大尺度构件上的波浪载荷,采用理想流体线性绕射理论(奇点分布法)计算得到作用于物体上的压力为

$$p = -\rho g z - \rho \frac{\partial \Phi}{\partial t} \tag{8-15}$$

式中, ρ、g、z 和 Φ 分别为流体密度、重力加速度、构件所处水深及水流速度势函数。

8.1.3.3　瞬态波浪冲击激励

船舶在波浪中航行时,随时间变化的波浪激振力也会导致船体发生振动。波浪激振力分为瞬态性激振力和持续性激振力两类,波浪冲击力是瞬态性的,例如砰击、甲板上浪、拍击等导致的冲荡振动(瞬态问题)。理论和试验证明,船舶在规则波浪中航行时,作用于船舶的波浪干扰力是周期性函数,周期波浪干扰力是持续性激振力,当船与波浪的遭遇频率和船体梁垂向二节点固有频率相等或

接近时,将产生波激共振现象(稳态问题)。

1) 波浪瞬态性激振力

波浪在船舶首部、尾部、底部的流体动力冲击作用下,引起的船体瞬态响应现象,称为击振或冲荡振动。例如,砰击、拍击和甲板上浪等。

(1) 砰击:船舶在轻压载状态下,艏部船体出水后很快再次入水时,艏部船底受到的冲击。砰击引起的动强度问题不可以忽视。

(2) 拍击:船首外板的外飘受到波浪冲击。

(3) 甲板上浪:船舶以满载状态在波浪中航行时,艏部甲板上浪时受到的波浪冲击。

(4) 冲荡振动:波浪对于船体的砰激,导致船体产生瞬时型振动,称为砰激振动或鞭击振动。

2) 波浪持续性激振力

船舶在波浪上航行时,当船与波浪的遭遇频率与船体梁的垂向二节点固有频率相等或接近时,由于波浪非线性水动力作用而导致船体发生持续振动的现象称为弹振或波激振动。波激振动一般发生在特定航向、航速和一定波浪条件下。

近年来两种情况导致的波激振动普遍发生,船舶大型化以及铝合金复合材料的大量使用,导致船体二节点基频降低,波浪的高频分量也能激起这种低频的二节点船体弹振。波激振动响应的预报理论涉及计算水动力载荷及结构振动响应,可分别通过不同海况、不同航速及不同航向的多工况计算获得,但计算量大,涉及理论复杂。目前还需解决阻尼值预报问题。因此,通过经验公式预报遭遇频率和波激振动响应,是达到调谐避振目的的有效途径之一。

船与波浪的遭遇频率 f_e 的经验计算公式:

$$f_e = \frac{v_s \cos \theta + \sqrt{\dfrac{g\lambda}{2\pi}}}{\lambda} \tag{8-16}$$

式中,v_s 为航速(m/s);θ 为船与波浪间的夹角,迎浪为 $0°$,顺浪为 $180°$;λ 为波长(m)。船体在波浪中发生波激振动的条件为

$$\frac{f_2}{f_e} = i \ (i = 1, 2, \cdots, n) \tag{8-17}$$

式中,f_e 为船与波浪的遭遇频率(Hz);f_2 为船体梁的垂向二节点固有频率(Hz);i 为由波浪引起的波激振动阶数。

波激振动响应的峰值预报公式：

$$\overline{S} = \frac{H_{1/3}}{\overline{T}^2} \cos^2\left(\frac{\theta}{2}\right) A(1 + BV^c) \tag{8-18}$$

式中，$\overline{S}$ 为波激振动响应的均方根值；$H_{1/3}$ 为有义波高（m）；$\overline{T}$ 为平均波浪周期（s）；V 为航速（kn）；c 为指数，一般取 2；θ 为船与波浪间的夹角，迎浪为 0°，顺浪为 180°；A 和 B 为常数，主要取决于船体梁固有频率、船体几何形状、吃水和阻尼，对于大型油船的甲板和底部情况可得 $A = 17 \text{ MPa} \cdot \text{s}^2/\text{m}$，$B = 0.006 \text{ kn}^{-2}$。

波激振动大多出现在大型油船上，在总纵强度计算中需有 10% 的波激振动应力的修正值。另外，波激振动发生时船员可察觉，并可通过降低航速或改变航向来减小波激振动及其带来的影响。

8.1.4　冰载荷

表征冰特征的参数有厚度、浓度、持久度和不同的力学特性等。冰与船舶或海洋工程结构相互作用产生的后果有水平刺穿、水平撞坏、竖向顶起、冰蚀和融化破坏等。冰的种类分为固定冰、大块浮冰、冰岛、冰山等。冰作用于海洋工程结构上的力主要有如下几种：①巨大冰层包围结构，当冰层在风、流作用下移动时对结构的挤压力；②流冰对结构的冲击力；③冰层膨胀挤压结构时产生的膨胀力；④海冰与结构间的摩擦力；⑤冰层与结构冻结时，移动产生的拖曳力、附加重力和附加浮力等。

目前工程中常采用极限冰压力作为计算冰载荷，即认为大面积冰层挤压海洋工程结构时，最大冰压力发生在冰被挤碎的瞬间时刻。

在风和流的作用下，大面积冰层挤压垂直桩柱时所产生的冰载荷经验公式为

$$P = mK_1K_2R_Cbh \tag{8-19}$$

式中，m 为桩柱的形状系数；K_1 为局部挤压系数；K_2 为柱桩与冰层的接触系数；R_C 为冰层的局部挤压强度；b 为桩柱宽度或直径；h 为冰层计算厚度。上述系数的具体取值可参阅参考文献[35]。

8.1.5　海洋环境载荷的统计描述

工程中的随机载荷主要是自然现象产生的载荷，称为环境载荷，如地震、风、海浪等。通常观测这类载荷可以得到地震加速度、风速和海浪波高的时域曲线，

是随机数据,因此实际应用时常用统计学方法,以谱的形式表示这些载荷的规律性。例如,脉动风(阵风)的谱密度函数(Harris 风谱):

$$S(f) = \frac{4k\tilde{f}U_{10}^2}{f(2+\tilde{f}^2)^{5/6}}(\mathrm{m}^2\mathrm{s}) \tag{8-20}$$

式中,f 为频率;k 为水面阻力系数;$\tilde{f} = \dfrac{Lf}{U_{10}}$,$L$ 为标尺,当 $L = 1\,800\,\mathrm{m}$ 时,$k = 0.003$;U_{10} 为海平面以上 $10\,\mathrm{m}$ 处的每小时平均风速。

海浪谱通常以圆频率为自变量,如 P-M 谱,是依据 1955—1960 年北大西洋的海浪数据拟合出的海浪谱公式,1966 年经国际船模拖曳水池会议(ITTC)规定为标准海浪谱:

$$S(\omega) = \frac{0.78}{\omega^5}\exp\left(-\frac{3.11}{H_s^2\omega^4}\right)(\mathrm{m}^2\mathrm{s}) \tag{8-21}$$

JONSWAP 谱是 1973 年根据"北海海浪联合计划"测量得到的北海波浪数据,参照 P-M 谱得到:

$$S(\omega) = \frac{\alpha g^2}{\omega^5}\exp\left[-\frac{5}{4}\left(\frac{\omega_\mathrm{p}}{\omega}\right)^4\right]\gamma^{\exp\left[-\frac{(\omega-\omega_\mathrm{p})^2}{2\sigma^2\omega_\mathrm{p}^2}\right]}(\mathrm{m}^2\mathrm{s}) \tag{8-22}$$

式中,$\alpha = 0.008\,1$;γ 为谱峰升高因子,取值为 $1.5\sim6$,平均值为 3.3;H_s 为有效波高;ω_p 为谱峰频率,$\omega_\mathrm{p} = \dfrac{22g}{U}\left(\dfrac{gx}{U^2}\right)^{-0.33}$;$x$ 为风程长度;U 为平均风速;σ 为峰形系数,$\sigma = \begin{cases} 0.07 & (\omega \leqslant \omega_\mathrm{p}) \\ 0.09 & (\omega > \omega_\mathrm{p}) \end{cases}$。

8.2 船舶与海洋工程结构上的设备激励源

8.2.1 螺旋桨激励

船舶主要采用螺旋桨、喷水推进器或风帆来航行,其中螺旋桨推进是主流方式。螺旋桨推进可以分为吊舱推进式和轴系齿轮箱传递式,螺旋桨激振力是引起舰船振动的最主要激振源之一,船体上约 70% 的有害振动是其引发的[16, 34]。

按照产生原因与频率的不同,螺旋桨激振力分为轴频激振力和叶频激振力。螺旋桨轴频激振力由螺旋桨制造误差引起,包括螺旋桨制造质量等原因导致螺旋桨质心不在回转轴上,形成了静力不平衡。或者螺旋桨的质心虽在回转轴上,但由于各桨叶在轴线方向略有错开,使各桨叶的质心不在同一盘面内从而导致螺旋桨机械动力不平衡。再或是由于螺旋桨制造的误差,各桨叶的几何要素不相同,产生水动力不平衡。这些不平衡导致离心惯性力及不平衡力矩产生,其频率等于桨轴转速;通常可以通过提高加工精度、保障螺旋桨加工质量等措施有效降低轴频激振力。对螺旋桨一阶轴频激振力,金咸定教授推荐使用如下估算公式[16]:

$$F_{\max} = \left[1 + \left(\frac{34}{Z} \right) \left(\frac{A}{A_d} \right) \left(\frac{H}{D} \right)^2 \right] K\rho\omega^2 R^4(t) \qquad (8-23)$$

式中,Z 为螺旋桨叶片数;D 为螺旋桨的直径(m);R 为螺旋桨的半径(m);$\dfrac{A}{A_d}$ 为螺旋桨的盘面比;$\dfrac{H}{D}$ 为螺距比;$\omega = \dfrac{\pi N}{30}$ 为螺旋桨的转动角速度,N 为螺旋桨转速(r/min);ρ 为水的密度,取值为 $0.102\,\mathrm{t \cdot s^2/m^4}$;$K$ 为螺旋桨制造质量的相关系数,特级取值为 0.6×10^{-4},高级取值为 0.75×10^{-4},中级取值为 1.2×10^{-4}。

叶频激振力与制造质量无关,而是由于螺旋桨在船尾部不均匀流场中工作所致。它主要包括两类激振力。第一类激振力是螺旋桨转动时经水传至船体表面的脉动水压力,称为螺旋桨脉动压力,作用于螺旋桨上方的外壳板,面积约为螺旋桨直径的平方。其激振频率 f_e 为叶频、倍叶频和整数倍叶频(Hz),等于桨轴转速 N(r/min)乘以桨叶数 Z 及桨叶数倍数 K。伴流场和空泡对螺旋桨脉动压力场有显著影响,必须区分有空泡和无空泡情况。

$$f_e = \frac{KNZ}{60} \qquad (8-24)$$

第二类激振力是由于螺旋桨在船后工作时船舶尾部伴流不均匀,使作用在桨叶上的流体力发生变化而引起的激振力,它通过桨轴和轴承作用于船体及推进机械,称为轴承力,由 3 个力、2 个弯矩和 1 个扭矩构成(见图 8-2)。

按照传递及作用方式划分,螺旋桨激振力可分为轴承力和表面力。通过轴系传递到船体上的激振力称为轴承力,其激振频率为轴频及叶频。通过水传递而作用于船体表面上的激振力称为表面力,其激振频率为叶频、倍叶频和整数倍叶频。

螺旋桨旋转时,每一叶片皆伴随着一个压力场,压力升降频率等于螺旋桨叶片数与桨轴转速的乘积,即为叶频激励。若在此区域内有其他结构,如舵、轴包架或船体外板,螺旋桨就会通过水将此压力场的变化作用于船体结构,并引起振动。脉动压力的各方向分量中,垂向分量比其他分量大 1~2 倍。从激起船舶振动的观点来看,脉动压力的垂向分量是关注的重点。

1) 螺旋桨脉动压力沿船长的分布

从船尾部最外端算起,向船首部方向取3D(即3倍螺旋桨直径)的船长范围为螺旋桨脉动压力的作用区。脉动压力沿船长的分布规律:从船尾端开始向船首方向,压力逐渐增大,在桨盘面前方约0.1倍的螺旋桨直径处,脉动压力达到最大值,然后向船首方向迅速减小,这种脉动压力沿船体表面的积分形成表面力,如图8-2所示。

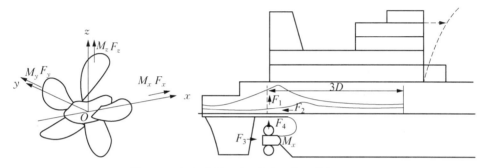

图8-2　螺旋桨轴承力、脉动压力及其作用区

计算螺旋桨激振力(表面力和轴承力)所需螺旋桨的基本参数示例如表8-2所示。

表8-2　螺旋桨的基本参数示例

螺旋桨叶片数 Z	5叶	螺旋桨桨轴数	2轴
最高螺旋桨桨轴功率	40 000 kW/轴	最高螺旋桨转速	300 r/min
巡航螺旋桨桨轴功率	5 000 kW/轴	巡航螺旋桨转速	150 r/min
螺旋桨直径 D	4.02 m	螺旋桨螺距比	1.22
螺旋桨盘面比	1.16	螺旋桨滑脱比	0.335
最大航速	40 kn	巡航航速	25 kn

2) 螺旋桨脉动压力(表面力)的计算

沿船体表面对脉动压力积分得到螺旋桨对船体的总激振力即为表面力。获得螺旋桨表面力的方法有3种,分别是模型试验法、经验公式法和计算流体力学(computational fluid dynamics, CFD)法。基于非定常升力面理论(unsteady lifting surface theory)或涡格法(vortex lattice method)常用于脉动压力理论预报,霍尔顿(Holdon)经验公式和高桥肇(Takahashi)经验公式则是较常用的民用船舶脉动压力经验预估方法。模型试验法通过在空泡试验筒或特殊的减压牵引水池中进行螺旋桨表面力试验,来获得有关脉动压力的数据。CFD 借助数值仿真技术直接计算空泡螺旋桨的脉动压力。

螺旋桨脉动压力 Δp_z 的霍尔顿经验公式,由两部分组成:

$$\Delta p_z = \sqrt{\Delta p_c^2 + \Delta p_0^2} \text{(Pa)} \tag{8-25}$$

空泡螺旋桨的叶频脉动压力 Δp_c 的表达式为

$$\Delta p_c = \frac{(ND)^2}{160} \frac{V_s(\omega_{T_{max}} - \omega_e)}{\sqrt{h_a + 10.4}} \left(\frac{K_C}{\dfrac{d_s}{R}} \right) \text{(Pa)} \tag{8-26}$$

无空泡叶频脉动压力 Δp_0 的表达式为

$$\Delta p_0 = \frac{(ND)^2}{70} \frac{1}{Z^{1.5}} \left(\frac{K_0}{\dfrac{d_s}{R}} \right) \text{(Pa)} \tag{8-27}$$

式中,N 为螺旋桨转速(r/min);Z 为螺旋桨叶片数;D 为螺旋桨的直径(m);R 为螺旋桨的半径(m);V_s 为船速(m/s);h_a 为螺旋桨轴中心线的水下浸深(m);d_s 为当桨叶在顶点位置时,桨上 $0.9R$ 处到浸在水中的船壳的距离(m),如图 8-3 所示;$K_C = 1.7 + 0.7 \left(\dfrac{d_s}{R} \right)$,且当 $\dfrac{d_s}{R} \geqslant 1$ 时,$K_C = 1$;$\omega_{T_{max}}$ 为最大伴流峰值,如无测量值时,可查阅表 8-3 中所列数值;ω_e 为实效伴流,$\omega_e = W_1 + W_2 + W_3$,对单螺旋桨船可通过图 8-4 查得模型伴流值,然后乘以 0.7 得到实船实效伴流

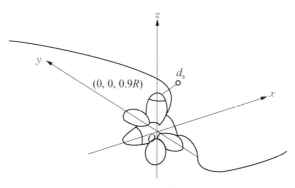

图 8-3　d_s 计算示意

值；当 $\dfrac{d_s}{R} \leqslant 2$ 时，$K_0 = 1.8 + 0.4 \left(\dfrac{d_s}{R} \right)$，当 $\dfrac{d_s}{R} > 2$ 时，$K_0 = 2.8$。

表 8 - 3 最大伴流峰值

船 型			$\omega_{T_{max}}$ 的取值
单螺旋桨船		油船 矿砂/散货/油多用途船 散货船 液化石油气/液化天然气船	0.6～0.8
		干货船 集装箱船 RO/RO 滚装船	0.5～0.7
		近海船 拖网渔船	0.5～0.8
双螺旋桨船		有轴支架	0.2～0.35
		类型 A，双艉柱	0.3～0.5
		类型 B，双艉柱	0.4～0.7

注：U 型艉，球状，趋向低限；V 型艉，趋向上限。

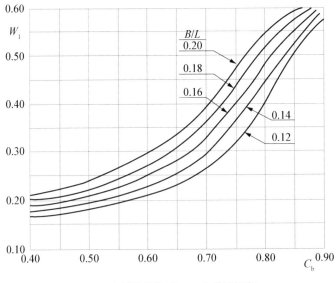

L——水线处船长；B——水线处船宽。

（a）方形系数修正系数

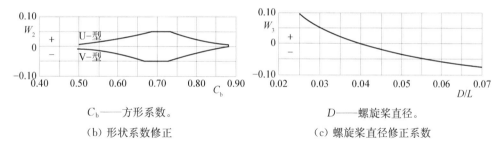

C_b——方形系数。　　　　　　　　　　D——螺旋桨直径。

（b）形状系数修正　　　　　　　　　（c）螺旋桨直径修正系数

图 8-4　单螺旋桨船的实船伴流系数

螺旋桨作用在平底船上的最大脉动压力 P_{max} 也可按如下公式计算：

$$P_{max} = 5.773 K_1 K_2 \frac{P_P}{ND^3} (\text{kPa}) \tag{8-28}$$

式中，P_P 为螺旋桨轴功率（kW）；N 为螺旋桨转速（r/min）；D 为螺旋桨直径（m）；K_1 为与叶片数、叶梢间隙比有关的系数，$K_1 = \left\{ \frac{c}{D} \left[a_1 \left(\frac{c}{D} \right)^2 + a_2 \left(\frac{c}{D} \right) + a_3 \right] \right\}^{-1}$，$c$ 为叶梢间隙（m），a_i 取值由表 8-4 确定；K_2 为螺旋桨轴与船体外板夹角 α 的影响系数，由图 8-5 确定，夹角 α 如图 8-6 所示[34]。

表 8-4　系数值 a_i

a_i	螺旋桨叶片数		
	3 叶	4 叶	5 叶
a_1	29.97	26.61	23.81
a_2	-6.54	-3.87	0.00
a_3	1.92	2.07	2.62

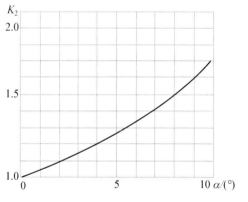

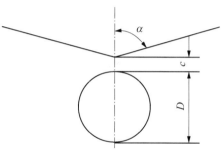

图 8-5　系数 K_2 的值　　　　　　　**图 8-6　夹角 α 示意图**

作用在螺旋桨上方的垂向脉动水压力合力或表面力 F_z 为

$$F_z = \Delta p_z D^2 (\text{N}) \qquad (8-29)$$

式中,螺旋桨脉动压力 Δp_z 按式(8-25)计算,仅考虑了螺旋桨上方约为螺旋桨直径 D 平方(面积)范围内压力的合成。

螺旋桨激振力施加范围对计算结果影响很大,压载与满载工况下螺旋桨激振力相差很大,压载到港装载状态下船底外板几乎无脉动压力。图 8-7 和图 8-8 对多机多桨激振力的施加方法给出了示例[37]。

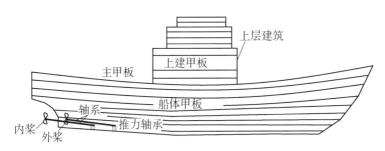

(a) 舰船结构示意图

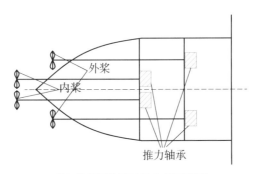

(b) 舰船螺旋桨结构布置示意图

图 8-7　舰船结构及螺旋桨结构布置示意图

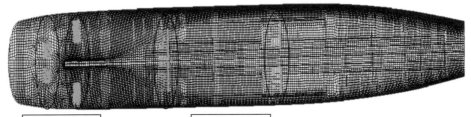

图 8-8　螺旋桨激振力施加区域示意图

采用多叶、四桨推进且航速较低时,舰船可采用内桨单独工作、外桨单独工作或四桨同时工作的方式航行。航速较高时,可通过四桨同时工作以满足舰船的航速要求。舰船正常航行时轴频激扰力相对较小,叶频激扰力是螺旋桨激振力的主要成分。

理论上螺旋桨脉动压力沿船体表面的积分为螺旋桨表面力,螺旋桨脉动压力作用范围为 $D \times D$(D 为螺旋桨直径),当船底呈 V 型时,脉动压力的分布极不规则,实际动力响应计算时一般取螺旋桨表面力公式计算值,并直接作用在船底的螺旋桨作用区。图 8-9 所示为德国劳氏船级社对 2 750 TEU[①] 集装箱船的振动响应计算,螺旋桨脉动压力作用范围为 $1.5D \times 1.5D$,约为 13 m × 13 m 的范围。

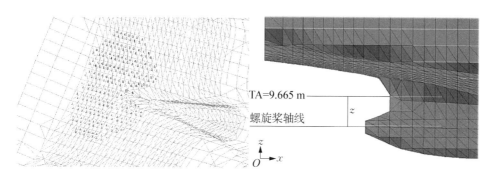

图 8-9　螺旋桨表面脉动压力施加、脉动压力范围确定示意图

3) 螺旋桨轴承力的计算

由于螺旋桨在船尾部不均匀伴流场中旋转,任一瞬间各桨叶的攻角不同,导致各桨叶上的推力和旋转阻力变化。由于作用在各桨叶上的推力的合力的作用中心不通过桨轴,因此产生了纵向(艏艉方向)推力的脉动以及绕垂直和水平轴变动的力矩。由于作用在各桨叶上的旋转阻力的合力不等于零,因此产生了沿水平轴和垂直轴的脉动分力以及绕纵轴扭矩的脉动。以上轴承力的 3 个脉动分力和 3 个脉动力矩如图 8-10 所示。

上述激励的频率是螺旋桨的叶频及其整数倍。扭矩脉动会引起轴系的扭振,推力脉动会引起轴系、船体和上层建筑的纵向振动,垂直于桨轴的垂向分力以及绕水平轴的力矩会引起轴系及船体的垂向振动,垂直于桨轴的横向不平衡力以及绕垂直轴的不平衡力矩会引起轴系及船体的水平振动。

---

① 以 6.096 m(20 ft)集装箱作为换算单位的一种集装箱计量单位。

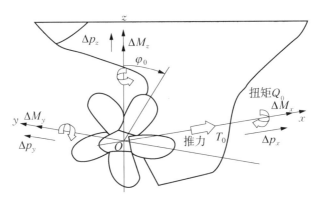

图 8-10 传递给桨轴的脉动分力和脉动力矩

在设计阶段,垂向轴承力幅值为

$$F_\text{B} = K_\text{B} \frac{P_\text{P}}{10ND}(\text{kN}) \tag{8-30}$$

式中,K_B 为与桨叶有关的系数,对于 4 叶、5 叶和 6 叶螺旋桨 K_B 的值分别取 8.0、10.7 与 13.3;N 为螺旋桨轴转速(r/min);P_P 与 D 含义同式(8-28)。

4)军用舰艇螺旋桨激振力的计算规定

按照 GJB/Z 119—99,螺旋桨表面力的计算公式为

$$F = 5.733kk_a k_d \frac{W}{ND}(\text{kN}) \tag{8-31}$$

式中,k 为取决于叶梢间隙比 $\dfrac{d}{D}$ 及桨叶数的系数,$k = \left(\dfrac{0.12d}{D} + 0.021\right)k^*$,$k^*$ 为经验系数,$k^* = 2.25$;k_a 为取决于桨轴与离螺旋桨桨叶最小距离的艇底处的纵剖面线间夹角 α 的系数;k_d 为取决于叶梢间隙比 $\dfrac{d}{D}$ 的系数;W 为功率(kW);N 为螺旋桨转速(r/min);D 为螺旋桨直径(m)。

α 的确定方法:以表 8-2 中螺旋桨为例,首先确定♯250 和♯270 桨轴的位置,在三维船体模型中过♯270 桨轴轴心处作艇底的垂线,过垂足作纵剖面,再在纵剖面中作过垂足的切线,桨轴和这个切线的夹角即为 α。

计算结果如下:

k	k_a	k_d	W/kW	N/(r/min)	D/m	d/m	$\dfrac{d}{D}$	F/kN
0.142	1.63	0.5	40 000	300	4.02	1.41	0.351	19.832

在计算船舶振动响应时,上述表面力的频率为螺旋桨转速与桨叶片数的乘积,即"叶频",MCR 转速时的叶频为 25 Hz。上述螺旋桨表面力的作用范围可以简化为螺旋桨上方 $D\times D$ 的范围内均布或用几个集中力表示。

根据 GJB/Z 119—99,螺旋桨的轴承力按下面经验公式计算:

$$\begin{cases} F_z = \dfrac{K_{B_z}W}{10ND} \\[4mm] M_y = \dfrac{K_{M_y}W}{100V_s} \end{cases} \tag{8-32}$$

计算结果如下:

V_s/kn	W/kW	N/(r/min)	D/m	F_z/kN	M_y/(kN·m)
25	40 000	300	4.02	1.196	1.227

上述计算公式中轴承力的频率是叶频,轴承力通过轴承座与支架作用于船体,可见轴承力远小于表面力。螺旋桨激振力的试验数据如表 8-5 所示。

表 8-5　螺旋桨激振力的试验数据

简谐激励	螺旋桨转速 /(r/min)	激振力/Pa				
		一阶	二阶	三阶	四阶	五阶
满载	103.3	560	830	940	330	100
压载	104.5	2 440	1 930	2 070	800	210

8.2.2　主机与辅机激励

主机激振力是引起舰船结构振动的主要激振源之一,20%～30%的有害船体振动由其引发。船舶主机和辅机广泛使用柴油机,部分使用燃气轮机。以柴油机为主机的船舶,其船上激励源引起的船体振动比以涡轮机为主机或采用电力作为推进装置的船舶复杂。柴油机主机会产生气体力、惯性力和不平衡力矩等激励引起轴系、机架与船体振动,而涡轮机主机或电力推进装置只可能产生交变扭矩激励引起轴系扭转振动。柴油机激振力可引发船体结构、柴油机机体、机舱结构及管路等的振动。柴油机激振力主要有两种：一是运动部件的惯性力所形成的不平衡力和力矩，其激励幅值及频率取决于运动部件的质量、点火顺序、缸数、冲程数、活塞行程和转速；二是气缸内油气燃烧过程中气体压力和往复惯性力合成后导致的倾覆力矩，其激励幅值及频率取决于缸径、工作压力、缸数、冲程数、活塞行程和转速。

柴油机激振力对船体结构产生的影响主要如下：

（1）运动部件的不平衡惯性力和力矩会产生船体低频的上下振动、水平振动及双层底结构的振动。

（2）气缸内的周期性燃烧压力，会引起轴系的扭转振动、纵向振动（轴振动）、主机主体横向振动、双层底结构振动、船体结构的高次振动以及船体上部生活区结构的前后振动。

（3）排气管内的压力变动会引起柴油机周围局部结构的振动。

针对多缸机，缸频共振是较为重要的频率。中速和高速柴油机多用作小型船舶的主机或大型船的辅机，低速大功率柴油机多用作大型船舶的主机。

船用柴油机激振频率与激振力（力矩）数据主要由柴油机制造厂提供，表 8 - 6 是某厂商提供的 12K98ME - C 主机激振力示例。其坐标系为常用的船体结构坐标系，沿船长方向为 X 轴，从船尾指向船首为正向；沿船宽方向为 Y 轴，从右舷指向左舷为正向；沿船高方向为 Z 轴，向上为正向。

表 8 - 6   12K98ME - C 主机激振力

激振力	垂向不平衡力矩	H 型侧推力矩	X 型侧推力矩			
阶数	四	十二	三	四	八	九
频率/Hz	6.9333	20.8	5.2	6.9333	13.8667	15.6
数值/kN・m	510	274	4 809	2 650	489	1 070
力矩方向	Y 轴方向	X 轴方向	Z 轴方向			

在船体结构振动有限元分析数值模型中，主机用质量点单元模拟，主机激振力施加在主机质心位置处质量点单元上，再以刚性梁单元（如 RBE2）或弹性梁单元（如 RBE3）将质量点与内底板主机安装区域进行连接，如图 8 - 11 所示。图中 M_{1H} 和 M_{1V} 分别为 1 次水平和 1 次垂向的不平衡力矩，M_{2V} 和 M_{4V} 分别为 2 次和 4 次垂向的不平衡力矩。

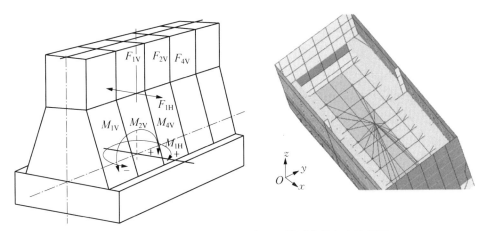

图 8 - 11　主机振动激振力及有限元模型中施加方法示意

GJB/Z 71—95 给出如下不平衡力和力矩计算公式。柴油机激振力频率为

$$f_{ei} = \frac{iN_e}{60} \tag{8-33}$$

式中，f_{ei} 为激振力频率（Hz）；i 为柴油机汽缸数；N_e 为柴油机转速（r/min）。

对于直列式多缸机[16, 34]，其往复及离心惯性力的合力一般为零，但其惯性力矩为

一阶往复惯性力矩：　　$M_{j1} = (K_m)_1 m_j R \omega^2 a \tag{8-34}$

二阶往复惯性力矩：　　$M_{j2} = (K_m)_2 \beta m_j R \omega^2 a \tag{8-35}$

离心惯性力矩：　　　　$M_R = (K_m)_1 m_R R \omega^2 a \tag{8-36}$

对于 V 型多缸机，其惯性力为零，但其惯性力矩为

垂向一阶最大往复惯性力矩：　$(M_V)_{j1} = (K_m)_1 (K_V)_1 m_j R \omega^2 a \tag{8-37}$

垂向二阶最大往复惯性力矩：　$(M_V)_{j2} = (K_m)_2 (K_V)_2 \beta m_j R \omega^2 a \tag{8-38}$

水平一阶最大往复惯性力矩：　$(M_H)_{j1} = (K_m)_1 (K_H)_1 m_j R \omega^2 a \tag{8-39}$

水平二阶最大往复惯性力矩：　$(M_H)_{j2} = (K_m)_2 (K_H)_2 \beta m_j R \omega^2 a \tag{8-40}$

离心惯性力矩：　　　　　　　$M_R = (K_m)_1 m_R R \omega^2 a \tag{8-41}$

直列式和 V 型多缸机的倾覆力矩计算公式：

$$\begin{cases} M_{\mathrm{T}} = i_{\mathrm{g}} M_0 + i_{\mathrm{g}} \sum_k M_k \sin(k\omega t + \psi_k) \\ k = nk^* i_{\mathrm{g}} \end{cases} \quad (8-42)$$

式(8-34)～式(8-42)中各变量含义请参阅 GJB/Z 71—95。

举例: 表 8-7 给出某柴油发电机组基本参数。柴油发电机是海洋平台必须配备的动力设备,为其他一切耗电设备正常运转提供动力。柴油发电机组的功率较大,尤其是带有动力定位功能的钻井平台配备的发电机组总功率通常在 3×10^4 kW 以上,单台功率在 5×10^3 kW 左右。柴油发电机组通过基座将振动传递到船体结构,为了减小或控制机器设备和结构之间的振动传递,需要在两者之间的传递通道上插入弹性元件(隔振器),从而降低油发电机组传至船体结构的动力激励或运动激励。

表 8-7 某柴油发电机组基本参数

制造商	长/m	宽/m	高/m	湿重/t	功率/kW	转速/(r/min)	气缸数/个
瓦锡兰	10	3	4.5	96.5	5 760	720	12

该柴油发电机组的转速为 720 r/min,则其激振力频率为

$$F_{\mathrm{eq}} = \frac{N}{60} = 12 (\mathrm{Hz})$$

式中,F_{eq} 为柴油发电机组激振力频率;N 为主机转速。

考虑到有限元模型简化处理导致的误差,取 $\pm 15\%$ 的安全系数,即设计平台的结构频率在 10.2～13.8 Hz 范围之外时,认为该平台是安全的,可有效避免共振。柴油发电机组通过减振器、基座等结构固定在海洋平台的甲板面上,图 8-12 给出

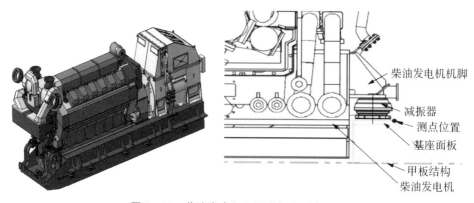

图 8-12 柴油发电机组及激振力测点位置

了柴油发电机组及激振力测点位置示意图。当柴油发电机组以满负荷(5 760 kW)运行时,在图中测点位置处放置垂向加速度传感器。

若仅考虑柴油发电机组 200 Hz 以下激励的特征,图 8-13 所示是由瓦锡兰公司提供的柴油发电机组激励的试验台测试数据,频率成分比较复杂。经数据分析表明,该设备在各个方向的激励较明显的激励峰值频率如表 8-8 所列。

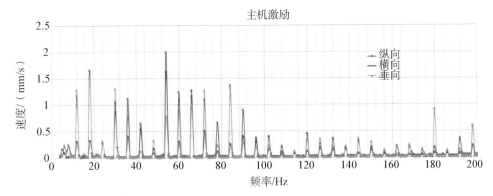

图 8-13　柴油发电机组激励的试验台测试数据

表 8-8　试验台激励测试数据频率分析

振动方向	激励峰值频率组成
纵向	30 Hz、54 Hz、66 Hz
横向	12 Hz、18 Hz、30 Hz、36 Hz、42 Hz、54 Hz、60 Hz、66 Hz、72 Hz、78 Hz、84 Hz、90 Hz
垂向	12 Hz、18 Hz、30 Hz、60 Hz、72 Hz、84 Hz、180 Hz

在柴油发电机组现场调试阶段,对基座振动进行现场采样,测点布置如图 8-12 所示。现场实测的结构垂向振动速度与试验台数据对比如图 8-14 所示。从现场实测数据来看,峰值频率为 12 Hz、36 Hz 及 180 Hz。两组数据在垂向的峰值频率虽有多处存在差别,但基本保持一致。

8.2.3　侧推装置激励

侧推装置是一种安装在船舶或海洋平台上的特种辅助推进器,用来提高船舶的操纵性或精确保持船舶及海洋平台的位置。根据侧推装置在船舶的位置可分为艏侧推装置(bow thruster)和艉侧推装置(stern thruster)两种,结构形式如图 8-15 所示。艏侧推装置包括电机或油马达、变距泵组和重力油泵,多采用可

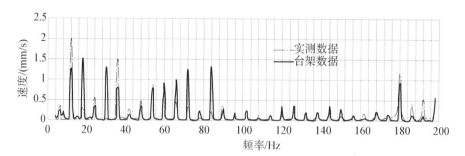

图 8‑14 柴油发电机垂向振动组现场实测数据与试验台数据对比

图 8‑15 侧推装置结构示意图

变螺距桨叶,作用是便于船舶停靠码头,不需要拖船协助,也有采用定距桨叶的艏侧推装置。艏侧推装置的样式可以分为固定式及可升至轴向进行前后推动的样式。若为渡船类需经常靠港的船舶,则艏侧推装置需要布置多台。艉侧推装置是船尾附近的小螺旋桨,一般横向布置。

艏/艉侧推装置引起的水平激振力及横向槽道法向脉动压力目前已成为各类配备侧推装置的船舶产生水平振动及舱室噪声超标的主要原因。解决这个问题的难点在于无法精确计算或测定侧推装置的轴向激振力及槽道法向脉动压力。船用侧向推进器一般以系泊最大推力为考核指标,而可调距侧向推进器可以在不改变主机转速的情况下,通过改变桨叶的螺距大小改变推力。

一般而言,行业内工程估算侧推装置系泊状态下的最大推力为 $0.13 \sim 0.16\,\mathrm{kN}$。简单的经验公式如下:

$$T = k(DP_{\mathrm{D}})^{2/3} \tag{8-43}$$

式中,T 为系泊状态推力(kN);P_{D} 为螺旋桨收到的功率(kW);D 为螺旋桨直径(m);k 为计算系数,全功率状态下数值大于 0.97。

Raymond W. Fischer 及 Leo Boroditsky 给出了计算舷侧推装置振动加速度级 L_{ab} 的经验公式[38]：

$$L_{ab} = 20\lg P + \Delta_1 \qquad\qquad (8-44)$$

式中,P 为舷侧推装置的额定功率(kW)。修正值 Δ_1 由表 8-9 确定。式(8-44)中加速度级用于表征舷侧推装置导致的结构噪声的振动源等级,基准加速度级为 $1 \times 10^{-5}\ \mathrm{m/s^2}$。

表 8-9　舷侧推装置结构振动源加速度级倍频程修正值

频率/Hz	31.5	63	125	250	500	1 000	2 000	4 000	8 000
Δ_1	35	44	82	84	52	51	50	53E	53E

注:E 表示为估计值。

某侧向推进器的基本参数如下:

主机额定功率为 2 000 kW;螺旋桨转速为 243 r/min;螺旋桨直径为 2 800 mm;螺旋桨叶片数为 4 叶;侧斜角为 32°;螺旋桨叶稍距离槽道内壁 18 mm。

8.2.4　泵喷推进器激励

潜艇泵喷推进器(pump jet propulsor,PJP)是由环状导管、定子和转子构成的组合式推进装置,结构如图 8-16 所示。环状导管的剖面为机翼型,罩住转子和定子,它是泵喷推进器内外流场的控制面。如采用具有吸声和减振效果的材料制造,则可以屏蔽转子及内流道产生的噪声。为了推迟转子叶片的空化、降低转子的噪声,通常采用能降低转子入流速度的减速型导管;定子为一组与来流

图 8-16　泵喷推进器结构示意图

成一定角度的固定叶片,使转子入流产生预旋或吸收转子尾流的旋转能量,同时用于固定导管;转子为类似于螺旋桨的旋转叶轮,通过与水流的相互作用产生推力,推动潜艇达到要求的航速[39-40]。由管道内的叶轮和导叶共同作用,在喷口产生射流、以快速性作为第一设计目标的船舶推进器称为喷水推进器。由管道内的叶轮和导叶共同作用,在喷口产生射流、以低噪声(声隐身性)作为第一设计目标的船舶推进器称为泵喷推进器。

泵喷推进器可根据转子和定子的前后位置分为两类:定子布置在转子前面的称为"前置定子式",定子布置在转子后面的则称为"后置定子式"。前置定子式泵喷推进器的定子可以使潜艇尾部流入转子的水流产生预旋,起到均匀来流的作用,改善转子的进流条件,从而提高潜艇的推进效率、降低推进装置的噪声,但转子的推进效率稍低。后置定子式泵喷推进器由于定子可以回收转子尾流中的部分旋转能量,转子的推进效率相对较高,但其噪声稍高。潜艇上大多采用前置定子式泵喷推进器,而鱼雷上则采用后置定子式泵喷推进器。研究表明,泵喷推进器的推进性能和噪声性能明显优于传统多叶大侧斜螺旋桨。英、法、美等国最先进的潜艇都采用了泵喷推进器,如美国的"海狼"级攻击核潜艇最高航速达 38 kn,低速航行时其辐射噪声仅有 90～100 dB,接近海洋环境噪声。

于丰宁等通过 FLUENT 软件定常和非定常仿真计算获得新型泵喷推进器的敞水特性曲线、激振力特性与脉动压力特性[40]。其中,湍流模型选用旋转机械流体计算中应用广泛的 k - ε 模型,它以不可压缩剪切层湍流为基础建立,对含边界层类模型的计算结果精度较高;在空间离散各项中,梯度方法选择基于最小二乘单元法、压强动量选择二阶迎风格式、湍动能和耗散率选择一阶迎风格式。某型泵喷推进器的转子及定子单个叶片和整体叶片的轴向、横向激振力无量纲化频谱特性如图 8-17～图 8-20 所示。

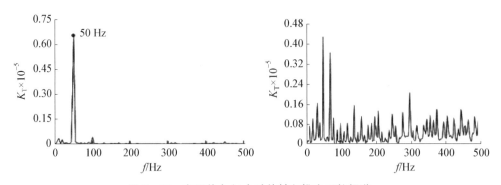

图 8-17　定子单个/7 个叶片轴向推力系数频谱

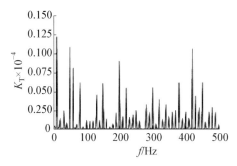

图 8‑18　7 叶定子叶片横向推力系数频谱

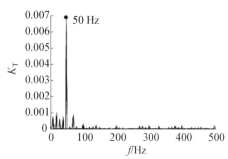

图 8‑19　5 叶转子叶片轴向推力系数频谱

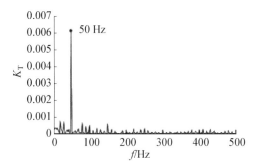

图 8‑20　5 叶转子叶片横向推力系数频谱

8.2.5　其他激励

上面介绍的都是引起船体振动的常见振动源,实际船舶与海洋工程结构中也会遇到下面所述的非常见激振力的作用,造成振动问题。具体激励如下:

1) 轴系的继发性激励

当推进轴系统自身存在没有进行动平衡校正、质量偏心、轴线变形过大、支承轴承为对中校正的情况时,轴会产生较大惯性力和力矩,引起船体各类振动。多年前"现代"级驱逐舰改装中遇到了这个问题,轴系系统的继发性激励导致船体产生过大的水平振动。

2) 舵激振力

桨后尾流中工作的舵上将产生脉动力和力矩,这些力和力矩称为舵激振力。该力通过舵轴作用于船体,引起船尾部甚至船体结构振动,其激励频率与船速和舵的水动力特性有关,由涡泄所致。

3) 柴油机排气脉动激振力

柴油机排气脉动激振力与柴油机气缸数、转速和冲程有关,其脉冲频率 f_e 为

$$f_e = \frac{mni_g}{60} \tag{8-45}$$

式中,n 为柴油机转速(r/min);i_g 为柴油机汽缸数;m 为柴油机冲程数,二冲程时 $m=1$,四冲程时 $m=0.5$。

习题 8

8.1 长江、黄河、鄱阳湖、洞庭湖有潮汐吗?钱塘江为什么有大潮?

8.2 计算下列波浪的波长并给波浪分类。

周期/s	水深/m	波长/m	分类
8	25		
8	100		
8	1 000		

8.3 计算船舶螺旋桨脉动压力及轴向力时应参照哪些标准或方法?

8.4 某柴油机单缸功率为 4 200 kW,机器转速为 120 r/min,它激起的垂向和水平激振力的分量阶次与幅值如习题表 8-1 所示,请按激励分量与激励频率画出对应谱线。

习题表 8-1　垂向和水平激振的分量阶次与幅值

阶次	F_z/kN		F_y/kN
	气体力	振动惯性力	
一	2 553	3 575	508
二	1 712	875	165
三	1 133	0	37
四	736	31	144
五	414	0	101
六	237	0	54
七	133	0	37
八	67	0	23

第 9 章 船舶与海洋工程结构的振动

　　船舶、海洋平台或海上漂浮式风力发电装置等处于海洋环境中会发生两类动力学行为。一类是流载荷、波浪载荷、内波或风载荷等海洋环境载荷引起其作为刚体的六自由度摇荡往复运动(见图 9-1),细分为三种直线往复运动(HSS)和三种旋转往复运动(PRY),归类为浪致振动或往复运动(wave induced vibration and motion),广义上讲是流致振动或流致运动(fluid induced vibration or motion)。其中,垂荡(heaving)是船体上下方向的往复直线运动;横荡(swaying)是船体左右方向的往复直线运动;纵荡(surging)是船体前后方向的往复直线运动。纵摇(pitching)是以船体中央为中心的船首与船尾的上下摇摆往复运动;横摇(rolling)是以船体中心线为轴的横向摇摆往复运动;艏摇(yawing)是船首与船尾的横向左右摇摆往复运动。另一类是船舶及海洋平台作为弹性体,由于其上配备的螺旋桨、主机或其他动力设备产生激振力导致的振动,归类为外部设备导致的振动(mechanical equipment induced vibration)。

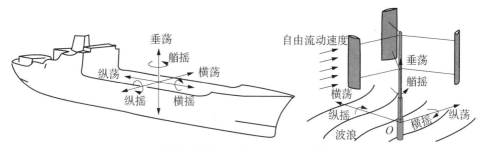

图 9-1　船舶与海洋结构物的六自由度摇荡往复运动

　　当船舶或海洋平台作为弹性体,同时考虑其在波浪中的往复运动以及其在推进装置和机械设备扰动载荷下的振动时,该问题就属于船舶水弹性动力学研究的范畴。本章介绍上述两类动力学行为的有关知识[5, 16, 18, 41]。

9.1　船舶与海洋工程结构在波浪中的往复运动

　　采用流体力学理论研究船舶在波浪中的摇荡往复运动时,一般假设:

(1) 船体是一个刚体,忽略其弹性变形。

(2) 不考虑水的黏性与可压缩性。

(3) 假定作用在船体上的波浪是微幅规则波。

(4) 假定船舶摇荡的幅值是微幅的,可作为具有线性往复运动特征的问题处理。

船舶在波浪中摇荡往复运动时受到以下 6 种力的作用:重力、船体本身的惯性力、浮力、由船体摇荡运动而产生的辐射流体动力、波浪扰动力[入射波的变动水压力形成的弗劳德-克雷洛夫(F-K)流体动力和绕射流体动力]和流体黏性力(除了横摇运动外,一般不予考虑)。

设船舶在六自由度摇荡往复运动模式下对应于纵荡、横荡、垂荡、横摇、纵摇和艏摇的位移分别用 $x_i(i=1, 2, \cdots, 6)$ 表示,前三个量具有长度量纲,是线位移,后三个量具有角度量纲,是角位移。根据达朗贝尔原理或牛顿第二定律,可以建立船舶与海洋工程结构在波浪中的运动方程[5]:

$$\boldsymbol{F}_{\mathrm{I}i}(t) = \boldsymbol{F}_{\mathrm{R}i}(t) + \boldsymbol{F}_{\mathrm{V}i}(t) + \boldsymbol{F}_{\mathrm{E}i}(t) + \boldsymbol{F}_{\mathrm{S}i}(t) \quad (i=1, 2, \cdots, 6) \quad (9-1)$$

代入惯性力 $\boldsymbol{F}_{\mathrm{I}i}(t)$、辐射力 $\boldsymbol{F}_{\mathrm{R}i}(t)$、流体黏性力 $\boldsymbol{F}_{\mathrm{V}i}(t)$、波浪扰动力 $\boldsymbol{F}_{\mathrm{E}i}(t)$ 和复原力 $\boldsymbol{F}_{\mathrm{S}i}(t)$ 的具体表达式,经整理后得到船体或海洋平台等类似结构的六自由度摇荡往复运动的动力学方程为

$$\sum_{j=1}^{6} \{(M_{ij} + m_{ij})\ddot{x}_j + (N_{ij} + N_{eij}\delta_{4j})\dot{x}_j + C_{ij}x_j\}$$
$$= Re[\xi_{\mathrm{A}}E_i \mathrm{e}^{\mathrm{i}\omega t}] (i=1, 2, \cdots, 6) \quad (9-2)$$

惯性力的表达式为

$$F_{\mathrm{I}i}(t) = \sum_{i,j=1}^{6} M_{ij}\ddot{x}_j = \begin{bmatrix} m_0 & 0 & 0 & 0 & m_0 z_{\mathrm{G}} & 0 \\ 0 & m_0 & 0 & -m_0 z_{\mathrm{G}} & 0 & 0 \\ 0 & 0 & m_0 & 0 & 0 & 0 \\ 0 & -m_0 z_{\mathrm{G}} & 0 & J_{xx} & 0 & 0 \\ m_0 z_{\mathrm{G}} & 0 & 0 & 0 & J_{yy} & 0 \\ 0 & 0 & 0 & 0 & 0 & J_{zz} \end{bmatrix} \begin{Bmatrix} \ddot{x}_1 \\ \ddot{x}_2 \\ \ddot{x}_3 \\ \ddot{x}_4 \\ \ddot{x}_5 \\ \ddot{x}_6 \end{Bmatrix}$$
$$(9-3)$$

式中,$[\ddot{x}_1 \quad \ddot{x}_2 \quad \ddot{x}_3 \quad \ddot{x}_4 \quad \ddot{x}_5 \quad \ddot{x}_6]^{\mathrm{T}}$ 对应船体六个方向上的运动加速度 $[\ddot{x} \quad \ddot{y} \quad \ddot{z} \quad \ddot{\theta}_x \quad \ddot{\theta}_y \quad \ddot{\theta}_z]^{\mathrm{T}}$;$m_0$ 为船体质量;z_{G} 为船舶质心的垂向坐标;J_{xx}、

J_{yy} 和 J_{zz} 为船舶质量惯性矩。

辐射力的表达式为

$$\boldsymbol{F}_{Ri}(t) = -\sum_{j=1}^{6} \{m_{ij}\ddot{x}_j + N_{ij}\dot{x}_j\} \quad (i = 1, 2, \cdots, 6) \tag{9-4}$$

式中,下标 i、j 表示作用力和运动方向;m_{ij} 为广义附加质量系数;N_{ij} 是广义兴波阻尼系数。其具体值为

$$\{m_{ij}\} = \begin{bmatrix} m_{11} & 0 & 0 & 0 & 0 & 0 \\ 0 & m_{22} & 0 & m_{24} & 0 & m_{26} \\ 0 & 0 & m_{33} & 0 & m_{35} & 0 \\ 0 & m_{42} & 0 & m_{44} & 0 & m_{46} \\ 0 & 0 & m_{53} & 0 & m_{55} & 0 \\ 0 & m_{62} & 0 & m_{64} & 0 & m_{66} \end{bmatrix} \tag{9-5}$$

$$\{N_{ij}\} = \begin{bmatrix} N_{11} & 0 & 0 & 0 & 0 & 0 \\ 0 & N_{22} & 0 & N_{24} & 0 & N_{26} \\ 0 & 0 & N_{33} & 0 & N_{35} & 0 \\ 0 & N_{42} & 0 & N_{44} & 0 & N_{46} \\ 0 & 0 & N_{53} & 0 & N_{55} & 0 \\ 0 & N_{62} & 0 & N_{64} & 0 & N_{66} \end{bmatrix} \tag{9-6}$$

对于流体黏性力 $\boldsymbol{F}_{Vi}(t)$,只是在船舶横摇运动时被考虑,其等效线性形式为

$$\boldsymbol{F}_{Vi}(t) = -\sum_{j=1}^{6} \{N_{eij}\delta_{4j}\dot{x}_j\} \quad (i = 1, 2, \cdots, 6)$$
$$\delta_{4j} = \begin{cases} 1 & j = 4 \\ 0 & j \neq 4 \end{cases} \tag{9-7}$$

式中,N_{eij} 为等效线性化形式的黏性阻尼系数。

对于复原力,其是由浮体位移引起水下体积变化而产生的流体静力,与有关运动模态的位移成正比,线性化范围内一般形式为

$$\boldsymbol{F}_{Si}(t) = -\sum_{j=1}^{6} C_{ij}x_j \quad (i = 1, 2, \cdots, 6) \tag{9-8}$$

只有垂荡、横摇和纵摇运动时具有复原力。此时复原力系数为

$$\{C_{ij}\} = \begin{bmatrix} 0 & 0 & 0 & 0 & 0 & 0 \\ 0 & 0 & 0 & 0 & 0 & 0 \\ 0 & 0 & C_{33} & 0 & C_{35} & 0 \\ 0 & 0 & 0 & C_{44} & 0 & 0 \\ 0 & 0 & C_{53} & 0 & C_{55} & 0 \\ 0 & 0 & 0 & 0 & 0 & 0 \end{bmatrix} \tag{9-9}$$

对于波浪扰动力 $\boldsymbol{F}_{Ei}(t)$，其与入射波的幅值 ξ_A 有关，可以表示为

$$\boldsymbol{F}_{Ei} = Re[\xi_A E_i e^{i\omega t}] \quad (i = 1, 2, \cdots, 6) \tag{9-10}$$

式中，E_i 为单位入射波对船舶产生的扰动力或力矩的复数表示，它是波长、波向、船体形状和航行速度的函数；ω 为与规则波的遭遇频率。

考虑到耦合关系，将六自由度摇荡往复运动的方程分成如下三组进行求解。

1) 纵荡运动方程

$$(m_0 + m_{11})\ddot{x}_1 + N_{11}\dot{x}_1 = Re[\xi_A E_1 e^{i\omega t}] \tag{9-11}$$

2) 纵向运动方程组——垂荡和纵摇耦合运动

$$\begin{bmatrix} m_0 + m_{33} & m_{35} \\ m_{53} & J_{yy} + m_{55} \end{bmatrix} \begin{Bmatrix} \ddot{x}_3 \\ \ddot{x}_5 \end{Bmatrix} + \begin{bmatrix} N_{33} & N_{35} \\ N_{53} & N_{55} \end{bmatrix} \begin{Bmatrix} \dot{x}_3 \\ \dot{x}_5 \end{Bmatrix} + \begin{bmatrix} C_{33} & C_{35} \\ C_{53} & C_{55} \end{bmatrix} \begin{Bmatrix} x_3 \\ x_5 \end{Bmatrix} = \begin{Bmatrix} Re[\xi_A E_3 e^{i\omega t}] \\ Re[\xi_A E_5 e^{i\omega t}] \end{Bmatrix} \tag{9-12}$$

3) 横向运动方程组——横荡、横摇和艏摇耦合运动

$$\begin{bmatrix} m_0 + m_{22} & m_{24} - m_0 z_G & m_{26} \\ m_{42} - m_0 z_G & J_{xx} + m_{44} & m_{46} \\ m_{62} & m_{64} & J_{zz} + m_{66} \end{bmatrix} \begin{Bmatrix} \ddot{x}_2 \\ \ddot{x}_4 \\ \ddot{x}_6 \end{Bmatrix} + \begin{bmatrix} N_{22} & N_{24} & N_{26} \\ N_{42} & N_{44} + N_{e44} & N_{46} \\ N_{62} & N_{64} & N_{66} \end{bmatrix} \begin{Bmatrix} \dot{x}_2 \\ \dot{x}_4 \\ \dot{x}_6 \end{Bmatrix}$$

$$+ \begin{bmatrix} 0 & 0 & 0 \\ 0 & C_{44} & 0 \\ 0 & 0 & 0 \end{bmatrix} \begin{Bmatrix} x_2 \\ x_4 \\ x_6 \end{Bmatrix} = \begin{Bmatrix} Re[\xi_A E_2 e^{i\omega t}] \\ Re[\xi_A E_4 e^{i\omega t}] \\ Re[\xi_A E_6 e^{i\omega t}] \end{Bmatrix} \tag{9-13}$$

每组方程式独立求解，可得船舶在规则波中六自由度摇荡往复运动的位移、速度及加速度，也可以求出固有频率和周期。

船舶在波浪中的往复运动既涉及船舶动力学问题，也涉及船舶的耐波性问题。船舶耐波性是指船舶在波浪扰动下，出现各种摇荡运动、砰击、甲板上浪、

失速、螺旋桨出水以及波浪弯矩等情况时，仍能维持一定航速在波浪中安全航行的性能。船舶耐波性衡准是指在船舶受到波浪扰动而产生运动的影响下，人员、船体或船舶上的系统（设备）能否进行作业、完成任务的极限指标。一般情况下船舶耐波性衡准的设置主要考虑船舶安全性、使用性和适居性三个方面的因素。

耐波性事件是指船舶在波浪中做六自由度摇荡往复运动时所产生的衍生现象，主要包含螺旋桨飞车、砰击和甲板上浪等现象。为了避免螺旋桨飞车、砰击和甲板上浪带来的有害后果，通常通过降低航速来缓和船舶的摇摆运动，使上述现象消失或使它们在更高的风浪情况下出现。

甲板上浪：由于船舶大幅度的纵摇升沉运动，使得当船首向下的同时出现海水飞溅或大量涌上甲板的边缘，并在船上冲洗而过的现象。发生甲板上浪可能会损坏甲板上的设备，并限制乘客和船员的活动范围，甚至可能对人员的生命安全造成威胁。甲板上浪也会妨碍驾驶人员观察海面等。

螺旋桨出水：相似于船首出水的船尾部激烈的垂直运动，螺旋桨桨叶将露出水面，造成桨叶在旋转一周的过程中受力不均匀，使轴系和船体强烈振动。严重的螺旋桨出水将导致主机周期性地空转，有损坏主机的危险。

9.2　船舶的总体振动

上节船舶或海洋平台在波浪中六自由度摇荡往复运动中，船舶或海洋平台是作为刚体进行描述的，据此可以计算出各类往复运动的响应和惯性力。实际应用中船舶是一个刚度较低的弹性体，采用刚体动力学模型只能描述船舶或海洋平台在波浪中的宏观往复运动，无法进一步描述船舶或海洋平台作为弹性体在波浪载荷、机械设备扰力和螺旋桨激振力等共同作用下的弹性变形及往复运动耦合。因此，本节介绍作为弹性体的船舶与海洋工程结构运动（振动）的有关概念及计算方法，包括动力学方程、载荷、力学模型、评价标准和减振措施等。图 9-2 给出了船体结构振动分析的主要内容及流程，从概念设计、结构详细设计、水动力学载荷、主机及螺旋桨激振力、自由振动及强迫振动、振动评价和避振设计等方面进行了全面介绍[34]。

船舶振动有其特殊性，必须考虑周围流体介质与船体结构的耦合影响，其动力学方程中包含附连水质量矩阵和水动力载荷项等，船体结构-流体流固耦合的振动有限元方程为

$$\begin{bmatrix} \boldsymbol{M}_s & 0 \\ -\rho_f \boldsymbol{Q}^T & \boldsymbol{M}_f \end{bmatrix} \begin{bmatrix} \ddot{\boldsymbol{u}} \\ \ddot{\boldsymbol{p}} \end{bmatrix} + \begin{bmatrix} \boldsymbol{C}_s & 0 \\ 0 & \boldsymbol{C}_f \end{bmatrix} \begin{bmatrix} \dot{\boldsymbol{u}} \\ \dot{\boldsymbol{p}} \end{bmatrix} + \begin{bmatrix} \boldsymbol{K}_s & \boldsymbol{Q} \\ 0 & \boldsymbol{K}_f \end{bmatrix} \begin{bmatrix} \boldsymbol{u} \\ \boldsymbol{p} \end{bmatrix} = \begin{bmatrix} \boldsymbol{F}_s \\ \boldsymbol{F}_f \end{bmatrix} \quad (9-14)$$

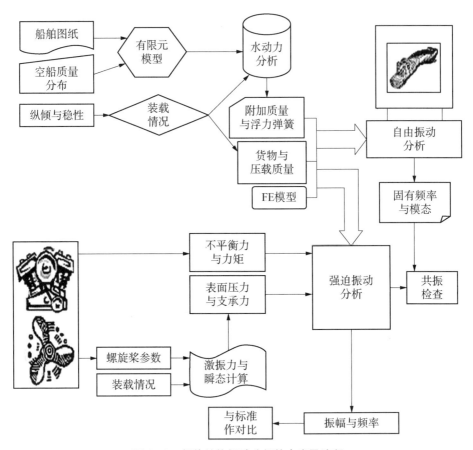

图 9-2 船体结构振动分析的内容及流程

式中，Q 为流体与船体耦合作用矩阵；M_s、C_s 和 K_s 分别为船体结构质量矩阵、船体阻尼矩阵和船体刚度矩阵；M_f、C_f 和 K_f 分别为流体介质的质量矩阵、阻尼矩阵和刚度矩阵；u 为船体振动结构节点位移向量；p 为流体节点动压力向量；F_s 为船体结构外载荷向量（螺旋桨、主机振动、轴系等振动载荷）；F_f 为流体外载荷向量（波浪、风、海流等）。各矩阵及向量的计算将在第 11 章中介绍。

计算船舶的振动特性，就是求解方程[式(9-14)]的自由振动，即

$$\begin{bmatrix} M_s & 0 \\ -\rho_f Q^T & M_f \end{bmatrix}\begin{bmatrix} \ddot{u} \\ \ddot{p} \end{bmatrix} + \begin{bmatrix} C_s & 0 \\ 0 & C_f \end{bmatrix}\begin{bmatrix} \dot{u} \\ \dot{p} \end{bmatrix} + \begin{bmatrix} K_s & Q \\ 0 & K_f \end{bmatrix}\begin{bmatrix} u \\ p \end{bmatrix} = \begin{bmatrix} 0 \\ 0 \end{bmatrix} \quad (9-15)$$

9.2.1 船体总振动及其数值分析模型

船体是一个复杂弹性结构，船体周围的舷外水对其振动有重要影响，船体振

动是一个流固耦合动力学问题。船体总振动是船舶总体振动性态的反映和描述,研究中将船体视为浮于水面上的全自由(自由-自由)变截面弹性梁,船体梁总振动指的是整个船体产生像一根变截面梁形式的振动。根据船体所受激励,船体总振动分为自由振动与强迫振动两大类。前者主要研究船体总振动的模态(固有频率和固有振型),后者研究船体在各种激振力作用下的响应及如何减小其振动量级。船体总振动的可能形式如下(具体振型见图 9-6~图 9-10、图 9-14~图 9-21):

(1) 垂向振动——船体在中纵剖面铅垂方向的弯曲振动。

(2) 水平振动——船体沿水线面水平方向的弯曲振动。

(3) 扭转振动——船体绕其纵向轴线的扭转振动。

(4) 纵向振动——船体沿其纵向轴线的水平振动。

只有当船体每个横剖面的质心与船体纵向构件横剖面的形心的连线是同一根直线时,才能单独出现上述形式的船体总振动。由于船舶左右对称,故纵向振动与水平振动、扭转振动不耦合,而只与垂向振动耦合。水平振动与扭转振动、垂向振动与扭转振动的耦合在集装箱船和超大型船中常见。

随船体弯曲振动频率的上升,船体总振动的振型也发生变化,产生船体的非梁振动变化,如纯船体梁振动、船体整体振动、上层建筑和船尾局部振动等。

柴油机不平衡力矩会引起船体梁垂向总振动。其激励频率与柴油机转速的关系如下:1 次不平衡力矩的激励频率在数值上等于柴油机转速;2 次不平衡力矩的激励频率在数值上等于 2 倍柴油机转速;4 次不平衡力矩的激励频率在数值上等于 4 倍柴油机转速。

基于数值方法的船舶振动分析模型主要有如下四类。

1) 船体梁模型

与船舶总强度计算模型相适应,沿船长取 0~20 个站位(共 21 个站位),形成由每两个站位间梁单元连接成的船体梁模型,共 20 个梁单元,表 9-1 给出了某型船各站位质量和截面惯性矩分布;表 9-1 中船体梁质量分布与各站剖面垂向惯性分布矩如图 9-3 和图 9-4 所示;具体模型如图 9-5 所示。每个单元的质量和刚度特性由船舶实际情况简化而成,船体梁的质量包括附连水质量,模态计算时应采用对应本阶模态的本阶附连水质量。这种模型适用于低阶总振动频率计算,不适合高阶模态及高精度局部响应计算,常见振型如图 9-6~图 9-10 所示。

表 9-1 某型船各站位(段)梁剖面参数

站号	垂向惯性矩/m⁴	水平惯性矩/m⁴	各段质量/t	水下半横剖面面积/m²	垂向剪切面积/m²	水线半宽/m	吃水/m
0	11.60	—	100.35	0.068	0.258	0.110	1.231
1	13.88	6.932	105.49	8.699	0.402	1.460	7.948
2	...	...	...	...	...	...	...
⋮	⋮	⋮	⋮	⋮	⋮	⋮	⋮
19	4.77	12.468	210.08	13.275	0.157	6.790	2.141
20	1.05	11.186	23.85	1.448	0.027	2.100	1.379
Σ	—	—	—	—	—	—	—

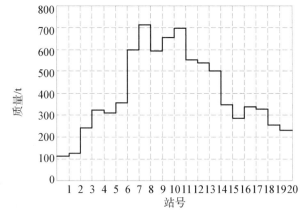

图 9-3 船体梁质量分布

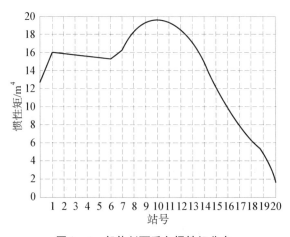

图 9-4 船体剖面垂向惯性矩分布

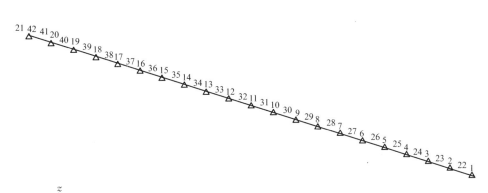

图 9-5　船体梁有限元模型

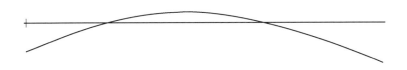

图 9-6　船体梁的垂向一阶总振动振型

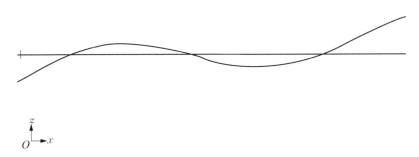

图 9-7　船体梁的垂向二阶总振动振型

图 9‑8　船体梁的垂向三阶总振动振型

图 9‑9　船体梁的水平一阶总振动振型

图 9‑10　船体梁的水平二阶总振动振型

采用船体梁模型计算全船强迫振动的加速度响应时,其振动形状特征如表 9-2、图 9-11 和图 9-12 所示。对于船体梁模型,在螺旋桨转速从低向高变化的调速航行过程中,会产生节点数较多的船体梁的高阶共振,以及以尾部振动响应明显高于船体梁其他部位的"扇形振动"为特征的强迫振动。这是水面舰船尾部振动典型响应状态,水面舰船的推进设备功率大,转速高,船体低阶固有频率均低于螺旋桨激振力的叶频,各阶模态在船尾部的强迫振动位移的相位相同,因而叠加后船尾部的振幅相当大。而在船体其他部位,由于各阶模态的振动位移相位不完全相同,因此叠加后相互间具有抵消作用,故振幅较小。同时,由于阻尼的作用,这种尾端振动随着向艏部传播而逐渐减少,产生的艉部振动响应特别显著,而船体其他部分振动不很明显的"扇形振动",该现象对于军舰运行是不利的。

表 9-2　船体梁模型全船振动形状特征

峰值频率/Hz	螺旋桨转速/(r/min)	节点数/个	特点
12	120	5～6	类似第五阶船体梁共振
18	145	6	第五阶共振向"扇形振动"过渡
21	180	8	典型的艉部"扇形振动"

图 9-11　某频率时船体梁的加速度响应曲线

图 9-12　某频率时船体梁的加速度响应曲线

2）船体二维平面模型

空间船体结构向中纵剖面压缩后构成的平面模型由膜单元与桁条单元组成。其中三角形或四边形膜单元表示连续的纵向板,桁条单元表示甲板、船底及一些垂向或水平加强材,附连水质量附着于龙骨线或水线处的节点上。具体示例如图9-13所示,这种模型适用于船体总振动频率及响应预报。

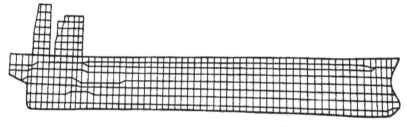

图9-13 船舶振动二维平面数值模型

3）全船三维数值模型

最常见和可靠的船体模型是按照详细船体结构图和装载手册建模的三维整船有限元模型。这种模型建模量大,所需建模经验和要求高,适用于整体、局部结构模态分析和细节振动响应分析。图9-14～图9-21所示为某集装箱船模

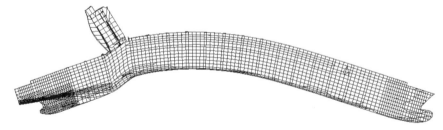

图9-14 16TD装载状态下一阶垂向振动模态(0.452 Hz)

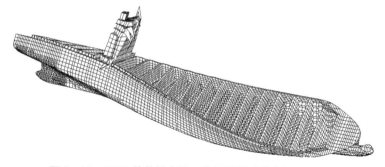

图9-15 16TD装载状态下一阶扭转振动模态(0.553 Hz)

图 9‑16 16TD 装载状态下一阶水平振动模态及二阶扭转振动模态(0.603 Hz)

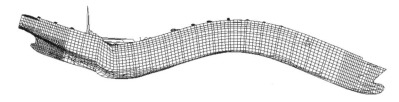

图 9‑17 16TD 装载状态下二阶垂向振动模态(0.944 Hz)

图 9‑18 16TD 装载状态下二阶水平与三阶扭转振动模态(1.057 Hz)

图 9‑19 压载到港状态下一阶扭转振动模态(0.451 Hz)

图 9‑20 压载到港状态下一阶垂向振动模态(0.625 Hz)

图 9‑21 压载到港状态下二阶水平及二阶扭转振动模态(0.792 Hz)

态分析有限元模型及计算结果。通常船舶局部振动模态不低于 4 Hz,对于过低的局部振动模态,应检查有限元模型是否正确。

4) 全船杂交模型

当图纸不全、任务和时间紧迫或对模型部位响应计算要求的精度不高时,可以采用船体梁与三维船体局部模型结合的建模方式,这种模型称为杂交模型。杂交模型建模的关键点是需要达到梁与三维船体局部模型连接端面处船体梁的"平断面"要求。图 9-22~图 9-27 为船舶振动杂交模型及满载状态下的模态图,图 9-28 所示为主甲板振动响应计算结果。

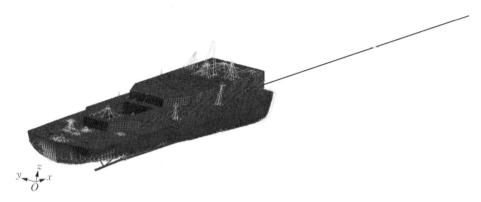

图 9-22 船舶振动杂交模型

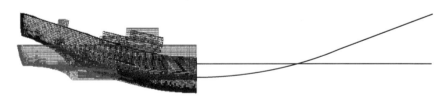

图 9-23 满载状态下杂交模型一阶垂向总振动振型

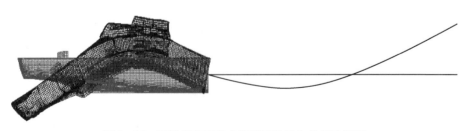

图 9-24 满载状态下杂交模型二阶垂向总振动振型

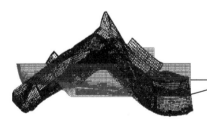

图 9 – 25　满载状态下杂交模型三阶垂向总振动振型

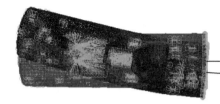

图 9 – 26　满载状态下杂交模型一阶水平总振动振型

图 9 – 27　满载状态下杂交模型二阶水平总振动振型

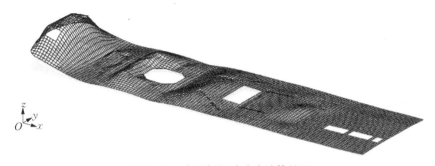

图 9 – 28　主甲板振动响应计算结果

9.2.2 舷外水对船体总振动的影响

船舶或海洋工程结构运动时,环绕其周围的水也处于运动状态,这部分水体称为舷外水,它将吸收船体一部分能量,使系统的动力学特性及响应发生改变。舷外水对船体振动的影响分为三个方面:重力影响、阻尼影响和惯性影响。

重力影响归结为漂浮于水中的船舶的浮力变化,在垂向振动时,其作用相当于船体的弹性基础,一般忽略不计。在船体水平振动与扭转振动时,重力影响是不存在的。

舷外水的阻尼影响包括船体与流体间摩擦产生的阻尼,导致表面波和流体内部压力波的能量损耗(兴波阻尼)。兴波阻尼是由于船体运动使水面产生波浪,消耗船本身的能量所造成的阻尼。通常认为兴波阻尼与速度的一次方成正比,常与船体内阻尼一并考虑。

舷外水的惯性影响反映在参与船体振动的等效质量的改变上。相当于有一部分舷外水与船体一起振动,这部分舷外水质量称为附连水质量或虚质量,它与船体本身质量为同一量级,试验统计其约为船体结构质量的 2~6 倍,必须考虑。船舶中六自由度摇荡往复运动包括平动和转动两种形式,与此对应为有线加速度和角加速度。船体平动带动舷外水运动,舷外水对船体的反作用惯性力用附加质量 m_{ax}、m_{ay} 和 m_{az} 衡量。船体绕 x、y、z 轴转动带动舷外水运动,舷外水对船体的反作用惯性力用附加质量惯性矩 I_{ax}、I_{ay} 和 I_{az} 衡量。附加质量和附加质量惯性矩是水下船体形状的函数,可以采用模型试验、经验公式和有限元(边界元)法来计算,理论上讲,求解时应建立考虑流体和结构耦合的动力学方程。

计算单体船附连水质量时比较常用的是刘易斯经验公式、托德(Todd)经验公式和普洛哈斯卡经验公式,计算中还要用到邦戎曲线[16, 34]。

1) 垂向振动附连水质量计算的刘易斯经验公式

指定剖面处单位长度上垂向振动附连水质量 m_{av} 的计算公式为:

$$m_{av} = \frac{1}{2} \alpha_V K_{Vi} C_{Vi} \rho \pi b^2 \, (\text{t/m}) \qquad (9-16)$$

式中,α_V 为浅水修正系数,浅水效应使垂向振动的附连水质量增大,故该系数大于 1。该系数与水深和水线半宽之比 $\dfrac{H_z}{b}$ 有关,具体数值可由表 9-3 查得。K_{Vi} 为三维流动系数,该系数取决于船的长宽比 $\dfrac{L}{B}$ 及振动的阶数 i,具体数值可由表 9-4 查得。C_{Vi} 为垂向振动附连水质量系数,主要取决于剖面面积系数 β 和宽度

吃水比 $\dfrac{b}{d}$，具体数值可由表 9-5 查得。b 为被计算剖面处船体水线半宽（m）；d 为被计算剖面处船体吃水（m）；ρ 为海水密度（t/m³）；$\beta = \dfrac{S}{bd}$，S 为被计算剖面处水线下横剖面面积（m²）。

表 9-3　浅水修正系数 α_V 与狭航道修正系数 α_h

修正系数	$\dfrac{H_z}{b}$ 或 $\dfrac{H_y}{d}$								
	1.5	2.0	2.5	3.0	3.5	4.0	4.5	5.0	5.5
α_V	1.530	1.360	1.250	1.140	1.070	1.010	1.000	1.000	1.000
α_h	1.380	1.280	1.200	1.140	1.090	1.060	1.030	1.010	1.000

表 9-4　三维流动系数 K_{Vi} 和 K_{hi}

$\dfrac{L}{B}$ 或 $\dfrac{L}{d}$	K_{Vi} 和 K_{hi}				
	第一阶 $(i=1)$	第二阶 $(i=2)$	第三阶 $(i=3)$	第四阶 $(i=4)$	第五阶 $(i=5)$
5.0	0.700	0.624	0.551	0.494	0.477
6.0	0.748	0.678	0.614	0.560	0.515
7.0	0.786	0.719	0.661	0.611	0.568
8.0	0.815	0.756	0.898	0.653	0.611
9.0	0.839	0.784	0.733	0.687	0.647
10.0	0.858	0.808	0.759	0.716	0.677
11.0	0.874	0.828	0.782	0.742	0.706
12.0	0.888	0.845	0.802	0.763	0.730
13.0	0.890	0.859	0.820	0.783	0.751
14.0	0.909	0.870	0.835	0.803	0.770
15.0	0.917	0.883	0.848	0.818	0.788
20.0	0.947	0.920	0.895	0.876	0.857
25.0	0.968	0.944	0.925	0.909	0.894
30.0	0.980	0.958	0.940	0.924	0.910
35.0	0.987	0.967	0.950	0.934	0.922

表 9 - 5　垂向振动附连水质量系数 C_{Vi}

β	C_{Vi}									
	$\dfrac{b}{d}=$ 0.2	$\dfrac{b}{d}=$ 0.4	$\dfrac{b}{d}=$ 0.6	$\dfrac{b}{d}=$ 0.8	$\dfrac{b}{d}=$ 1.0	$\dfrac{b}{d}=$ 1.2	$\dfrac{b}{d}=$ 1.4	$\dfrac{b}{d}=$ 1.6	$\dfrac{b}{d}=$ 1.8	$\dfrac{b}{d}=$ 2.0
0.0	1.510	1.100	0.935	0.860	0.815	0.785	0.760	0.755	0.750	0.750
0.1	1.250	0.975	0.860	0.800	0.775	0.765	0.755	0.752	0.753	0.753
0.2	1.060	0.880	0.805	0.764	0.750	0.750	0.750	0.750	0.750	0.752
0.3	0.815	0.815	0.760	0.750	0.750	0.755	0.760	0.770	0.775	0.790
0.4	0.800	0.740	0.750	0.750	0.765	0.770	0.775	0.780	0.800	0.801
0.5	0.740	0.760	0.765	0.774	0.785	0.790	0.800	0.816	0.825	0.831
0.6	0.700	0.788	0.802	0.815	0.830	0.842	0.852	0.865	0.875	0.880
0.7	0.860	0.880	0.895	0.905	0.915	0.925	0.925	0.933	0.940	0.942
0.8	1.035	1.035	1.032	1.030	1.025	1.020	1.020	1.018	1.015	1.010
0.9	1.320	1.270	1.240	1.200	1.185	1.162	1.150	1.130	1.120	1.115
1.0	1.980	1.760	1.640	1.570	1.518	1.472	1.434	1.400	1.375	1.355

表 9 - 6 为某船一阶垂向振动附连水质量的计算示例。

表 9 - 6　某船一阶垂向振动附连水质量及分布

站号	水线半宽 b/m	吃水 d/m	水线半宽与吃水比 $\dfrac{b}{d}$	船长与船宽比 $\dfrac{L}{B}$	水线下半横剖面面积 $\dfrac{S}{2}/\text{m}^2$	浸没剖面面积系数 β	垂直振动附连水质量系数 C_{Vi}	三维流动系数 K_{Vi}	计算剖面处附连水质量/ (t/m)	各段平均分布质量 /t
0	0.110	1.231	0.089		0.068	0.500	0.729		0.012	
1	1.460	7.948	0.184		8.699	0.750	0.946		2.679	9.752
2	2.860	5.998	0.477		12.988	0.757	0.970		10.539	47.914
3	4.170	5.960	0.700	8.430	19.014	0.765	0.985	0.825	22.751	120.677
4	5.400	5.967	0.905		24.919	0.773	0.996		38.578	222.320
5	6.400	5.972	1.072		29.941	0.783	1.006		54.734	338.257
6	7.180	5.977	1.201		34.170	0.796	1.016		69.573	450.612

（续表）

站号	水线半宽 b/m	吃水 d/m	水线半宽与吃水比 $\dfrac{b}{d}$	船长与船宽比 $\dfrac{L}{B}$	水线下半横剖面面积 $\dfrac{S}{2}/m^2$	浸没剖面面积系数 β	垂直振动附连水质量系数 C_{Vi}	三维流动系数 K_{Vi}	计算剖面处附连水质量/ (t/m)	各段平均分布质量 /t
7	7.750	5.983	1.295		37.611	0.811	1.035		82.574	551.531
8	8.100	5.988	1.353		40.465	0.834	1.066		92.902	636.099
9	8.330	5.994	1.390		42.690	0.855	1.092		100.649	701.623
10	8.450	6.000	1.408		44.188	0.872	1.112		105.467	747.171
11	8.500	6.005	1.415		44.821	0.878	1.120		107.486	771.955
12	8.480	6.011	1.411		44.160	0.866	1.106		105.644	772.597
13	8.420	6.016	1.400		42.194	0.833	1.063		100.105	745.839
14	8.350	6.022	1.387		39.133	0.778	0.999		92.520	698.265
15	8.200	6.027	1.361		35.162	0.711	0.935		83.510	638.108
16	8.000	6.032	1.326		30.500	0.632	0.872		74.130	571.444
17	7.700	6.039	1.275		25.407	0.546	0.818		64.422	502.250
18	7.320	3.397	2.155		18.881	0.759	0.981		69.821	486.632
19	6.790	2.141	3.171		13.275	0.913	1.106		67.732	498.630
20	2.100	1.379	1.523		1.448	0.500	0.810		4.745	262.728
$\sum M_{add}$					—					—

2）水平振动附连水质量计算的刘易斯经验公式

指定剖面处单位长度上水平振动附连水质量 m_{ah} 的计算公式为

$$m_{ah} = \frac{1}{2}\alpha_h K_{hi} C_{hi} \rho \pi d^2 \text{（t/m）} \qquad (9-17)$$

式中，α_h 为狭航道修正系数，由龙骨至岸的距离与吃水之比 $\dfrac{H_y}{d}$ 确定，具体数值可由表 9-3 查得。K_{hi} 为三维流动系数，该系数取决于船长与吃水之比 $\dfrac{L}{d}$ 及振动的阶数 i，具体数值可由表 9-4 查得。C_{hi} 为水平振动附连水质量系数，主要取决于浸没剖面面积系数 β 和宽度吃水比,具体数值可由表 9-7 查得。

表 9-7　水平振动附连水质量系数 C_{hi}

β	C_{hi}									
	$\dfrac{b}{d}=$ 0.2	$\dfrac{b}{d}=$ 0.4	$\dfrac{b}{d}=$ 0.6	$\dfrac{b}{d}=$ 0.8	$\dfrac{b}{d}=$ 1.0	$\dfrac{b}{d}=$ 1.2	$\dfrac{b}{d}=$ 1.4	$\dfrac{b}{d}=$ 1.6	$\dfrac{b}{d}=$ 1.8	$\dfrac{b}{d}=$ 2.0
0.0	1.108	1.271	1.406	1.554	1.707	1.863	2.011	2.152	2.295	2.430
0.1	1.083	1.197	1.327	1.440	1.554	1.678	1.791	1.912	2.036	2.134
0.2	1.061	1.160	1.270	1.352	1.431	1.530	1.606	1.683	1.764	1.851
0.3	0.049	1.123	1.184	1.263	1.308	1.387	1.436	1.505	1.554	1.616
0.4	1.024	1.073	1.123	1.172	1.209	1.263	1.295	1.332	1.382	1.419
0.5	1.017	1.049	1.061	1.091	1.123	1.147	1.172	1.191	1.221	1.246
0.6	1.012	1.024	1.036	1.061	1.061	1.073	1.086	1.096	1.098	1.110
0.7	1.017	1.012	1.012	1.036	1.036	1.036	1.036	1.036	1.036	1.036
0.8	0.997	0.997	1.004	1.009	1.009	1.012	1.012	1.012	1.024	1.026
0.9	1.002	1.002	1.012	1.036	1.049	1.049	1.049	1.061	1.061	1.061
1.0	1.049	1.073	1.098	1.110	1.123	1.140	1.160	1.165	1.184	1.197

表 9-8 为某船一阶水平振动附连水质量计算示例。

表 9-8　某船一阶水平振动附连水质量及分布

站号	水线半宽 b/m	吃水 d/m	水线半宽与吃水比 $\dfrac{b}{d}$	船长与吃水比 $\dfrac{L}{d}$	水线下半横剖面面积 $\dfrac{S}{2}/\text{m}^2$	浸没剖面面积系数 β	水平振动附连水质量系数 C_{hi}	三维流动系数 K_{hi}	计算剖面处附连水质量/ (t/m)	各段平均分布质量 /t
0	0.110	1.231	0.089		0.068	0.500	1.065		1.028	
1	1.460	7.948	0.184		8.699	0.750	1.002		40.314	149.862
2	2.860	5.998	0.477	27.885	12.988	0.757	1.005	0.976	23.026	229.605
3	4.170	5.960	0.700		19.014	0.765	1.013		22.917	166.542
4	5.400	5.967	0.905		24.919	0.773	1.016		23.035	166.576

(续表)

站号	水线半宽 b/m	吃水 d/m	水线半宽与吃水比 $\dfrac{b}{d}$	船长与吃水比 $\dfrac{L}{d}$	水线下半横剖面面积 $\dfrac{S}{2}$/m²	浸没剖面面积系数 β	水平振动附连水质量系数 C_{hi}	三维流动系数 K_{hi}	计算剖面处附连水质量/ (t/m)	各段平均分布质量 /t
5	6.400	5.972	1.072		29.941	0.783	1.014		23.031	166.990
6	7.180	5.977	1.201		34.170	0.796	1.013		23.050	167.045
7	7.750	5.983	1.295		37.611	0.811	1.016		23.160	167.513
8	8.100	5.988	1.353		40.465	0.834	1.025		23.408	168.809
9	8.330	5.994	1.390		42.690	0.855	1.032		23.610	170.439
10	8.450	6.000	1.408		44.188	0.872	1.039		23.822	171.940
11	8.500	6.005	1.415		44.821	0.878	1.042		23.933	173.112
12	8.480	6.011	1.411		44.160	0.866	1.037		23.862	173.257
13	8.420	6.016	1.400		42.194	0.833	1.024		23.605	172.065
14	8.350	6.022	1.387		39.133	0.778	1.017		23.486	170.702
15	8.200	6.027	1.361		35.162	0.711	1.033		23.898	171.765
16	8.000	6.032	1.326		30.500	0.632	1.067		24.729	176.271
17	7.700	6.039	1.275		25.407	0.546	1.114		25.873	183.433
18	7.320	3.397	2.155		18.881	0.759	1.042		7.658	121.553
19	6.790	2.141	3.171		13.275	0.913	1.089		3.180	39.288
20	2.100	1.379	1.523		1.448	0.500	1.184		1.434	16.725
$\sum M_{add}$					—				—	

根据式(9-16)和式(9-17),可以计算单体船各阶附连水质量。计算相应船体固有频率时必须采用相应阶次附连水质量,但这在强迫振动响应计算中会很麻烦,因此全船振动频响计算时船舶振动规范建议采用第五阶附连水质量。

3) 附连水质量计算的托德经验公式

定义式(9-18)中虚质量系数(virtual weight factor,VWF),附连水质量为虚质量系数乘以船舶质量。

$$\Delta_{\text{VWF}} = \frac{1}{3}\frac{B}{d} + 1.2 \qquad (9-18)$$

式中，$\frac{B}{d}$ 是船宽与吃水比。研究表明，对于水深小于 5 倍吃水的情况，水深对低频振动固有频率是有影响的，称为浅水效应。

4）普洛哈斯卡经验公式

对虚质量采用如下公式计算：

$$\Delta_h = \Delta_\infty \left[1 + 2C_b \left(\frac{d}{h}\right)^2\right] \qquad (9-19)$$

式中，C_b 为方形系数；Δ_h 为水深 h 时的虚质量；Δ_∞ 为水深 ∞ 时的虚质量；d 为（实际）吃水；h 为水深。

对于多体船、具有复杂型线的船舶和海洋工程结构，上述计算公式不成立，此时必须采用流体力学计算方法计算附连水质量。

5）基于流体力学（或声固耦合）方法的附连水质量计算

包括流体力学有限元法、边界元法和基于亥姆赫兹（Helmholtz）方程的源汇分布法，还有基于声固耦合的附连水质量计算方法。为保证计算精度，在船体附连水域流体力学有限元建模时，作为声学流体介质时建议取船宽（B）4 倍以上水域，作为不可压缩流体时建议取船宽 6 倍以上水域。

在 MSC Patran 软件中，通过编写 MFLUID 卡片，定义船体结构有限元模型湿表面，设置计算参数。在 MSC NASTRAN 动力学分析软件中，采用边界元法（基于亥姆赫兹方程的源汇分布法）模拟结构与舷外水的耦合作用，在结构振动方程中添加附加质量矩阵后求解。

使用 MSC NASTRAN 软件计算流固耦合振动响应时，可以选择以下两种求解方法：

（1）VMOPT＝1，计算时直接求解湿模态，计算时间较长，对计算资源要求较高。

（2）VMOPT＝2，计算时先求解干模态，用模态截断后的干模态矩阵对流固耦合振动方程进行坐标变换，之后计算流固耦合响应。干模态坐标变换法的计算精度与模态截断阶数有关。

利用主流计算力学软件 ABAQUS 或 ANSYS，可以采用三维声学流体单元 AC3D4（10 节点声学线性四面体单元）模拟舷外水体。研究表明，当水域半径取 5 倍双体船船宽时，就可以满足计算精度要求，且计算效率较高。若在流固分界面处,流体单元与结构单元的网格划分不同,则结构湿表面和水的接触面采用关键字 TIE 连接。自由液面处采用零压力边界条件,液体外表面采用无反射边界条件或无限元以模拟远场边界条件。

对于潜艇的总振动,计算时可分为水面巡航状态和水下潜航状态,其附连水质量计算公式要修正[17]。

综上所述,船体总振动的质量 M 由船舶有效质量 m_0 与附连水质量 m_a 构成,即 $M = m_0 + m_a$。船舶有效质量包括船体本身质量、货物质量(按压载、满载或其他状态确定),同时要注意货物和压载分布状况。图 9 - 29 和图 9 - 30 给出了完整的质量模型。

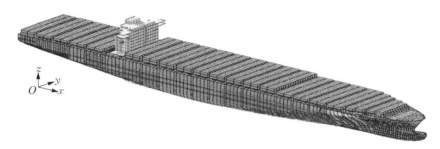

图 9 - 29　满载状态的有限元模型

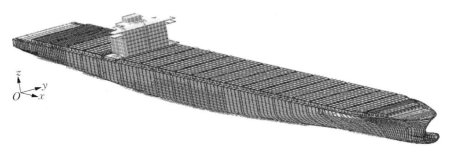

图 9 - 30　压载到港状态的有限元模型

9.2.3　船体总振动固有特性的计算

对于船体总振动固有特性(固有频率及振型)的计算,可以采用上述四种力学模型基于有限元、边界元或谱分析等方法进行数值计算,现有的商用力学软件都提供了相应的功能模块。在实际船舶开发设计中,采用型船估算法及经验公式法是更为快速简便的手段,尤其是船舶概念设计阶段,下面给出几种船体梁总振动固有频率的估算公式。

1) 英国船舶研究协会推荐的相似法——型船比较法

该方法是利用新船与母型船类型相似、性能相仿、主尺度相近的特点进行新船的固有频率预测。其计算公式如下:

$$\frac{f_n}{\sqrt{\dfrac{I_n}{\Delta_n L_n{}^3}}} = \frac{f_0}{\sqrt{\dfrac{I_0}{\Delta_0 L_0{}^3}}} \qquad (9-20)$$

式中,f_n 为新船的固有频率,f_0 为母型船的固有频率,单位均为 Hz;I_n 为新船的中剖面惯性矩,I_0 为母船的中剖面惯性矩,单位均为 m^4;Δ_n 为新船的振动总质量(包括附连水质量),Δ_0 为母船的振动总质量(包括附连水质量),单位均为 t;L_n 为新船的设计水线长,L_0 为母船的设计水线长,单位均为 m。

2) 希列克(O. Schlick)公式

该公式是以均匀等值梁弯曲振动的计算公式为基础,经过引申和修改得到

$$f_{V2} = C\sqrt{\frac{I_V}{\Delta_V L^3}} \times 0.0167 \qquad (9-21)$$

式中,f_{V2} 为新船的两节点振动固有频率(Hz);I_V 为新船中剖面惯性矩(m^4);Δ_V 为新船的振动总质量(包括附连水质量)(t);L 为新船垂线间长(m)。

3) 托德公式

将希列克公式中的中剖面惯性矩 I_V 用型宽 B 和有效型深 D_e 的三次方来替代,具体公式如下:

$$f_{V2} = 0.0167 \left[\beta \sqrt{\frac{BD_e{}^3}{\left(\dfrac{1}{3}\dfrac{B}{d} + 1.2\right)\Delta L^3}} + \alpha \right] \qquad (9-22)$$

式中,f_{V2} 为新船垂向两节点固有频率(Hz);B 为新船型宽(m);D_e 为新船有效型深(m);d 为新船平均吃水(m);L 为新船垂线间长(m);Δ 为新船质量(不包括附连水质量)(t)。α、β 取值如下:

(1) 对纵骨架式油船:$\alpha = 28$,$\beta = 94\,900$。

(2) 对横骨架式货船、客船:$\alpha = 25$,$\beta = 83\,500$。

4) 中国船级社推荐的公式

对于船体一阶、二阶垂向弯曲振动固有频率,已知船体主尺度和排水量,可用如下公式计算:

$$f_{iv} = a_{iv} K_{iv} E_{iv} C_{vm} \frac{D}{L} \sqrt{\frac{B}{\Delta_v}} + b_{iv} (\text{Hz}) \qquad (9-23)$$

式中,i 为船体梁垂向弯曲振动的节点数,一阶 $i=2$,二阶 $i=3$;D 为型深(m),由基线量至强力甲板的高度,客、货船则计算到上层甲板处;L 为垂线间长(m);B 为型宽(m);a_{iv} 和 b_{iv} 为船舶类型决定的无因次修正系数;K_{iv} 为船舶横剖面对中和轴的惯性矩随着船长变化对频率产生影响而引入的无因次修正系数;E_{iv} 为由船体桥楼造成的无因次系数;Δ_v 为船舶总质量(包括附连水质量)(t);C_{vm} 为船舶钢材类型对船舶的影响系数。公式适用范围为 $L \leqslant 230\,\text{m}$。

对于船体一阶、二阶水平弯曲振动固有频率,计算公式为

$$f_{ih} = a_{ih} K_{ih} E_{ih} C_{hm} \frac{B}{L} \sqrt{\frac{D}{\Delta_h}} + b_{ih} (\text{Hz}) \qquad (9-24)$$

式中,i 为船体梁垂向弯曲振动的节点数,一阶 $i=2$,二阶 $i=3$;K_{ih} 为船舶横剖面对垂直轴的惯性矩随着船长变化对频率产生影响而引入的无因次修正系数;B、L、D、a_{ih}、E_{ih}、Δ_h、b_{ih} 及 C_{hm} 的含义与式(9-23)中相关参数相同,仅将下标由 v 改为 h 以表示水平振动。

对于船体一阶扭转振动的固有频率,计算公式为

$$f_{1t} = 2.53 \times 10^4 \sqrt{\frac{B^2 D^2 t}{\Delta (B^2 + D^2)(B+D)L}} (\text{Hz}) \qquad (9-25)$$

式中,t 为船体外壳板的平均厚度(m);B、L、D、Δ 的含义同式(9-23)。

中国船级社推荐的估算公式中所有系数的具体计算公式以及参数确定请参见《船上振动控制指南》[34],总体上这些估算公式的计算误差在 7% 以内。

5) 高阶固有频率计算公式

由船体两节点弯曲振动固有频率 N_{V2} 导出:

$$N_{Vi} = (i-1)^{\mu_V} N_{V2} (\text{Hz}) \qquad (9-26)$$

式中,对于油船,$\mu_V = 1.02$;对于矿石船和散货船,$\mu_V = 1.0$;对于货船,$\mu_V = 0.845$。

目前,快速发展的大功率、低速、重载超大型船舶(超大型的集装箱船、油船和矿砂船)的垂向振动首阶固有频率大致在 $0.4 \sim 1\,\text{Hz}$ 之间,远低于螺旋桨的叶频,因此船舶设计师更关心船体梁的垂向高阶振动。满载船舶的螺旋桨叶频通常为 $5 \sim 10\,\text{Hz}$,会激起高于 7 节点的船体梁的严重振动,螺旋桨倍叶频会激起甲板板架或上层建筑的严重振动。柴油机主机会激起 4 节点、5 节点以上的船体

梁发生剧烈振动。因此,初始设计阶段估算船体梁的高阶固有频率也是必需的。

9.2.4 船体总振动响应的计算

对于船体总振动响应,采用动力学有限元法建模计算是最佳的方法,建模及计算中必须全面考虑船体结构的有限元离散、附连水质量、装载载况、各种激振力/力矩和阻尼系数的选择等。图 9-31 所示为某双体船声固振动分析有限元模型,分别是船体结构有限元模型、船体结构与周围水体的流固耦合模型以及耦合模型的局部剖面图。

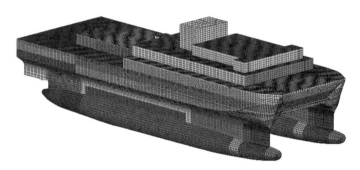

(a) 船体结构有限元模型

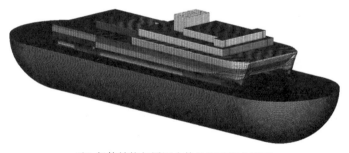

(b) 船体结构与周围水体的流固耦合模型

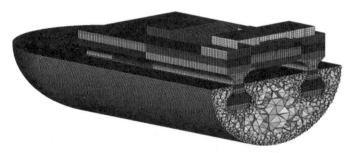

(c) 耦合模型的局部剖面图

图 9-31　某双体船声固振动分析有限元模型

　　船体总振动响应计算在于获得船体在主要激振力作用下的振动响应,从而在设计阶段对船舶振动特性有所了解,必要时可采取相应的减振措施。振动响应评估可将计算结果与 ISO 6954:2000 比较,也可以按照 ISO 6954:1984 根据不同频率的振动幅值确定整体频率范围内的有效值加权。

　　船体总振动响应计算中必须认真处理的细节如下:

　　1) 船体振动阻尼的确定

　　船体振动阻尼较小,因此计算固有频率时可忽略其影响。但计算共振区附近的强迫振动响应时,必须考虑。影响船体振动的阻尼主要分为外阻尼和内阻尼两类。计算经验显示,船体阻尼的宏观效应与振动频率有关。

　　外阻尼包括水动力阻尼、空气动力阻尼等;水动力阻尼随航速、振动方式而变,且与结构阻尼相比小得多。黏性阻尼也是一种外阻尼。

　　内阻尼包括货物阻尼、结构阻尼等。焊接、阻尼减震器或橡胶隔振器连接等连接阻尼属于内阻尼。结构阻尼是由材料内部迟滞阻尼和结构间摩擦形成的。

　　在船舶振动响应计算中有四种内、外阻尼的假设。

　　(1) Voigt 假设。

　　假设在材料的应力 σ 和应变 ε 的关系中,非弹性阻尼力与应变的速度 $\dot{\varepsilon}$ 成正比。在简谐振动时,这表示阻尼力与振动频率成正比。

$$\sigma = E\varepsilon + \beta E\dot{\varepsilon} = E\varepsilon + \beta E\,\frac{\mathrm{d}\varepsilon}{\mathrm{d}t} \tag{9-27}$$

式中,β 为材料黏性内阻尼系数。该假设的优点是与材料非弹性试验结果有矛盾,但与实船试验结果较吻合。通常取 $\beta = \dfrac{1}{100}$。

　　(2) 索罗金假设。

$$\sigma = E\varepsilon + \frac{d}{\omega}E\dot{\varepsilon} = E\varepsilon + \frac{\psi}{2\pi\omega}E\,\frac{\mathrm{d}\varepsilon}{\mathrm{d}t} \tag{9-28}$$

式中,d 为材料的非弹性阻尼系数;ψ 为能量吸收系数,是应力-应变曲线中迟滞圈面积与无迟滞三角区域面积之比。该假设是一种与材料刚度成正比的阻尼假设,阻尼力与振动频率无关。

　　(3) 黏性阻尼假设。

　　假设黏性阻尼与船体梁位移成正比,则有

$$R = -c(x)\frac{\partial w}{\partial t} \tag{9-29}$$

式中，$c(x)$为单位长度单位速度时的黏性阻尼力，即黏性阻尼力系数。

（4）瑞利阻尼假设或模态阻尼系数经验公式。

$$\delta_i = \frac{\alpha\pi}{\omega_{ni}} + \beta\pi\omega_{ni} \tag{9-30}$$

通过船体振动模态试验，确定其任意两阶的固有频率及对应的阻尼系数（对数衰减率）δ_i，导出瑞利阻尼系数 α、β。对于大型油船和集装箱船，模态阻尼系数 ζ_i 经验公式为

$$\zeta_i = a + cf_i^2 \tag{9-31}$$

式中，$a = 1\%$；$c = 0.018\%$。模态阻尼系数随频率变化的情况如图 9-32 所示。德国劳氏船级社建议采用图 9-32(a)中的模态阻尼系数计算船体总体振动响应。军船振动响应计算的模态阻尼系数则按照图 9-32(b)所示的选取。

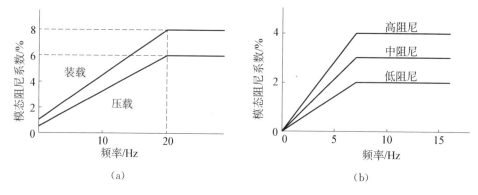

图 9-32 模态阻尼系数随频率变化的情况

2）船体总振动分析采用的模型及数值解法

船体总振动响应（强迫振动）的计算方法主要有能量法、迁移矩阵法、模态叠加法和直接法。这些算法都是基于船体梁或三维有限元的数值模型。初步设计阶段以及当螺旋桨激振力的频率大于 1.3 倍螺旋桨上方底部板架的固有频率时，可以选用船体梁模型或二维有限元计算模型。船体和底部板架发生耦合振动时，应选用艉部三维模型与船体梁结合的混合模型，或者整船三维模型。在详细设计阶段建议采用整船三维模型。近年来船舶设计部门开始采用直接法对大型船舶进行振动评估，而以往该方法只用于较小船型的振动评估。

3）激励源及施加方法

原则上船体总振动响应是指船体在螺旋桨激振力、主机激振力、辅机激振力和波浪激励等周期性载荷作用下的稳态强迫振动。在频域中使用给定频率点载荷对船体总振动响应进行计算，俗称频响计算。在爆炸冲击、碰撞、搁浅和砰击等瞬态载荷作用下船体总振动响应的计算是在时域内进行的，俗称瞬态强迫响应计算。船舶与海洋工程结构上外部激励的频率是有限的，为了更好地模拟机械动力设备从低转速到额定转速过程中载荷频率的变化，更全面预报船体结构共振响应特性（共振区和拍频特性），一般施加载荷时采用调速试验航行振动计算法。其基本思想是引入外载荷随转速变化的近似递推公式。

（1）螺旋桨激振力调速试验公式。

在舰船航行振动调速试验中，通过主机不断改变转速，获得各测点的频率响应。螺旋桨激振力大小随其主机及轴的转速而改变，参照国外推荐的公式，螺旋桨激振力随转速变化的计算公式如下：

$$F = F_{\max} \left(\frac{N}{N_P} \right)^3 \tag{9-32}$$

式中，$F_{\max}$ 为最大持续功率转速时的螺旋桨激振力（kN）；N_P 为最大持续功率（MCR）转速（r/min）。

例如，某船振动响应数值计算中，螺旋桨转速从 100 r/min 到 310 r/min 以 10 r/min 的步长逐步增加转速，螺旋桨激振力和转速之间的对应关系如表 9-9 所示。

表 9-9　螺旋桨激振力和转速的对应关系

转速 R/(r/min)	对应频率 f/Hz	MCR 对应的激振力/N	单桨激振力 F/N	双桨激振力 $2F$/N
100	8.33		757.00	1 514.00
105	8.75		876.32	1 752.64
110	9.17		1 007.57	2 015.13
120	10.00		1 308.10	2 616.19
130	10.83	19 831.9	1 663.13	3 326.26
140	11.67		2 077.21	4 154.42
150	12.50		2 554.87	5 109.75
160	13.33		3 100.67	6 201.34

（续表）

转速 $R/$(r/min)	对应频率 f /Hz	MCR 对应的激振力/N	单桨激振力 $F/$N	双桨激振力 $2F/$N
170	14.17		3 719.14	7 438.28
180	15.00		4 414.82	8 829.65
190	15.83		5 192.26	10 384.53
200	16.67		6 056.00	12 112.00
210	17.50		7 010.58	14 021.15
220	18.33		8 060.54	16 121.07
230	19.17		9 210.42	18 420.84
240	20.00		10 464.77	20 929.53
250	20.83		11 828.12	23 656.25
260	21.67		13 305.03	26 610.06
270	22.50		14 900.03	29 800.06
280	23.33		16 617.66	33 235.33
290	24.17		18 462.47	36 924.94
297	24.75		19 831.94	39 663.88
300	25.00		20 439.00	40 878.00
310	25.83		22 551.79	45 103.57

应用 MSC NASTRAN 软件计算振动响应时,可将上述激振力调速的力-频率关系以谱的方式输入有限元数值模型的程序,分别计算出给定点的加速度-频率响应曲线。

（2）主机激振力矩调速试验公式。

参照国外推荐的公式,建议主机激振力矩随转速变化的计算公式如下:

$$M = M_{max} \left(\frac{N}{N_P} \right)^2 \qquad (9-33)$$

式中,M_{max} 为最大持续功率转速对应的主机激振力矩(kN · m)。

（3）激振力施加方式。

在螺旋桨盘面正上方船体外板 $D \times D$ 区域螺旋桨所在船体桨站位的节点处,施加螺旋桨表面力;沿螺旋桨桨轴方向施加轴承力。

4）计算评价点

对于螺旋桨或主柴油机周期激励作用下的船体振动响应分析，可在时域或频域中计算振动响应。评估船体振动响应的具体位置，可根据船东需求或发证需要，主要选取船员工作、休息区域以及重要仪器设备所在区域，如驾驶甲板前端中点、驾驶甲板边缘、主甲板尾端点等。

某船振动调速试验数值计算示例：采用船体梁建立该船振动数值分析模型，应用模态叠加法分析其振动响应，模态叠加时选取前八阶整体振动模态。频率响应计算按德国劳氏船级社的建议，模态阻尼系数取法参照图 9-32，计算得到船体梁相关测点（原舰尾端 21♯站）的加速度-频率响应曲线（见图 9-33）。该响应曲线从低转速直至最高转速的调速过程中，船体梁的响应经过 3 个峰值点后，响应逐渐增加，到达最高转速时船尾部加速度响应也相应达到最高值。

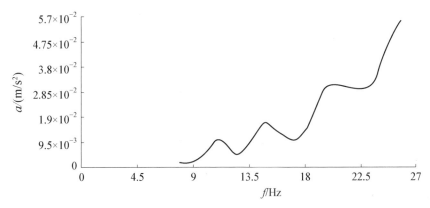

图 9-33　原舰尾端 21♯站的加速度-频率响应曲线

9.3　船舶的局部振动

船舶与海洋工程结构的局部振动指船上各种基本构件、局部船体结构和专门结构的振动，常发生于船尾部、机舱和上层建筑等区域（见图 9-34）。鉴于船舶的局部振动经常发生，必须考虑对其进行振动计算评估。船上基本构件包括梁、板、板格、加筋板和板架等，船体专门结构包括桅杆、艉轴架、方向舵、管线和各类基座等，局部船体结构包括上层建筑、船体尾部、机舱和船首等。如何对这些局部结构建模，力学边界和位移约束条件如何确定，将直接影响振动计算结果的精度。一般情况下，船体局部振动与船体总振动总是耦合在一起的，总振动模态与局部振动模态在数值计算结果中往往较难区分，在总振动响应中寻找局部振动响应也是很麻烦的。仅当船体局部结构的有效质量与有效刚度大大区别于船体总振动的有效质量及有效刚度时,两者振动模态才有可能被区分出来,振动耦合也是较小的,这时可以建立局部结构振动分析模型而从船体整体振动分析模型中分离出来。当不符合上述条件时,建立局部结构振动分析模型将导致较大的计算误差。

图 9 - 34 易产生局部振动的结构

9.3.1 船体板和板架的振动

船体板指船体内底板、外板、甲板、舱壁壁板和各类次要板材;梁作为船体骨架支承板还构成了板格的边界。而力学上将由甲板结构、舱壁结构、底部结构或舷侧结构等简化得到的具有板的交叉梁系模型称为板架,板架中的梁由板材及纵横梁简化而成,称为带板梁。

板格中板的边界既不是简支边界也不是固定边界,而是弹性支持边界,实船测试表明这类板的固有频率偏向于简支边界情况。板格的剧烈振动将导致结构中板被振裂,产生漏水漏油和高振动噪声等后果,板格的固有频率参照带附连翼板的纵骨处理,附连翼板宽度为 1/6 纵骨跨距,但不大于纵骨间距。船体外板、内底板和主甲板在船舶总纵弯曲中有拉压应力状态,因此其局部振动是有中面力作用的板的弯曲振动。船舶建造过程中船上板会有初挠度或焊接应力,运行一段时间后(振动时效)固有频率才能达到设计状态值。

船体有些板与水或液体接触,如船体外板、压载水舱中的板、货油舱横舱壁及纵舱壁上的板,振动分析时必须考虑附连液体的影响。由于船板的一面或两面和水或其他液体(油、液货)等接触,因此船板振动时附连水质量也必须考虑。对于单面接触液体的矩形板,单位面积上的附连水质量计算公式如下:

$$\gamma_w = \varepsilon \rho b_0 \tag{9-34}$$

式中，γ_w 为板单面接触水或其他液体时单位面积上的附加水质量（kg/m²）；b_0 为板架短边长度（m）；ρ 为水的密度（kg/m³）；ε 为系数，具体数值可从表 9-10 中查得。对于双面接触水或其他液体的板，附连水质量等于式（9-34）中所求值的 2 倍。

表 9-10　系数 ε

板类型	ε										
	$\dfrac{b_0}{a_0} = 0.0$	$\dfrac{b_0}{a_0} = 0.1$	$\dfrac{b_0}{a_0} = 0.2$	$\dfrac{b_0}{a_0} = 0.3$	$\dfrac{b_0}{a_0} = 0.4$	$\dfrac{b_0}{a_0} = 0.5$	$\dfrac{b_0}{a_0} = 0.6$	$\dfrac{b_0}{a_0} = 0.7$	$\dfrac{b_0}{a_0} = 0.8$	$\dfrac{b_0}{a_0} = 0.9$	$\dfrac{b_0}{a_0} = 1.0$
四边简支	0.78	0.76	0.71	0.65	0.61	0.55	0.51	0.47	0.45	0.43	0.42
四边固支	0.70	0.68	0.61	0.50	0.45	0.43	0.41	0.39	0.37	0.35	0.33

空气中四边简支矩形板振动的固有频率为

$$\omega_{m,n} = \pi^2 \left(\frac{m^2}{a^2} + \frac{n^2}{b^2} \right) \sqrt{\frac{D}{\rho h}} \quad (m, n = 1, 2, \cdots)$$

计算水中四边简支矩形板振动的固有频率时应考虑附连水质量的影响，在计算其湿模态固有频率的过程中，需将板的质量加上附连水质量求出等效密度，代替式中的 ρ，用公式求出板在水中的固有频率。

可以视螺旋桨脉动压力直接作用的船体外板为矩形平板，板的最大振动应力计算公式为

$$\sigma_{\max} = 6 K_s \frac{P_z b^2}{h^2} \frac{1}{\sqrt{(1-r^2) + 4r^2 \zeta^2}} \tag{9-35}$$

式中，$\sigma_{\max}$ 为板的最大振动应力（Pa）；P_z 为板的单位面积上作用的激励幅值（Pa）；b 为板短边长度（m）；h 为板的厚度（m）；r 为频率比（激励频率与板首阶固有频率之比）；ζ 为相对阻尼系数，取 0.004；K_s 为板振动应力系数，与板的边界条件、长宽比、计算点位置和方向有关，具体取值可查阅表 9-11。

表 9‑11　板振动应力系数 K_s $(s=1, 2)$

板振动应力系数	$\frac{a}{b}=1.0$	$\frac{a}{b}=1.1$	$\frac{a}{b}=1.2$	$\frac{a}{b}=1.3$	$\frac{a}{b}=1.4$	$\frac{a}{b}=1.5$	$\frac{a}{b}=1.6$	$\frac{a}{b}=1.7$
K_1	0.0479	0.0533	0.0626	0.0693	0.0753	0.0812	0.0862	0.0908
K_2	0.0517	0.0554	0.0612	0.0668	0.0714	0.0753	0.0784	0.0807

板振动应力系数	$\frac{a}{b}=1.8$	$\frac{a}{b}=1.9$	$\frac{a}{b}=2.0$	$\frac{a}{b}=3.0$	$\frac{a}{b}=4.0$	$\frac{a}{b}=5.0$	$\frac{a}{b}=\infty$
K_1	0.0948	0.0985	0.1017	0.1189	0.1235	0.0125	0.0125
K_2	0.0821	0.0826	0.0829	0.0832	0.0833	0.0833	0.0833

注：K_1 为四边简支矩形板振动应力系数，计算点为板的中心点；K_2 为四边固支矩形板振动应力系数，计算点为板的长边中点；a 为板长边长度(m)。

开展板架振动特性及响应计算时工程上比较可靠的建模方法是延伸边界法，可以采用弹性边界和刚性边界，目前最常用且适用于各类复杂船体板架的计算方法是有限元法。板架动力计算的目的是确定板架振动固有频率、振型和响应。在所有船体结构中，振动载荷作用下最易损伤的结构是板及其支承骨架，通常情况下板架振动不会产生危险，只会减少居住舒适性、造成设备运转困难。

9.3.2　船尾部振动

相对于主船体结构，船尾部结构较弱，离主机机舱和上层建筑较近，受到螺旋桨激振力的直接作用，因此船尾部局部振动较为常见和严重。船尾部振动分析主要内容如下：①螺旋桨脉动压力直接作用区的底部板和板格的振动分析；②船尾部底部板架结构的整体振动分析；③船尾部舱段整体振动分析。船尾部振动分析时需要计算这些局部结构的固有频率、加速度振动响应和振动应力等参数。

船尾部振动分析模型的建模采用整体与局部相结合的方法，力学与边界约束条件的选取根据模型确定。既可以采用图 9‑35 所示局部结构动力学模型，也可以采用全船动力学模型。一般，船尾部振动局部结构动力学模型多选取从艉封板至 1/3 以上全船长度所在横舱壁位置处，截断处边界条件可选择简支或固支方式，对于多体船或双体船，需根据实际情况确定。

对于潜艇，在螺旋桨及主机扰力激励下桨‑轴‑艉部组合壳耦合系统的振动传递关系如图 9‑36 所示，其艉部耦合振动模型包含螺旋桨、机舱、轴系、主机和圆柱壳艇体等。

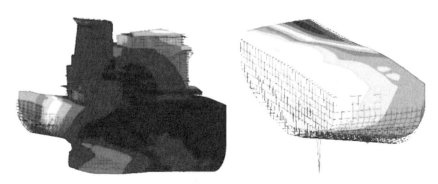

图 9 - 35　船尾部振动局部结构动力学模型

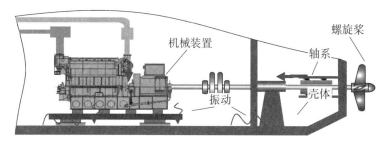

图 9 - 36　桨-轴-艉部组合壳耦合系统的振动传递关系

对于螺旋桨脉动压力直接作用区底板、板格和舱壁的振动频率储备应满足：

$$
\begin{cases}
f_\mathrm{w} \geqslant \dfrac{ZN}{20} & (Z < 5) \\[3mm]
f_\mathrm{w} \geqslant \dfrac{ZN}{24} & (Z \geqslant 5)
\end{cases}
\tag{9-36}
$$

螺旋桨脉动压力直接作用区板架的振动频率储备应满足：

$$
f_\mathrm{w} \geqslant \frac{13}{600} ZN \tag{9-37}
$$

式中，N 为螺旋桨转速（r/min）；Z 为螺旋桨叶片数。

9.3.3　上层建筑振动

上层建筑坐落在船体的主甲板上，上层建筑根部的主甲板、主甲板下纵横舱壁和支柱是上层建筑的弹性基础，船舶的居住与服务舱室大部分在上层建筑之内。上层建筑的布置有船首、船尾和中部等形式，而布置在船尾部的形式日益增多，导致其与船尾部局部振动耦合的概率加大。为了改善驾驶视线和减少船员人数，往往把上层建筑设计得很高，沿船长方向设计得很短；为了减少上层建筑内舱室的噪声污染,机舱棚和烟囱等与上层建筑一般采用分离形式,这些都导致上层建筑的纵向刚度大大降低。上层建筑纵向固有频率较低(6~15 Hz),易与螺旋桨叶频、倍叶频以及主机三阶至六阶激励频率接近,产生共振并造成有害振动。另外,轴系纵向振动或扭转振动与上层建筑纵向振动也极易耦合。上层建筑振动的形式包括整体的纵向振动、横向振动和扭转振动,还包括上层建筑内部局部的各层甲板、舱壁和围壁结构的振动等。

针对上层建筑整体纵向振动的一阶固有频率 f,简化理论估算公式为

$$f = \sqrt{\frac{f_a^2}{1 + \left(\frac{f_a^2}{f_b^2}\right)}} \tag{9-38}$$

$$f_a = \frac{C}{4}\sqrt{\frac{GA_s}{HM}} \tag{9-39}$$

$$f_b = \frac{1}{2\pi}\sqrt{\frac{KL^2}{r^2 M}} \tag{9-40}$$

式中,f_a 为上层建筑根部固定时剪切与弯曲固有频率(Hz);f_b 为上层建筑作为刚体时后端弹性支承回转振动固有频率(Hz);A_s 为上层建筑纵向弯曲时剪切面积(m^2);L 为上层建筑的长度(m);H 为上层建筑的高度(m);M 为上层建筑的质量(kg);G 为剪切模量,取 0.81×10^{11} Pa;K 为上层建筑后端的弹性支承刚度(N/m);r 为上层建筑质量回转半径(m),对于一般上层建筑 $r = 0.6H$;C 为弯曲变形修正系数,计算公式如下:

$$C = \sqrt{\frac{1}{1 + 0.2\left(\frac{GA_s H^2}{EI}\right)}} \tag{9-41}$$

式中,I 为上层建筑的剖面惯性矩(m^4);E 为弹性模量,取 2.01×10^{11} Pa。

当 $\dfrac{H}{L} < 3$ 时,弯曲变形修正系数为

$$C = 1 - 0.15\left(\frac{H}{L}\right) \tag{9-42}$$

方案设计阶段可以用广渡智雪的近似估算法估算上层建筑整体纵向振动的一阶固有频率,具体方法参见文献[16]。上层建筑纵向振动简化计算模型如图 9-37 所示。

图 9 - 37　上层建筑纵向振动简化计算模型

　　针对复杂的上层建筑与船尾部结构的振动耦合计算,可以采用适用面更广的有限元法。上层建筑振动分析的有限元计算模型主要有以下形式:全船三维有限元模型、上层建筑三维有限元局部模型、整个船体尾部在内的上层建筑三维有限元局部模型。图 9 - 38～图 9 - 41 给出了这几类模型的示例。舱室甲板振动建议融合在上层建筑三维有限元局部模型中分析。

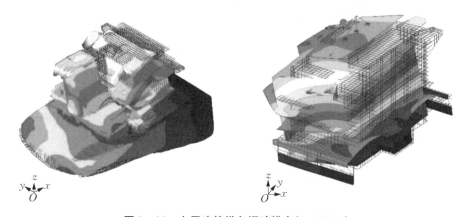

图 9 - 38　上层建筑纵向振动模态(8.271 Hz)

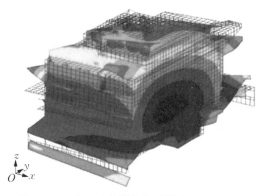

图 9 - 39　上层建筑横向振动模态(9.706 Hz)

图 9‑40　压载到港工况下整船振动速度结果示意(叶频＝6.6 Hz 激励下)

图 9‑41　压载到港工况下整船振动速度结果半剖示意(叶频＝6.6 Hz 激励下)

在上层建筑局部振动中,居住舱及服务舱的各层甲板振动包括纵向、横向和垂向三个方向的振动。衡量船舶上层建筑的舱室甲板振动一般以纵向和垂向振动为主,影响上层建筑舱室甲板振动级的主要因素是甲板固有频率与干扰力频率之比。

在上层建筑振动响应分析中,需要先计算螺旋桨的叶频、倍叶频的表面力与轴承力,计算主机的不平衡力矩,在此基础上才能进行振动响应计算。

9.3.4　机舱振动

机舱是主机激励直接作用区,主机一般沿船舶长度方向布置在机舱的双层底或船底板架上。机舱振动指机舱双层底和周围结构的振动。双层底结构是主机的常见基础,机舱中设有主机基座结构,主机安装在基座上,基座是连接主机与船底结构或双层底的减振部件。机舱振动模态很大程度上取决于主机、主机布局和船底部支承结构设计。若基座和机舱双层底结构设计不合理,将导致主机剧烈振动,造成机舱双层底结构疲劳甚至破坏。目前在机舱内采用浮动地板加主机撑杆等措施进行减振已非常普遍。

图 9-42 为机舱内柴油机振动传递路径的示意图。从图中可以看出,柴油机振动主要通过以下 5 个路径传递。

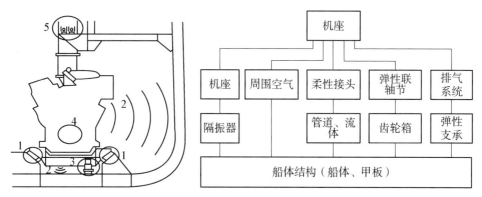

图 9-42 机舱内柴油机振动传递路径的示意图

(1) 机座:通过机座直接传递或经过隔振器传递到船体结构。

(2) 周围空气:柴油机表面辐射噪声通过周围空气直接传递到整个舱室,并对船体结构产生二次激励。

(3) 柔性接头:通过各种柔性接头、管道及管内水、油等流体传递到舱壁等船体结构。

(4) 弹性联轴节:柴油机输出端通过联轴节、齿轮箱及其支承传递到船体结构。

(5) 排气系统:排气管路及管内气体振动直接或通过弹性支承传递到船体结构。

习惯上,把通过机座传至基础的传递路径称为第一通道,其余的称为第二通道。

对机舱双层底结构振动进行分析时,必须考虑其与主机机架自身振动模态的耦合。作用在柴油机侧向和曲轴上的力与力矩,可引起柴油机的机架振动。随着长冲程或超长冲程及少缸数船用柴油机的应用,机架振动问题更为突出,并使原来不成为问题的机架纵向振动,也可能成为船体振动激励源之一。目前,这种振动已成为船用柴油机不可忽视的振动问题。机架振动可能导致柴油机的附件(如增压器支座)的破坏,也可能引起机舱和双层底舱的局部振动等。主机横向倾覆力矩中存在 H 型、X 型和 L 型力矩,因此主机机架也存在 H 型(横向左右振动)、X 型(扭转振动)和 L 型振动模态。图 9-43 所示为机架横向振动振型,其中 H 型横向振动是机架 0 节点振动,振动时每个气缸顶部做同相振动,H型横向振动的固有频率与气缸数无关。X 型扭转振动是机架绕柴油机垂向中心轴转动的 1 节点振动模式,其振动固有频率随气缸数增加而减小,而更高阶扭转振动形成 X 型振动。机架纵向振动指柴油机机架在前后方向的振动,也称为 L型振动,轴系纵向振动产生的继发性激振力和螺旋桨产生的不均匀轴向推力,通过推力轴承座激起机架的纵向振动。

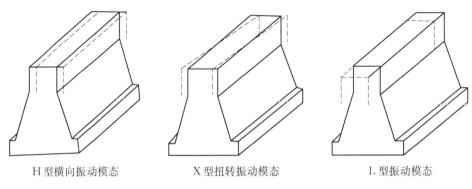

| H 型横向振动模态 | X 型扭转振动模态 | L 型振动模态 |

图 9 - 43 机架横向振动振型

按照早期的军用舰艇结构振动标准,机舱振动计算分为机舱结构振动计算和基座结构振动计算,计算采用简化公式或有限元法,目前有限元法已成为标准方法。机舱结构有限元离散中,主机机架、基座和双层底结构必须加以考虑并合理简化,机舱振动计算模型建议采用基于延伸边界法的三舱段模型。该模型长度方向取整个机舱并向机舱前端横舱壁和后端横舱壁各延伸一个舱段,高度方向取横舱壁/纵舱壁/支柱位置等向上延伸至上一层甲板,延长结构边界条件假定为简支或固支约束。图 9 - 44 所示为机架与机舱耦合振动分析的有限元模型。

对于一般船舶,因为距离主机和螺旋桨等振源较远,货舱双层底结构的振动可不进行计算。有两种方法估算货舱双层底结构的固有频率及振型:正交各向异性板理论和有限元法。

(1) 对于机舱底部板和板格的振动频率储备应满足如下条件之一(低避和高避):

$$
\begin{cases}
1.3f_0 \leqslant f_w \leqslant 0.6f_{max} \\
f_w \geqslant 1.1f_{max}
\end{cases}
\tag{9-43}
$$

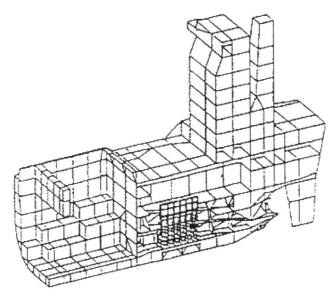

图 9 - 44　机架与机舱耦合振动分析的有限元模型

式中，f_w 为机舱底部板或板格的首阶固有频率；f_0 为柴油机或燃气轮机额定转速时低阶激励频率；f_{max} 为额定转速时柴油机辅机低阶激励频率。当船板一面或双面与水或其他液体（液货、燃油）等接触时，应考虑接水面（液体表面）有附连水质量效应，具体附连水质量的建模可以参照 9.2.2 节中基于亥姆赫兹方程的源汇分布法或者声固耦合方法。

（2）对于机舱底部板架的振动频率储备应满足如下条件之一（低避和高避）：

$$\begin{cases} 1.3f_0 \leqslant f_w \leqslant 0.6f_{max} \\ f_w \geqslant 1.3f_{max} \\ f_w \leqslant 0.6f_0 \end{cases} \qquad (9-44)$$

9.3.5　桅杆和艉轴架的振动

桅杆是船上的重要部件，上面布置了通信和导航等设备，一般布置于船舶纵中剖面，高耸于甲板上，与船体既相关又相对独立。舰船桅杆常见的形式有桁架桅、筒形桅、杆状桅和塔形桅（高度为 25～40 m，从水线算起）。桅杆振动有整体振动与局部振动之分，最重要的是整体振动，其前三阶整体振动的一般形式是船舶纵中剖面内的纵向弯曲振动、横向弯曲振动和扭转振动，具体如图 9 - 45 所示。一般要求桅杆振动低阶固有频率与螺旋桨叶频或主机缸频相差 30%，否则必须计算船体总振动引起的桅杆强迫振动的振幅，并将振幅数值与桅杆上安装的侦察通信设备的环境条件允许值进行比较，确定其是否合格。

桅杆振动计算建议采用动力学有限元法。桅杆振动动力学有限元模型简化时，其长度范围建议取桅杆底部船长方向左右各一个横舱壁，宽度范围取左右各一个纵舱壁，高度方向下探一层甲板。计算时无须考虑附连水质量。

舵轴架是船舶的附体而不是船舶结构的本体，是舰船动力推进系统的一部分，与螺旋桨一起悬伸到船尾，对尾部流场影响很大。它既是将螺旋桨、轴系的推力向外传递的结构，又是和船尾部结构紧密联系的较大附体。它的设计需考虑轻型且具备足够强度的结构形式，考虑良好的水动力性能。

图 9-45　桅杆振动模态

舵轴架位于螺旋桨产生的交变压力场内，直接承受周期性激振力作用，必须避免其发生共振，即使不共振也要控制其响应幅值。中国军用船舶设计标准规定，凡首制舰艇或有重大更改的后续舰艇均应计算舵轴架振动的固有频率，包括单臂架的第一阶弯曲振动固有频率（垂向、水平）、双臂架轴架平面内横向第一阶弯曲振动固有频率及垂直于轴架平面的第一阶弯曲振动固有频率。军用标准还给出了舵轴架在空气中和水中振动时固有频率的近似计算公式，以及舵轴架固有频率错频设计必须高于螺旋桨叶频 20%～30%或低于 20%的要求。

舵轴架振动计算建议采用动力学有限元法。舵轴架动力学有限元模型简化时，其长度范围建议取轴架全尺度长度涉及的船体，宽度范围取全船宽，舵轴架建议采用体单元离散，舵轴建议采用梁单元离散，计算时需要考虑附连水质量。

9.4　离岸海洋工程结构的振动

船舶结构属于细长梁结构，它漂浮于水中，在波浪、推进器、内波及船上动力机械作用下产生振动和往复运动。实际工程中还有一类固定于海床、海底和滩涂，或者系泊于海中的离岸海洋工程结构，如海上灯塔、海洋平台、浮式采油船和深海空间站等（见图 9-46），这类结构物在波浪载荷、内波、推进器及船上动力设备激振力作用下的动力学响应统称为离岸海洋工程结构的动力响应。本节重点介绍两种典型海洋平台的动力响应分析方法,其他海洋工程结构的动力学分析与此基本类似[8, 11, 15, 18, 35]。

图 9 - 46　各类海洋工程结构[35]

海洋平台可以划分为固定式平台和移动式平台两大类。固定式平台有钢质导管架式桩基平台、混凝土重力式平台、牵索塔式平台和张力腿式平台等型式。移动式平台有自升式平台、坐底式平台、钻井船和半潜式平台等型式[35]。

9.4.1　固定式平台的振动及其在环境载荷下的动力学响应

钢质导管架式桩基平台和混凝土重力式平台均固定于海床、海底或滩涂上,对其进行动力学数值分析建模时通常在泥面处把结构分为 A、B 两个子结构。泥面以上的子结构 A 要考虑附连水质量的影响,泥面以下的子结构 B 要考虑其与土壤的耦合作用。

9.4.1.1　固定式平台振动的数值分析

该模型主要用于分析平台上的机械设备(钻井、采油、气体处理等动力设备)或发电机组等在持续周期性激振力作用下的振动模态和振动响应。一般采用梁单元离散导管架,每个节点有六个自由度,桩基处管架采用壳体模拟,桩基周围土壤采用块体土单元模拟,水体采用块体声学单元模拟,或者将没入水中导管所受附连水效应以附加质量形式均布在相应部位导管架上。因为固定式海洋平台底部是固定在海床上的,因此力学边界条件需要对桩基周围一定距离处的土壤施加固定约束。结构有限元离散后形成流体-结构、土壤-结构两个耦合作用的

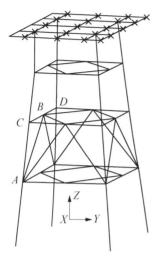

图 9 - 47 导管架式桩基平台有限元模型

子结构构成的固定式平台振动分析数值模型，图 9 - 47 为导管架式桩基平台有限元模型。需特别说明的是，固定式平台振动模态分析结果中不存在船舶有限元法模态分析中的前六阶固有频率为零的刚体模态，因为船舶在水体中振动时是无约束的。

海洋平台上的舱室振动和噪声舒适性标准主要衡量的是持续周期性激振力作用下的情况，海洋平台振动评估及减振降噪设计是必不可少的船舶设计内容。

9.4.1.2 固定式平台在环境载荷下的动力学响应

波浪载荷和地震载荷共同作用下，导管架式桩基平台的动力学方程为

$$\boldsymbol{M}_A \ddot{\boldsymbol{r}}_A + \boldsymbol{C}_A \dot{\boldsymbol{r}}_A + \boldsymbol{K}_A \boldsymbol{r}_A = \boldsymbol{f}_F + \boldsymbol{f}_j^A \tag{9-45}$$

式中，$\boldsymbol{r}_A$ 为子结构 A 的节点位移向量；$\boldsymbol{K}_A$、$\boldsymbol{C}_A$ 和 $\boldsymbol{M}_A$ 分别为子结构 A 的刚度矩阵、阻尼矩阵和质量矩阵；$\boldsymbol{f}_F$ 为土动力向量；$\boldsymbol{f}_j^A$ 为子结构 A 与 B 间的界面力向量。

$$\boldsymbol{M}_B \ddot{\boldsymbol{r}}_B + \boldsymbol{C}_B \dot{\boldsymbol{r}}_B + \boldsymbol{K}_B \boldsymbol{r}_B = \boldsymbol{f}_B + \boldsymbol{f}_j^B \tag{9-46}$$

式中，$\boldsymbol{r}_B$ 为子结构 B 的节点位移向量；$\boldsymbol{K}_B$、$\boldsymbol{C}_B$ 和 $\boldsymbol{M}_B$ 分别为子结构 B 的刚度矩阵、阻尼矩阵和质量矩阵；$\boldsymbol{f}_B$ 为流体力向量；$\boldsymbol{f}_j^B$ 为子结构 A 与 B 间的界面力向量。在两个子结构的界面处，应满足下列力和位移条件：

$$\boldsymbol{f}_j^A = -\boldsymbol{f}_j^B, \ \boldsymbol{r}_j^A = \boldsymbol{r}_j^B \tag{9-47}$$

进一步讨论泥线以上子结构在波浪和地震载荷下的运动方程。假设地震引起的地动在离岸海洋工程结构所在范围内是均匀分布的，则泥线以上子结构的运动方程为

$$\boldsymbol{M} \ddot{\boldsymbol{r}}_t + \boldsymbol{C} \dot{\boldsymbol{r}} + \boldsymbol{K} \boldsymbol{r} = \boldsymbol{f}_F + \boldsymbol{f}_J \tag{9-48}$$

式中，$\boldsymbol{r}$ 为子结构对地的相对位移向量；$\boldsymbol{r}_t$ 为子结构的绝对位移向量；$\boldsymbol{f}_F$ 为流体力向量；$\boldsymbol{f}_J$ 为界面力向量。子结构的绝对加速度向量为

$$\ddot{\boldsymbol{r}}_t = \ddot{\boldsymbol{r}} + \ddot{\boldsymbol{r}}_g = \ddot{\boldsymbol{r}} + \boldsymbol{B} \ddot{\boldsymbol{u}}_g \tag{9-49}$$

式中，$\ddot{\boldsymbol{u}}_g$ 为地震加速度向量，$\boldsymbol{B}$ 为转换矩阵。

对作用在导管架式桩基平台杆件上的波浪流体动力,采用修正的莫里森公式计算,得到泥线以上整个平台子结构的运动方程为

$$\boldsymbol{M\ddot{r}} - \boldsymbol{C\dot{r}} - \boldsymbol{Kr} = \boldsymbol{M}_\mathrm{W}\ddot{u} - \boldsymbol{MB}u_\mathrm{g} + \boldsymbol{f}_\mathrm{D} + \boldsymbol{f}_\mathrm{J} \tag{9-50}$$

式中,$\boldsymbol{M} = \boldsymbol{M}_\mathrm{s} + \boldsymbol{M}_\mathrm{a} = \boldsymbol{M}_\mathrm{s} + \sum\limits_{i=1}^{m} \rho V_i (C_{\mathrm{m}i} - 1) \boldsymbol{T}_i$; $\boldsymbol{M}_\mathrm{W} = \sum\limits_{i=1}^{m} \rho V_i C_{\mathrm{m}i} \boldsymbol{T}_i$; $\boldsymbol{f}_\mathrm{D} = \sum\limits_{i=1}^{m} \frac{1}{2} \rho A_i C_{\mathrm{D}i} a_{\mathrm{f}i} \boldsymbol{T}_i \dot{\boldsymbol{q}}_i$; $\boldsymbol{C} = \boldsymbol{C}_\mathrm{s} + \boldsymbol{C}_\mathrm{d} = \boldsymbol{C}_\mathrm{s} + \sum\limits_{i=1}^{m} \frac{1}{2} \rho A_i C_{\mathrm{D}i} a_{\mathrm{f}i} \boldsymbol{T}_i$; $C_{\mathrm{m}i}$ 及 $C_{\mathrm{D}i}$ 是第 i 根管状梁的惯性力系数和阻力系数;$a_{\mathrm{f}i}$ 是阻力线性化因子;$\dot{\boldsymbol{q}}_i = \dot{\boldsymbol{u}}_i - \dot{\boldsymbol{r}}_{gi}$; $V_i = \frac{\pi D_i^2}{4} L_i$; $A_i = D_i L_i$, D_i 与 L_i 分别是梁的直径及长度;$\boldsymbol{T}_i = \begin{bmatrix} N_i & 0 & 0 & 0 \\ 0 & 0 & 0 & 0 \\ 0 & 0 & N_i & 0 \\ 0 & 0 & 0 & 0 \end{bmatrix}$。

9.4.2 顺应式平台的振动及其在环境载荷下的动力学响应

对于具有刚体往复运动的顺应式结构平台,例如半潜式平台、张力腿式平台、摇臂式平台和牵索塔式平台,它们对波浪等外载荷有较大的随动性或顺应性(见图 9-48)。平台刚体运动的固有频率与平台结构弹性振动的固有频率相比是很低的,因此两者的耦合是不紧密的,通常可以分别进行计算。

图 9-48 顺应式平台

9.4.2.1　顺应式平台振动的数值分析

　　顺应式平台不是固定的,它们自由漂泊在水面或通过系泊系统系泊,系泊索链可以采用弹簧单元模拟。对于顺应式平台在波浪载荷作用下宏观往复的运动分析,力学边界条件需要对系泊索链底部施加固定约束,系泊索链的恢复力载荷也在动力学方程中得到考虑。对于仅需考虑平台上机械设备(钻井、采油、气体处理等动力设备)或发电机组等在持续周期性激振力作用下的整体平台结构振动模态和振动响应问题,系泊索链的恢复力作用对平台自身弹性体状态下的振动几乎没有影响,因此在顺应式结构振动数值分析模型建模中无须考虑系泊系统,系泊索链底部的固定约束也无须考虑,顺应式平台振动模态分析结果中也存在船舶有限元法模态分析中的前六阶固有频率为零的刚体模态。

　　海洋平台上的舱室振动和噪声舒适性标准主要衡量的是持续周期性激振力作用下的情况,因此顺应式海洋平台振动评估及减振降噪设计是必不可少的设计内容。

9.4.2.2　顺应式平台在环境载荷下的动力学响应

　　首先,计算顺应式平台在静力平衡位置附近的刚体振动,静力平衡位置按下式计算:

$$\boldsymbol{K}_{\mathrm{F}}\boldsymbol{\eta}_0 = \boldsymbol{f}_0 \tag{9-51}$$

式中,$\boldsymbol{f}_0$ 为重力、浮力、风、浪以及流等动载荷中不随时间变化的常值力构成的静载荷向量;$\boldsymbol{\eta}_0$ 为平台在静载荷向量 $\boldsymbol{f}_0$ 作用下的位移向量,即静力平衡位置;$\boldsymbol{K}_{\mathrm{F}}$ 为在静力平衡位置附近由锚链、稳索和静水恢复力等构成的等效刚度矩阵。由于 $\boldsymbol{K}_{\mathrm{F}}$ 为 $\boldsymbol{\eta}_0$ 的函数,故需用迭代法解出。

　　其次,平台在静力平衡位置附近的刚体运动方程为

$$\boldsymbol{M}_{\mathrm{r}}\ddot{\boldsymbol{\eta}} + \boldsymbol{C}_{\mathrm{r}}\dot{\boldsymbol{\eta}} + \boldsymbol{K}_{\mathrm{r}}\boldsymbol{\eta} = \boldsymbol{F}_{\mathrm{r}} \tag{9-52}$$

式中,$\boldsymbol{C}_{\mathrm{r}}$ 为流体阻尼矩阵;$\boldsymbol{M}_{\mathrm{r}}$ 为质量矩阵(包含附连水质量);$\boldsymbol{K}_{\mathrm{r}}$ 为刚度矩阵,包含系泊弹性刚度及波浪引起的浮力复原刚度;$\boldsymbol{F}_{\mathrm{r}}$ 为波浪激振力向量。

　　从式(9-52)可以解出刚体运动的位移、速度和加速度,从而得到作用在平台结构上由刚体运动引起的惯性力、阻尼力和恢复力。它们与波浪激振力在任意时刻均保持动力平衡。这些力与平台上机械设备的扰力载荷共同构成平台结构弹性振动的动载荷 $\boldsymbol{Q}(t)$。

　　当平台刚体运动的固有频率远小于波浪力的频率时,刚体运动方程由惯性力控制,此时阻尼力和恢复力项与惯性力项相比是小量,可以略去不计。则式(9-52)简化为

$$\boldsymbol{M}_r\ddot{\boldsymbol{\eta}} = \boldsymbol{F}_r \tag{9-53}$$

对式(9-53)变换得到

$$\ddot{\boldsymbol{\eta}} = \boldsymbol{M}_r^{-1}\boldsymbol{F}_r \tag{9-54}$$

进而得到节点力向量 $\boldsymbol{Q}(t)$。

再次,给出顺应式结构弹性体振动方程:

$$\boldsymbol{M}_s\ddot{\boldsymbol{r}} + \boldsymbol{C}_s\dot{\boldsymbol{r}} + \boldsymbol{K}_s\boldsymbol{r} = \boldsymbol{Q}(t) \tag{9-55}$$

式中,$\boldsymbol{C}_s$ 为结构阻尼矩阵;$\boldsymbol{M}_s$ 为质量矩阵(包含附连水质量);$\boldsymbol{K}_s$ 为结构刚度矩阵。

最后,由于弹性体振动频率远大于波浪频率,上述结构振动方程由弹性力控制,因此可以采用"准静力"方式将上述方程简化为

$$\boldsymbol{K}_s\boldsymbol{r} = \boldsymbol{Q}(t) \tag{9-56}$$

至此得到结构的动力响应,并计算出结构应力:

$$\boldsymbol{r}(t) = \boldsymbol{K}_s^{-1}\boldsymbol{Q}(t) \tag{9-57}$$

● 习题 9 ●

9.1 某船正常排水量为 5 900 t,设计水线长 140 m,设计水线宽 16.8 m,吃水为 4.915 m,螺旋桨最高转速为 241 r/min,巡航转速为 124 r/min,5 叶桨。该船船体梁特性参数如习题表 9-1 所示,试计算其总振动固有频率(垂向前三阶、水平前二阶)并对其振动性能进行分析(给出频率错开率)。取模态阻尼系数为 2%,假定作用在第 18 站的螺旋桨最大脉动压力在最高转速时为 1.7 kN,请按照调速公式 $F = F_{\max}\left(\dfrac{N}{N_P}\right)^3$ 计算该船尾部振动加速度频响[17]。

习题表 9-1　等效船体梁特性参数计算表

站号	水线半宽 b/m	吃水 d/m	水线下半横剖面面积 $\dfrac{S}{2}$/m^2	剖面垂向惯性矩 I_v/m^4	剖面垂向剪切面积 A_{sv}/m^2	剖面型深 H/m	剖面水平惯性矩 I_M/m^4	剖面水平剪切面积 A_{SH}/m^2	甲板型宽 B/m	各段分布质量 m/t
0	0	0	0	2.37	0.156	13.300	0.88	0.164	7.274	
1	1.471	4.915	5.922	5.05	0.202	13.000	3.76	0.216	9.856	221.692

（续表）

站号	水线半宽 b/m	吃水 d/m	水线下半横剖面面积 $\dfrac{S}{2}/m^2$	剖面垂向惯性矩 I_v/m^4	剖面垂向剪切面积 A_{sv}/m^2	剖面型深 H/m	剖面水平惯性矩 I_M/m^4	剖面水平剪切面积 A_{SH}/m^2	甲板型宽 B/m	各段分布质量 m/t
2	2.825	4.915	8.075	7.74	0.244	12.530	6.64	0.290	12.039	71.864
3	4.052	4.915	12.335	7.25	0.231	12.042	8.93	0.303	13.818	139.098
4	5.144	4.915	16.357	9.48	0.261	11.599	14.21	0.359	15.116	276.667
5	6.040	4.915	20.034	13.75	0.299	11.230	20.67	0.425	15.957	235.673
6	6.764	4.915	23.371	18.85	0.352	10.954	27.82	0.562	16.423	298.903
7	7.317	4.915	26.389	17.35	0.338	10.751	28.25	0.534	16.638	376.742
8	7.714	4.915	29.105	15.24	0.322	10.595	28.62	0.488	16.722	383.566
9	8.009	4.915	31.030	15.24	0.312	10.474	28.90	0.460	16.757	465.88
10	8.163	4.915	32.270	17.55	0.306	10.360	31.56	0.613	16.783	362.672
11	8.205	4.915	33.197	17.55	0.306	10.300	31.56	0.613	16.800	373.871
12	8.183	4.915	32.864	17.55	0.310	10.301	28.92	0.466	16.767	274.703
13	8.109	4.915	31.479	15.95	0.318	10.302	28.78	0.474	16.710	434.660
14	7.984	4.915	28.817	15.2	0.328	10.304	28.6	0.48	16.626	389.082
15	7.814	4.915	25.369	11.68	0.333	10.306	25.45	0.424	16.496	317.457
16	7.621	4.245	20.984	8.16	0.324	10.309	23.27	0.360	16.325	278.070
17	7.408	3.065	14.220	5.34	0.312	10.314	21.09	0.416	16.097	358.772
18	7.150	2.065	9.085	4.97	0.290	10.319	18.34	0.500	15.844	216.56
19	6.818	1.265	6.018	4.60	0.260	10.323	15.58	0.584	15.584	189.186
20	0	0	0	4.20	0.228	10.329	13.49	0.524	15.310	210.750

9.2 已知在某 280 000 t 大型油船船体振动响应计算时，采用了全船三维有限元法，阻尼矩阵采用瑞利阻尼矩阵，即 $\boldsymbol{C} = \alpha \boldsymbol{M} + \beta \boldsymbol{K}$，通过实尺度激振试验，在罗经甲板上测得上部结构的两个纵向振动变形模式，其固有频率分别是 5 Hz 和 7 Hz，从频响曲线确定的两个阻尼系数分别是 1.1% 和 0.9%（压载状态），以及 1.3% 和 1.6%（满载状态），试求出对应载况的瑞利阻尼系数 α 及 β。

第 10 章　船舶与海洋工程结构振动的评价和抑制

　　船舶与海洋工程结构的过度振动对人体、设备和船体都会造成危害,影响其正常工作。为了评价与控制船舶的振动性能,必须拟定一个使设计、建造、检验和使用方都能接受的统一标准,这个标准就是所说的船舶振动标准(或衡准)。该振动标准考虑了振动对人体、设备工作、船体安全及环境的综合影响。

　　振动对人体的危害主要是导致船员与乘客的不适,引起疲劳甚至损害健康。整个人体系统的固有频率为 6~9 Hz,胸-腹系统的固有频率为 4~6 Hz,头-颈-肩系统的固有频率为 20~30 Hz,骨盆约为 11 Hz,肝脏约为 3 Hz。1~2.5 Hz 的低频振动会对人体平衡及肌肉造成影响。

　　大于 10 Hz 的较高频振动使人感到压力与振动感;大于 16~20 Hz 的较高频振动使人感到有噪声;6~7 Hz 的垂向振动会引起人员的晕船症状;水平振动亦可引起疲劳、困乏、血压上升、心律不齐、记忆力下降、工作效率降低、视力下降、呕吐、恶心、心悸、肌肉张力降低等症状[24]。

　　过度振动对船体的危害是导致船体出现高应力区,导致裂纹,产生疲劳破坏,影响船舶安全性和正常使用;对舰艇的危害是影响船舶声学隐身性能,招致攻击。

　　对机器设备的危害是使机器、仪表和设备失常,寿命缩短或损坏。例如,某海警船桅杆处振动严重超标,安装其上的调查取证相机无法对焦,导致难以获得清晰的照片。

　　近年来对于船上人员舒适性问题已获得广泛重视,各国船级社及国际标准化组织编制了基于振动舒适性的评价和分级标准。例如,挪威船级社(DNV)将船舶的振动、噪声和气候因素用一个综合的舒适性等级指数(comfort rating number, CRN)来表示,根据单频分量 5~100 Hz,用 1~3 级加以分等。

10.1　船舶与海洋工程结构的振动评价标准

　　最早的船舶振动标准由 J. L. Talor 在 1930 年提出,自此以后各国研究机构、国际海事组织(International Maritime Organization, IMO)和船级社相继提出很多振动标准。船舶振动评价标准一般以多个特征参数联合图形的形式给出,即一张图中除了传统的纵、横坐标线外,还有斜向坐标线,且坐标刻度采用对数坐标规则,如图 10-1 所示。船舶振动标准经历了一个逐步发展的过程,有的从人体舒适性限值出发,有的从船体结构强度或设备可靠性界限出发,表达形式与特征参数各不相同。振动特征参数一般以位移、速度、加速度和动应力等不同物理量来表达,包括单幅位移峰值 A_p、均方根值(有效值)A_{rms} 和平均值 A_{av} 等多个参数,实质上都是可以选用的。对于某简谐振动 $x(t) = A_p \sin \omega t$,对应的单幅位移峰值为 A_p、速度峰值为 $A_p \omega$、加速度峰值为 $A_p \omega^2$。对应的均方根值和平均值为

$$A_{rms} = 0.707 A_p \tag{10-1}$$

$$A_{av} = 0.637 A_p \tag{10-2}$$

振动量值工程中常采用分贝值(dB)来度量,在船舶结构、主辅机基座等振动的传递、隔离与衰减方面的研究中被广泛采用。

船舶振动评价标准可以分类为适居性标准、结构标准和设备标准,也可分为民用船舶振动评价标准与军用舰艇振动评价标准。

10.1.1 船舶振动的适居性标准

适居性标准从振动居住性和振动舒适性及振动对于人员的影响角度出发,其设定可确保人员的舒适与健康,如不超出振动极限值,一般不会发生人员健康伤害。但该标准没有反映由船体结构振动而产生的疲劳裂纹问题,也没反映由机械设备振动而产生的疲劳损坏或运动部件加速磨损问题。

10.1.1.1 国际标准化组织的船舶振动标准

对于船舶振动的评估,国际标准化组织(International Organization for Standardization, ISO)由 ISO/TC108 技术委员会于 1984 年制定了 ISO 6954:1984《机械振动和冲击——商船振动的综合评价准则》,兼顾了船体、人员舒适性与设备环境等综合参数,在 1~100 Hz 范围内界定了特征参数与结构频率的对应关系,以单频振幅峰值表达位移、速度、加速度三种特征参数与频率间的关系[34],如表 10-1 和图 10-1 所示。

表 10-1　ISO 6954:1984 船舶振动限值

按振动峰值表征的振动限值	很低	低	中等	高	频率区间
最大可重复速度/(mm/s)	<2.0	2.0~4.0	4.0~9.0	>9.0	>5.0 Hz
最大可重复加速度/(mm/s²)	—	<126.0	126.0~285.0	>285.0	<5.0 Hz

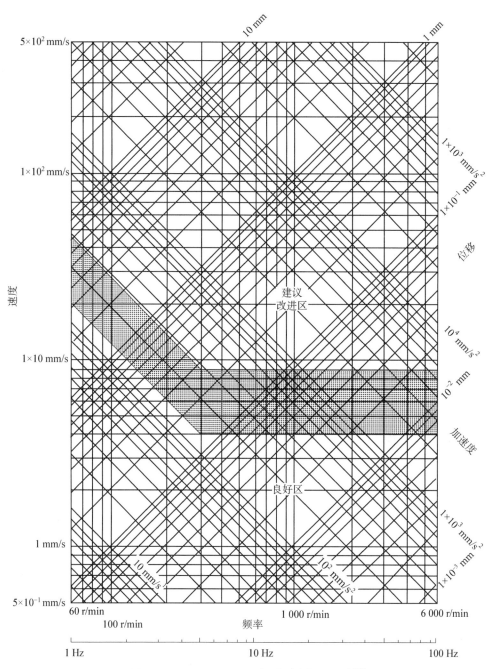

图 10 - 1　ISO 6954:1984 振动评价标准图谱[34]

国际标准化组织制定的另一个振动评价标准是 ISO 2631《人体暴露于整体振动环境下的评价标准》。该标准以人体试验为基础,考虑振动烈度、频率、方向和暴露于振动环境持续时间等参数对人体忍受振动响应的耐受极限。该标准不是针对船舶制定的,因此不作为船舶验收或检验设备的振动标准,但可以参考执行,许多新型高性能船舶常以该标准进行预报和设计(称为响应设计)。该标准的最新版本是 ISO 2631 - 2 - 2003。

2000 年,国际标准化组织将 ISO 6954:1984 更新升级为 ISO 6954:2000 (E),补充了舒适度等级评价标准,具体限值如表 10 - 2 所示。该标准由 ISO/SC2 第二分技术委员会提出,并与 ISO/SC4 第四分技术委员会提出的 ISO 2631 达成一致,解决了两个法规间的分歧。这标志着船舶振动法规从船体振动(hull vibration)评估转变为对人在船上适居性(vibration regard habitability)的评估,评价范围由 100 m 以上商船扩大到所有船舶,由单频峰值评价改为 1~80 Hz 加权均方根总值测量及评价,同时对测量设备、程序、结果分析和评价要求都进行了细化。

表 10 - 2   ISO 6954:2000(E)船上不同区域速度性指南

1~80 Hz 区间加权均方根值	区域分类					
	A		B		C	
	加速度/(mm/s^2)	速度/(mm/s)	加速度/(mm/s^2)	速度/(mm/s)	加速度/(mm/s^2)	速度/(mm/s)
上限值(高于此值评价负面)	143	4	214	6	286	8
下限值(低于此值评价优良)	71.5	2	107	3	143	4
典型区域	旅客舱室		船员舱室		工作区域	

注:上限值和下限值之间为振动可接受范围,加权均方根值是 0.2~80 Hz(1/3 倍频程)各个频率下的修正值平方和的均方根。

中国自 20 世纪 70 年代起就陆续制定了适合我国国情的船体振动标准,主要有 CB*/Z 310—79《海船船体振动衡准》、CB*/Z 314—80《内河船船体振动衡准》、GB/T 7452—1987《船体振动评价基准》、GB/T 17452.1—1996《商船振动综合评价基准》、GB/T 7451.2—1996《船长小于 100 m 商船振动综合评价基准》和《绿色生态船舶规范》(2020)等。这些标准是法定要求,在设计或建造船舶时,必须满足这些标准。

世界各主要船级社也制定了各自的船体振动评价标准,以适应所关注海域不同的海况。船舶振动评价覆盖的频率范围较窄,一般局限于 1~100 Hz。目前对于船舶振动的数值评价,在低频域主要通过结构动力学有限元法进行振动计算,在中高频域主要通过有限元-统计能量混合法及统计能量法计算。计算或测量后,将所得各个评价部位的数据(即船体振动的位移、速度或加速度)与所入船级社的相应振动评价标准进行比较和评价。这个过程计算量大,涉及船体评价位置较多,对各位置振动衡准的理解也易出现偏差,目前自动化的评估软件较少。

　　ISO 6954:2000(E)是国际上通用的船舶振动评价标准。该标准是 2000 年 12 月发布的《机械振动　客船和商船适居性振动测量、报告和评价准则》第二版的修订版本,整个评价体系和原来 ISO 6954:1984 的评价方式相比发生了较大变化。ISO 6954:2000(E)的评价参数是用 1～80 Hz 频率范围内,按 1/3 倍频程的速度或加速度的加权均方根总值来计。加速度(或速度)加权均方根的总值 a_W 为

$$a_W = \sqrt{\sum_i (W_{a_i} a_i)^2} \tag{10-3}$$

式中,a_i 为在 1～80 Hz 全频带内 1/3 倍频程的第 i 频带的加权均方根加速度(mm/s²);W_{a_i} 为对应于所测量的加权均方根加速度 a_i 的频率加权曲线上第 i 个加权系数,可由 ISO 6954:2000(E)频率加权曲线图或表 10-3 查得。不论速度或加速度,均取三个方向的最高数值来评定适居性。该标准涵盖了对测试设备、测量程序、结果分析和船舶适居性评价的要求。

　　标准规定了测点和测量方向:每层甲板上至少安排两个部位测量横向、纵向、垂向三向振动,其他部位仅需测量垂向振动。测量时间至少需要持续 1 min,若测量的振动中存在显著低于 2 Hz 的成分,则测量时间需持续 2 min 以上。标准将船上场所划分为三类:船上旅客舱室为 A 类部位,振动要求最高;船员舱室为 B 类部位;船上其他工作区域为 C 类部位(见表 10-2)。

表 10-3　$\dfrac{1}{3}$ 倍频程频率加权曲线

频率/Hz	加速度加权系数 W_a	速度加权系数 W_v
0.2	0.062 9	0.002 21
0.25	0.099 4	0.004 39
0.315	0.156	0.008 70
0.5	0.243	0.017 0
0.63	0.368	0.032 5

（续表）

频率/Hz	加速度加权系数 W_a	速度加权系数 W_v
0.8	0.530	0.058 9
1.0	0.7	0.097 9
1.25	0.833	0.147
1.6	0.907	0.201
2.0	0.934	0.260
2.5	0.932	0.327
3.15	0.910	0.402
4.0	0.818	0.573
5.0	0.750	0.661
6.3	0.669	0.743
8.0	0.582	0.813
10.0	0.494	0.859
12.5	0.411	0.911
16.0	0.337	0.911
20.0	0.274	0.961
25.0	0.220	0.973
31.5	0.176	0.978
40.0	0.140	0.978
50.0	0.109	0.964
63.0	0.083 4	0.925
80.0	0.060 4	0.844
100	0.040 1	0.706
125	0.024 1	0.533
160	0.013 3	0.370
200	0.006 94	0.244

ISO 6954:1984 的制定是建立在大约 400 艘实船的振动数据基础上的,而 ISO 6954:2000(E)是基于人体暴露振动舒适性的基础上制定的,实船积累的数据远不如后者充分,因此在实际应用中产生了大量问题,诸如测量仪器的配合、

数据处理、对船体振动结构强度考虑不够直观,某些区域的划分或界定模糊等。

2016 年 12 月,ISO/TC 108 SC2 分技术委员会发布了 ISO 20283‐5:2016 (E)《客船和商船适居性振动测量、评价和报告准则》(以下简称 ISO 20283‐5)。该标准将船员处所与乘客处所划分得更为详细,衡准值较 ISO 6954:2000(E)更严格,提高了振动标准,对船厂设计建造船舶提出新的挑战。此外,ISO 20283‐5 还针对装有动力定位装置的船舶增加了动力定位模式下的测量要求。ISO 20283‐5 标准的提出无疑对船舶设计与建造提出了更高的要求。

ISO 20283‐5 与 ISO 6954:2000(E)的考核对象都是在 1~80 Hz 频率范围内频率加权汇总的振动加速度或速度的有效值。两种标准都从舒适性角度衡量振动问题,考虑人体对不同频率下的振动响应产生的不同反应程度。考核区域为人员长时间工作或休息的处所。ISO 6954:2000(E)仅将考核区域划分为 A、B、C 三个级别,即旅客舱室、船员舱室与船上其他工作区域。ISO 20283‐5 对处所进行了明确的定义与分类,使船东与船厂在测量点选取时更易达成共识(见表 10‐4)。此外,ISO 20283‐5 明确指出,机器区域不属于人员长期工作与生活区域,不应包含在考核范围内。而在此之前,在进行船舶试航大纲编写时,是否将机器区域划分到考核范围内一直是船东与船厂争论的问题之一。

表 10‐4 ISO 20283‐5 中处所的定义与分类

处所	定义	分类
船员居住区	船员娱乐、行政房间	卧室、会客厅、休息室、医务室、餐厅、娱乐室、吸烟室、电影院、健身房、图书馆、游戏房、健身房等
办公区	处理船上事务的区域或房间	甲板办公室、船舶办公室、会议室等
工作区	日常主要工作区	维修间、洗衣间、厨房和实验室(不包括机器区)
机器区	装有蒸汽/内燃机、泵、空气压缩机、锅炉、燃油单元、主要的发电设备、加油站、推进装置、制冷装置、防摇装置、舵机、通风和空调系统、管弄等的区域	
职能区	船员长时间(4 小时以上)监视航行或机器的区域	驾驶室、集控室
开放甲板娱乐区	开放甲板上为船员和乘客提供娱乐的区域	
房间与公共区	主要为乘客提供的区域	乘客房间、餐厅、休息室、阅读和游戏室、健身房、商店等

ISO 20283-5 中对振动衡准不再设下限值,只设上限值,当测量结果超过衡准值时则认为船舶结构产生有害振动(见表 10-5)。ISO 20283-5 中的衡准值较 ISO 6954:2000(E)的上限值有很大程度的收紧,这也是设计人员最为关注的部分。对于具有二冲程、长冲程、低转速的主机或细高型上层建筑等的船舶而言,要满足上述要求无疑对船厂的设计与建造提出了新的挑战。

表 10-5　ISO 20283-5 船舶振动衡准

区域类型	衡准值	
	速度/(mm/s)	加速度/(mm/s²)
船员区域		
船员居住区	3.5	125
工作区	6.0	214
办公区	4.5	161
驾驶室和集控室	5.0	179
开放甲板娱乐区	4.5	161
乘客区域		
房间与公共区	3.5	125
开放甲板娱乐区	4.5	161

ISO 6954:2000(E)要求每层甲板的测量点数量不少于 2 个,对测量点的处所类型没有具体要求。而 ISO 20283-5 要求不同处所类型必须至少选取 1 个测量点,且每层测量点数量应满足表 10-6 中所占比例。此外,ISO 20283-5 提出对于房间面积较大的区域,例如驾驶室、集控室、餐厅、休息室等,测量点的数量应不少于 1 个。

表 10-6　ISO 20283-5 推荐测量点数量

处所类型		每层甲板同类型区域测量点所占比例
船员区域	居住区、办公区	≥30%
	工作区	≥20%
	开放甲板娱乐区	至少 1 个
乘客区域	房间与公共区	≥10%
	开放甲板娱乐区	至少 1 个

进行船舶振动测试时,ISO 6954:2000(E)提出了如下要求:

(1) 测试时,船舶应向前以稳定航速直线航行。

(2) 主机处于典型持续运转功率状态。

(3) 试航测试应在不高于 3 级海况下进行。

(4) 螺旋桨应完全浸没。

(5) 测试水深应不低于船舶 5 倍吃水。

ISO 20283 - 5 在 ISO 6954:2000(E)的基础上进行了修改与补充,其中将第(2)条修改为"推进装置持续运转功率为在合同中通常航行状态下功率",且"试航时推进装置转速设置恒定",并增加"船上所有系统应处于正常额定工作状态(如空调通风系统、辅机、稳定装置等系统)"的要求。这个修改考虑到了部分不以主机为推进装置的商船的振动测试环境条件,且试验环境与船舶运营情况相符。

ISO 20283 - 5 允许部分测量点测量结果超出衡准值(测量点不包括驾驶室与集控室),即对于单层甲板,当测量点数量少于 5 个时,不允许有超过衡准值区域;当测量点为 5～9 个时,允许有 1 个测量点的测量值不超出衡准值0.5 mm/s;当测量点不少于 10 个时,具体超出范围如表 10 - 7 所示。

表 10 - 7　甲板区域衡准允许超出范围

单层甲板超过 10 个测量点的区域		超出衡准值区域 最大允许比例/%	允许超出限值
船员区域	船员居住区 工作区	10	1.0 mm/s 36 mm/s^2
	办公区		
	开放甲板娱乐区		
乘客区域	房间与公共区	10	1.0 mm/s 36 mm/s^2
	开放甲板娱乐区		

以两艘长冲程、低转速主机,上层建筑为细高型的船舶——31.8 万吨级大型油船和 20.8 万吨级散货船为例,图 10 - 2、图 10 - 3 所示为两艘船舶在压载吃水工况下船体局部振动测试数据。新旧标准下实测数据结果评估如下。

从两艘船试航实测数据中可以看出,按照 ISO 6954:2000(E)的衡准要求进行考核,对 31.8 万吨级大型油船抽查 28 个区域,对 20.8 万吨级散货船抽查 17

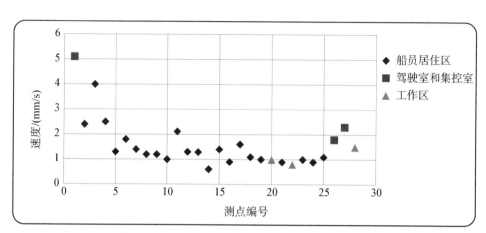

图 10 - 2　31.8 万吨级大型油船局部振动测试数据

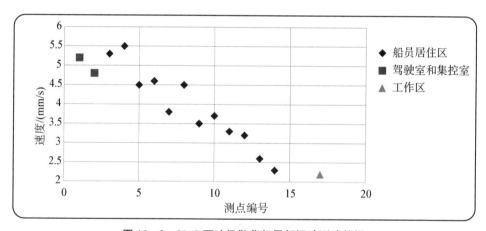

图 10 - 3　20.8 万吨级散货船局部振动测试数据

个区域,测量的振动响应值全部满足要求。但按照 ISO 20283 - 5 的衡准要求,
31.8 万吨级大型油船有 2 个测量点的测量值超出衡准限值,20.8 万吨级散货船
中有 9 个测量点的测量值超出衡准限值。超标区域大多分布在驾驶室和上层建
筑中的船员居住区,该区域衡准值分别由原来的 8 mm/s 与 6 mm/s 修改为
5 mm/s 与 3.5 mm/s。

　　世界主要船级社及国际海事组织对于振动评价的标准大体上可以分为两
类:第一类是通过分别评价每个频率、每个方向上的振动速度(或加速度)峰值,
判断振动是否满足要求。第二类是通过将不同频率下的振动速度(或加速度)进
行合成,判断合成的速度(或加速度)值是否满足要求。下面介绍世界主要船级

社船舶振动的评价标准。

10.1.1.2 挪威船级社振动评价标准

挪威船级社(DNV)颁布了全世界船舶行业内标准最高的振动及噪声舒适性规范(见表 10-8),其在船舶振动及噪声标准的基础研究方面处于世界领先水平。尽管 DNV 没有颁布专门的豪华邮轮振动规范,但其舒适度等级中 CRN 1 级对应的振动限值完全可以应用于豪华邮轮的设计中。相关文件为 DNVGL-RU-0050、DNVGL-RU-SHIP-Living and working condition 和 DNVGL-RU-SHIP-Passenger ship。船舶振动评价的频率范围为 0~80 Hz,对于客运船舶给定的舒适等级仅限于乘客区域,船员区域应至少符合货运船舶的 CRN 3 标准。挪威船级社有关船舶振动的评价是基于 DNV COMF-V(X)振动舒适度等级开展的。其中,振动速度限值由 ISO 6954:2000(E)振动评价标准中全频域 1/3 倍频程加权得到。ISO 6954:2000(E)的评价值是用 1~80 Hz 频率范围,按 1/3 倍频程的速度或加速度的加权总均方根值来计算。

表 10-8　DNV 振动舒适度评价标准(适用于客船、其他类型船舶乘客区域)

位置	振动速度限值/(mm/s)		
	CRN 1	CRN 2	CRN 3
乘客高级舱室	1.5	1.5	2.0
乘客标准舱室	1.5	2.0	3.0
乘客公共处所	1.5	2.0	3.0
露天甲板休闲场所	2.0	2.7	3.5

注:振动限值以振动速度的形式给出,依据是从 1~80 Hz 各频率的 1/3 倍频程速度加权总均方根值,振动标准适用于纵向、横向、垂向的三个方向的最大振动值。如果测得的振动速度低于 2.7 mm/s,则满足舒适度等级 CRN 3,如果振动速度超过 2.7 mm/s,频谱需要在 1~8 Hz 的频率范围内检验。对于客运船舶,若测得振动速度低于 1 mm/s,满足舒适度等级 CRN 1;若高于 1 mm/s,需要在 6.3~12.5 Hz 的频率范围内进行检验。CRN 1 表示最高舒适度,CRN 3 表示可接受的舒适度。

10.1.1.3 中国船级社的振动评价标准

中国船舶振动标准以及国家标准大多采用向国际标准靠拢,采取等效引用及直接采用两种方式制定。中国船级社(CCS)振动评价标准中振动量级系指根据 ISO 6954:2000(E)定义的在 1~80 Hz 频率范围内的频率加权振动速度有效值,舒适度等级分为乘客区域和船员区域两种,其评价标准分别如表 10-9 和表 10-10 所示。

表 10 - 9　中国船级社振动舒适度评价标准(乘客区域)

位置	振动速度限值/(mm/s)		
	CRN 1	CRN 2	CRN 3
乘客高级舱室	1.7	2.0	2.2
乘客标准舱室	2.0	2.5	3.0
乘客公共处所	3.0	3.5	4.0
露天甲板休闲场所	3.0	3.5	4.0

表 10 - 10　中国船级社振动舒适度评价标准(船员区域)

位置	振动速度限值/(mm/s)		
	CRN 1	CRN 2	CRN 3
船员舱室	2.8	3.0	3.2
驾驶室、报务室	3.0	3.5	4.0
船员公共处所、餐厅	3.0	3.5	4.0
医务室	2.8	3.0	3.2
办公室	3.0	3.5	4.0
机修间	5.0	6.0	6.5
机舱控制室	4.0	5.0	6.0

2020 年 7 月,中国船级社颁布了《绿色生态船舶规范》(2020),其中第 2 章生态保护要求中 2.5.1 节对振动舒适度等级进行了重新定义,表 10 - 9 和表 10 - 10 所示振动舒适度等级 CRN 1、CRN 2、CRN 3 级被修改为 3、2、1 级。经测量满足 2.5.1.3 条款相关要求的船舶,可授予 VIBx 附加标志。其中 x 为舒适度等级,分为 1、2、3 级;"1"表示可接受的舒适度等级,"3"表示舒适度最高等级,因此 VIB3 附加标志代表振动最高等级,振动最小最舒适。

10.1.1.4　美国船级社的振动标准

美国船级社(ABS)针对船体不同位置对船体振动评价制定了不同的标准,主要分为①船员、乘客区域振动标准;②局部结构振动标准;③机舱结构振动标准。根据船员适居性评价指标,测量加速度均方根最大值,按表 10 - 11 所示标准进行评价。

表 10-11　船员适居性加速度均方根最大值

ABS 可选择符号	频率范围/Hz	加速度测量	加速度均方根最大值/(m/s²)
HAB	0.5～80	a_w	0.4
HAB+	0.5～80	a_w	0.315

根据乘客舒适性评价指标,测量加速度均方根最大值,按表 10-12 所示标准进行评价。

表 10-12　乘客舒适性加速度均方根最大值

ABS 可选择符号	频率范围/Hz	加速度测量	加速度均方根最大值/(m/s²)
COMF	0.5～80	a_w	0.315
COMF+	0.1～0.5	$MSDV_z$	30
	0.5～80	a_w	0.20

注:$MSDV_z$ 表示晕船阈值。

此外,对于船员和乘客区域的振动评价也应该遵守 ISO 6954:1984 以及 ISO 6954:2000(E)的相关标准。

10.1.1.5　法国船级社的振动标准

法国船级社(BV)规定对于大于 1 600 总吨的客船,获得附加船级符号 COMF-VIBx(x 分别为 1、2、3,表示舒适度等级,1 为最高)需满足表 10-13～表 10-16 的振动衡准。

表 10-13　船员区域振动速度衡准(1～80 Hz 的速度加权均方根值)

位置	振动速度/(mm/s)		
	等级 1	等级 2	等级 3
驾驶室及无线电室	2.8	3.0	3.2
居住区	2.8	3.0	3.2
办公区	3.0	3.5	4.0
公共区域,餐厅	3.0	3.5	4.0
医务室	2.8	3.0	3.2
集控室	4.0	5.0	6.0
工作区	5.0	5.5	6.0
楼梯、走廊	5.0	5.5	6.0

表 10‑14 船员区域振动速度衡准(单频峰值 5～100 Hz)

位置	振动速度/(mm/s)		
	等级 1	等级 2	等级 3
驾驶室及无线电室	2.0	3.0	4.0
居住区	3.0	3.5	4.0
办公区	3.0	4.0	5.0
公共区域,餐厅	3.0	3.5	4.0
医务室	2.0	3.0	4.0
集控室	4.0	4.5	5.0
工作区	5.0	5.5	6.0
楼梯、走廊	5.0	5.5	6.0

表 10‑15 乘客区域振动速度衡准(1～80 Hz 的速度加权均方根值)

位置	振动速度/(mm/s)		
	等级 1	等级 2	等级 3
乘客头等舱	1.7	2	2.2
乘客标准舱	2.0	2.5	3.0
餐厅、咖啡厅及 B 类场所	2.2	2.5	3.0
商店及 D 类场所	4.0	4.5	5.0
A 类场所			
C 类场所	2.0	2.5	3.0
户外设施(游泳池、运动甲板)	3.0	3.5	4.0

注:A 类场所——航行时通常有人且噪声较高的封闭空间或娱乐场所(如舞厅)。B 类场所——航行时一直有人且噪声水平中等的封闭空间(如餐厅、酒吧、电影院、赌场、休息厅)。C 类场所——航行时一直有人且要求具备较低背景噪声的封闭空间(如演讲厅、图书馆、剧场)。D 类场所——航行时有时有人且不要求具备较低背景噪声的封闭空间(如大厅、中庭、商店、走廊、健身房)。

表 10 - 16　乘客区域振动速度衡准(单频峰值 5～100 Hz)

位置	振动速度/(mm/s)		
	等级 1	等级 2	等级 3
乘客头等舱	1.5	2.0	2.5
乘客标准舱	2.0	2.5	3.0
餐厅、咖啡厅及 B 类场所	2.5	3.0	3.5
商店及 D 类场所	4.0	4.0	4.0
A 类场所			
C 类场所	2.0	2.5	3.0
户外设施(游泳池、运动甲板)	3.0	4.0	4.0

注:A 类场所——航行时通常有人且噪声较高的封闭空间或娱乐场所(如舞厅)。B 类场所——航行时一直有人且噪声水平中等的封闭空间(如餐厅、酒吧、电影院、赌场、休息厅)。C 类场所——航行时一直有人且要求具备较低背景噪声的封闭空间(如演讲厅、图书馆、剧场)。D 类场所——航行时有时有人且不要求具备较低背景噪声的封闭空间(如大厅、中庭、商店、走廊、健身房)。

10.1.1.6　军用船舶的振动标准

此处主要介绍中国的标准。中国船级社的《船上振动控制指南》对于船长大于和等于 100 m 的商船垂向与水平振动的评价衡准如表 10 - 17 所示。

表 10 - 17　船长大于和等于 100 m 的商船垂向与水平振动的评价衡准

参数项	评 价 衡 准	
	频率范围 1～5 Hz	频率范围 5～100 Hz
上限	峰值加速度＝285 mm/s²	峰值速度＝9 mm/s
下限	峰值加速度＝126 mm/s²	峰值速度＝4 mm/s

早期的 GJB 1045.1—90《舰艇船体振动评价基准》如图 10 - 4 和图 10 - 5 所示。

GJB 4000—2000《舰船通用规范总则》根据舰艇工作和生活环境,对振动的要求可分为以下三类区域。

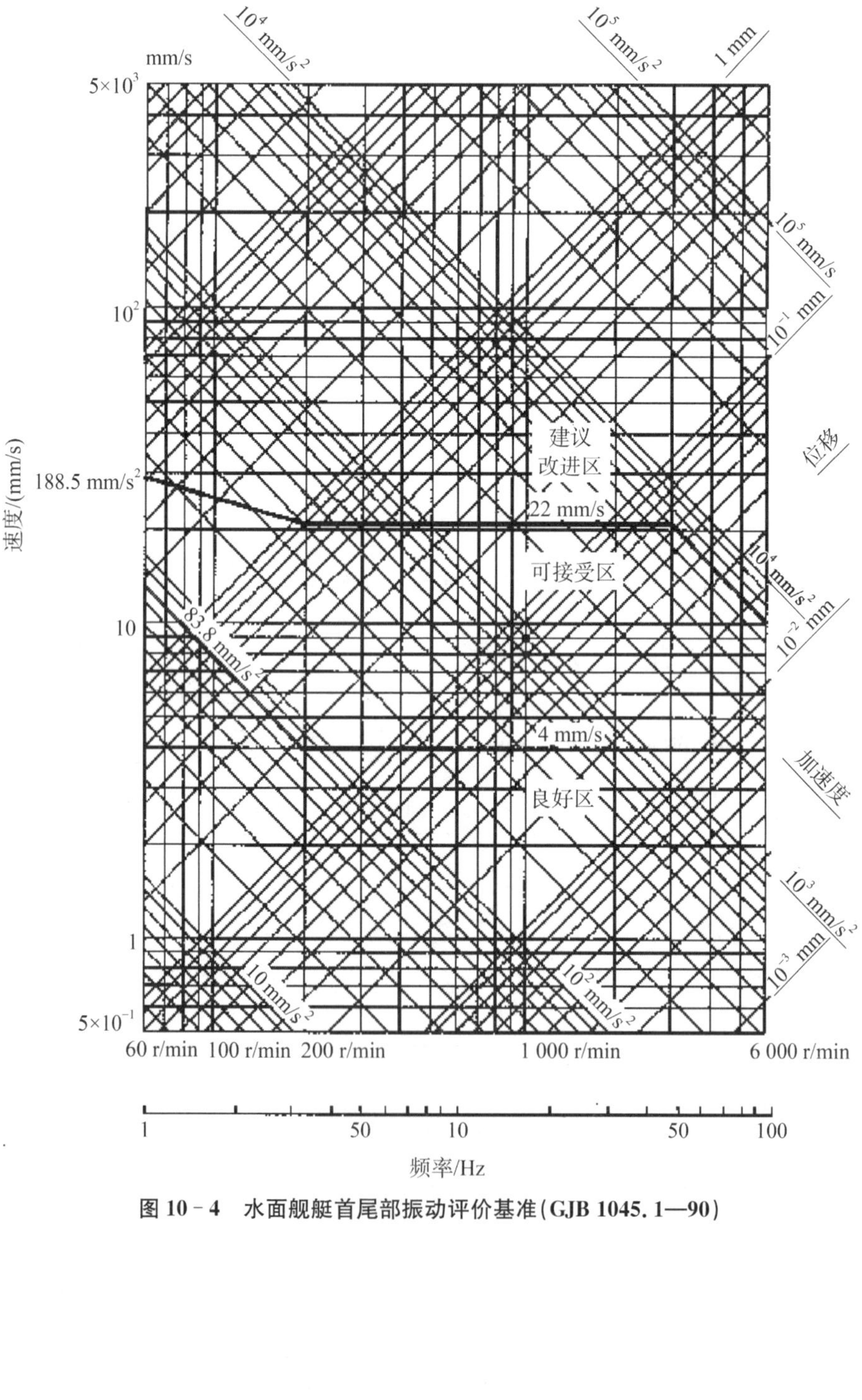

图 10-4 水面舰艇首尾部振动评价基准(GJB 1045.1—90)

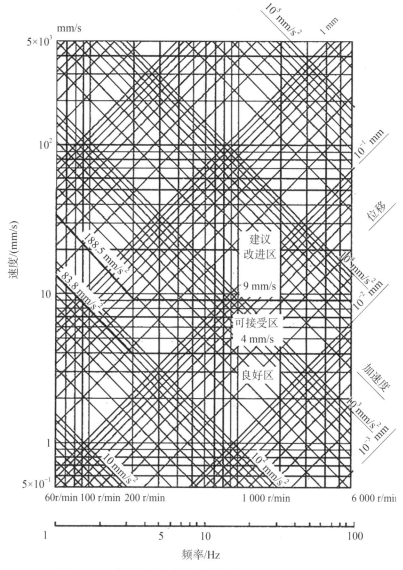

图 10 - 5　水面舰艇中部振动评价基准(GJB 1045.1—90)

　　Ⅰ类区域:注意力集中,工作精度要求较高的工作舱室或区域和需要保持舒适的生活舱室或区域。如声呐室、各种控制中心或部位,舰艇首长住室等。

　　Ⅱ类区域:在居住区域内,需要保证舰员休息、学习和工作环境的处所。如住舱(舰艇首长住室除外)、活动室、阅览室、餐厅、医疗舱室、会议室、海图室等。

Ⅲ类区域:除上述外,人员停留或工作时间较短的处所。如厨房、洗衣房、生活用品贮藏室、卫生舱室、通道等。

整体振动衡准:正常排水量 500 t 及其以上的舰艇,Ⅰ、Ⅱ、Ⅲ类区域的垂直振动和水平振动一般不应超过图 10-6 所列振动衡准。

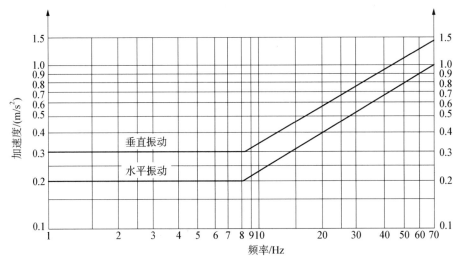

(a) Ⅰ类区域振动衡准

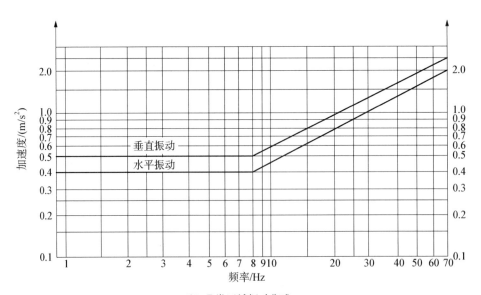

(b) Ⅱ类区域振动衡准

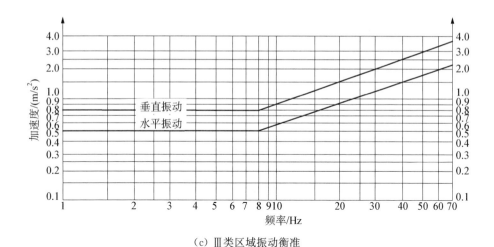

（c）Ⅲ类区域振动衡准

图 10‑6　GJB 4000—2000 水面舰艇振动评价基准图例

10.1.2　船舶振动的结构标准

即使船舶振动满足人员的适居性标准，但也需注意船上某些结构部位由于振动造成的船体疲劳和断裂安全问题，因此提出了振动的结构衡准。结构振动参数采用位移、速度或加速度振幅（峰值）表征。振动频率在 1～5 Hz 范围内采用位移或加速度振幅，在 5～100 Hz 范围内采用速度振幅。

除另有约定外，船体结构振动衡准值以及每一点的垂向、横向或纵向的振动位移或振动速度振幅，一般应控制在下列范围内：

（1）在 1～5 Hz 频率范围内振动位移振幅建议小于 1.0 mm；当大于 2.0 mm 时，可能会产生破坏。

（2）在 5～100 Hz 频率范围内振动速度振幅建议小于 30 mm/s；当大于 60 mm/s 时，可能会产生破坏。船体结构振动的限值如图 10‑7 所示[34]。

除另有约定外，船长在 35 m 以上的高速船、轻型船与水面舰艇的船体结构振动衡准值及每一点的垂向、横向或纵向的振动参数，一般应控制在表 10‑18 所示的范围内。

10.1.3　船舶振动的设备标准

船上主要有两类设备——机械设备和电气设备。为避免机械设备的疲劳损坏或运动部件加速磨损，应控制机械设备的振动参数。机械设备振动参数采用位移振幅、速度振幅或加速度振幅（峰值）来表征。除另有约定外，机械设备振动参数应不超过表 10‑19 中所示的振动衡准值[34]。

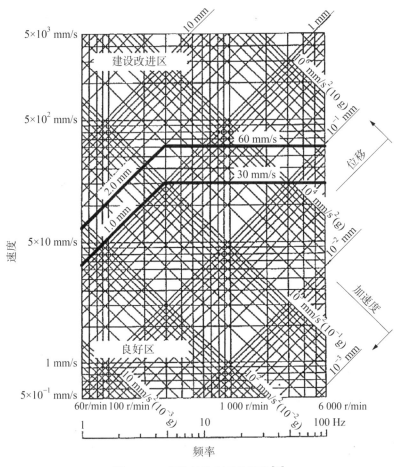

图 10-7　船体结构振动的限值[34]

表 10-18　高速船和轻型船与水面舰艇船体结构振动衡准

区　　域	频率 1~5 Hz		频率 5~100 Hz
	加速度/(mm/s²)	位移/mm	速度/(mm/s²)
主要区域,人员一般可以到达的甲板和安装设备的结构	160	—	5
船尾部区域,人员一般可以到达的甲板和安装设备的结构	220	—	7
桅杆顶区域	—	—	15

（续表）

区　　域		频率 1～5 Hz		频率 5～100 Hz
		加速度/(mm/s²)	位移/mm	速度/(mm/s²)
其他结构,如对不影响人员舒适性或熟练操作,以及没有安装重要设备(如舱柜和空舱等)的结构	钢质	—	1.0	30
	铝合金	—	0.33	10

表 10‑19　船上机械设备振动衡准

项目名称	频率和位移	频率和速度	备注
低速柴油机	1～2.4 Hz; 垂向或纵向位移为1.5 mm;横向位移为1.0 mm	2.4～100 Hz; 垂向或纵向速度为10 mm/s;横向速度为25 mm/s	
中速和高速柴油机	—	4.8～100 Hz; 固定安装:15 mm/s; 弹性安装:25 mm/s	
柴油机传动的发电机和推进用的电动机	—	4～100 Hz; 18 mm/s	固定和弹性安装
涡轮机传动的发电机	—	4～1 000 Hz; 7 mm/s	固定和弹性安装
增压器	3～4.8 Hz; 1.0 mm	4.8～26.5 Hz; 30 mm/s	
涡轮机	—	5～1 000 Hz; 5 mm/s	固定和弹性安装
主推进齿轮箱	—	4～1 000 Hz; 7 mm/s	
轴系轴承	1～2 Hz; 0.4 mm	2～100 Hz; 5 mm/s	
电动机、分离器、液压传动马达、风扇	—	4～200 Hz; 7 mm/s	
螺杆心式或离心式压缩机	—	4～200 Hz; 固定安装:7 mm/s;弹性安装:10 mm/s	
往复式压缩机	—	4～200 Hz; 30 mm/s	固定和弹性安装

除另有约定外,船长 35 m 以上的高速船、轻型船与水面舰艇的机械设备振动参数应不超过表 10 - 20 所示的振动衡准值[34]。

表 10 - 20　高速船和轻型船与水面舰艇的机械设备振动衡准

项目名称	频率和位移	频率和速度	备注
中速和高速柴油机	1～4.8 Hz; 0.5 mm	4.8～100 Hz; 15 mm/s	
柴油机传动的发电机	1～3.2 Hz; 0.5 mm	3.2～100 Hz; 10 mm/s	
涡轮机传动的发电机	1～2 Hz; 刚性安装:0.4 mm; 弹性安装:0.8 mm	2～100 Hz; 刚性安装:5 mm/s; 弹性安装:10 mm/s	
增压器	3～4.8 Hz; 1.0 mm	4.8～26.5 Hz; 30 mm/s	26.5～300 Hz; 加速度:5 g
涡轮机	—	5～1 000 Hz; 5 mm/s	
齿轮	—	5～1 000 Hz; 5 mm/s	
轴系轴承	1～2 Hz; 0.4 mm	2～100 Hz; 5 mm/s	
电动机、分离器、液压传动马达、风扇	1～2 Hz; 0.4 mm	2～100 Hz; 5 mm/s	
螺杆心式或离心式压缩机	—	4～200 Hz; 固定安装:7 mm/s; 弹性安装:10 mm/s	
往复式压缩机	1～3.2 Hz; 0.5 mm	3.2～100 Hz; 10 mm/s	

10.2　船舶与海洋工程结构振动的测试

船舶和海洋工程结构的振动测试主要针对新设计或新建造的船舶及海洋工程结构,针对营运中的船舶及海洋工程结构开展振动测试则是为了进行附加标志入级认证或故障诊断。船舶振动测试的内容是船体总振动及船体局部振动测量,包括船舶振动测量、机械设备振动测量、机架振动测量、轴系振动测量和振动居住性测量等,一般采取单项测量、相关项目同步测量及综合项目同步测量等方式,测量的参数是振幅[位移(mm)、速度(mm/s)、加速度(mm/s^2)及应变]和频率(Hz)。海洋平台或海洋工程结构振动测试的内容是局部振动测量[34]。

新设计或新建造船舶的振动测试目的如下:

(1) 确定船舶振动烈度,并与衡准比较,判断其是否满足衡准要求。

(2) 确定船体及其局部结构的振动特性参数,如固有频率、阻尼和振型等。

(3) 进行特殊要求的激振力测量,如螺旋桨脉动压力测量、其他机器激振力测量。

(4) 检验船体结构振动预报方法的准确性,或检验、改进和评价减振措施效果。

(5) 为修订衡准作准备或积累资料。

营运船舶的振动测试目的如下:

(1) 确定船舶振动烈度,并与衡准比较,判断其是否满足衡准要求。

(2) 申请居住性(振动)附加标志 HAB(VIB)。

(3) 找出引起振动的主要振源,分析其传递路径,制定相应的减振措施。

10.2.1　船体总振动测量

10.2.1.1　船体振动测量的条件

(1) 水深一般应不低于 4 倍平均吃水,如船舶一直在浅水中营运,则也可在营运水域进行。

(2) 海况应不高于 3 级,且风力不大于蒲氏风级 3 级。

(3) 船舶应处于压载或满载状态,并使螺旋桨全部浸入水中。

(4) 船舶航向应尽量保持直线航行,舵角左右变化应小于±2°。

(5) 除另有说明外,主机应处于 90%～100%最大营运转速,并应处于稳定运转状态;所有其他机械应处于正常运转状态。

(6) 对于使用动力定位系统的海洋工程船舶,侧推装置应处于合同规定或至少达到 40%功率的工作状态。

(7) 如不在上述条件下进行测量,则在测量报告中应予以注明。

10.2.1.2　船体总振动的测点布置要求

船体垂向弯曲振动测点应分布在主甲板或强力甲板上靠近纵中线有强刚性构件处,如纵舱壁、横舱壁或甲板纵桁,如图 10-8 所示。

船体梁的垂向、横向和纵向弯曲振动的船尾部区域测点应尽可能靠近船尾部艉垂线位置的中心线处,这个点是船体振动的主要参考点。

(a)   (b)

图 10 - 8　船体总振动测点布置

水平振动测点应分布在中纵剖面的甲板或船底处。

扭转振动测点应在甲板两侧安装一对垂向传感器或在船底处放置一对水平方向传感器,利用相位信息将垂直、水平振动与扭转振动加以区分。

进行垂向和水平振动激振测量时应在舷侧或纵舱壁上沿船长方向布置 10个以上的测点,其中船首和船尾两个测点是必需的,对于大型船舶如大型油船最好同时测量舷侧和纵舱壁的振动,进行扭转振动激振测量时应在两舷侧布置 10个以上测点。

10.2.1.3　船体总振动的激振和试验

1) 稳态试验法

稳态试验一般指利用安装在船尾(或船首)的可调转速和激振力幅值的激振机产生激励激起船体的振动,从测定各测点幅值变化和相位关系求得船体梁的固有振动频率。应该注意的是,激振机一定要固定在船体的强力构件上,必要时应对局部结构加强以保证激振力传给船体梁。

试验时从最低转速开始启动激振机并十分缓慢地逐渐增速,与此同时观察船首、船尾两测点的振动波形和它们之间的相位关系,若它们之间的相位关系满足表 10 - 21 所示的关系,则保持激振机的转速不变。仔细测量各测点处的振动位移幅度和确定各测点间的相位关系,共振时各测点之间的相位关系应是严格同相或反相,然后按照各测点间的相位关系和振幅值描绘出船体振型曲线,确定零振幅值点即振型节点数目,按表 10 - 21 所示的对应关系确定该转速对应的阶次。

表 10 - 21　船体总振动测量中船首、船尾两测点的振型阶次和相位关系

振型阶次	垂向、水平振动		扭转振动	
	振型节点数目	船首、船尾相位关系	振型节点数目	船首、船尾相位关系
1	2	同相	1	反相
2	3	反相	2	同相

（续表）

振型阶次	垂向、水平振动		扭转振动	
	振型节点数目	船首、船尾相位关系	振型节点数目	船首、船尾相位关系
3	4	同相	3	反相
4	5	反相	4	同相
5	6	同相	5	反相

　　根据各测点的振动位移幅值和各测点的相位关系描绘出沿船长方向的振动位移幅值的分布曲线，即船体梁的固有振型，典型的船体梁固有振型如图 10 - 9 所示。

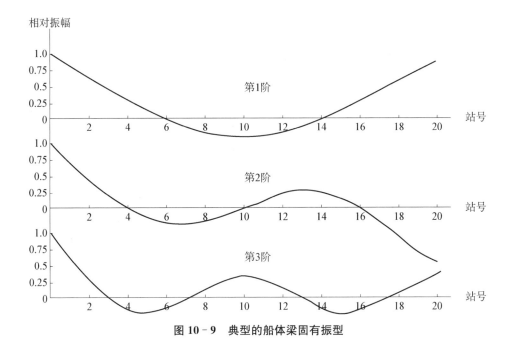

图 10 - 9　典型的船体梁固有振型

　　2）瞬态试验法

　　瞬态试验法包括抛锚激励试验法、靠泊码头、两船轻撞、急刹车、急转等。利用抛锚激励试验法可确定船体垂向第一阶固有频率和阻尼特性。当船舶在试验水域漂浮时，将锚抛下并突然刹住（最好是不入水），记录船体因受到突然冲击所激起的衰减振动，按记录到的衰减振动波形可以确定船体垂向第一阶固有频率和对数衰减率。

10.2.2　船舶航行振动测量

如需确定船舶在营运条件下的振动情况,则需在船舶试航或营运时进行航行振动测量。具体包括如下测量项目。

(1) 主机调速扫描激振:以小于 5 r/min(0.083 3 Hz)的稳定加速率或减速率,进行主机调速,以确定可能存在的临界转速(共振转速)。

(2) 在开展自由航迹试验时,从最高转速的 1/2 到最高转速,按一档 3～10 r/min 的分档间隔增加转速;在常用转速或临界转速附近,转速变化间隔适当小些。

(3) 在最大航速时进行急左转与急右转(选择性项目)。

(4) 从全功率前进到全功率后退或急速倒车(选择性项目)。

记录上述几个阶段最大及最小的振动烈度,可以获得船体振动频率、振幅或加速度等参数。

对于营运船舶,不必停靠或锚泊,也不需要抛锚激励,更不需要激振机激振,只需按照相关模态测点布置原则,通过适当布置的振动传感器,提取船舶正常航行时螺旋桨和主机对船体激励所激起的振动的响应,再利用专门的具有"工作模态"的软件的识别系统进行分析,便可得到船体结构的固有频率、振型和模态阻尼等。

10.2.3　船体及海洋工程结构的局部振动测量

10.2.3.1　上层建筑振动(模态及响应)

对于上层建筑振动响应的测量,在航行试验时使主机保持 90%～100% 的正常航行转速,在三个位置(驾驶室桥楼前沿中心线处、甲板左右侧和前围壁不同高度处三个方向)测量三个轴线方向的振动,以便确定上层建筑的整体振动。对于上层建筑振动模态测量,可采用激振机和锤击激振,测量点及激振点具体位置如图 10 - 10 所示。

10.2.3.2　局部甲板板格振动(模态及响应)

对于局部振动明显的结构,按照数值计算的模态结果布置传感器,测量其单向或三个方向的振动,可以采用锤击激振,或者在航行试验中进行[16]。

10.2.4　船舶振动问题的诊断

船舶振动问题的诊断一般针对已建成船舶进行,如果在船舶的试航或营运时发现该船的振动比较严重,就必须进行振动原因调查。船舶振动问题诊断的本质是模式识别,或者称为振动源定位技术。振动原因调查需要丰富的经验和全面深入的结构动力学理论素养,一般人员难以胜任这个工作。振动原因调查的一般流程如下:

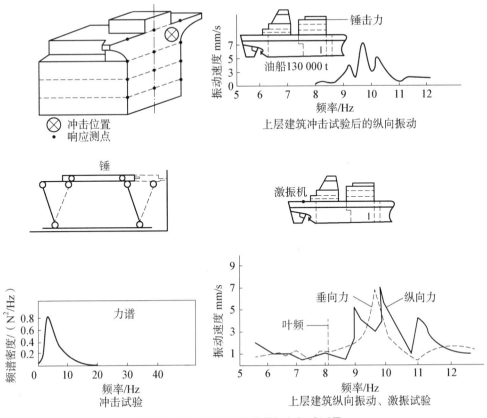

图 10-10　上层建筑的激振和振动测量

（1）振动超差/振动严重区域或结构的确认，诸如船体梁、船尾、上层建筑、各层甲板、桅杆、船首、机舱区域、船底板架、舵机舱、导航桥以及其他非典型位置等。

（2）对该问题区域或结构的模态（固有频率、振型）与振动响应进行测试。采用螺旋桨调速、主机调速、锤击或激振机激振、抛锚激励等方法，完成总振动与局部振动测试。

（3）对螺旋桨、主机、侧推进器、波浪等激励源的频谱特性进行分析和测定。

（4）根据上述结构及区域的模态测试结果，对其与可能的激励源的轴频、叶频、倍叶频、缸频、波浪遭遇频率等的错开率进行分析，判断是否产生共振。

（5）计算振源设备的振动贡献率。首先，对于振动超差/振动严重区域或结构评价点，令每台振动源设备单独作用，计算该评价点的振动响应，得到设备振动贡献率。其次，进行激振力与船体响应测试结果的频谱相关性分析，识别出主要振源和主要作用频率。

(6) 给出振动问题诊断报告,提出减振策略。

船舶问题诊断实践中有关振动问题的案例,例如某客滚船螺旋桨叶频导致的船体主甲板共振、某驱逐舰传动轴没有进行动平衡处理导致舰体水平振动、某液化石油气船柴油机缸频导致的扭转振动、某电子侦察船桨叶被碰撞后因双桨激振力不平衡从而导致产生扭转振动以及上层建筑驾驶室与导航桥扭转振动等。

10.3　船舶与海洋工程结构的防振及减振

船舶与海洋工程结构的振动控制,包括船体稳态强迫振动(机械设备、外部水动力周期性载荷下)和瞬态振动(爆炸冲击、碰撞搁浅、武器发射及抛锚、波浪砰击、内波作用等环境场景)等类型的控制,主要通过防振设计与减振设计来实现。两者主要差别在于,船舶防振在船舶设计阶段进行,船舶减振大多在船舶建造完毕或投入使用后进行。防振与减振适用的振动控制方法是相同的,错频、消振、隔振、减振、动力学优化和阻振是常用的方法。对建成后的船舶进行减振处理,花费的代价远大于防振设计所消耗的代价,并且耽误船舶的正常运行和使用。中国造船界已经形成了一套完整的防振设计方法和流程,相应减振降噪辅助装置产业也形成了一定规模,但减振设计方面没有成熟的技术和流程,只能针对具体问题施策。目前,我国与国外的差距主要在于新型减振材料和高性能装置的创新研发,科技投入不足,专业的船舶减振降噪设计产业还没有形成。

10.3.1　振动控制的基本方法

振动控制的任务是通过一定的手段使受控对象的振动水平满足人们的预定要求。为达到该目的需经历如下环节:

(1) 确定振源特性与振动特征。如振源的位置,激励的特性(简谐性、周期性、窄带随机性或宽带随机性),振动特征(受迫型、自激型或参数型)等。

(2) 确定振动控制水平。

(3) 确定振动控制方法。

(4) 进行分析与设计,包括建立受控对象与控制装置的力学模型、进行振动分析,以及对控制装置参数与结构的设计。

(5) 实现及验证。将控制装置参数与结构转化为实物,试验验证。

振源产生振动,通过介质传至受控对象,因此振动控制的基本方法也就分为三个方面:振源控制、传递路径控制和对受控对象控制。振动控制过程如图 10 - 11 所示。

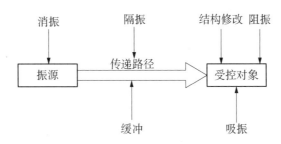

图 10 - 11　振动控制过程

消振：消除或减弱振源激励能量，从而削弱结构振动响应的方法。这是治本方法。它也有抵消振动的含义，即由控制振源引起的振动抵消未加控制时的原有振动。

隔振：在振源与受控对象之间安装附加子系统（如隔振器），改变振源对需减振对象的能量频谱特性，减小能量传递到对象的通过频率激励能量。例如大质量（或刚度）基础、隔振沟和隔振器。

缓冲：将冲击动能很快地转化为势能，储存于缓存器内，再缓慢释放出来。

吸振：又称动力吸振，在需减振结构上附加辅助子系统（动力吸振器），使振源的激励能量分配到结构与辅助子系统上，并使分配到结构上的激励能量最小。

阻振：采用各种阻尼材料与阻抗失配元件耗散振动能量，例如阻尼材料减振、大质量方钢阻振和带隙超材料等。

结构修改：通过修改结构力学特征设计参数（质量、刚度和阻尼等），实现减小振动的目标。对实际存在的受控对象来说，这是结构修改问题；对于初始设计阶段的受控对象来说，这是动态设计问题。

振动控制分为主动控制与被动控制。

振动的主动控制：又称有源控制，通过检测、反馈和执行机构并外加能源，对结构振动进行控制。振动的主动控制流程如图 10 - 12 所示。

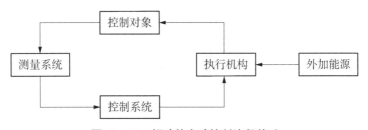

图 10 - 12　振动的主动控制流程关系

振动的被动控制：无须外加能源，通过附加子系统和阻尼耗能元件对结构振动进行控制，其优点是装置结构简单，易于实现，经济性与可靠性高。

10.3.2 隔振的分类及隔振效果评价

采用隔振技术进行系统的振动控制可以分为主动隔振与被动隔振两种情况。

主动隔振：利用隔振器降低因动力设备本身的扰力作用引起的周围支承结构或地基的振动，同时使动力设备本身的振动尽量小，也称积极隔振，其目的在于隔离振源（见图 10-13）。

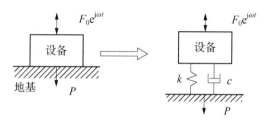

图 10-13 主动隔振示意图

被动隔振：减少精密仪器和设备在外部振源或基础运动作用下引起的振动，也称消极隔振，其目的在于隔离响应，保护设备（见图 10-14）。

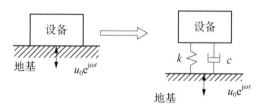

图 10-14 被动隔振示意图

评价隔振系统的隔振效果常采用隔振效率、振级落差和插入损失等指标进行。其中涉及振动传递系数这个中间指标。

对于主动隔振，隔振元件传递力幅值与扰动力幅值之比 T_F 即为振动传递系数。

$$T_F = \frac{\text{传递力幅值}}{\text{扰动力幅值}} \tag{10-4}$$

对于被动隔振，隔振元件传递位移幅值与扰动位移幅值之间的比值 T_D 即为振动传递系数。

$$T_D = \frac{传递位移幅值}{扰动位移幅值} \tag{10-5}$$

隔振效率：$\varepsilon = (1 - T_F) \times 100\%$ 或 $\varepsilon = (1 - T_D) \times 100\%$。

T_F 或 T_D 数值越小，说明隔振效果越好；若 T_F 或 T_D 等于 1，则无隔振效果；若 T_F 或 T_D 大于 1，则振动被放大，更不可取。

对于图 10-13，该系统的振动传递系数为

$$T_F = \frac{F_t}{F_0} = \frac{\sqrt{1 + (2\zeta r)^2}}{\sqrt{(1 - r^2)^2 + (2\zeta r)^2}} \tag{10-6}$$

对于图 10-14，该系统的振动传递系数为

$$T_D = \frac{u_t}{u_0} = \frac{\sqrt{1 + (2\zeta r)^2}}{\sqrt{(1 - r^2)^2 + (2\zeta r)^2}} \tag{10-7}$$

式中，k、c 和 m 分别为隔振器刚度、阻尼系数和设备质量；$r = \dfrac{\omega}{\omega_n}$，$\omega_n = \sqrt{\dfrac{k}{m}}$；$\zeta = \dfrac{c}{2m\omega_n}$。

振动传递系数 T_r 与频率比 r 之间的关系如图 10-15 所示。要取得比较好的隔振效果，首先必须保证 $r > \sqrt{2}$，即设计比较低的隔振系统频率。如果系统干扰力的频率 ω 比较低，系统设计时很难达到 $r > \sqrt{2}$ 的要求，则必须通过增大

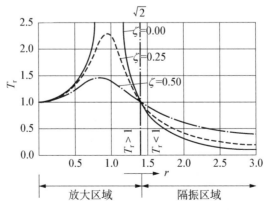

图 10-15　振动传递系数与频率比间的关系

隔振系统阻尼的方法抑制系统的振动响应。此外,对于旋转机械如电动机等,在这些机械启动和停止过程中,其干扰力的频率是变化的,必然会出现隔振系统频率与机器扰力频率一致的情形。为了避免系统共振,设计这些设备的隔振系统时就必须考虑采用一定的阻尼材料以限制共振区附近的振动。通常隔振器的阻尼比为 2%～20%,钢制弹簧的阻尼比小于 1%,纤维垫的阻尼比为 2%～5%,合成橡胶的阻尼比可达到或超过 20%。

实际工程中必须兼顾系统安装稳定性和成本等因素,通常设计 r 的值为 2.5～5。这是因为通常 ω 是给定的,要进一步提高 r,就只有降低 ω_n,而设计过低的 ω_n 不仅在技术上存在困难,而且造价高。

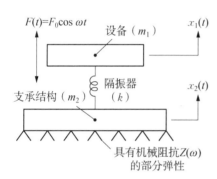

图 10-16　考虑船上动力设备安装基础弹性的隔振系统动力学模型

在实际工程问题中,与隔振器相连的结构或基础(地基)自身具有一定弹性而难以完全简化成刚性,此时在进行隔振设计时需要考虑基础弹性。例如,安装在船上的动力机械,其支承点附近的基座与船体区域也同隔振器一起运动,在对隔振设计的系统建模时,需要考虑基座和船体的质量及弹性效应。图 10-16 给出了考虑基础弹性的隔振系统动力学模型,此时定义基础的机械阻抗 $Z(\omega)$ 是使基础弹性产生单位位移所需要的频率为 ω 的力,以此为参数考虑基础弹性的影响[22]。

$$Z(\omega) = \frac{F(\omega)}{X(\omega)} \tag{10-8}$$

机械阻抗是频率响应函数的倒数。频率响应函数和机械阻抗都是以频率为自变量的复函数,都是频域函数,而不是时域函数。上述定义是广义的机械阻抗概念,确切地说,机械阻抗指的是力输入与系统的速度响应之比,是速度导纳的倒数。系统的力输入与位移响应之比称为动刚度。力输入与系统的加速度响应之比称为视在质量。对于单自由度有阻尼系统,其机械阻抗为

$$Z(\omega) = \frac{F(\omega)}{X(\omega)} = (k - m\omega^2) + \mathrm{i}c\omega = |Z(\omega)| \, \mathrm{e}^{\mathrm{i}\varphi} \tag{10-9}$$

式中,$|Z(\omega)| = k\sqrt{(1-r^2)^2 + (2\zeta r)^2}$；$\varphi = \arctan \dfrac{2\zeta r}{1-r^2}$。

对应图 10-16 考虑基础弹性的隔振系统动力学方程为

$$m_1\ddot{x}_1 + k(x_1 - x_2) = F_0\cos\omega t \tag{10-10}$$

$$k(x_1 - x_2) = x_2 Z(\omega) \tag{10-11}$$

假设稳态解为如下形式：

$$\begin{bmatrix} x_1 \\ x_2 \end{bmatrix} = \begin{bmatrix} X_1 \\ X_2 \end{bmatrix}\cos\omega t \tag{10-12}$$

代入式(10-10)及式(10-11),求得振幅分别为

$$\begin{cases} X_1 = \dfrac{[k + Z(\omega)]F_0}{Z(\omega)(k - m_1\omega^2) - km_1\omega^2} \\ X_2 = \dfrac{kF_0}{Z(\omega)(k - m_1\omega^2) - km_1\omega^2} \end{cases} \tag{10-13}$$

传递到基础上的力为

$$F_t = X_2 Z(\omega) = \dfrac{kZ(\omega)F_0}{Z(\omega)(k - m_1\omega^2) - km_1\omega^2} \tag{10-14}$$

则隔振器的振动传递系数为

$$T_F = \dfrac{F_t}{F_0} = \dfrac{kZ(\omega)}{Z(\omega)(k - m_1\omega^2) - km_1\omega^2} \tag{10-15}$$

可以看出,针对含基础弹性的系统进行隔振设计时,考虑基础阻抗是很重要的。通常在实际应用时,可通过试验测得基础的阻抗特性,如采用锤击或激振器,同时测量输入力和基座的响应特性,然后在频域即可求得相应的阻抗。

(1) 如果仅考虑基础质量而忽略支承刚度时,则基础的阻抗仅由基础质量 m_2 决定,此时

$$Z(\omega) = -m_2\omega^2 \tag{10-16}$$

则振动传递系数为

$$T_F = \dfrac{F_t}{F_0} = \dfrac{-km_2\omega^2}{(k - m_1\omega^2)(k - m_2\omega^2) - k^2} = \dfrac{1}{\left(1 + \dfrac{m_1}{m_2}\right)\left(1 - \dfrac{\omega^2}{\omega_2^2}\right)} \tag{10-17}$$

式中，$\omega_2^2 = k\left(\dfrac{1}{m_1} + \dfrac{1}{m_2}\right)$ 是系统的固有频率。该式表明，当基础质量 m_2 远大于设备质量 m_1 时，其对隔振系统影响非常小，隔振系统的隔振效率主要由隔振器的刚度及设备质量决定。

（2）如果仅考虑基础的支承刚度而忽略质量时，则基础的阻抗仅由其刚度 k_2 决定，此时

$$Z(\omega) = k_2 \qquad (10-18)$$

则有

$$T_F = \frac{F_t}{F_0} = \frac{kk_2}{k_2(k - m_1\omega^2) - km_1\omega^2} = \frac{1}{1 - \left(\dfrac{1}{k} + \dfrac{1}{k_2}\right)m_1\omega^2} \qquad (10-19)$$

式（10-19）表明，当基础刚度 k_2 远大于隔振器刚度 k 时，其对隔振系统的影响非常小，隔振系统的隔振效率主要由隔振器的刚度及设备质量决定。

振级落差：用于积极隔振中，其定义为机械设备在弹性安装情况下，隔振器上、下振动响应（加速度 a 或速度 v）之比：

$$\mathrm{VL_D} = 20\lg\frac{a_{\mathrm{up}}}{a_{\mathrm{down}}} = 20\lg\frac{v_{\mathrm{up}}}{v_{\mathrm{down}}} \qquad (10-20)$$

插入损失：用于积极隔振中，其定义为机械设备在刚性安装时的基础响应与弹性安装时基础响应之比：

$$\mathrm{IL} = 20\lg\frac{a_{\mathrm{r}}}{a_{\mathrm{e}}} = 20\lg\frac{v_{\mathrm{r}}}{v_{\mathrm{e}}} \qquad (10-21)$$

隔振效率是船舶机械设备隔振系统设计计算时的评价指标，振级落差和插入损失则用于隔振系统的实际测试评价。目前最常用的是振级落差这一指标，原因是测量方便，结果直观。

10.3.3　船舶的防振设计和减振设计

船舶机械设备种类多，规格不一，但按功能可以分为主机和辅机两部分。按运转特性分为往复式机械和回转式机械两大类。前者有柴油机、柱塞泵、压气机，后者有涡轮机、水泵、风机、电机等。机械运转时总会产生周期性的扰动力，从而引起振动。从它们的振动频谱图可知，这些机械设备的振动频带宽达 2～8 000 Hz，主要分布在 2～1 000 Hz 的频率范围内。机械产生的振动传递给基础、甲板和舱壁板后引起它们的振动，并以弹性波形式沿着船体结构传播，产生结构

振动(又称结构噪声)。

在船舶设计阶段,即开始对船舶的振动特性和响应进行预报,使设计指标能够满足振动衡准和合同指标称为防振设计,也叫船舶动力学设计。

船舶防振设计的一般流程如下:

(1) 减小螺旋桨及主机的激振力。

按照螺旋桨激振力及叶梢间隙衡准选择螺旋桨型号并设计叶梢间隙等参数。从减小伴流影响来说,螺旋桨离船体越远越好,叶梢与船体之间的间隙越大越好。中国船级社颁布的《船上振动控制指南》(2021)建议螺旋桨的净空尺寸(见图 10 - 17)应满足 CCS《钢质海船入级规范》第 2 篇第 2 章的建议值,即最小间隙不得小于以下值:

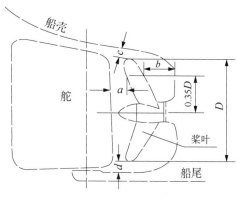

图 10 - 17　螺旋桨净空尺寸

$$a = 0.12D(\text{m}), b = 0.20D(\text{m}), c = 0.25D(\text{m}), d = 0.04D(\text{m})$$

式中,D 为螺旋桨直径(m)。

《船上振动控制指南》(2021)规定螺旋桨的脉动压力(最大幅值)一般应不超过表 10 - 22 中所列限值。

表 10 - 22　脉动压力衡准

船　　型	脉动压力/kPa
游船、客船	2
滚装船	4
集装箱船和快速货船	6
其他货船(包括散货船和油船)	8

减小螺旋桨激振力的主要措施有 3 个:改善伴流、改进螺旋桨设计和改进船体振动传递特性。

大量实践证明,对于单桨船采用 U 型或球型船尾可明显改善伴流场的不均匀程度,有利于减小螺旋桨激励,双桨船应尽量避免采用平底船尾,宜用 Y 型船尾。

按照螺旋桨激振力及叶梢间隙衡准选择螺旋桨型号、叶片数、螺距并设计叶梢间隙等参数。螺旋桨叶片数的增加可使由它诱导的脉动压力下降,减小轴承力。小螺距可以改善径向载荷。螺旋桨与船体的间隙直接影响激振力大小。采用大侧斜桨叶可以降低脉动压力。

减小主机激振力的主要途径:选择平衡性好的主机、注意主机的安放位置、安装平衡补偿和其他措施。所选主机的振动参数必须满足表 10 - 19 和表 10 - 20 所列的限值。

在柴油机的顶部装设防振支承,可防止或减小机架振动,是采用最多也是相当有效的减振措施。支承一般有 3 种型式,分别为摩擦式、液压式和机械式。加设防振支承后,机架所增加的附加刚度,不仅取决于支承的刚度,而且与船体的刚度、安装位置等有关。当支承的刚度超过 1×10^6 kN/m 时,无论机架是 H 型、X 型还是 L 型,其固有频率基本保持不变。图 10 - 18 为主机侧向防振支承的布置。

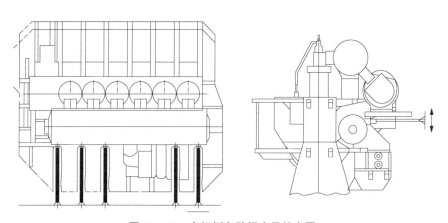

图 10 - 18　主机侧向防振支承的布置

(2) 船体结构频率错开设计。

设计中应使船体或主要部件的固有频率和船上主要激励频率避免重合而发生共振性振动,应注意高避与低避设计的选择。

频率错开设计就是使外激励频率和船体梁的低阶固有频率错开,以获得足够的频率储备,避免共振。计算公式如下:

$$\delta = \frac{\omega_n - \Omega}{\Omega} \times 100\% \qquad (10 - 22)$$

式中,δ 为频率错开率,当其为正值时代表振动的高避设计,当其为负值时代表振动的低避设计;ω_n 为船体梁低阶固有频率;Ω 为外激励频率(螺旋桨轴频或叶频、主机的一阶或二阶不平衡力/力矩所在频率)。

原则上不允许船舶在共振状态下运行,特别是低阶船体梁共振状态,因为船体刚度相对较小,处于低阶船体梁共振时放大效应会导致产生明显的船体大挠度振动,对船体总强度造成危险,对上层建筑和桅杆等高耸结构形成较大鞭梢效应位移。

与螺旋桨激励频率错开的设计方法如下:

① 计算最低五阶船体梁总振动模态,确定对船体的激励源(激励频率和幅值,主机激励、螺旋桨激励、波浪遭遇频率)。

② 绘制振动图谱(见图 10 - 19),横坐标表示桨轴转速,纵坐标表示船体总振动固有频率。

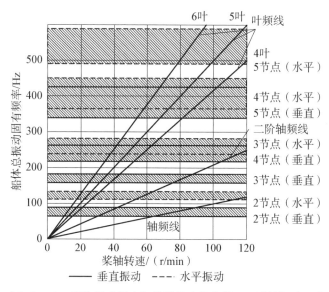

图 10 - 19　船体振动频率与桨轴转速频率错开设计的振动图谱

③ 由于载况不同及计算误差,每阶总振动模态的固有频率构成一个频率带,振动图谱中用阴影表示可能发生某阶共振的区域,用非阴影表示非共振区域。图上标明轴频线、二阶轴频线和叶频线,以及船舶正常航行的转速范围。

④ 螺旋桨激励频率线与阴影的非交叠区就是该船的非共振区,参照振动图谱选择适当的桨轴转速及螺旋桨叶片数,使其具有一定的频率储备。目前,船体梁一至三阶固有频率储备分别是 8%、10% 和 15%。注意波浪砰击引起的船体鞭激振动(瞬态振动)和弹振(船体梁结构在中度海况波浪中的稳态响应,波浪遭

遇频率与船体梁固有频率重合导致的)。针对鞭激振动加强船首部结构,可针对弹振进行甲板构件疲劳计算评估。

船体局部结构的频率错开设计:特指船上重要结构大部件,如上层建筑、机舱和船尾部,或者船尾部板、板架、机舱板架以及桅杆等的频率错开设计。船体局部结构振动的频率储备建议如表 10-23 所示。

表 10-23　船体局部结构振动的频率储备建议

船体结构	振动衡准	频率储备/%
上层建筑或甲板室	大于倍叶频	20
螺旋桨 1 倍桨距内的船体结构	大于 4 倍叶频	10
螺旋桨 1~2 倍桨距的船体结构	大于 3 倍叶频	15
螺旋桨 2~3 倍桨距的船体结构	大于倍叶频	20
螺旋桨 3 倍桨距之外机舱前端壁以后的船体结构	大于主机的点火频率	20

(3) 响应设计。

响应设计,也称响应控制设计,通过经验设计或动力学优化设计,减小激振力向船体主要部位的传递;改变船体结构或基座的尺寸,以减小外部激振力/力矩引起的船体振动幅值,使各考核部位的振动符合规范和衡准。

(4) 减振降噪特殊设计。

主要方法是贴敷阻尼材料和带隙隔振超材料,加装动力吸振器,采用单层或双层隔振器、浮筏和舱筏等隔振装置。

减小激振力传递的主要途径:选择各类隔振器(干扰力的频率必须大于机器-隔振器系统固有频率的 $\sqrt{2}$ 倍),进行单层/双层隔振、浮筏隔振及舱筏隔振设计,或采用带隙隔振超材料、阻振质量技术,避振穴和阻尼水舱设计等技术。图 10-20 所示为近期国内一种先进的具有磁流变阻尼器的滞回非线性隔振系统。

船舶机械设备的隔振通常采用单层隔振系统,有时也采用双层隔振系统,甚至浮筏隔振。传统隔振方式是通过在设备与基础间安装弹性支承以减小或隔离振动的传递,实现减振降噪。舰船主机常规的被动隔振形式大致包括单层隔振、双层隔振、浮筏隔振,任意一种隔振形式均存在各自应用的局限性(见图 10-21)。基座结构是船舶动力设备振动噪声的主要传播媒介。

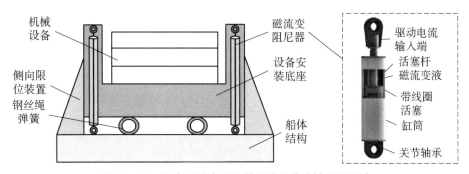

图 10‑20　具有磁流变阻尼器的滞回非线性隔振系统

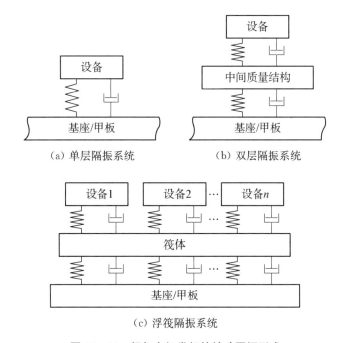

图 10‑21　舰船主机常规的被动隔振形式

　　单层隔振系统指动力设备通过隔振器安装于船体或刚性基座上的系统。单层隔振系统设计计算可以分为仅考虑一个方向的单自由度隔振系统和考虑空间六个方向的多自由度系统,其隔振系统具有结构简单、易于实现、经济可靠等适用特点,因而被广泛应用于船舶行业。船舶机械设备单层隔振系统的振级落差一般为 $10\sim20$ dB,它也有明显缺点:①隔振器对低频减振效果不佳,过低的隔振器刚度不能保证结构的稳定性;②动力设备、隔振器和基座间的综合作用对高频振动不利,造成减振频段宽度不够,甚至产生高频振动放大现象。相关设计公式及隔

振效果评价见式(10-6)、式(10-7)及式(10-15)。隔振后动力设备的振幅为

$$A = \frac{F_0}{m\omega_n^2} \left| \frac{1}{1 - \left(\frac{\omega}{\omega_n}\right)^2} \right| \tag{10-23}$$

式中，F_0 为激振力幅值(N)；m 为机器和隔振基座的总质量(kg)。

如果计算的动力设备振幅 A 超过机器设备允许值时，则可通过增加 m 以减小 A 的值。常用的做法是加大隔振基座的质量。在式(10-23)中，当激振力是一个力矩时，则用对应于激振力矩的质量惯性矩 I 代替 m，计算得到的是角振幅。

对振动噪声要求高的船舶，主推进动力设备可考虑采用双层隔振系统，即在机械设备和基础(基座)之间添加一类弹性支承的中间质量结构。常见的双层隔振系统振级落差值在低频区一般可达 30～40 dB，高频区可达 50 dB 以上。双层隔振系统的隔振效果依赖于中间质量的比值，该比值范围通常为 0.5～0.8。

双层隔振系统包括机械设备和中间质量结构两个部分，考虑到中间质量结构的非刚性，一般采用有限元或试验模态法求得中间质量结构的固有频率，以免与系统固有频率重合发生共振。通常将中间质量结构作为刚体处理，则系统具有十二个自由度，即机械设备六个自由度，中间质量结构六个自由度。它的运动方程和固有频率方程式都可由专用程序求解。工程中通常关心的是垂向振动，可进一步把双层隔振系统简化为两自由度振动系统，双层隔振系统理论上具有两阶固有频率，通常将系统固有频率设计在尽可能窄的低频范围内，以规避动力设备激励频率并隔离机械振动。相关设计公式及隔振效果评价如下。

假设设备质量和中间质量分别为 m_1 和 m_2，隔振系统无阻尼固有频率为 ω_n，则

$$\omega_n^4 - \left(\frac{k_1}{m_1} + \frac{k_2}{m_2} + \frac{k_1}{m_2}\right)\omega_n^2 + \frac{k_1 k_2}{m_1 m_2} = 0 \tag{10-24}$$

双层隔振系统的振动传递率为

$$T_A = \frac{F_T}{F_0} = \left| \frac{(a^2 - 4\zeta_1\zeta_2 a\lambda^2) + j\lambda(2\zeta_1 a^2 + 2\zeta_2 a)}{A - jB} \right| \tag{10-25}$$

式中，$A = \lambda^4 - \lambda^2(a^2 + 4\zeta_1\zeta_2 a + \mu + 1)$；$B = \lambda^3(2\zeta_2 a + 2\zeta_1\mu + 2\zeta_1) - \lambda(2\zeta_1 a^2 + 2\zeta_2 a)$；$\mu = \frac{m_1}{m_2}$；$\lambda = \frac{\omega}{\omega_1}$；$\omega_1 = \sqrt{\frac{k_1}{m_1}}$；$\omega_2 = \sqrt{\frac{k_2}{m_2}}$；$a = \frac{\omega_2}{\omega_1}$；$\zeta_1 = \frac{c_1}{\sqrt{2k_1 m_1}}$；$\zeta_2 = \frac{c_2}{\sqrt{2k_2 m_2}}$。

当 $\zeta_1 \ll 1$，$\zeta_2 \ll 1$ 时，双层隔振系统的振动传递率为

$$T_A = \frac{\omega_1^2 \omega_2^2}{\omega^4} = \frac{k_1 k_2}{m_1 m_2 \omega^4} \qquad (10-26)$$

浮筏隔振系统是将多台机械动力设备安装在一个中间质量(筏体)上，再将筏体通过隔振器安装在船体结构或基座上。相比双层隔振系统，浮筏隔振系统不再是只针对单个设备的隔振，可同时实现多个设备、不同频段的隔振效果。由设备、筏体、上下层隔振器以及基座构成的浮筏隔振系统是一个连续参数系统。连续参数系统建模过程中常用的建模分析方法有：多刚体法、有限元法、导纳/阻抗综合法、四端参数法以及由上述方法发展而来的其他方法等。浮筏隔振系统在全频段内的振级落差可达 30 dB 以上，但缺点是设计复杂，占用空间大，附加质量较大。

可以将复杂的浮筏结构简化为子系统，通过子系统的输入、输出端来进行隔振效果的计算和分析。图 10-22 是浮筏隔振系统的动力学模型，浮筏隔振系统被划分成 4 个独立的子系统，即机组设备(A)、上层隔振器(B)、浮筏筏架(C)、下层隔振器(D)。

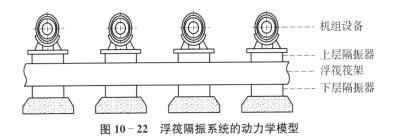

机组设备

上层隔振器
浮筏筏架
下层隔振器

图 10-22　浮筏隔振系统的动力学模型

对于机组设备子系统 A，根据子系统导纳矩阵综合法和刚体运动理论，可以得到其动力学方程为

$$\begin{pmatrix} V_{Ai} \\ V_{Ao} \end{pmatrix} = M^A \begin{pmatrix} F_{Ai} \\ F_{Ao} \end{pmatrix} \qquad (10-27)$$

式中，M^A 为子系统 A 的导纳矩阵；V 和 F 分别表示子系统相互连接点处的速度向量和力向量；下标 i 表示相应结构的输入端，o 表示相应结构的输出端。

子系统 B 中隔振元件数量为 N，隔振元件上端与机组连接，下端与浮筏装置的筏架连接。该结构的动力学表达式为

$$\begin{pmatrix} \boldsymbol{V}_{\mathrm{Bi}} \\ \boldsymbol{V}_{\mathrm{Bo}} \end{pmatrix} = \boldsymbol{M}^{\mathrm{B}} \begin{pmatrix} \boldsymbol{F}_{\mathrm{Bi}} \\ \boldsymbol{F}_{\mathrm{Bo}} \end{pmatrix} \tag{10-28}$$

式中,导纳矩阵 $\boldsymbol{M}^{\mathrm{B}}$ 表示为

$$\boldsymbol{M}^{\mathrm{B}} = \begin{pmatrix} \boldsymbol{m}_{11}^{\mathrm{B}} & \boldsymbol{m}_{12}^{\mathrm{B}} \\ \boldsymbol{m}_{21}^{\mathrm{B}} & \boldsymbol{m}_{22}^{\mathrm{B}} \end{pmatrix} \tag{10-29}$$

$$\boldsymbol{m}_{11}^{\mathrm{B}} = \boldsymbol{m}_{22}^{\mathrm{B}} = \alpha(2K_{\mathrm{B}}^{*} - m_{\mathrm{B}}\omega^{2})\boldsymbol{E}_{N \times N} \tag{10-30}$$

$$\boldsymbol{m}_{12}^{\mathrm{B}} = \boldsymbol{m}_{21}^{\mathrm{B}} = 2K_{\mathrm{B}}^{*}\alpha\boldsymbol{E}_{N \times N} \tag{10-31}$$

式中,$a = \dfrac{1}{2\mathrm{j}\omega K_{\mathrm{B}}^{*} m_{\mathrm{B}}}$;$K_{\mathrm{B}}^{*} = K_{\mathrm{B}}(1 + \mathrm{j}\eta_{\mathrm{B}})$ 为系统中隔振元件的复合刚度,K_{B} 为单一元件的刚度,η_{B} 为结构阻尼因子;m_{B} 为隔振元件的集中质量;$\boldsymbol{E}_{N \times N}$ 为 N 维单位矩阵。

子系统 D 的动力学方程与子系统 B 类似,则有

$$\begin{pmatrix} \boldsymbol{V}_{\mathrm{Di}} \\ \boldsymbol{V}_{\mathrm{Do}} \end{pmatrix} = \boldsymbol{M}^{\mathrm{D}} \begin{pmatrix} \boldsymbol{F}_{\mathrm{Di}} \\ \boldsymbol{F}_{\mathrm{Do}} \end{pmatrix} \tag{10-32}$$

在子系统 C 中考虑筏架的弹性,则对应于上层 P 个隔振器和下层 N 个隔振器的系统,采用模态叠加法叠加前 m 阶模态。相应的导纳矩阵 $\boldsymbol{M}^{\mathrm{C}}$ 中的各元素块可写作:

$$\begin{aligned} \boldsymbol{m}_{11}^{\mathrm{C}} &= [\chi_{\mathrm{ud}}(\boldsymbol{x}_{\mathrm{u}}^{\mathrm{i}},\ \boldsymbol{x}_{\mathrm{u}}^{\mathrm{o}})]_{P \times P} \\ \boldsymbol{m}_{22}^{\mathrm{C}} &= [\chi_{\mathrm{ud}}(\boldsymbol{x}_{\mathrm{d}}^{\mathrm{i}},\ \boldsymbol{x}_{\mathrm{d}}^{\mathrm{o}})]_{N \times N} \\ \boldsymbol{m}_{12}^{\mathrm{C}} &= [\chi_{\mathrm{ud}}(\boldsymbol{x}_{\mathrm{u}}^{\mathrm{i}},\ \boldsymbol{x}_{\mathrm{d}}^{\mathrm{o}})]_{P \times N} \\ \boldsymbol{m}_{21}^{\mathrm{C}} &= [\chi_{\mathrm{ud}}(\boldsymbol{x}_{\mathrm{u}}^{\mathrm{o}},\ \boldsymbol{x}_{\mathrm{d}}^{\mathrm{i}})]_{N \times P} \end{aligned} \tag{10-33}$$

其中

$$\chi_{\mathrm{ud}}(\boldsymbol{x}_{\mathrm{u}},\ \boldsymbol{x}_{\mathrm{d}}) = \mathrm{j}\omega\left[\frac{1}{m_{\mathrm{C}}\omega^{2}} - \frac{(\boldsymbol{x}_{\mathrm{u}} - x_{\mathrm{C}})(\boldsymbol{x}_{\mathrm{d}} - x_{\mathrm{C}})}{J_{\mathrm{C}}\omega^{2}}\right] + \frac{\mathrm{j}\omega}{m_{\mathrm{C}}}\sum_{n=1}^{m}\frac{\varphi_{n}(\boldsymbol{x}_{\mathrm{u}})\varphi_{n}(\boldsymbol{x}_{\mathrm{d}})}{(\Omega_{n}^{\mathrm{C}})^{2}(1 + \mathrm{j}\delta) - \omega^{2}} \tag{10-34}$$

式中,χ_{ud} 的前后两部分分别为刚性模态和弹性模态;$\boldsymbol{x}_{\mathrm{u}}$ 为子系统 B 中 P 个隔振器在浮筏上安装时的局部位置坐标向量;$\boldsymbol{x}_{\mathrm{d}}$ 为子系统 D 中 N 个隔振器在浮筏上安装时的局部位置坐标向量;m_{C} 为浮筏筏架质量;J_{C} 为浮筏相对质心的转动惯量;x_{C} 为浮筏筏架质心的坐标;$\varphi_{n}(\boldsymbol{x})$ 为两端自由梁式浮筏筏架 C 的振型

函数;Ω_n^C 为对应 $\varphi_n(x)$ 的固有频率。

（5）振动控制效果试验验证及实船测试验证。

针对上述防振设计进行模型及实船航行振动试验测试,验证振动控制效果。

习题 10

10.1 振动舒适性标准与原有的单频单峰值衡准相比有何优缺点?

10.2 军船与民船的振动衡准是否兼容?

10.3 某小型游艇上采用了 4135G 柴油发电机组,请给出其隔振系统设计（隔振设计计算主要步骤）。4135G 是四缸柴油机,四冲程,转速为 $1\,500\ \text{r/min}$,机组外形示意图见习题图 $10-1$,设计所需原始数据如下:

机组总质量（包括公共隔振基座）为 $1\,607.36\ \text{kg}$;机组转动惯量分别为 $J_{xx}=449.69\ \text{kg·m}^2$, $J_{yy}=449.69\ \text{kg·m}^2$, $J_{zz}=449.69\ \text{kg·m}^2$;机组扰动力分别为 $F_{x0}=11\,623\ \text{N}$, $M_{z0}=3\,872\ \text{N·m}$, $M_{y0}=774\ \text{N·m}$。柴油发电机组以二阶次扰动为主,为了减小机组振动及对船体的振动传递率,应解决二阶扰动的隔离问题。但因为柴油发电机组是安装在游艇上的,环境要求高,所以也应尽可能解决一阶扰动的隔离问题。

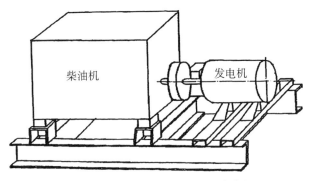

习题图 $10-1$　某小型游艇的柴油发电机组

第**11**章 海洋工程结构与流体耦合动力学理论

　　海洋工程结构在受到水流、波浪和冲击波等流体动力激励而发生振动时,其周围流场亦发生变化;这种流场的变化反过来使海洋工程结构所受的流体动力也发生了变化,形成反馈的流体-结构相互作用,这类问题称为流固耦合(fluid-structure interaction, FSI)问题。海洋工程结构可分为小尺寸细长结构和大体积结构两种。小尺寸细长结构与流体有较大相对运动,应考虑流体的黏性、分离和旋转,但可不计流体的压缩性以及反射、绕射等对流场的影响。大体积结构(如大型船舶及超大型浮体等)与流体相对运动不大,可把流体视为无黏、无旋的理想流体,但应计入流体的反射、绕射等对流场的影响。冲击波激励下对海洋工程结构的分析中需要考虑流体的压缩性[7-11, 15, 41]。除了船舶及海洋工程中的流固耦合问题外,其他领域也存在该问题,例如心血管生物力学中,示例如图 11 - 1～图 11 - 2[42]所示。

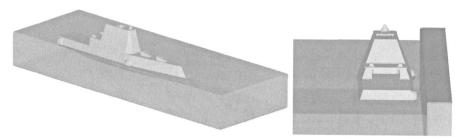

图 11 - 1　舰艇靠泊码头时船-水-码头流固耦合问题

11.1　结构与流体耦合作用概述

　　船舶或海洋工程结构与周围流体介质的耦合动力学理论是将结构与周围流场作为一个统一的系统进行分析的。从结构出发,是描述在海洋环境激励下船体的运动与变形,以及航行或驻留浮体在机械或推进器激励下的结构强迫动响应。从周围流体介质(水)出发,是描述由船体运动与变形引起的自由表面波,以及由结构强迫动响应引起的水中辐射声。按激励源进行分类,船舶结构与水介

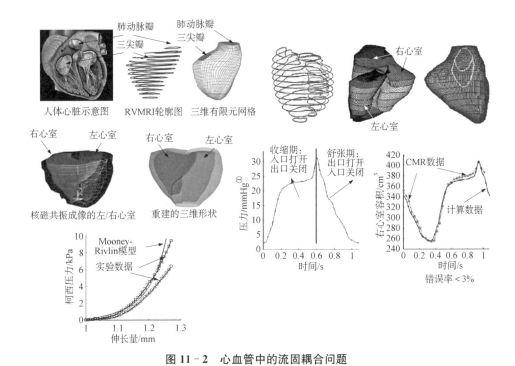

图 11-2　心血管中的流固耦合问题

质耦合动力学的第一个主要研究范畴是流场环境因素(波浪、砰击、水下爆炸和声波等)引起的船舶结构的稳态、瞬态和随机动响应,以及目标声散射;第二个主要研究范畴是非流场环境因素(如机械设备、推进器与施工作业)激励船舶结构引起的振动和水下声辐射[7-11]。

　　有关流固耦合动力学问题的求解,水弹性力学是其最高层次的理论。船舶水弹性力学(hydroelasticity of ships)是船舶结构与水介质耦合动力学研究的一个重要分支。1959 年,Heller 和 Abramson 给出了广义水弹性力学定义:"水弹性力学是研究惯性力、水动力和弹性力之间相互作用现象的学科。"水弹性力学与其他流固耦合作用分析理论的根本区别在于结构内力参与了惯性力与水动力的相互作用。

　　在上述船舶水弹性力学研究范畴中,通常将水介质处理成不可压势流和可压声介质两类,并分成两个主要的研究分支——不可压缩流场中波激动响应分析的船舶水弹性力学和可压缩流场中声学效应的船舶声弹性力学(acoustic elasticity of ships)。水弹性力学包含的内容丰富,如弹性结构与液体晃荡耦合

---

①　1 mmHg＝0.133 kPa。

问题、结构对水中冲击波的瞬态响应问题、水中结构的颤振问题等。不可压缩流场中波激动响应分析的船舶水弹性力学发展于 20 世纪 70 年代,可压缩流场中声学效应的船舶声弹性力学发展于 20 世纪 50 年代。不可压缩流场中波激动响应分析的船舶水弹性力学问题,其激励源是水面重力波(即波浪),波浪的频率很低,在该频率下声波波长远大于船舶运动的特征尺度,可忽略水的压缩性对船体所受水动力的影响。可压缩流场中声学效应的船舶声弹性力学问题,其激励源可以是机械激励、探测声波激励等,研究频率范围的跨度从几赫兹到几万赫兹。在声弹性力学问题中,当频率较高时,船体振动的特征长度将接近或者小于水中声波波长,此时水的压缩性将对船体振动产生影响,必须将水处理成可压声介质;即使在几赫兹或者十几赫兹的低频范围,水的可压缩性对船体振动的影响较小,但船体振动引起水介质的微幅振动将以声波的形式传递到远处,此时需要考虑水介质的可压缩性。

船舶声弹性力学定义:"船舶声弹性力学是研究船舶结构惯性力、弹性力和水中声场力之间相互作用现象的学科。"它与前述船舶水弹性力学的区别在于其将水域处理成可压声介质。船舶声弹性力学的主要应用领域是弹性浮体与水介质的耦合振动及由此引起的声辐射、声散射和声传播问题。对船舶这类复杂的工程对象,解析方法很难准确预报其结构声辐射特征,包括结构水下谐振及其引起的水下辐射噪声峰值特征。随着计算机技术的发展,各类数值计算方法及计算软件得到了广泛发展与应用。针对不同的工程应用以及不同数值计算方法的特点,可以将任意结构水中声弹性问题的研究进展分成低频、中频和高频三个频段叙述。由于本章不涉及高频的问题,因此对高频段分析方法不做全面回顾。实际上,随着各种计算方法的发展和改进,出现了本来只适用于一种频段的计算方法向其他频段延伸的现象,且三个频段之间本身也没有特别明确的界线,彼此间存在不可避免的交叉问题。近二三十年来,国内外针对典型水下船舶结构的声弹性问题,开展了大量理论和计算方法的基础研究。美欧等国开发了一些可用于水下船舶等复杂浮体流固耦合振动及水下辐射噪声评估的专业计算软件,如法国 Metravib R. D. S. 公司的 GAP 软件,英国 Frazer-Nast 公司的 FNV - Nvise 软件,美国 NCE 公司的 Designer NOISE 软件。国内在船舶声弹性问题计算研究方面,主要涉及简化机理模型(如简支边界条件的加筋平板、加筋圆柱壳模型)解析求解、基于商业软件的三维船舶结构声弹性计算分析和基于自编程序的三维船舶结构声弹性计算分析三部分。

线性水弹性力学理论假定流体为均质、无黏、无旋的不可压理想流体,结构是线弹性的,流场的扰动及结构相对平衡位置的非定常运动与动变形是微幅的。

20 世纪 70 年代,首先诞生了船舶二维线性水弹性力学理论,其核心是将船体结构简化为非均匀欧拉梁或 Timoshenko 梁,将耐波性理论中发展起来的二维切片理论引入流体与结构耦合动响应分析中,即简化为二维流场,忽略沿船体纵向分布的水动力之间的相互干扰。此后,船舶二维线性水弹性力学理论获得了广泛而迅速的发展。由于二维线性水弹性力学理论具有建模简便、计算效率高的特点,且适用于细长型船舶,能基本满足工程使用的要求,因此从 20 世纪 70 年代末至 21 世纪初,该理论得到广泛应用。由于二维线性水弹性力学理论在基本假设中忽略了流体运动沿船长方向的互相干扰,因此仅适用于细长型船体,无法考虑到船体端部的三维效应,不能用于任意形状的非细长浮体诸如多体船、自升平台、浮船坞、半潜平台等船舶与海洋工程结构。Price 等将三维适航性势流理论与三维弹性结构动力学理论相结合,提出了广义流固界面条件,开创性地发展了适用于波浪中任意三维可变形体承受内、外激励时动响应分析的三维水弹性力学理论。三维频域线性水弹性力学理论能对任意形状弹性浮体的载荷、运动、变形和内力进行统一的定性和定量分析[7, 41]。

线性水弹性力学理论仅适用于小波陡以及船体微幅运动和变形的情况,在实船与模型试验中经常会发现波浪载荷与运动存在较明显的非线性现象,即在有些工况下(如高海情),线性水弹性力学理论不能给出准确的结果。在此工程背景和应用需求的牵引下,二维、三维非线性水弹性力学理论都获得了较大的发展。

11.2　流固耦合动力学方程

流固耦合问题的计算涉及流体和结构两部分介质,分别满足不同的动力学方程。对于流固耦合场中考虑线性项的小扰动、无黏、无旋、可压缩流体介质,其流体运动方程满足声学波动方程:

$$\nabla^2 \boldsymbol{P} - \frac{1}{C^2}\ddot{\boldsymbol{P}} = 0 \tag{11-1}$$

式中,$C = \sqrt{\dfrac{K}{\rho}}$ 为压缩波波速,其中 K 为流体体积弹性模量(对于空气约为 0.14 MPa,对于海水约为 2 GPa),ρ 为流体密度;$\boldsymbol{P}(x, y, z, t)$ 为流体动压力(不含静水压力项)向量。

对于不可压缩流体,$K \to \infty$,则 $C \to \infty$,因此有式(11-1)成为拉普拉斯方程:

$$\nabla^2 \boldsymbol{P} = 0 \tag{11-2}$$

对于大扰动、考虑全部项的有旋、有黏可压缩流体介质，流体运动满足纳维-斯托克斯(Navier-Stokes)方程，$\boldsymbol{P}$ 中包含流体动压力及静水压力，这类流固耦合计算是非常复杂的。

若流体力学方程采用速度势 $\varphi(x,y,z,t)$ 描述，则速度势与三个方向速度分量 $\dot{u}$、$\dot{v}$、$\dot{w}$ 有下列关系：

$$\begin{cases} \dot{u} = -\dfrac{\partial \varphi}{\partial x} \\[2mm] \dot{v} = -\dfrac{\partial \varphi}{\partial y} \\[2mm] \dot{w} = -\dfrac{\partial \varphi}{\partial z} \end{cases} \tag{11-3}$$

流体运动方程可写成：

$$\nabla^2 \varphi - \frac{1}{C^2} \ddot{\varphi} = 0 \tag{11-4}$$

对于不可压缩流体，$K \to \infty$，则 $C \to \infty$，因此式(11-4)成为拉普拉斯方程：

$$\nabla^2 \varphi = 0 \tag{11-5}$$

相应的边界条件如下：

对于流固交界面，$\dfrac{\partial \boldsymbol{P}}{\partial n} = -\rho \ddot{u}_n$；$n$ 为交界面的法向方向；$\ddot{u}_n$ 为法向加速度。

对于固定界面，$\dfrac{\partial \boldsymbol{P}}{\partial n} = 0$。

对于自由表面，$z = 0$ 处 $\boldsymbol{P} = \rho g w_0$；$g$ 为重力加速度，w_0 为 $z=0$ 处水质点垂向位移。

无限远边界 r 处，按索末菲(Sommerfeld)无反射条件，不可压缩流体 $\dfrac{\partial \boldsymbol{P}}{\partial r} = 0$，$\dfrac{\partial \varphi}{\partial r} = 0$。

采用有限元法离散流固耦合场中可压缩流体，得到其运动方程为[11]

$$\boldsymbol{HP} + \boldsymbol{A\dot{P}} + \boldsymbol{E\ddot{P}} + \rho \boldsymbol{B\ddot{r}} + \boldsymbol{q}_0 = \boldsymbol{0} \tag{11-6}$$

其中

$$\boldsymbol{H} = \iiint\limits_{\Omega} \nabla \boldsymbol{N} \nabla \boldsymbol{N}^{\mathrm{T}} \mathrm{d}\Omega, \ \boldsymbol{A} = \frac{1}{C}\iint\limits_{S_{\mathrm{r}}} \boldsymbol{N}\boldsymbol{N}^{\mathrm{T}} \mathrm{d}S_{\mathrm{r}},$$

$$\boldsymbol{E} = \frac{1}{C^2}\iiint\limits_{\Omega} \boldsymbol{N}\boldsymbol{N}^{\mathrm{T}} \mathrm{d}\Omega + \frac{1}{g}\iint\limits_{S_{\mathrm{F}}} \boldsymbol{N}\boldsymbol{N}^{\mathrm{T}} \mathrm{d}S_{\mathrm{F}}, \ \boldsymbol{B} = \left(\iint\limits_{S_{\mathrm{I}}} \boldsymbol{N}\boldsymbol{N}_{\mathrm{S}}^{\mathrm{T}} \mathrm{d}S_{\mathrm{I}}\right)\boldsymbol{\Lambda}$$

式中,$\boldsymbol{H}$ 为流体刚度矩阵;$\boldsymbol{A}$ 为流体阻尼矩阵;$\boldsymbol{E}$ 为流体质量矩阵;$\boldsymbol{B}$ 为声固耦合刚度矩阵;$\boldsymbol{r}$ 为结构位移向量;$\boldsymbol{\Lambda}$ 为坐标变换矩阵;$\boldsymbol{N}$ 为流体有限元的形状函数;$\boldsymbol{N}_{\mathrm{S}}$ 为结构有限元的形状函数;$\boldsymbol{q}_0$ 为波浪、螺旋桨等水动力扰动载荷或爆炸冲击载荷;Ω、S、S_{I}、S_{F}、S_{r} 分别是流体域体积,流体域的边界面积,在流固交界面处、自由表面处和无限远边界处的表面积。

采用有限元法离散流固耦合场中结构的运动方程,得到

$$\boldsymbol{M}_{\mathrm{S}}\ddot{\boldsymbol{r}} + \boldsymbol{C}_{\mathrm{S}}\dot{\boldsymbol{r}} + \boldsymbol{K}_{\mathrm{S}}\boldsymbol{r} + \boldsymbol{f}_{\mathrm{P}} + \boldsymbol{f}_0 = 0 \tag{11-7}$$

式中,$\boldsymbol{f}_0$ 为流体以外作用于结构上的载荷;$\boldsymbol{f}_{\mathrm{P}}$ 为流固交界面上流体压力载荷,可以表示为 $\boldsymbol{f}_{\mathrm{P}} = \sum\limits_{\mathrm{e}} f_{\mathrm{P}}^{\mathrm{e}} = -\boldsymbol{\Lambda}^{\mathrm{T}}\left(\iiint\limits_{S_{\mathrm{I}}} \boldsymbol{N}\boldsymbol{N}_{\mathrm{S}}^{\mathrm{T}} \mathrm{d}S_{\mathrm{I}}\right)\boldsymbol{P} = -\boldsymbol{B}^{\mathrm{T}}\boldsymbol{P}$。式(11-7)可改写为

$$\boldsymbol{M}_{\mathrm{S}}\ddot{\boldsymbol{r}} + \boldsymbol{C}_{\mathrm{S}}\dot{\boldsymbol{r}} + \boldsymbol{K}_{\mathrm{S}}\boldsymbol{r} - \boldsymbol{B}^{\mathrm{T}}\boldsymbol{P} + \boldsymbol{f}_0 = 0 \tag{11-8}$$

联立有限元法离散流固耦合场中结构的运动方程[式(11-6)和式(11-8)],得到时域流固耦合动力学方程:

$$\begin{bmatrix} \boldsymbol{M}_{\mathrm{S}} & 0 \\ \rho\boldsymbol{B} & \boldsymbol{E} \end{bmatrix}\begin{Bmatrix} \ddot{\boldsymbol{r}} \\ \ddot{\boldsymbol{P}} \end{Bmatrix} + \begin{bmatrix} \boldsymbol{C}_{\mathrm{S}} & 0 \\ 0 & \boldsymbol{A} \end{bmatrix}\begin{Bmatrix} \dot{\boldsymbol{r}} \\ \dot{\boldsymbol{P}} \end{Bmatrix} + \begin{bmatrix} \boldsymbol{K}_{\mathrm{S}} & -\boldsymbol{B}^{\mathrm{T}} \\ 0 & \boldsymbol{H} \end{bmatrix}\begin{Bmatrix} \boldsymbol{r} \\ \boldsymbol{P} \end{Bmatrix} = \begin{Bmatrix} -\boldsymbol{f}_0 \\ -\boldsymbol{q}_0 \end{Bmatrix} \tag{11-9}$$

在时域求解上述方程[式(11-9)]可得小带宽方程:

$$\boldsymbol{E}\ddot{\boldsymbol{P}} + \boldsymbol{A}\dot{\boldsymbol{P}} + \boldsymbol{H}\boldsymbol{P} = -\rho\boldsymbol{B}\ddot{\boldsymbol{r}} - \boldsymbol{q}_0 \tag{11-10}$$

$$\boldsymbol{M}_{\mathrm{S}}\ddot{\boldsymbol{r}} + \boldsymbol{C}_{\mathrm{S}}\dot{\boldsymbol{r}} + \boldsymbol{K}_{\mathrm{S}}\boldsymbol{r} = \boldsymbol{B}^{\mathrm{T}}\boldsymbol{P} - \boldsymbol{f}_0 \tag{11-11}$$

在频域求解式(11-9),设外激励为简谐的,$\boldsymbol{f}_0 = \boldsymbol{F}_0 \mathrm{e}^{\mathrm{i}\omega t}$,$\boldsymbol{q}_0 = \boldsymbol{Q}_0 \mathrm{e}^{\mathrm{i}\omega t}$。设方程的解是简谐解,$\boldsymbol{r} = \boldsymbol{r}_0 \mathrm{e}^{\mathrm{i}\omega t}$,$\boldsymbol{P} = \boldsymbol{P}_0 \mathrm{e}^{\mathrm{i}\omega t}$。代入流固耦合动力学方程得

$$\begin{bmatrix} -\omega^2\boldsymbol{M}_{\mathrm{S}} + \mathrm{i}\omega\boldsymbol{C}_{\mathrm{S}} + \boldsymbol{K}_{\mathrm{S}} & -\boldsymbol{B}^{\mathrm{T}} \\ -\rho\omega^2\boldsymbol{B} & -\omega^2\boldsymbol{E} + \mathrm{i}\omega\boldsymbol{A} + \boldsymbol{H} \end{bmatrix}\begin{Bmatrix} \boldsymbol{r}_0 \\ \boldsymbol{P}_0 \end{Bmatrix} = \begin{Bmatrix} -\boldsymbol{F}_0 \\ -\boldsymbol{Q}_0 \end{Bmatrix}$$

$$\tag{11-12}$$

一般情况下流固耦合分析中流体是不可压缩的,此时流体的体积模量为无穷大,声速为无穷大,流体压力 $\boldsymbol{P}$ 中没有脉动项仅有静压力项。此时式(11-9)

中的流体质量矩阵 $\boldsymbol{E} = \dfrac{1}{g}\iint\limits_{S_F}\boldsymbol{N}\boldsymbol{N}^{\mathrm{T}}\mathrm{d}S_F$ 针对自由液面边界条件成立,其他情况下为

零矩阵。流体阻尼矩阵 $\boldsymbol{A} = \dfrac{1}{C}\iint\limits_{S_r}\boldsymbol{N}\boldsymbol{N}^{\mathrm{T}}\mathrm{d}S_r$ 也为零矩阵。因此式(11-9)简化为

$$\begin{bmatrix}\boldsymbol{M}_S & 0 \\ \rho\boldsymbol{B} & \boldsymbol{E}\end{bmatrix}\begin{Bmatrix}\ddot{\boldsymbol{r}} \\ 0\end{Bmatrix} + \begin{bmatrix}\boldsymbol{C}_S & 0 \\ 0 & \boldsymbol{A}\end{bmatrix}\begin{Bmatrix}\dot{\boldsymbol{r}} \\ 0\end{Bmatrix} + \begin{bmatrix}\boldsymbol{K}_S & -\boldsymbol{B}^{\mathrm{T}} \\ 0 & \boldsymbol{H}\end{bmatrix}\begin{Bmatrix}\boldsymbol{r} \\ \boldsymbol{P}\end{Bmatrix} = \begin{Bmatrix}-\boldsymbol{f}_0 \\ -\boldsymbol{q}_0\end{Bmatrix}$$

整理得

$$\big[\boldsymbol{M}_S + \rho\boldsymbol{B}^{\mathrm{T}}\boldsymbol{H}^{-1}\boldsymbol{B}\big]\ddot{\boldsymbol{r}} + \boldsymbol{C}_S\dot{\boldsymbol{r}} + \boldsymbol{K}_S\boldsymbol{r} = -\boldsymbol{B}^{\mathrm{T}}\boldsymbol{H}^{-1}\boldsymbol{q}_0 - \boldsymbol{f}_0 \qquad (11-13)$$

式(11-12)简化为

$$\begin{bmatrix}-\omega^2\boldsymbol{M}_S + \mathrm{i}\omega\boldsymbol{C}_S + \boldsymbol{K}_S & -\boldsymbol{B}^{\mathrm{T}} \\ -\rho\omega^2\boldsymbol{B} & \boldsymbol{H}\end{bmatrix}\begin{Bmatrix}\boldsymbol{r}_0 \\ \boldsymbol{P}_0\end{Bmatrix} = \begin{Bmatrix}-\boldsymbol{F}_0 \\ -\boldsymbol{Q}_0\end{Bmatrix}$$

整理得

$$\big[(\boldsymbol{M}_S + \rho\boldsymbol{B}^{\mathrm{T}}\boldsymbol{H}^{-1}\boldsymbol{B})\omega^2 - \mathrm{i}\omega\boldsymbol{C}_S - \boldsymbol{K}_S\big]\boldsymbol{r}_0 = \boldsymbol{B}^{\mathrm{T}}\boldsymbol{H}^{-1}\boldsymbol{Q}_0 + \boldsymbol{F}_0 \qquad (11-14)$$

定义附连水质量为

$$\boldsymbol{M}_{\mathrm{add}} = \rho\boldsymbol{B}^{\mathrm{T}}\boldsymbol{H}^{-1}\boldsymbol{B}$$

式(11-13)与式(11-14)就是时域及频域中的流固耦合动力学方程,用于求解考虑流体质量特性的振动响应,且无声学响应(声压脉动)产生。

在实际建模中,结构周围流体以欧拉网格建模,结构(船体)以拉格朗日网格建模,图11-3所示为桨-轴-艇-流体耦合系统模型。采用模态叠加法求解动力学方程时,可以选择湿模态法或干模态法。湿模态是考虑周围流体影响的固有模态。干模态(结构在真空中的固有频率和模态称为干模态)是先将结构与流体分开,对干模态坐标变换后再考虑流体的影响。

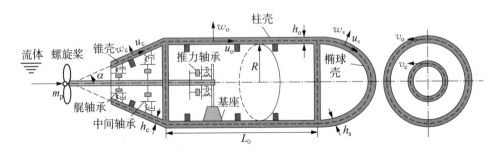

图11-3 桨-轴-艇-流体耦合系统模型

11.3　声固耦合动力学方程

声固耦合动力学模型将流体视为可压缩声介质,声场(声压或速度势)满足声学波动方程,流体对结构的影响表现为作用在结构壁面的声压动载荷。对于均匀介质、非黏性和绝热状态下声流体内的纵向波的声学波动方程为[23]

$$\nabla^2 \boldsymbol{p}' - \frac{1}{c^2} \frac{\partial^2 \boldsymbol{p}'}{\partial t^2} = -\rho_0 \frac{\partial \boldsymbol{q}'}{\partial t} \tag{11-15}$$

式中,$\boldsymbol{p}'$ 为瞬时声压向量;$\boldsymbol{q}'$ 为瞬态声源激励向量;c 为声波在流体介质中的传播速度;ρ_0 为流体密度。简谐激励下的声场,可通过声学基本方程由时域到频域进行转换,采用分离变量法求解而得。设 $\boldsymbol{p}' = \boldsymbol{p}(x, y, z)\mathrm{e}^{\mathrm{j}\omega t}$ 和 $\boldsymbol{q}' = \boldsymbol{q}_0(x, y, z)\mathrm{e}^{\mathrm{j}\omega t}$,则声学波动方程的频域形式为如下亥姆赫兹方程:

$$\nabla^2 \boldsymbol{p}(x, y, z) + k^2 \boldsymbol{p}(x, y, z) = -\mathrm{j}\rho_0 \omega \boldsymbol{q}_0(x, y, z) \tag{11-16}$$

式中,$k = \dfrac{\omega}{c} = \dfrac{2\pi f}{c}$ 为波数;ω 为圆频率(rad/s);f 为频率(Hz)。

对于声固耦合问题,结构振动和声场在同一个耦合环境中计算,在耦合边界处的结构法向振动速度与流体振动速度相同。

11.3.1　声固耦合有限元方程列式

根据变分,可以推导出频域内结构有限元耦合流体声介质有限元的声固耦合动力学方程为

$$\left\{ \begin{bmatrix} \boldsymbol{K}_s & \boldsymbol{K}_c \\ 0 & \boldsymbol{K}_a \end{bmatrix} + \mathrm{j}\omega \begin{bmatrix} \boldsymbol{C}_s & 0 \\ 0 & \boldsymbol{C}_a \end{bmatrix} - \omega^2 \begin{bmatrix} \boldsymbol{M}_s & 0 \\ -\rho_0 \boldsymbol{K}_c^{\mathrm{T}} & \boldsymbol{M}_a \end{bmatrix} \right\} \begin{bmatrix} \tilde{\boldsymbol{u}} \\ \boldsymbol{p} \end{bmatrix} = \begin{bmatrix} \boldsymbol{F}_s \\ \boldsymbol{F}_a \end{bmatrix}$$

$$\tag{11-17}$$

式中,$\boldsymbol{K}_a$、$\boldsymbol{C}_a$ 和 $\boldsymbol{M}_a$ 分别为声学流体的总体刚度矩阵、阻尼矩阵和质量矩阵;$\boldsymbol{K}_s$、$\boldsymbol{C}_s$ 和 $\boldsymbol{M}_s$ 分别为结构刚度矩阵、阻尼矩阵和质量矩阵;$\boldsymbol{K}_c$ 为耦合刚度矩阵;$\tilde{\boldsymbol{u}}$ 为结构节点位移向量;$\boldsymbol{F}_s$ 为结构节点载荷向量;$\boldsymbol{F}_a$ 为声学及流体载荷向量。方程中各矩阵及变量的计算见式(11-9)和式(11-12)。

11.3.2　声固耦合边界元方程列式

边界元分为直接边界元(DBEM)和间接边界元(IBEM),所需网格为面网格。直接边界元要求网格封闭,而间接边界元的网格可封闭,也可不封闭。由于直接边界元的网格是封闭的,因此直接边界元可以计算封闭网格内部声场,或计

算封闭网格外部声场,但是不能同时计算内部声场和外部声场;由于间接边界元可以不封闭,因此间接边界元可以同时计算内声场和外声场,舰船湿表面这类非封闭结构适宜于采用间接边界元法进行求解。对于直接边界元和间接边界元声振耦合分析,结构振动位移与声场分布是在考虑耦合边界处速度连续的基础上同步求解的。频域满足单层势 $\sigma = 0$ 的结构有限元耦合流体间接边界元系统方程如下:

$$\begin{bmatrix} \boldsymbol{K}_{\mathrm{s}} + \mathrm{j}\omega\boldsymbol{C}_{\mathrm{s}} - \omega^2\boldsymbol{M}_{\mathrm{s}} & \boldsymbol{L}_{\mathrm{c}} \\ \boldsymbol{L}_{\mathrm{c}}^{\mathrm{T}} & \dfrac{\boldsymbol{D}}{\rho_0\omega^2} \end{bmatrix} \begin{bmatrix} \boldsymbol{u} \\ \boldsymbol{\mu} \end{bmatrix} = \begin{bmatrix} \boldsymbol{F}_{\mathrm{s}} \\ \boldsymbol{F}_{\mathrm{a}} \end{bmatrix} \tag{11-18}$$

式中,$\boldsymbol{L}_{\mathrm{c}}$ 为耦合矩阵;$\boldsymbol{D}$ 为间接边界元影响矩阵;μ 为节点双层势,即结构表面声压差。尽管声学有限元在求解内声场和声辐射方面有极大优势,但在求解超大结构外场声辐射问题上,声学边界元法仍然是最优的选择。对于船舶水下声辐射,用边界元法只需提取船体湿表面的面网格作为边界元网格即可完成计算。

11.4 流固耦合与声固耦合的等效条件

流固耦合和声固耦合模型是分析流场中结构自振特性的常用理论模型。常规的(非广义流固耦合)流固耦合模型将流体考虑为不可压缩理想流体,流场使用拉普拉斯方程描述,压力或速度势满足拉普拉斯方程,流体对耦合系统中结构的影响通过附连水质量计入。声固耦合模型则将流体视为可压缩声介质,声场(声压或速度势)满足亥姆赫兹波动方程,流体对结构的影响表现为作用在结构壁面的声压动载荷。

无论是求解流固耦合振动特性问题还是声固耦合的声辐射问题,由于结构和流体的相互作用,因此要考虑到结构运动方程与流体运动方程的耦合方式。

如果将结构利用有限元理论进行处理,流体利用边界元理论进行处理,则其耦合方式有两种:第一种是将流体的边界积分方程耦合到结构的运动方程中,进而求解通过有限元法离散得到的运动方程;第二种是将结构的运动方程耦合到流体的亥姆赫兹微分方程或拉普拉斯微分方程中后,将亥姆赫兹微分方程或拉普拉斯微分方程转化为积分方程来求解未知变量。第一种方法是利用边界元的基本原理对流体进行降一维处理,而第二种方法在方程耦合过程中导致亥姆赫兹微分方程或拉普拉斯微分方程中的主要变量发生变化,其后续处理的积分形式也发生变化,致使处理十分困难。所以,一般利用结构有限元结合流体边界元理论,对流固耦合问题进行处理时,常选用第一种方法。如果结构和流体都利用有限元理论来处理,考虑到结构和流体的相互作用,其结构运动方程与流体运动方程同样存在类似的耦合方式,只是无论哪种耦合方式对于结构还是流体涉及的积分都不能进行降维处理。

例题 11.1 选取壳长 $L = 20\,\mathrm{m}$,半径 $R = 1.0\,\mathrm{m}$,壳厚 $h = 0.01\,\mathrm{m}$ 的圆柱壳作为计算对象。壳体材料为钢,弹性模量 $E = 2.1 \times 10^{11}\,\mathrm{N/m^2}$,泊松比 $\mu = 0.3$,密度 $\rho_s = 7850\,\mathrm{kg/m^3}$。流体纵波传播速度 $c_f = 1500\,\mathrm{m/s}$,密度 $\rho_f = 1000\,\mathrm{kg/m^3}$。计算边界条件为圆柱壳两端固支,当水深不大时,可不考虑流体静压力。基于流固耦合模型和声固耦合模型,计算了 m 为 1、2、3、4,n 从 1 取到 10 时,浸没固支圆柱壳的各阶固有频率。表 11-1 列出了基于流固模型、声固模型的两端固支浸没柱壳固有频率的计算结果与文献中数据的对比情况[43]。从表中可以看出基于流固耦合模型、声固耦合模型求出的各阶模态固有频率点均吻合较好,说明流固耦合和声固耦合模型虽然基于不同的理论基础,但是在低频范围内计算结果是吻合的。

表 11-1 两端固支浸没圆柱壳各阶固有频率

单位:Hz

振型(m,n)	固 有 频 率		
	流固耦合模型	声固耦合模型	文献数据
(1,2)	4.979 1	4.972 1	4.95
(1,3)	8.931 3	8.925 6	8.95
(2,3)	10.639 9	10.636 8	10.66
(2,2)	11.640 9	11.630 1	11.54
(3,3)	14.730 2	14.726 1	14.73
(1,4)	18.233 7	18.227 2	18.26
(2,4)	18.699 6	18.691 9	18.71

例题表明,在求解浸没圆柱壳低频自振特性时,流固耦合模型与声固耦合模型是等效的。

11.5 结构与流体耦合动力学方程的算法

根据耦合的强弱可以采用不同的分析模型及计算方法。结构与低密度流体介质的耦合是弱耦合(薄膜与空气耦合除外),对于介质中结构的振动特性及声辐射问题可分别求解,先计算出结构的振动响应,辐射声场可以通过结构的振动响应来确定。对于浸水结构的振动特性及声辐射问题,一般在物理上视为结构与重流体介质耦合,属于强耦合,对此强耦合系统振动响应和水中声场必须耦合求解[42]。以振动板壳声振耦合研究为例,耦合的强弱可用特征量 λ 来判别[44]。

$$\lambda = \frac{\rho_0 c}{\rho h \omega} \tag{11-19}$$

式中,c 为声在介质中的传播速度;ρ_0 为介质的密度;ρ 为结构的密度;h 为板的厚度;ω 为结构与流体耦合系统的振动频率。当 $\lambda < 1$ 时,系统是弱耦合的;当 $\lambda > 1$ 时,系统是强耦合的。

当浸水结构在低频振动时,流体对结构的作用可看成是附加质量效应;而高频振动时流体的阻抗相当复杂,包括质量与阻尼两方面的影响。一般低频振动时可用有限元(FEM)或有限元和边界元(FEM/BEM)相结合的方法来研究结构在流固耦合作用下的振动及声辐射特性,而在高频振动时则用统计能量分析法(SEA)来研究。对于浸水结构振动及声辐射特性的求解,无论是利用 FEM还是 FEM/BEM 相结合的理论,最终均归于对耦合的运动方程进行求解,耦合流体后的结构运动方程为

$$[-\omega^2 \boldsymbol{M}_s + i\omega \boldsymbol{C}_s + \boldsymbol{K}_s]\boldsymbol{u} = \boldsymbol{F}_s + \boldsymbol{F}_a \tag{11-20}$$

式中,$\boldsymbol{F}_a$ 为流固交界面作用在结构上的流体动压力向量。流体动压力 $\boldsymbol{F}_a$ 是一个复数,从物理上解释体现为流体对结构的作用力,可以等效为对结构的惯性力以及阻尼力的影响,其中的惯性力也就是对结构的附加质量效应(对应 $\boldsymbol{F}_a$ 的实部),阻尼力也就是对结构的阻尼效应(对应 $\boldsymbol{F}_a$ 的虚部)。在激振力频率较低的低频区域,流体对结构的作用主要表现为附加质量效应,对阻尼效应的影响很小。也就是说作用于结构湿表面的流体动压力可以近似转换为结构动力学方程的加速度项。这样如果只考虑激振力的频率是在中低频的范围内,那么最终水下结构的动力学方程可转换为如下形式:

$$[-\omega^2 (\boldsymbol{M}_s + \boldsymbol{M}_a) + i\omega \boldsymbol{C}_s + \boldsymbol{K}_s]\boldsymbol{u} = \boldsymbol{F}_s \tag{11-21}$$

式中,$\boldsymbol{M}_a$ 为浸水结构的附加质量矩阵。当研究浸水结构固有振动特性时,$\boldsymbol{F}_s$ 为零,忽略阻尼,式(11-21)对应的广义特征值问题为

$$[-\omega^2 (\boldsymbol{M}_s + \boldsymbol{M}_a) + \boldsymbol{K}_s]\boldsymbol{u} = 0 \tag{11-22}$$

对浸水结构的附加质量矩阵 $\boldsymbol{M}_a$ 的研究是求解浸水结构振动及声辐射特性

的基础,能体现出流固耦合的相互作用效应,M_a 的求解过程也是求解浸水结构振动及声辐射特性的难点所在。

对于可压缩流体和不可压缩流体的附加质量矩阵 M_a,利用结构有限元和流体直接边界元法,分别对流体为可压缩和不可压缩介质时,其对于结构振动特性的影响进行了研究。研究表明,将流体视为可压缩介质时,流体内各质点的运动相位是有差异的,运动相位差的存在说明了阻尼的存在,从而耗散能量;将流体视为不可压缩介质时,流场内各质点运动是同相位的,因而它不产生阻尼。因此流体是否可压,就相当于是否考虑流体的阻尼。在低频振动时,流体压缩性对流体结构的振动固有频率影响很小,可以忽略。因此在低频振动时分析流体的附加质量,可以把流体作为不可压缩的介质;而无论是低频还是高频振动,当分析结构在流体中的振动响应时,必须把流体作为可压缩的介质来处理。针对浸水结构动力特性问题的计算结果表明,在低频范围内选取附加质量,流体的可压缩性对浸水结构的固有频率的影响非常小,在高频范围内随着计算频率的逐渐增加流体的可压缩性对浸水结构的固有频率的影响将逐渐增大。

11.5.1　双向耦合计算方法

针对流固耦合系统是强耦合的情况,且伴随质量输运、热力传导、大变形,建议采用任意拉格朗日-欧拉(arbitrary-Lagrangian-Eulerian,ALE)列式的流固耦合数值分析模型。设流固耦合动力学方程一般形式为[42]

$$F(X) = \begin{bmatrix} F_f(X_f, X_s) \\ F_s(X_f, X_s) \end{bmatrix} = 0 \tag{11-23}$$

式中,$F(X)$ 是流固耦合方程;$F_f(X_f, X_s)$ 是流体动力学方程;$F_s(X_f, X_s)$ 是结构动力学方程;X 是结构及流体变量场;X_f 是流场变量;X_s 是结构场变量。

对式(11-23)存在两种求解方式:单向耦合求解方式及双向耦合求解方式。

双向耦合求解方式的求解思想是将流体作用力(fluid traction)传递到结构动力学方程以求出结构位移和变形,得到的结构位移及变形又作为流体边界模式传递到流体动力学方程,以便求得新的流体作用力。两个过程反复交替变化,直到迭代收敛。

$$r_f = \frac{|X_f^{k+1} - X_f^{k+1}|}{\max\{|X_f^{k+1}|, \varepsilon_0\}} \leqslant \varepsilon_f \tag{11-24}$$

$$r_s = \frac{|X_s^{k+1} - X_s^{k+1}|}{\max\{|X_s^{k+1}|, \varepsilon_0\}} \leqslant \varepsilon_s \tag{11-25}$$

双向耦合求解方式又分为两种具体求解方法:双向直接同步耦合解法和双向迭代耦合解法。

双向直接同步耦合解法的流程如图 11-4 所示,具体列式及算法如下:

$$\boldsymbol{X}^{k+1} = \boldsymbol{X}^k - \left[\frac{\partial \boldsymbol{F}(\boldsymbol{X}^k)}{\partial \boldsymbol{X}} \right]^{-1} \boldsymbol{F}(\boldsymbol{X}^k) \qquad (11-26)$$

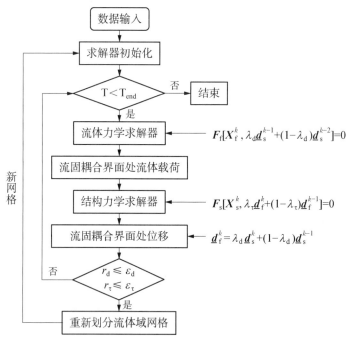

图 11-4　FSI 双向直接同步耦合解法的流程

该算法适用条件及优点:适用于中小规模流固耦合瞬态问题,无接触边界时方程稳定性好,收敛速度快。

双向迭代耦合解法的流程如图 11-5 所示,具体列式及算法如下:

$$\begin{cases} \boldsymbol{F}_{\mathrm{f}}(\boldsymbol{X}_{\mathrm{f}}^{k+1}, \boldsymbol{X}_{\mathrm{s}}^{k}) = \boldsymbol{0} \\ \boldsymbol{F}_{\mathrm{s}}(\boldsymbol{X}_{\mathrm{f}}^{k+1}, \boldsymbol{X}_{\mathrm{s}}^{k+1}) = \boldsymbol{0} \end{cases} (k = 1, 2, \cdots, n) \qquad (11-27)$$

迭代求解流体及结构动力学方程,直至方程收敛。

该算法适用条件及优点:适用于大规模流固耦合稳态问题,对计算机内存占用小,适于解接触问题。

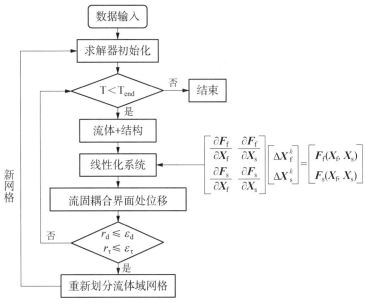

图 11-5　FSI 双向迭代耦合解法的流程

11.5.2　单向耦合计算方法

若系统是弱耦合的情况，可以采用单向耦合求解方式。该求解方式假定结构的位移和变形是足够小的，以致其难以影响周围的流场。该求解方式也可分为两种具体求解方法，一种是单向流固耦合直接求解法，算法流程如图 11-6 所示，流固耦合动力学方程为

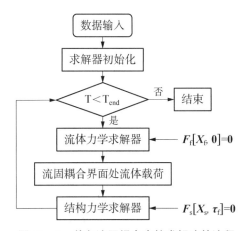

图 11-6　单向流固耦合直接求解法的流程

$$\begin{bmatrix} \boldsymbol{F}_\text{f}(\boldsymbol{X}_\text{f}, \, \boldsymbol{0}) \\ \boldsymbol{F}_\text{s}(\boldsymbol{X}_\text{s}, \, \boldsymbol{\tau}_\text{f}) \end{bmatrix} = \boldsymbol{0} \tag{11-28}$$

其中,τ_f 是流固交界面处的流体载荷。

另一种解法是单向耦合(间接)迭代求解法,算法流程如图 11-7 所示,具体动力学方程同式(11-28)。

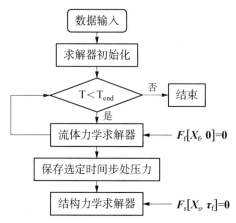

图 11-7 单向耦合(间接)迭代求解法的流程

11.6 流致振动

流体流经非流线型物体(bluff body)时可产生较大的尾流和旋涡,在一定条件下这种旋涡能引起物体严重的振动或运动[11]。例如,海洋中管状构件在海流、潮流和波浪作用下产生的因旋涡引起的振动,潜艇潜望镜在一定航速下产生的自激振动(也称 galloping vibration),风吹过电力输送线、高耸烟筒及悬索桥时结构产生的振动等。这类动力学问题统称为流致振动(flow induced vibration, FIV),它主要包括涡激振动(vortex induced vibration, VIV)与涡激运动(vortex induced motion, VIM),涡激振动如图 11-8 所示。

英国物理学家雷诺(Reynolds)通过大量实验,发现流体流动可分两种流动状态,分别是流线为平稳的直线,流体质点互不掺混地做平行分层流动的层流流动,以及流体质点做不规则运动,在空间存在剧烈掺混的湍流流动。从层流流动状态到湍流流动状态之间存在一个发展过程,这一过程称为过渡状态。对于流体流动状态的判别是采用临界雷诺数(Re)作为判别标准的。当雷诺数大于某一值后,流动处于向湍流的过渡状态或者到达湍流的状态,工程上将这一雷诺数

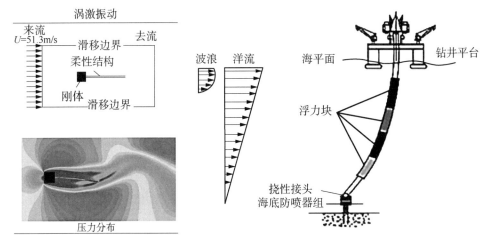

图 11 - 8 涡激振动(稳流及湍流)

称为临界雷诺数。其中上临界速度指由层流过渡到湍流的速度极限值,上临界雷诺数可达 13 800,甚至更高。下临界速度指速度由大到小逐渐降低到比上临界速度更低时。下临界雷诺数总是稳定在 2 300 左右。由层流向湍流转变的过程叫作转捩。

$$Re = \frac{惯性力}{黏性力} = \frac{\rho U^2/D}{\mu U/D^2} = \frac{\rho UD}{\mu} = \frac{UD}{v} \qquad (11-29)$$

式中,U 为来流流速(cm/s) ; D 为垂直于来流方向的剖面的最大宽度(cm) ; v 为流体的动黏滞系数(cm²/s) 。

研究稳流和湍流对结构物的作用,以及它们与结构物之间的相互作用,本质上就是流固耦合动力学研究。其中流体的密度和速度(大小、方向)、结构的尺度和形状、结构的刚度和质量分布是重要影响因素。

流体(水流和气流)运动时对细长结构物的作用有如下几种方式:

(1)顺流向的曳力 F_D。其大小与流体速度平方成正比,幅值远大于波浪(风成波)力。

(2)与流向垂直的升力 F_L。结构尾端的流体漩涡泄放(vortex shedding)造成涡激振动,结构外形与流体方向组合形成超驰振动或颤振。

(3)水流使波浪特性发生改变。

11.6.1 漩涡泄放与涡激振动

以图 11-9 为例,建立管状件(圆柱体)在定常/非定常流作用下动力学响应数值分析计算模型,探讨其动力学性质。

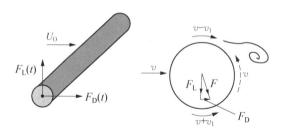

图 11‑9　流体对圆柱体的作用

11.6.1.1　漩涡泄放

当流体接近圆柱体前沿时,因受阻滞而压力增加。这一增大的压力围绕柱体表面的边界层沿向下游的方向发展。当雷诺数较高时,这一压力并不足以使边界层扩展到圆柱体背后一面,而是在柱体断面宽度最大点附近产生分离点。分离点即为沿柱体表面速度由正到负的转变点或者零速度点,在分离点以后沿柱体表面将发生倒流。边界层在分离点脱离柱体表面,并形成向下游延展的自由剪切层。两侧的剪切层之间即为尾流区。在剪切层范围内,由于接近自由流区的外侧流速大于内侧流速,因此流体有发生旋转并分散成若干个漩涡的趋势,在柱体后面的漩涡系列称为"涡街"。

漩涡是在流体左右两侧交替周期性发生的。当在一侧的分离点处发生漩涡时,在柱体表面引起方向与漩涡旋转方向相反的环向流速为 v_1(见图 11‑9)。发生漩涡一侧沿柱体表面流速 $v - v_1$ 小于原有流速 v,而对面一侧的表面流速 $v + v_1$ 则大于原有流速 v,从而形成与来流方向垂直作用在表面上的压力差,也就是升力 F_L。当一个漩涡向下泄放,它对柱体的影响力也随之减小,直至消失,而下一个漩涡又从对面一侧发生,并产生与前一个方向相反的升力。因此,每一对漩涡具有互相反向的升力,并共同构成一个垂直于流向的周期性交变力。当结构自振周期和这个升力的周期接近时,流体与结构之间的耦合效应就会变得强烈。与此同时,漩涡的产生和泄放还会对柱体产生顺流方向的曳力 F_D。这也是个周期性的力,但它不改变方向,只是周期性地增减,且其周期为升力的一半。与升力 F_L 相比,曳力 F_D 在数量上很小,约比升力小一个数量级,所以它对结构的影响不如升力那么大。

光滑圆柱体的周期性尾流是随雷诺数 Re 变化的。流体绕过圆柱体,漩涡尾流随雷诺数 Re 变化的规律如表 11‑2 所示[11]。

表 11 - 2　漩涡尾流随雷诺数 Re 变化的规律

漩涡尾流	雷诺数 Re	变化规律
	$Re < 5$	无分离现象发生
	$(5 \sim 15) < Re < 40$	圆柱体后出现一对固定的小漩涡
	$40 < Re < 150$	周期性交替泄放的层流漩涡
	$300 < Re < 3 \times 10^5$	周期性交替泄放的湍流漩涡。完全湍流可延续至 $50D$ 以外,称为次临界阶段
	$3 \times 10^5 < Re < 3.5 \times 10^6$	过渡段,分离点后移,漩涡泄放不具有周期性(宽带发放频率),曳力显著降低
	$Re > 3.5 \times 10^6$	超临界阶段,重新恢复周期性的湍流涡旋泄放

11.6.1.2　涡激振动

任何非流线型物体在一定流速下都会在物体两侧交替地产生脱离物体表面的漩涡,由于漩涡周期性泄放导致升力和曳力周期性变化,致使海洋工程结构围绕某个平衡位置进行往复运动,这称为涡激振动。本书定义涡激振动是大尺度大细长比柔性(弹性)结构在流体中因为其表面漩涡周期性泄放产生的振动。

对于圆柱体,施特鲁哈尔(Strouhal)数和漩涡泄放频率(或升力频率)f_s 的

关系为

$$f_s = \frac{S_t U}{D} \tag{11-30}$$

式中,S_t 为施特鲁哈尔数,在低马赫(Mach)数的情况下(即来流速度远小于流体介质的速度时),施特鲁哈尔数的大小取决于结构的剖面形状和雷诺数 Re。

升力 F_L 和曳力 F_D 常采用无因次的升力系数 C_L 和曳力系数 C_D 表达:

$$F_L = C_L \times \frac{1}{2}\rho U^2 D \tag{11-31}$$

$$F_D = C_D \times \frac{1}{2}\rho U^2 D \tag{11-32}$$

当将圆柱体作为固定的刚体时,其在均匀二维流场中形成涡街时,圆柱体单位长度上所受升力 F_L 和曳力 F_D 是随时间变化的周期力。其中升力 F_L 是按施特鲁哈尔频率 f_s 变化的;曳力 F_D 由两部分组成,一部分是不随时间变化的平均曳力 F_{D0},另一部分是以 2 倍施特鲁哈尔频率而变的脉动曳力 F_{DI}。

当将圆柱体作为弹性体时,其在来流作用下将产生位移和振动,同时圆柱体的振动也会诱发漩涡的形成与泄放。当弹性圆柱体的自身振动固有频率 f_n 与漩涡的泄放频率 f_s(施特鲁哈尔频率)接近时,将产生垂直于来流方向的横向振动,升力 F_L 和曳力 F_D 比圆柱体作为刚体时的升力 F_L 及曳力 F_D 增大 4~5 倍。该振动反过来对流场产生影响,漩涡的强度明显增大,涡街规律性加强;升力和曳力增大,尾流沿跨长的相关性增大;发生频率锁定现象,在较大施特鲁哈尔数范围内漩涡泄放频率固定在结构自振频率范围内,而不是按 f_s 泄放;发生失谐现象,非线性的流固耦合导致最大稳态振幅并不发生在 f_n 与 f_s 相等处,而是发生在频率锁定段的中部。

11.6.1.3 涡激振动的流固耦合动力学模型

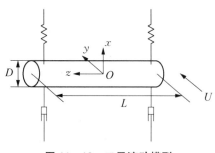

图 11-10 二元流动模型

实际工程应用中,管线通常长达数百上千米,采用流固耦合数值模型(水弹性动力学模型)进行分析时,计算量巨大,目前只能采用简化模型进行计算。

对于刚性圆柱体在垂直流向中产生的漩涡引起的横向振动,二元流动模型是成熟的单自由度弹簧阻尼器振动模型(见图 11-10)。在稳定的涡街段(雷诺

数为 $200 \sim 300\,000$)内振动,其数学列式为

$$\frac{\ddot{w}}{D} + 2\zeta\lambda\frac{\dot{w}}{D} + \lambda^2\frac{w}{D} = \frac{1}{2}\frac{\rho U^2 L}{M}C_L \tag{11-33}$$

式中,w 为圆柱体的垂向位移;D、L 和 M 分别为圆柱体的直径、长度和质量(含附连水质量);λ 为系统的固有频率;ζ 为阻尼比;其余变量同上一节。而升力系数采用下述微分方程描述:

$$\ddot{C}_L - \omega_s G\left[C_{L0}^2 - \frac{4}{3}\left(\frac{\dot{C}_L}{\omega_s}\right)^2\right]\dot{C}_L + \omega_s^2\left(1 - \frac{4}{3}HC_L^2\right)C_L = -\omega_s\frac{\dot{w}}{D}F \tag{11-34}$$

式中,G、H、F 为待定参数,由试验确定;$\omega_s = \dfrac{2\pi SU}{D}$ 为施特鲁哈尔圆频率;C_{L0} 是圆柱体固定不动时升力系数的最大幅值,其值通过试验确定。这是非线性振动中典型的范德波尔(van der Pol)方程,具有自激振动稳态解。

另一个涡激振动模型针对二元流动模型中圆柱体的振幅沿长度方向完全相关性缺陷给出振幅非同步修正假设,提出了相关模型(correlation model),数学列式如下:

$$\ddot{w} + 2\zeta\lambda\dot{w} + \lambda^2 w = \frac{F_e(t)}{M_e} \tag{11-35}$$

式中,长度为 L 的圆柱体的挠度曲线 $w(x,t) = \psi(x)W(t)$,$\psi(x)$ 为圆柱体的模态,$W(t)$ 为模态坐标;ζ 为阻尼比,由黏性系数 $C_e = \displaystyle\int_0^L C(x)\psi^2(x)\mathrm{d}x$ 与临界阻尼系数计算所得;圆柱体的质量 $M_e = \displaystyle\int_0^L m(x)\psi^2(x)\mathrm{d}x$;等效广义力 $F_e(t) = \dfrac{1}{2}\rho U^2 D\displaystyle\int_0^L C_L(x,t)\psi(x)\mathrm{d}x$。

对深水立管在海洋中涡激振动进行模拟时假设立管下端固定,上端通过连接装置与其他海洋工程结构相连接并直接简化为自由端。管内有恒定向上的内部流体流过,外面承受波浪和海流的作用,坐标系的原点定于下端铰接点处,z 轴同重力方向相反,y 轴同来流方向一致,假设立管变形是小位移变形。通过对立管横向振动微分方程进行数值处理进行离散,可得到有限元方程。

对于漩涡引起的周期性曳力导致圆柱体产生的顺流向振动(也称线内振动,

in-line vibration），一般情况下该振动比横向振动小得多，最大幅值约小一个量级，在系统固有频率 2 倍于施特鲁哈尔频率时也会发生频率锁定现象。

11.6.1.4 抑制涡激振动的方法

采用两类方法减小涡激振动，一是调整结构自身动力学特性，减小漩涡作用下的响应；二是干涉和改变漩涡发生的条件和尾流状态，以减弱流体产生的涡激力。具体方法如下：

（1）控制约化速度 $\widetilde{U}$，提高结构固有频率 f_n，使约化速度 $\widetilde{U}=\dfrac{U}{f_n D}<1$。

（2）增加约化阻尼 δ_r，$\delta_r=2\pi\zeta\dfrac{2m}{\rho D^2}$。

（3）改变剖面形状，使其成为流线型从而流动不发生分离以及产生旋涡。

11.6.2 涡激运动

大尺度、大细长比柔性（弹性）结构在流体中因为其表面漩涡周期性泄放产生的涡激振动已得到学界的深入研究，如锚泊结构物、系泊缆索和深海立管等。对于张力腿平台（tension leg platform，TLP）、立柱浮筒式（spar）平台和半潜式平台等大尺度细长比较小的浮式海洋工程结构，其类似于刚体。这些海洋工程结构的主体结构都是由一定数目立柱和浮箱组成的，在一定流速的海流作用下，柱体和浮箱背流面会产生漩涡及周期性的泄放现象，在柱体和浮箱两侧升力和曳力发生周期性变化，导致浮式海洋平台围绕某个平衡位置进行大幅度的往复运动，这种振动称为涡激运动[45]（见图 11-11）。

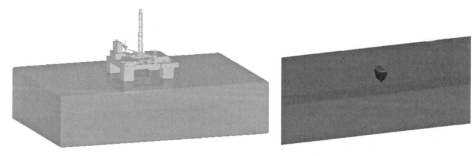

图 11-11 海洋平台及波浪能转换器的涡激运动[45]

涡激运动的求解方法与求解涡激振动的方法类似，都是建立流固耦合动力学方程，但此类浮式结构作为刚体只有六个自由度的运动，这是与具有无穷自由度的立管弹性体涡激振动的不同之处。

11.6.3　跳跃振动

跳跃振动(galloping vibration,或称超驰振动)是结构在稳定(均匀)流场中产生的与来流方向垂直的横向自激振动。在一定来流速度和方向下,某些具有非流线型剖面的结构,以及机翼和涡轮机叶片等具有流线型剖面的结构在大冲角情况下(失速状态),均可发生这种严重的跳跃振动。对于机翼和涡轮机叶片而言,这种振动称为失速颤振(stall flutter)。与涡激振动不同,这种振动不是漩涡泄放所引起的,它的振动频率也不是漩涡的泄放频率,而是由于结构本身的运动使实际来流方向发生变化(冲角改变)引起的。由此产生的作用在结构上的流体升力的频率与结构固有频率相同,且升力的方向与结构的运动方向相同,结构系统就不断从流体中吸收能量,其振幅迅速增大直至结构的能量消耗小于外力功,则结构会发生动力失稳,甚至被破坏。

跳跃振动的频率与结构固有频率相同,通常比施特鲁哈尔频率低得多,一般在约化速度超过 10 时发生。因此,跳跃振动分析的一个基本假设是流体升力是准稳态的或准静力的。精确的圆形剖面结构不会发生跳跃振动,因为圆形剖面不会产生升力,而作用在来流方向的只有曳力,所有不会产生自激振动。

11.6.3.1　发生跳跃振动的条件及判断标准

采用二元流动单自由度振动模型,此为任意剖面形状的结构在稳定流场内的情况。单自由度跳跃振动模型如图 11-12 所示。设流速为 u,结构垂向振动速度为 $\dot{w}$,相对来流的速度为 u_r,则有

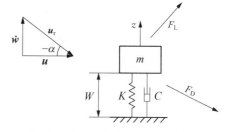

$$u_r = u - \dot{w} \quad (11-36)$$

$$u_r^2 = u^2 - \dot{w}^2 \quad (11-37)$$

图 11-12　单自由度跳跃振动模型

这相当于结构固定,来流有一个攻角 α,对于微幅振动有

$$-\alpha = \arctan \frac{\dot{w}}{u} \quad (11-38)$$

则相对来说速度:

$$u_r = u \sec\alpha \quad (11-39)$$

结构单位长度上所受阻力和升力分别是

$$F_{\mathrm{D}} = \frac{1}{2}\rho u_{\mathrm{r}}^2 D \widetilde{C}_{\mathrm{D}}(\alpha) \tag{11-40}$$

$$F_{\mathrm{L}} = \frac{1}{2}\rho u_{\mathrm{r}}^2 D \widetilde{C}_{\mathrm{L}}(\alpha) \tag{11-41}$$

式中，D 为剖面在垂直于来流方向的宽度；$\widetilde{C}_{\mathrm{L}}$ 和 $\widetilde{C}_{\mathrm{D}}$ 分别为平均阻力和平均升力系数，是不计漩涡等引起的高频成分的准静力的阻力和升力系数，它们是攻角 α 的函数。阻力和升力在垂直方向的分量为

$$F_z(\alpha) = F_{\mathrm{D}}\sin\alpha + F_{\mathrm{L}}\cos\alpha \tag{11-42}$$

或者

$$F_z(\alpha) = \frac{1}{2}\rho u^2 D C_z(\alpha) \tag{11-43}$$

式中，$C_z(\alpha) = [\widetilde{C}_{\mathrm{L}}(\alpha) + \widetilde{C}_{\mathrm{D}}(\alpha)\tan\alpha]\sec\alpha$。

采用的二元流动单自由度振动方程为

$$\ddot{w} + 2\zeta\lambda\dot{w} + \lambda^2 w = \frac{F_z\left(\dfrac{\dot{w}}{u}\right)}{m} \tag{11-44}$$

式中，λ 为固有频率；ζ 为阻尼比；m 为等效长度质量，包括附连水质量。

给系统一个微小的初始扰动，例如相对于平衡位置的初始偏离，考察系统是否是动力稳定的。若系统是动力稳定的，则振动会逐渐减小，系统回到平衡位置；若系统是动力不稳定的，则振动会越来越大形成自激振动，即跳跃振动。

将 $C_z(\alpha)$ 在平衡位置处 $(\alpha = 0)$ 展开，则有

$$C_z(\alpha) = C_z(0) + C_z'(0)\alpha + O(\alpha^2) \tag{11-45}$$

对于微幅振动，$\alpha \approx -\dfrac{\dot{w}}{u}$，忽略静态力 $C_z(0)$，代入式(11-45)得

$$C_z(\alpha) \approx C_z'(0)\alpha = -[\widetilde{C}_{\mathrm{L}}(0) + \widetilde{C}_{\mathrm{D}}(0)]\frac{\dot{w}}{u} \tag{11-46}$$

代入式(11-44)得

$$\ddot{w} + 2\zeta\lambda\dot{w} + \lambda^2 w = \frac{\dfrac{1}{2}\rho u^2 D[\widetilde{C}_{\mathrm{L}}(0) + \widetilde{C}_{\mathrm{D}}(0)]\dfrac{\dot{w}}{u}}{m} \tag{11-47}$$

改写为

$$\ddot{w} + 2\zeta_i \lambda \dot{w} + \lambda^2 w = 0 \tag{11-48}$$

式中，ζ_i 为总阻尼系数。

$$\zeta_i = \zeta + \frac{\rho u D}{4m\lambda}[\widetilde{C}_{\mathrm{L}}(0) + \widetilde{C}_{\mathrm{D}}(0)] \tag{11-49}$$

当总阻尼系数 $\zeta_i > 0$ 时，系统进行衰减振动，是动力稳定的。

当总阻尼系数 $\zeta_i < 0$ 时，为负阻尼状态，系统不耗能，且获得振动能量，发生自激振动，是动力不稳定的。

$\zeta_i = 0$ 是系统发生跳跃振动的临界点，可得

$$\zeta + \frac{\rho u D}{4m\lambda}[\widetilde{C}_{\mathrm{L}}(0) + \widetilde{C}_{\mathrm{D}}(0)] = 0 \tag{11-50}$$

因此得跳跃振动发生的必要条件为

$$\zeta + \frac{\rho u D}{4m\lambda}[\widetilde{C}_{\mathrm{L}}(0) + \widetilde{C}_{\mathrm{D}}(0)] < 0 \tag{11-51}$$

即

$$[\widetilde{C}_{\mathrm{L}}(0) + \widetilde{C}_{\mathrm{D}}(0)] < 0 \tag{11-52}$$

称为邓哈托（Den Hartog）稳定性准则。

从风洞或水洞试验中测得 $C'_z(0) = [\widetilde{C}_{\mathrm{L}}(0) + \widetilde{C}_{\mathrm{D}}(0)]$，由此可判断结构是否发生跳跃振动。

11.6.3.2　跳跃振动的稳态解

本节讨论线性系统在非线性流体作用力下跳跃振动的稳态解。根据跳跃振动方程：

$$\ddot{w} + 2\zeta\lambda\dot{w} + \lambda^2 w = -\frac{\frac{1}{2}\rho u^2 D}{m}\left[a_1\frac{\dot{w}}{u} + a_2\left(\frac{\dot{w}}{u}\right)^2 + a_3\left(\frac{\dot{w}}{u}\right)^3 + \cdots\right] \tag{11-53}$$

式中，$a_1, a_2, a_3, \cdots$ 为 $C_z(\alpha)$ 的展开系数，$a_1 = -C'_z(0)$。此为自激振动方程，可改写为

$$\ddot{w} + \phi(\dot{w}) + \lambda^2 w = 0 \tag{11-54}$$

若阻尼项 $\phi(\dot{w})$ 仅保留 $\dot{w}$ 和 $\dot{w}^3$，则式(11-54)即为范德波尔方程。

采用相平衡法，设稳态解为

$$w(t) = A(t)\sin\left[\lambda t + \phi(t)\right] \tag{11-55}$$

阻尼项 $\phi(\dot{w})$ 仅保留 $\dot{w}$ 和 $\dot{w}^3$ 后解得稳态解的振幅为

$$\widetilde{A} = \sqrt{\frac{-4\widetilde{U}(\widetilde{U}a_1 - 1)}{3a_3}} \tag{11-56}$$

式中，振幅 $\widetilde{A}$ 和相对速度 $\widetilde{U}$ 定义为

$$\widetilde{A} = \frac{A}{D}\frac{\rho D^2}{4m\zeta} = \frac{A}{D}\frac{\pi}{\delta_r} \tag{11-57}$$

$$\widetilde{U} = \frac{U}{fD}\frac{\rho D^2}{4m\,2\pi\zeta} = \frac{U}{fD}\frac{1}{2\delta_r} \tag{11-58}$$

11.6.3.3　减小跳跃振动的方法

利用邓哈托稳定性准则设计结构，使其不处在动力不稳定区，可防止发生严重的跳跃振动。具体如下：

(1) 改变结构的剖面外形或结构与来流间的攻角，使 $C_z'(0)$ 不小于 0。

(2) 提高发生跳跃振动的临界速度 $\widetilde{U}_{min} = -\dfrac{4mf\,2\pi\zeta}{\rho D}\dfrac{1}{C_z'(0)}$。

(3) 减小来流速度 U 使之不大于临界速度 $\widetilde{U}_{min}$。

------- · ------- **习题 11** ------- · -------

11.1 涡激振动与跳跃振动的区别是什么？如何抑制涡激振动与跳跃振动？

11.2 请写出邓哈托稳定性准则。

第 *12* 章　随机振动的基本理论与方法

　　振动现象可以分为确定性振动和随机振动。数学上无法用一个确定性的函数描述的振动过程称为随机振动。船舶与海洋工程结构中随机振动是常见现象，例如船舶或海洋平台在波浪中的振动，桥梁在风中的振动等。随机振动具有两个特征：①不可重复性和不可预测性；②具有一定的统计规律性。随机是"概率"的意思，而不是复杂之意。若激励是随机的过程，则结构振动响应也必然是随机的。工程中许多随机振动大多是由于激励的随机性造成的。本章介绍有关随机激励下船舶与海洋工程结构振动响应的模型、计算方法、系统输入与输出间的关系[22, 46-47]。

12.1　随机变量与随机过程

　　图 12-1 是一个随机振动实例，通过该实例介绍随机过程的基本概念。

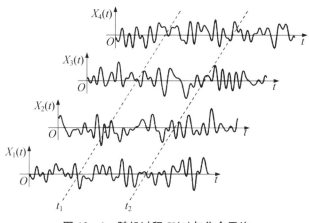

图 12-1　随机过程 $X(t)$ 与集合平均

　　样本函数：每个有限时间长度的振动时间历程记录（位移、速度、加速度和应力等）$x_k(t)$，$k=1, 2, \cdots, n(0 < t \leqslant T)$，称为样本函数，$T$ 为采样长度。

　　随机变量：随机振动在观测时间范围内，固定时刻 $t = t_i$ 时各样本函数的取值 $x_1(t_i)$，$x_2(t_i)$，$\cdots$，$x_k(t_i)$ 构成一个随机变量 $X(t_i)$，$x_k(t_i)$ 为样本值或样本点。所有样本点的集合称为样本空间。

随机过程：随机振动的无限多样本函数构成的集合称为随机过程，记为 $X(t)$。随机过程也可以是以时间及空间为参数的多变量随机过程 $X(t,s)$。

只有无限多个随机变量才能完整描述一个随机振动。因此随机过程既是所有样本函数的集合，也是一族随机变量的集合。

随机变量的统计特性包括如下内容。

集合平均：任意时刻 $t=t_i$ 的随机变量 $X(t_i)$ 的如下运算称为随机过程 $X(t)$ 在时刻 $t=t_i$ 的集合平均值。

$$\mu_x(t_i)=\lim_{n\to\infty}\frac{1}{n}\sum_{k=1}^{n}x_k(t_i) \tag{12-1}$$

自相关函数：取时刻 t_i 及 $t_i+\tau$ 对应的随机变量 $X(t_i)$ 和 $X(t_i+\tau)$，其集合平均为

$$R_x(t_i,t_i+\tau)=\lim_{n\to\infty}\frac{1}{n}\sum_{k=1}^{n}x_k(t_i)x_k(t_i+\tau) \tag{12-2}$$

称为随机过程 $X(t)$ 在时刻 t_i 及 $t_i+\tau$ 的自相关函数。

时间平均：采用任一样本函数沿时间轴计算时间平均代替集合平均，则有

$$\mu_{xk}=\lim_{T\to\infty}\frac{1}{T}\int_{-T/2}^{T/2}x_k(t)\mathrm{d}t \tag{12-3}$$

$$R_{xk}(\tau)=\lim_{T\to\infty}\frac{1}{T}\int_{-T/2}^{T/2}x_k(t)x_k(t+\tau)\mathrm{d}t \tag{12-4}$$

由于集合平均的计算需要较多的样本，计算量也较大，因此工程应用中常用时间平均代替集合平均。

各态历经过程：当时间平均等于集合平均时 $[\mu_{xk}=\mu_x,\ R_{xk}(\tau)=R_x(\tau)]$，这类随机过程称为各态历经过程。各态历经过程一定是平稳过程，因此通过一次试验记录就可以得到随机过程的统计平均值。

概率分布函数 $P(x,t_1)$：一个随机变量 $X(t_1)$ 的取值是不确定的，但是其取值的概率分布是符合统计规律的，这个统计规律就是随机变量 $X(t_1)$ 的概率分布函数 $P(x,t_1)=P_r[X(t_1)\leqslant x]$。$P(x,t_1)$ 代表随机变量 $X(t_1)$ 取值不大于 x 的概率，它是 x 的单调递增函数。

概率分布函数的性质：

$$P(\infty)=1,\ P(-\infty)=0,\ 0\leqslant P(x)\leqslant 1 \tag{12-5}$$

概率密度函数 $p(x)$：$p(x) = \lim\limits_{\Delta x \to 0} \dfrac{P(x+\Delta x) - P(x)}{\Delta x} = \dfrac{\mathrm{d}P(x)}{\mathrm{d}x}$，它是概率分布函数 $P(x)$ 的切线斜率。概率分布函数可以通过对概率密度函数 $p(x)$ 积分得到。

$X(t_1)$ 在取值区间 x_1 与 x_2 的概率为

$$P_{\mathrm{r}}[x_1 < X(t_1) < x_2] = P(x_2) - P(x_1) = \int_{x_1}^{x_2} p(x)\mathrm{d}x \qquad (12-6)$$

概率密度函数具有如下性质：

$$p(\infty) = 0, \; p(-\infty) = 0, \; p(x) \geqslant 0 \qquad (12-7)$$

$$P(x) = \int_x^{\infty} p(\xi)\mathrm{d}\xi, \; P(\infty) = \int_{-\infty}^{\infty} p(\xi)\mathrm{d}\xi \qquad (12-8)$$

对于各态历经过程，可由单个样本函数确定概率分布，对于给定的时间总长 T，概率的估计值为

$$P_{\mathrm{r}}[X(t_1) < x] = \frac{1}{T} \sum_{i=1}^{n} \Delta t_i \qquad (12-9)$$

对于各态历经过程，幅值不超过某允许值的概率相当于幅值小于该允许值所占的时间与样本时间总长之比。

弱平稳随机过程：如果 $\mu_x(t_i)$ 与 $R_x(t_i, t_i + \tau)$ 不依赖于采样时刻 t_i，其中 $\mu_x(t_i)$ 为常值，而 $R_x(t_i, t_i + \tau)$ 仅依赖于时差 τ，即 $\mu_x(t_i) = \mu_x$，$R_x(t_i, t_i + \tau) = R_x(\tau)$。

强平稳随机过程：遍及随机过程 $X(t)$ 所有可能的平均值与采样时刻 t_i 无关时（与起点无关），称为强平稳过程。

$$E[X(t_1)] = \int_{-\infty}^{\infty} x p(x)\mathrm{d}x = 常数 \qquad (12-10)$$

$$R_x(t_1, t_2) = \int_{-\infty}^{\infty} \int_{-\infty}^{\infty} x_1 x_2 p(x_1, x_2, \tau)\mathrm{d}x_1 \mathrm{d}x_2 = R_x(\tau) \qquad (12-11)$$

联合概率分布函数：考虑两个平稳随机过程 $X(t)$ 和 $Y(t)$，分别在两个采样时刻 t_1 及 $t_2 = t_1 + \tau$ 得到两个随机变量 $X(t_1)$ 和 $Y(t_2)$，对于 $X(t_1)$ 小于 x 和 $Y(t_2)$ 小于 y 的联合概率记为 $P_{\mathrm{r}}[X(t_1) < x; Y(t_2) < y]$，于是 $P(x, y, \tau) =$

$P_r[X(t_1) < x; Y(t_2) < y]$。

概率分布具有如下性质：

$$P(x, -\infty, \tau) = 0, \ P(-\infty, y, \tau) = 0,$$
$$P(-\infty, -\infty, \tau) = 0, \ P(\infty, \infty, \tau) = 1 \qquad (12-12)$$

联合概率密度函数与联合概率分布函数关系为

$$P(x, y, \tau) = \int_{-\infty}^{x} \int_{-\infty}^{y} p(\xi, \eta, \tau) \mathrm{d}\xi \mathrm{d}\eta \qquad (12-13)$$

联合概率密度函数的性质为

$$p(x, y, \tau) \geqslant 0, \int_{-\infty}^{\infty} \int_{-\infty}^{\infty} p(\xi, \eta, \tau) \mathrm{d}\xi \mathrm{d}\eta = 1 \qquad (12-14)$$

12.2　随机变量统计特性的数字特征

均值 μ_x：$E[X] = \mu_x = \int_{-\infty}^{\infty} x p(x) \mathrm{d}x$，称为随机变量 X 的数学期望。它反映随机变量的摆动中心，对平稳过程而言它是常值。

均方值 ψ_x^2：$E[X^2] = \psi_x^2 = \int_{-\infty}^{\infty} x^2 p(x) \mathrm{d}x$，称为随机变量 X 的均方值（root mean square，RMS）。它反映随机过程的能量，也称二阶原点矩。

方差 σ_x^2：$E[(X - \mu_x)^2] = \sigma_x^2 = \int_{-\infty}^{\infty} (x - \mu_x)^2 p(x) \mathrm{d}x$，它表示随机变量偏离均值的分散程度，又称二阶中心距。方差的平方根 σ_x 称为标准差。

性质：

$$\sigma_x^2 = \psi_x^2 - \mu_x^2 \qquad (12-15)$$

变异系数 v：$v = \dfrac{\psi_x^2}{\mu_x^2}$，它表示随机变量的分散程度。

总体上讲，方差、标准差、变异系数都是用来表征随机变量的分散度的。

若设随机过程为各态历经过程，则可用时间平均代替计算上述各数字特征：

$$\mu_x = E[x(t)] = \lim_{T \to \infty} \frac{1}{T} \int_0^T x(t) \mathrm{d}t \qquad (12-16)$$

$$\psi_x^2 = E[x^2(t)] = \lim_{T \to \infty} \frac{1}{T} \int_0^T x^2(t) \mathrm{d}t \qquad (12-17)$$

$$\sigma_x^2 = E\{[x(t) - \mu_x]^2\} = \lim_{T \to \infty} \frac{1}{T} \int_0^T [x(t) - \mu_x]^2 \mathrm{d}t \qquad (12-18)$$

12.3　随机振动在时域的统计特性——自相关函数

自相关函数:设同一随机振动的两个状态对应的随机变量为 $X(t_1)$ 和 $X(t_2) = X(t_1 + \tau)$,其联合概率密度函数为 $p(x_1, x_2, \tau)$,则自相关函数为

$$R_x(\tau) = E[X(t)X(t+\tau)] = \int_{-\infty}^{\infty} \int_{-\infty}^{\infty} x_1 x_2 p(x_1, x_2, \tau) \mathrm{d}x_1 \mathrm{d}x_2$$

$$(12-19)$$

对平稳随机过程,有

$$R_x(\tau) = \lim_{T \to \infty} \frac{1}{T} \int_0^T x(t)x(x+\tau) \mathrm{d}t \qquad (12-20)$$

自相关函数描述了随机振动的一个时刻状态与另一个时刻状态之间依赖关系或相关程度(见图 $12-2$[46])。对于平稳随机过程的自相关函数有如下性质:

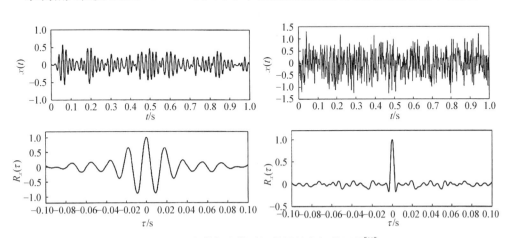

图 $12-2$　窄带与宽带随机信号的自相关函数[22]

(1) 自相关函数是关于时差 τ 的偶函数,$R_x(-\tau) = R_x(\tau)$。

(2) 当 $\tau = 0$ 时,$R_x(0) = E(X^2) = \psi_x^2$。

(3) $|R_x(\tau)| \leqslant R_x(0)$。

(4) 自相关函数是时差 τ 的衰减函数。$\tau \to \infty$，则 $R_x(\tau) = 0$。

(5) $\lim\limits_{\tau \to \infty} R_x(\tau) = E[X] = \mu_x^2$。

互相关函数：设两个随机过程 $X(t)$ 和 $Y(t)$，它们的均值等于零，取两个采样时刻 t_1 及 $t_2 = t_1 + \tau$，则互相关函数定义为

$$R_{xy}(\tau) = E[X(t)Y(t+\tau)] = \int_{-\infty}^{\infty}\int_{-\infty}^{\infty} x_1 y_2 p(x_1, y_2, \tau) \mathrm{d}x_1 \mathrm{d}y_2$$

$$(12-21)$$

互相关函数有如下性质：

(1) 互相关函数是关于时差 τ 的非奇非偶函数，$R_{xy}(\tau) = R_{xy}(-\tau)$。

(2) $|R_{xy}(\tau)| \leqslant \sqrt{R_x(0)R_y(0)}$。

分析随机振动时，将载荷信号作为输入，结构响应作为输出，分析两个随机信号的互相关性，就可以得到系统激励与结构响应之间的关系。

12.4 随机振动在频域的统计特性——功率谱密度和互功率谱密度函数

随机信号的频域分析是以傅里叶变换为基础的可以描述随机振动的频率结构，用以查明含有的频率成分以及哪些频率成分是主要的。

功率谱密度函数[自谱 $S_x(\omega)$]：平稳随机过程 $X(t)$ 的自相关函数 $R_x(\tau)$ 的傅里叶变换称为自谱或功率谱密度函数，表达式为

$$S_x(\omega) = \int_{-\infty}^{\infty} R_x(\tau) \mathrm{e}^{-\mathrm{i}\omega\tau} \mathrm{d}\tau \tag{12-22}$$

$$R_x(\tau) = \frac{1}{2\pi} \int_{-\infty}^{\infty} S_x(\omega) \mathrm{e}^{\mathrm{i}\omega\tau} \mathrm{d}\omega \tag{12-23}$$

$S_x(\omega)$ 与 $R_x(\tau)$ 构成傅里叶变换对。根据 $\omega = 2\pi f$，式(12-22)和式(12-23)可改写为

$$S_x(f) = \int_{-\infty}^{\infty} R_x(\tau) \mathrm{e}^{-\mathrm{i}2\pi f\tau} \mathrm{d}\tau \tag{12-24}$$

$$R_x(\tau) = \frac{1}{2\pi} \int_{-\infty}^{\infty} S_x(f) \mathrm{e}^{\mathrm{i}2\pi f\tau} \mathrm{d}f \tag{12-25}$$

功率谱密度函数的物理意义及其主要性质:

$$R_x(0) = \psi_x^2 = \frac{1}{2\pi} \int_{-\infty}^{\infty} S_x(\omega) \mathrm{d}\omega = E[x^2(t)] \tag{12-26}$$

均方值等于功率谱密度函数沿整个频率轴积分除以 2π,因此其单位与 $X(t)$ 有关。若 $X(t)$ 表示位移,则 $S_x(f)$ 的单位是 $\mathrm{m^2/Hz}$;若 $X(t)$ 表示加速度,则 $S_x(f)$ 的单位是 $(\mathrm{m/s^2})^2/\mathrm{Hz}$。

功率谱密度函数 $S_x(\omega)$ 的性质如下:

(1) 它是 ω 的非负实函数,即 $S_x(\omega) \geqslant 0$。

(2) 它是偶函数,即 $S_x(\omega) = S_x(-\omega)$。

(3) 满足维纳-辛钦公式,即

$$S_x(\omega) = \int_{-\infty}^{\infty} R_x(\tau) \mathrm{e}^{-\mathrm{i}\omega\tau} \mathrm{d}\tau = \int_{-\infty}^{\infty} R_x(\tau) \cos\omega\tau \, \mathrm{d}\tau \tag{12-27}$$

由于没有负频率概念,因此用单边功率谱密度函数 $G_x(\omega)$ 表示式(12-27):

$$G_x(\omega) = \begin{cases} 2S_x(\omega) & \omega \geqslant 0 \\ 0 & \omega < 0 \end{cases} \tag{12-28}$$

计算功率谱密度函数的常用方法为

$$S_x(\omega) = \frac{1}{T} |X(\omega)|^2 \tag{12-29}$$

该公式推导是基于帕塞瓦尔(Parseval)定理:

$$\int_{-\infty}^{\infty} x^2(t) \mathrm{d}t = \frac{1}{2\pi} \int_{-\infty}^{\infty} |X(\omega)|^2 \mathrm{d}\omega \tag{12-30}$$

与

$$R_x(0) = \lim_{T\to\infty} \frac{1}{T} \int_{-T/2}^{T/2} x^2(t) \mathrm{d}t = \frac{1}{2\pi} \int_{-\infty}^{\infty} S_x(\omega) \mathrm{d}\omega \tag{12-31}$$

互功率谱密度函数[互谱 $S_{xy}(\omega)$]:考虑平稳随机过程 $X(t)$ 和 $Y(t)$ 的互相关函数 $R_{xy}(\tau)$ 的傅里叶变换式称为互谱。

$$S_{xy}(\omega) = \int_{-\infty}^{\infty} R_{xy}(\tau) \mathrm{e}^{-\mathrm{i}\omega\tau} \mathrm{d}\tau \tag{12-32}$$

$$R_{xy}(\tau) = \frac{1}{2\pi} \int_{-\infty}^{\infty} S_{xy}(\omega) e^{i\omega\tau} d\omega \qquad (12-33)$$

$S_x(\omega)$ 与 $R_x(\tau)$ 构成傅里叶变换对。且

$$S_{xy}(\omega) = \frac{1}{T} | X(\omega)Y(\omega) | \qquad (12-34)$$

互功率谱密度函数的物理意义及其主要性质：

(1) 互功率谱密度函数 $S_{xy}(\omega)$ 是复函数。

(2) $S_{xy}(\omega) = S_{yx}(-\omega) = S_{yx}^*(\omega)$。

(3) 满足互谱不等式：$| S_{xy}(\omega) |^2 \leqslant S_x(\omega)S_y(\omega)$，相干函数满足 $0 \leqslant$ $\gamma_{xy}^2(\omega) = \dfrac{| S_{xy}(\omega) |^2}{S_x(\omega)S_y(\omega)} \leqslant 1$。

图 12-3 所示为窄带与宽带随机信号、自相关和自谱函数的图形特征[17]，其中涉及傅里叶变换的如下重要性质：

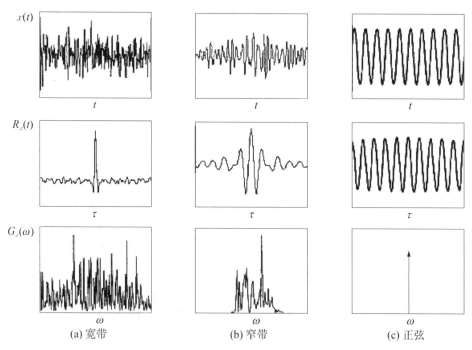

(a) 宽带   (b) 窄带   (c) 正弦

图 12-3　窄带与宽带随机信号、自相关和自谱函数的图形特征[22]

$$F[x(t)] = X(\omega) \tag{12-35}$$

$$X(-\omega) = X^*(\omega) \tag{12-36}$$

$$F[\delta(t)] = 1 \tag{12-37}$$

$$F[x(t-t_0)] = e^{-i\omega t_0} X(\omega) \tag{12-38}$$

$$F[x(t-t_0)e^{-i\omega t_0}] = X(\omega - \omega_0) \tag{12-39}$$

$$F[h(t) * x(t)] = H(\omega)X(\omega) \tag{12-40}$$

$$F[h(t)x(t)] = \frac{1}{2\pi}H(\omega)X(\omega) \tag{12-41}$$

$$F[\dot{x}(t)] = i\omega X(\omega) \tag{12-42}$$

$$F\left[\int_{-\infty}^{t} x(t)\mathrm{d}t\right] = \frac{1}{i\omega}X(\omega) \tag{12-43}$$

12.5　几种典型的随机过程

　　功率谱密度函数给出了随机过程的平均功率的频率分布密度,故常用功率谱的形状来标识随机过程,随机振动试验中各种激励的基准谱就是按照谱形来规定的。人们把谱形偏于两种极端的情况分别称为宽带随机过程与窄带随机过程。

12.5.1　宽带随机过程

　　带宽指功率谱密度函数分布的主要频率范围。宽带随机过程的功率谱密度函数在较宽的频带内有较大值,其时间历程由整个频带中各种频率信号叠加而成,如图 12-3 所示。极端的宽带随机过程是理想白噪声过程,功率谱密度函数等于常数,带宽是无限的:

$$S_x(\omega) = S_0(-\infty \leqslant \omega \leqslant \infty) \tag{12-44}$$

理想白噪声过程自相关函数为

$$R(\tau) = \frac{1}{2\pi}\int_{-\infty}^{\infty} S_x(\omega) e^{i\omega\tau} \mathrm{d}\omega = \frac{S_0}{2\pi}\int_{-\infty}^{\infty} e^{i\omega\tau} \mathrm{d}\omega = S_0\delta(\tau) \tag{12-45}$$

式中,$\delta(\tau)$ 为狄拉克(Dirac)函数。

　　有限白噪声过程:对理想白噪声过程规定截止频率,其功率谱密度函数为

$$S_x(\omega) = \begin{cases} S_0 & \omega_1 \leqslant \omega \leqslant \omega_2 \\ 0 & \text{其他频率} \end{cases} \tag{12-46}$$

其自相关函数为

$$R(\tau) = \frac{1}{2\pi} \int_{-\infty}^{\infty} S_x(\omega) e^{i\omega\tau} d\omega = \frac{S_0}{2\pi\tau} \cos\left(\frac{\omega_1 + \omega_2}{2}\tau\right) \sin\left(\frac{\omega_2 - \omega_1}{2}\tau\right)$$

$$\tag{12-47}$$

12.5.2 窄带随机过程

窄带随机过程的谱密度函数仅在一个很小的频率范围内有非零值,带宽与带宽中心频率相比小一个量级或更小。极端的窄带随机过程是随机相位正弦波 $x(t) = A\sin(\omega_0 t + \theta)$,它只有一个频率成分,如图 12-3 所示。其自相关函数为

$$R(\tau) = \frac{A^2}{2}\cos\omega_0\tau \tag{12-48}$$

其功率谱密度函数为

$$S_x(\omega) = \int_{-\infty}^{\infty} R(\tau) e^{-i\omega\tau} d\tau = \frac{A^2}{4}[\delta(\omega - \omega_0) + \delta(\omega + \omega_0)] \tag{12-49}$$

12.5.3 高斯随机过程

高斯(Gauss)随机过程是随机现象的一种理想化正态分布模型,自然界和社会生活中许多随机现象的概率分布服从或近似服从正态分布,正态分布函数的图形呈钟形。其特点是随机变量在均值附近取值的概率较大,在远离均值的地方取值的概率较小。其他随机分布包括瑞利分布、泊松分布。窄带及正态过程的峰值服从瑞利分布,而船舶砰击和甲板上浪服从泊松分布。

若一个随机过程 $x(t)$ 所派生的 n 个随机变量 $x(t_1)$,$\cdots$,$x(t_n)$ 是联合高斯分布的(也称正态分布),则此随机过程称为高斯过程。中心极限定理指出,大量独立的随机变量之和十分接近高斯分布。当随机过程在每一时刻的随机变量表现为独立的随机效应时,此过程可看作是一个高斯随机过程。设 $x_1 = x(t_1)$、$x_2 = x(t_2)$,它的一维概率密度函数为

$$p(x_1) = \frac{1}{\sqrt{2\pi}\sigma_{x_1}} \exp\left[-\frac{(x_1 - \mu_{x_1})^2}{2\sigma_{x_1}^2}\right] \tag{12-50}$$

该函数称为高斯概率密度函数。式中，μ_{x_1}、σ_{x_1} 为随机变量 $x(t_1)$ 的期望和方差。其二维概率密度函数为

$$p(x_1, x_2) = \frac{1}{\sqrt{2\pi}\,\sigma_{x_1}\sigma_{x_2}\sqrt{1-\rho_{12}^2}}\exp\left\{-\frac{1}{2(1-\rho_{12}^2)}\left[\frac{(x_1-\mu_{x_1})^2}{\sigma_{x_1}^2}\right.\right.$$
$$\left.\left.-\frac{2\rho_{12}(x_1-\mu_{x_1})(x_2-\mu_{x_2})}{\sigma_{x_1}\sigma_{x_2}} + \frac{(x_2-\mu_{x_2})^2}{\sigma_{x_2}^2}\right]\right\}$$

$$(12-51)$$

式中，ρ_{12} 为相关系数，$\rho_{12} = \dfrac{E\big[(x_1-\mu_{x_1})(x_2-\mu_{x_2})\big]}{\sigma_{x_1}\sigma_{x_2}}$。

如果 $\rho_{12}=0$，则 $p(x_1, x_2)=p(x_1)p(x_2)$，说明 $x_1=x(t_1)$，$x_2=x(t_2)$ 是不相关的。当 $\rho_{12}=\pm 1$ 时，$x_1=x(t_1)$，$x_2=x(t_2)$ 是完全相关的。当 $x(t)$ 是平稳随机过程时，$\sigma_{x_1}=\sigma_{x_2}$，$\mu_{x_1}=\mu_{x_2}$。所以 ρ_{12} 只是时间差 $\tau=t_2-t_1$ 的函数。正态分布概率密度函数图形如图 12-4 所示。

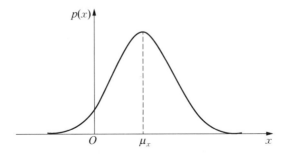

图 12-4　正态分布概率密度函数图形

特例：随机分析时，地基加速度视为短期各态历经零均值高斯过程；波浪的短期随机模型也视为短期各态历经零均值高斯过程。

例题 12.1　某系统的随机响应谱密度在 $20\sim 1\,200$ Hz 频率范围内为常数，$S_x(f)=S_0=0.4$ mm^2/Hz，此频率范围之外等于零，其均值 $\mu_x=20$ mm。求系统响应的均方根值及标准差。

解：由随机过程均方值 $\psi_x^2 = E[x^2(t)] = \dfrac{1}{2\pi}\displaystyle\int_{-\infty}^{\infty}S_x(\omega)\mathrm{d}\omega$，得

$$\psi_x^2 = E[x^2(t)] = \frac{1}{2\pi}\int_{-\infty}^{\infty}0.4\mathrm{d}(2\pi f) = \int_{20}^{1\,200}0.4\mathrm{d}f = 472(\text{mm}^2)$$

则系统响应的均方根值 $\psi_x = 21.7\,\text{mm}$。系统响应的方差 $\sigma_x^2 = \psi_x^2 - \mu_x^2 = 72\,\text{mm}$，标准差 $\sigma = 8.48\,\text{mm}$。

12.6　随机振动响应的分析方法

随机振动理论是以随机信号的相关分析、谱分析以及系统的输入-输出关系为基础，解决系统振动的均方响应。响应的均方值反映了振动的平均能量水平，可以作为结构疲劳强度计算的依据[22]。

随机载荷激励下振动系统响应的主要计算方法有脉冲响应函数法、频率响应函数法和模态叠加法等。

12.6.1　单输入单输出振动系统的随机响应

该类型问题一般采用脉冲响应函数法求解。设激励 $F(t)$ 是平稳随机过程，即 $E[F(t)] = \mu_f$，$E[F(t)F(t+\tau)] = R_f(\tau)$，则振动系统响应的均值为

$$E[X(t)] = E\left[\int_{-\infty}^{\infty} h(\tau)F(t-\tau)\mathrm{d}\tau\right] = H(0)\mu_f \qquad (12-52)$$

在时域分析中，响应的自相关函数为

$$R_x(\tau) = E[X(t)X(t+\tau)] = \int_{-\infty}^{\infty}\int_{-\infty}^{\infty} h(\lambda_1)h(\lambda_2)R_f(\tau+\lambda_1-\lambda_2)\mathrm{d}\lambda_1\mathrm{d}\lambda_2$$

$$(12-53)$$

激励与响应的互相关函数为

$$R_{fx}(\tau) = E[F(t)X(t+\tau)] = \int_{-\infty}^{\infty} h(\lambda)E[F(t)F(t+\tau-\lambda)]\mathrm{d}\lambda$$

$$= \int_{-\infty}^{\infty} h(\lambda)R_f(\tau-\lambda)\mathrm{d}\lambda$$

$$(12-54)$$

在频域分析中，响应的自谱函数为

$$S_x(\omega) = H(\omega)H^*(\omega)S_f(\omega) = |H(\omega)|^2 S_f(\omega) \qquad (12-55)$$

式中，$h(t)$、$H(\omega)$ 为脉冲响应函数及频响函数。

如果随机激励是白噪声，其功率谱密度函数 $S_f(\omega)$ 为常数 S_0，则振动响应为

$$S_x(\omega) = S_0 \, | H(\omega) |^2 \qquad (12-56)$$

响应的均方值为

$$\psi_x^2 = \frac{1}{2\pi} \int_{-\infty}^{\infty} S_x(\omega) \mathrm{d}\omega = \frac{1}{2\pi} \int_{-\infty}^{\infty} | H(\omega) |^2 S_x(\omega) \mathrm{d}\omega \qquad (12-57)$$

激励与响应的互谱函数为

$$S_{\mathrm{f}x}(\omega) = H(\omega) S_{\mathrm{f}}(\omega), \; S_{x\mathrm{f}}(\omega) = H^*(\omega) S_{\mathrm{f}}(\omega) \qquad (12-58)$$

振动频率为 $50\,\mathrm{Hz}$、阻尼比为 0.05 的系统对白噪声输入的响应如图 $12-5$ 所示。

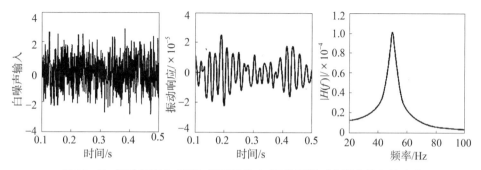

图 12-5　振动频率为 50 Hz、阻尼比为 0.05 的系统对白噪声输入的响应

12.6.2　多输入多输出振动系统的随机响应

多输入多输出振动系统如图 $12-6$ 所示。不同于单输入单输出振动系统，多输入多输出振动系统响应的计算必须考虑输入载荷间的相关性、输出响应间的相关性和输入输出间的相关性，这是非常复杂的，一般采用频率响应函数法求解。

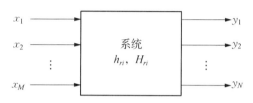

图 12-6　多输入多输出振动系统

随机响应分析包括如下重要内容。

(1) 输出 y_r 与 $y_s (r=s=1, 2, \cdots, N)$ 的相关性：

$$R_{y_r y_s}(\tau) = E[y_r(t) y_s(t + \tau)]$$

$$= \sum_{i=1}^{M} \sum_{j=1}^{M} \int_{-\infty}^{\infty} \int_{-\infty}^{\infty} h_{ri}(\theta_1) h_{sj}(\theta_2) R_{x_i x_j}(\tau + \theta_1 - \theta_2) \mathrm{d}\theta_1 \mathrm{d}\theta_2 \tag{12-59}$$

(2) 输出 y_r 与 y_s 的功率谱密度函数：

$$S_{y_r y_s}(\omega) = \sum_{i=1}^{M} \sum_{j=1}^{M} H_{ri}^{*}(\omega) H_{sj}(\omega) S_{x_i x_j}(\omega) \tag{12-60}$$

(3) 输入与输出的相关性(矩阵形式)。将上述列式改写为矩阵形式：

$$\boldsymbol{R}_{yy}(\tau) = \int_{-\infty}^{\infty} \int_{-\infty}^{\infty} \boldsymbol{h}(\theta_1) \boldsymbol{R}_{xx}(\tau + \theta_1 - \theta_2) \boldsymbol{h}^{\mathrm{T}}(\theta_2) \mathrm{d}\theta_1 \mathrm{d}\theta_2 \tag{12-61}$$

$$\boldsymbol{S}_{yy}(\omega) = \boldsymbol{H}^{*}(\omega) \boldsymbol{S}_{xx}(\omega) \boldsymbol{H}^{\mathrm{T}}(\omega) \tag{12-62}$$

互相关函数和互谱函数的计算如下：

$$\boldsymbol{R}_{xy}(\tau) = \begin{bmatrix} R_{x_1 y_1}(\tau) & R_{x_1 y_2}(\tau) & \cdots & R_{x_1 y_N}(\tau) \\ R_{x_2 y_1}(\tau) & R_{x_2 y_2}(\tau) & \cdots & R_{x_2 y_N}(\tau) \\ \vdots & \vdots & & \vdots \\ R_{x_M y_1}(\tau) & R_{x_M y_2}(\tau) & \cdots & R_{x_M y_N}(\tau) \end{bmatrix} \tag{12-63}$$

$$\boldsymbol{S}_{xy}(\omega) = \begin{bmatrix} S_{x_1 y_1}(\omega) & S_{x_1 y_2}(\omega) & \cdots & S_{x_1 y_N}(\omega) \\ S_{x_2 y_1}(\omega) & S_{x_2 y_2}(\omega) & \cdots & S_{x_2 y_N}(\omega) \\ \vdots & \vdots & & \vdots \\ S_{x_M y_1}(\omega) & S_{x_M y_2}(\omega) & \cdots & S_{x_M y_N}(\omega) \end{bmatrix} \tag{12-64}$$

而且 $\boldsymbol{S}_{xy}(\omega) = \boldsymbol{S}_{xx}(\omega) \boldsymbol{H}^{\mathrm{T}}(\omega)$，$\boldsymbol{R}_{xy}(\tau) = \int_{-\infty}^{\infty} \boldsymbol{R}_{xx}(\tau - \theta) \boldsymbol{h}^{\mathrm{T}}(\theta) \mathrm{d}\theta$。

12.6.3 模态叠加法

随机激励下结构的动力学方程：

$$\boldsymbol{m}\ddot{\boldsymbol{x}}(t) + \boldsymbol{c}\dot{\boldsymbol{x}}(t) + \boldsymbol{k}\boldsymbol{x}(t) = \boldsymbol{F}(t) \tag{12-65}$$

式中，$\boldsymbol{m}$ 为质量矩阵，$\boldsymbol{k}$ 为刚度矩阵，$\boldsymbol{c}$ 为阻尼矩阵，均为 $n \times n$ 阶实对称矩阵；$\boldsymbol{F}(t)$ 和 $\boldsymbol{x}(t)$ 为随机激励载荷向量及振动位移向量，均为 $n \times 1$ 阶实对称矩阵。

假设系统具有比例阻尼,即 $c = \alpha m + \beta k$,系统的固有频率 $\omega_j (j = 1, 2, \cdots, n)$ 和相应的正则振型向量 $u^{(j)}(j = 1, 2, \cdots, n)$ 已求出,正则振型矩阵为 u。根据展开定理,系统振动位移可表示为

$$x(t) = u\eta(t) \tag{12-66}$$

将式(12 - 66)代入动力学方程[式(12 - 65)],等式左侧乘以 u^{T},根据振型向量的正交性,则有

$$u^{\mathrm{T}} m u = I$$

$$u^{\mathrm{T}} k u = \Lambda$$

$$u^{\mathrm{T}} c u = \widetilde{C}$$

得到用正则坐标 $\eta(t)$ 表示的动力学方程:

$$\ddot{\eta}(t) + \widetilde{c}\dot{\eta}(t) + \Lambda\eta(t) = u^{\mathrm{T}} F(t) \tag{12-67}$$

其中第 j 个解耦的动力学方程为

$$\ddot{\eta}_j(t) + 2\zeta_j\omega_j\dot{\eta}_j(t) + \omega_j^2\eta(t) = [u^{(j)}]^{\mathrm{T}} F(t) \tag{12-68}$$

解得方程的解为

$$\eta_j(t) = \int_{-\infty}^{\infty} h_j(\tau)[u^{(j)}]^{\mathrm{T}} F(t - \tau)\mathrm{d}\tau \tag{12-69}$$

式(12 - 69)的矩阵形式为

$$\eta(t) = \int_{-\infty}^{\infty} h(\tau)[u^{(j)}]^{\mathrm{T}} F(t - \tau)\mathrm{d}\tau \tag{12-70}$$

式中,$h(\tau)$ 为脉冲响应函数。

则系统的振动位移响应为

$$x(t) = u\eta(t) = u\int_{-\infty}^{\infty} h(\tau)[u^{(j)}]^{\mathrm{T}} F(t - \tau)\mathrm{d}\tau \tag{12-71}$$

根据随机响应的自相关函数:

$$R_x(\tau) = E[X(t)X^{\mathrm{T}}(t + \tau)]$$

$$= u\left[\int_{-\infty}^{\infty}\int_{-\infty}^{\infty} h(\lambda_1)u^{\mathrm{T}} R_{\mathrm{f}}(\tau + \lambda_1 - \lambda_2)u h(\lambda_2)\mathrm{d}\lambda_1\mathrm{d}\lambda_2\right]u^{\mathrm{T}}$$

$$\tag{12-72}$$

解得响应的自谱函数为

$$S_x(\omega) = [\boldsymbol{u}\bar{H}^*(\omega)\boldsymbol{u}^{\mathrm{T}}]S_f(\omega)[\boldsymbol{u}\bar{H}(\omega)\boldsymbol{u}^{\mathrm{T}}] \tag{12-73}$$

式中，$\bar{H}^*(\omega)$ 为共轭频响函数。

· **习题 12** ·

12.1 一个随机载荷的均值为 $8.9\,\mathrm{N}$，$20 \sim 1\,200\,\mathrm{Hz}$ 频段内其功率谱密度函数为常数 $80\,\mathrm{N}^2/\mathrm{Hz}$，求其标准差和均方根值。

12.2 某平稳随机过程的自相关函数为

$$R_x(\tau) = Ae^{-a|\tau|}$$

式中，$A > 0$，$a > 0$。试求均值、均方值和自谱函数。

12.3 一个线性系统对方波载荷 $F(t) = \begin{cases} 1 & (0 \leqslant t \leqslant T) \\ 0 & (t < 0;\ t > T) \end{cases}$ 的响应为

$x(t) = \begin{cases} \sin\dfrac{2\pi t}{T} & (0 \leqslant t \leqslant T) \\ 0 & (t < 0;\ t > T) \end{cases}$，试求当载荷为平稳白噪声时系统响应的功率谱密度函数，设白噪声的功率谱密度为 S_0。

第 *13* 章 灾害载荷下船舶与海洋工程结构的动力学响应

除了周期性载荷作用下的稳态结构动力学问题外,船舶及海洋工程结构还可能遭受兵器攻击时爆炸与穿甲冲击作用,遇到碰撞、搁浅、海啸、地震和火灾等灾害或事故载荷。这类灾难载荷下船舶与海洋工程结构的动力学响应问题一般属于瞬态动力学问题,采用解析和试验方法进行研究的难度较大,因此往往采用经验公式及数值仿真计算方法求解,动力学方程离散时需要用到有限元法、边界元法、无网格法以及谱单元法等,结构及流体域建模涉及流固耦合模型。本章介绍船舶与海洋工程结构几类典型瞬态动力学问题的计算方法,包括穿甲(弹体侵彻)、空爆(空气中)与水爆(水中)作用下船舶的高速冲击响应分析[48-55],以及碰撞、搁浅和地震情形下海洋平台的低速动力响应分析。

13.1 爆炸作用下船舶及海洋工程结构的冲击响应

各类军用舰艇能承受空中及水下兵器的攻击是其结构安全性考核的必要工况,而民用船舶及海洋平台、浮式采油船等海洋工程结构的防火与防爆也是安全性考核不可缺少的内容。在导弹、鱼雷、水雷及炸弹等兵器攻击中,舰船将承受强烈的爆炸冲击及塑性动力响应,海洋平台及民用船舶在油气泄漏引起的爆炸中也会承受强烈的冲击,遭遇火灾。爆炸可以分类为空爆、水爆、接触爆炸和非接触爆炸等,呈现冲击波冲击、气泡运动引起的脉动压力与滞后流及射流的作用、穿甲、弹片溅射和炸药火球高温燃烧作用等。图 13-1 和图 13-2 展示了舰船遭受导弹攻击、海洋平台油气泄漏导致爆炸事故的场景。空爆中主要载荷是空气中的冲击波,水爆中主要载荷是水中的冲击波和气泡载荷。

在爆炸冲击载荷作用下,结构响应是一个瞬态强非线性动力学过程。当爆炸产生的瞬间载荷足够强时,高压甚至会造成材料的可压缩流动,建立能精确描述这种变形机制和动态时域响应过程的力学理论模型是非常困难的。爆炸与冲击试验又往往意味着高额的试验成本,蕴含着较大的危险性。计算机数值模拟是理论与试验研究中的一个重要方法,不需要复杂理论模型的推导、可避免实际船舶爆炸冲击试验的高成本和高风险,是除理论与试验外重现爆炸冲击

图 13 - 1　海洋平台油气泄漏导致的重大爆炸事故

图 13 - 2　舰船舱室被导弹击中后爆炸的效果(穿甲及内爆)

过程的最佳选择。

固体力学中习惯采用拉格朗日坐标系描述有关运动与变形(着眼于质点和弹性体)。流体力学中一般使用欧拉坐标系描述(着眼于空间点的运动及压力)。单独应用它们来求解流固耦合问题均存在很大的难度。在拉格朗日坐标系描述中,计算网格节点固定在物体质点上随物体一起运动,因此物体质点与网格节点之间不存在相对运动(迁移运动,也称对流运动),在方程中不出现迁移项,极大简化了控制方程的求解过程。该描述体系下不仅能准确描述物体的移动界面,而且可以跟踪物体质点的运动轨迹。但在涉及流体和超大变形问题时,物体的大扭曲将导致计算网格的畸形,轻则影响计算精度,重则使坐标变换中的雅克比(Jacobian)行列式等于零或者为负,导致计算终止或者引起严重的局部误差。在欧拉坐标系描述中,有限元网格固定在空间上的,很容易处理物质的扭曲且不会存在网格纠缠的问题,但有限元网格和物质的相对运动给对流效应处理增添了难度,由于迁移项的影响,有限元方程中的系数矩阵是非对称的,可能得到振荡解,无法精确确定运动边界或者运动界面的位置[56]。为了解决单一坐标系引发的困难,Hirt 等最早基于欧拉-拉格朗日耦合(Coupled Eulerian-Lagrangian)

概念提出了流场计算的 ALE 法[57]。后来 ALE 法被 Hughes、Sarrate 等引入有限元法中,发展了 ALE 有限元的理论框架,推导了相应的有限元公式[58-59]。从此该方法被广泛用于处理界面协调及自由面的问题。ALE 坐标系可以任意速度在空间运动,若其速度为零,它为欧拉坐标系;若其速度等于质点速度,它为拉格朗日坐标系,因而 ALE 坐标系提供了对两种坐标系的统一描述。由于 ALE 描述方法在流固耦合问题求解中拥有无可比拟的优越性,因此流固耦合问题多采用此方法描述。下面给出 ALE 描述的结构与流体耦合系统动力学方程。

图 13-3 为 ALE、拉格朗日和欧拉描述下坐标系之间的映射关系。x 坐标系为欧拉坐标系,即空间坐标系,它固定在空间上,不随物体的运动变形而改变;X 坐标系为拉格朗日坐标系,即材料坐标系,其网格节点固定在材料节点上,当材料运动变形时,X 坐标系会随之改变;χ 坐标系为 ALE 坐标系,独立于欧拉坐标系和拉格朗日坐标系,一般不完全固定在空间上,也不完全固定在材料节点上,其网格可以做任意需要的运动,这正是 ALE 坐标系的优点。

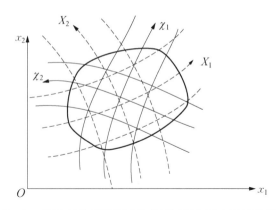

图 13-3 ALE、拉格朗日和欧拉描述下坐标系之间的映射关系

不同于拉格朗日坐标系和欧拉坐标系,ALE 坐标系引入了独立于材料域 Ω_0 (拉格朗日描述)和空间域 Ω(欧拉描述)的参考域 $\hat{\Omega}$,在计算过程中它始终与网格保持重合,是 ALE 坐标系下的计算域。材料域 Ω_0 到空间域 Ω 的映射可表示为

$$x = \phi(X, t) \tag{13-1}$$

式(13-1)表达了材料坐标系 X 在 t 时刻对应的空间 x,即材料运动。同理,参考域 $\hat{\Omega}$ 到空间域 Ω 的映射可表示为

$$x = \hat{\phi}(\chi, t) \tag{13-2}$$

式(13-2)表达了参考坐标系 χ 在 t 时刻对应的空间坐标 x,由于参考域 $\hat{\Omega}$

始终与网格重合,可以用式(13-2)表达网格的运动,它是独立于材料运动的。由于存在式(13-1)和式(13-2)的映射关系,因此材料域 Ω_0 到参考域 $\hat{\Omega}$ 的映射不再是一个独立的映射。由式(13-2)的逆变换可得

$$\chi = \hat{\phi}^{-1}(x, t) \tag{13-3}$$

将式(13-1)代入式(13-3)即可得材料域 Ω_0 到参考域 $\hat{\Omega}$ 的映射关系:

$$\chi = \hat{\phi}^{-1}[\phi(X, t), t] = \psi(X, t) \tag{13-4}$$

材料域 Ω_0、空间域 Ω 和参考域 $\hat{\Omega}$ 三者之间的映射关系如图13-4所示。

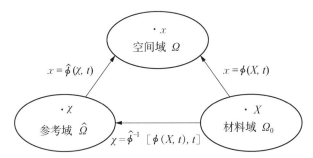

图13-4 拉格朗日、欧拉和 ALE 域间的映射关系

ALE 坐标系下网格位移、网格速度和网格加速度可表示为

$$\hat{\boldsymbol{u}}(\chi, t) = \hat{\phi}(\chi, t) - \hat{\phi}(\chi, 0) = x - \chi \tag{13-5}$$

$$\hat{\boldsymbol{v}}(\chi, t) = \frac{\partial \hat{\boldsymbol{u}}(\chi, t)}{\partial t} = \frac{\partial x(\chi, t)}{\partial t} = \frac{\partial x}{\partial t}\bigg|_{\chi} = x_{,t[\chi]} \tag{13-6}$$

$$\hat{\boldsymbol{a}} = \frac{\partial \hat{\boldsymbol{v}}(\chi, t)}{\partial t} = \frac{\partial^2 \hat{\boldsymbol{u}}(\chi, t)}{\partial t^2} = x_{,tt[\chi]} \tag{13-7}$$

式中,$\chi = \hat{\phi}(\chi, 0)$。定义对流速度:

$$\boldsymbol{c} = \boldsymbol{v} - \hat{\boldsymbol{v}} \tag{13-8}$$

ALE 坐标系下流体质量守恒方程为

$$\rho_{,t[\chi]} + \boldsymbol{c} \cdot \nabla_x \rho + \rho \nabla_x \cdot \boldsymbol{v} = 0 \tag{13-9}$$

式中,ρ 为流体密度。当流体不可压时,$\dot{\rho} = 0$,式(13-9)可简化为

$$\nabla_x \cdot \boldsymbol{v} = 0 \tag{13-10}$$

ALE 坐标系下流体动量守恒方程可表示为

$$\rho[\boldsymbol{v},_{t[\chi]} + (\boldsymbol{c} \cdot \nabla_x)\boldsymbol{v}] = \nabla_x \cdot \boldsymbol{\sigma} + \rho\boldsymbol{b} \tag{13-11}$$

式中，$\boldsymbol{b}$ 为单位质量体力向量；$\boldsymbol{\sigma}$ 为应力张量，可表示为

$$\sigma_{ij} = -p\delta_{ij} + \mu\left(\frac{\partial v_i}{\partial x_j} + \frac{\partial v_j}{\partial x_i}\right) \tag{13-12}$$

式中，p 为压强；μ 为流体动力黏性系数；δ_{ij} 为克罗内克函数(Kronecker delta)。

ALE 坐标系下流体能量守恒方程为

$$\rho(e,_{t[\chi]} + \boldsymbol{c} \cdot \nabla_x e) = \boldsymbol{D} : \boldsymbol{\sigma} + \nabla_x \cdot \boldsymbol{q} - \rho s \tag{13-13}$$

式中，e 为单位质量内能；$\boldsymbol{q}$ 为单位面积热流向量；ρs 为单位体积内的热源；$\boldsymbol{D}$ 为变形率：

$$D_{ij} = \frac{1}{2}\left(\frac{\partial v_i}{\partial x_j} + \frac{\partial v_j}{\partial x_i}\right) \tag{13-14}$$

$$\boldsymbol{D} : \boldsymbol{\sigma} = D_{ij}\sigma_{ij} \tag{13-15}$$

当系统没有热交换和其他能量转换时，仅需处理流体质量守恒方程和流体动量守恒方程。

13.1.1　穿甲及空爆时舰船动力响应的数值计算方法

建议采用 ALE 坐标系描述的流固耦合动力学方程求解穿甲及空爆问题。其好处：它采用的网格是根据每一步结构域的边界(考虑爆炸破损状态)构造合适的网格，避免在严重扭曲的网格上进行计算，并在流固界面处定义 ALE 耦合面。另外，炸药的爆轰过程具有一个强间断面，可加入人工黏性项使强间断面光滑后再进行计算。目前主流的爆炸冲击响应计算软件为 LS - DYNA 和 ABAQUS，两者分别提供了 ALE 算法和声固耦合算法。

1) 抗爆计算的 ALE 算法

该算法主要包括以下三个步骤：

(1) 首先进行显式拉格朗日计算步骤，此时只考虑流体压力分布对结构速度及能量改变的影响，在动量方程中压力取前一时刻的值，因此是显式格式。

(2) 其次完成用隐式积分格式解动量方程的步骤，就是把上一步中求得的速度分量作为迭代求解的初始值求解动量方程。

(3) 最后重新划分网格，完成网格之间输运量的计算步骤。每个单元解的变量都要进行输运，变量个数取决于材料模型，对于包含状态方程的单元，只输运密度、内能和冲击波黏性。

ALE 坐标系体系下船体结构与流体耦合动力学系统中,空气与水采用空材料模型,其中状态方程采用格吕内森(Grüneisen)方程[60]:

$$P = \frac{\rho_0 c^2 \mu \left[1 + \left(1 - \frac{\gamma_0}{2} \right) \mu - \frac{\alpha}{2} \mu^2 \right]}{\left[1 - (S_1 - 1)\mu - S_2 \frac{\mu^2}{\mu + 1} - S_3 \frac{\mu^3}{(\mu + 1)^2} \right]^2} + (\gamma_0 + \alpha\mu)E$$

$$(13 - 16)$$

式中,μ 为 $\left(\frac{\rho}{\rho_0} - 1 \right)$ 的一阶体积修正量;水的密度 $\rho_0 = 1000 \, \text{kg/m}^3$;水中声速 $c = 1484 \, \text{m/s}$;材料常数 $S_1 = 1.979$,$S_2 = 0$,$S_3 = 0$;$\gamma_0 = 0.11$;$\alpha = 3.0$;单位体积内能 $E = 3.072 \times 10^5 \, \text{Pa}$;空气中声速 $c = 340 \, \text{m/s}$;空气密度 $\rho = 1.28 \, \text{kg/m}^3$。

当空气的状态方程采用线性多项式(linear polynomial)描述时,则有

$$P = C_0 + C_1\mu + C_2\mu^2 + C_3\mu^3 + (C_4 + C_5\mu + C_6\mu^2)E \quad (13 - 17)$$

式中,材料常数 $C_0 = C_1 = C_2 = C_3 = 0$,$C_4 = C_5 = 0.4$,$C_6 = 0$;$E = 2.5 \times 10^5 \, \text{Pa}$。

炸药的爆轰压力 P、单位体积内能 E 及相对体积 V 的关系采用标准的 JWL(Jones-Wilkins-Lee)状态方程描述:

$$P = A \left(1 - \frac{\omega}{R_1 V} \right) e^{-R_1 V} + B \left(1 - \frac{\omega}{R_2 V} \right) e^{-R_2 V} + \frac{\omega E}{V} \quad (13 - 18)$$

式中,爆速 $V = 6930 \, \text{m/s}$;材料常数 $A = 371.2 \, \text{GPa}$,$B = 3.23 \, \text{GPa}$;$R_1 = 4.15$;$R_2 = 0.95$;$\omega = 0.30$;$E = 9.60 \, \text{GPa}$,适用于各种凝态炸药。在 LS-DYNA 软件中,炸药单元的点火时间根据该单元形心至起爆点的距离及爆速确定。

穿甲计算时弹体一般取为刚体,密度 $\rho = 7820 \, \text{kg/m}^3$。金属船体结构材料在抗爆计算中一般采用 Johnson-Cook 本构模型,该模型是一种与应变率和绝热(忽略热传导)温度相关的塑性模型,适用于很多大应变率的材料,包括绝大多数金属材料,可以考虑硬化效应。其中流动应力如下表示[60]:

$$\sigma_y = (A + B\bar{\varepsilon}^{p^n})(1 + C\ln\dot{\varepsilon}^*)(1 - T^{*m}) \quad (13 - 19)$$

式中,A、B、C、n 和 m 都是材料输入常数;$\bar{\varepsilon}^p$ 为有效塑性应变;$\dot{\varepsilon}^*$ 是 $\dot{\varepsilon}_0 = 1 \, \text{s}^{-1}$ 时有效塑性应变率:

$$\dot{\varepsilon}^* = \frac{\dot{\bar{\varepsilon}}^p}{\dot{\varepsilon}_0} \quad (13 - 20)$$

$$T^* = \frac{T - T_{\text{room}}}{T_{\text{melt}} - T_{\text{room}}} \quad (13 - 21)$$

式中，T^* 为无量纲化温度，T 为当前温度；T_{room} 为参考温度，取值 293 K；T_{melt} 为熔化温度。

破坏应变定义为

$$\varepsilon^f = [D_1 + D_2 \exp(D_3 \sigma^*)](1 + D_4 \ln \dot{\varepsilon}^*)(1 + D_5 T^*) \quad (13-22)$$

式中，σ^* 为压力与有效压力之比：

$$\sigma^* = \frac{p}{\sigma_{eff}} \quad (13-23)$$

式中，$D_1 \sim D_5$ 为断裂常量，当破坏参数 D 达到 1 时即认为发生断裂：

$$D = \sum \frac{\Delta \bar{\varepsilon}^p}{\varepsilon^f} \quad (13-24)$$

除上述的失效准则，该材料模型还为壳单元提供了一种基于最大稳定时间步长（Δt_{max}）的单元删除准则。

ALE 坐标系下穿甲及空爆时船体结构动力学系统的有限元方程为

$$M \ddot{x}(t) + C \dot{x}(t) = P(x, t) - F(x, \dot{x}) + H \quad (13-25)$$

式中，M 为系统总体质量矩阵；$\ddot{x}(t)$ 为系统总体节点加速度向量；$\dot{x}(t)$ 为系统总体节点速度向量；$P(x, t)$ 为系统总体载荷向量；$F(x, \dot{x})$ 为单元应力场等效的节点力向量；H 为系统总体沙漏黏性阻尼力向量；C 为系统结构阻尼系数矩阵。

图 13-5 所示为新型负泊松比效应蜂窝舷侧防护结构设计，它是空舱＋液舱＋空舱组合形式，在舷侧板背面加装了负泊松比效应蜂窝层[60]。舷侧舱段结构长 6 m，高 4 m。舱段防护结构由 4 层钢板构成，里面 3 层钢板厚度均为 20 mm，常规防护结构的最外层（第一层）钢板厚度为 48 mm，各层防护板间距为 0.3 m。对于新型结构，在第一层钢板与第二层钢板间填充蜂窝防护结构，第一层钢板厚度为 20 mm，蜂窝胞元初始壁厚度为 5 mm，舷侧防护结构总质量为 21 330 kg。正泊松比蜂窝胞元采用等边六角形，立边长度等于斜边长度（$H = L$），内凹角为 15°。负泊松比蜂窝胞元形状为立边长度是斜边长度的 2 倍（$H = 2L$），内凹角为 15°。蜂窝胞元大小均定义为胞元斜边长度。反舰导弹为截锥形圆柱弹体，其中截顶直径为 70 mm，弹体直径为 250 mm，弹体长度为 1.5 m，半锥角为 20°。弹体质量为 514.7 kg，弹体初始速度分为 80 m/s、200 m/s 和 340 m/s 三种情况。弹体对舷侧结构做垂直冲击，高度方向距舷侧舱段结构底部为

2.45 m,水平方向位于舷侧舱段结构中部,撞击部位船体无加强筋。

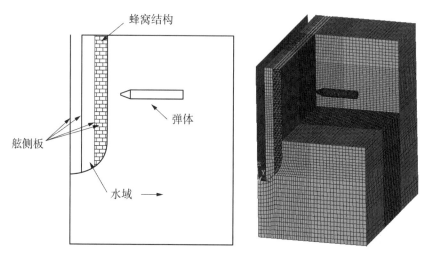

图 13-5 负泊松比蜂窝舷侧防护结构几何模型及 ALE 流固耦合有限元模型

45 钢、钛合金 TC4 和 921 钢材料的相关参数如表 13-1 所示。

表 13-1 材料参数

材料种类	基本参数				
	E/GPa	ν	$\rho/(\text{kg/m}^3)$	T_m/K	T_r/K
45 钢	200	0.3	7 820	1 783	293
TC4	113	0.33	4 510	1 920	293
921 钢	200	0.3	7 830	1 763	293
材料种类	Johnson-Cook 本构模型参数				
	A/MPa	B/MPa	C	n	m
45 钢	507	320	0.064	0.28	1.06
TC4	1 130	250	0.032	0.2	1
921 钢	898	356	0.022	0.586	1.05
材料种类	Johnson-Cook 失效模型参数				
	D_1	D_2	D_3	D_4	D_5
45 钢	0.1	0.76	1.57	0.005	-0.84
TC4	0	0.33	0.48	0.004	3.9
921 钢	0.8	2.1	0	0.002	0.6

图 13 - 6 为不同胞元层数的舷侧防护结构破损示意图。

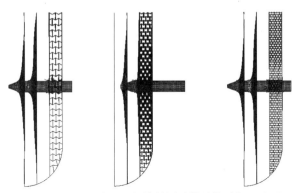

图 13 - 6　不同胞元层数的舷侧防护结构破损示意图

2）抗爆计算的声固耦合法

下面利用声固耦合法推导穿甲及空爆时船体-流体耦合系统的动力学有限元方程。

采用声学有限元离散可压缩流场，则单元内任意位置的声压为

$$P = N^T P_c \tag{13-26}$$

式中，P_c 为声学单元节点声压向量；N 为声学单元声压形函数。

结构位移可以用相应单元的节点位移插值表示为

$$U = N_s^T U_c \tag{13-27}$$

式中，U_c 为结构单元节点位移向量；N_s 为结构单元位移形函数。

流体与结构交界面上的压力与位移存在如下等式关系：

$$\frac{\partial P}{\partial n} = -\rho \ddot{u}_n$$

式中，n 为交界面的法向方向；$\ddot{u}_n$ 为法向振动加速度。

由波动方程结合边界条件并采用伽辽金（Galerkin）法，推导得到声场有限元方程为

$$M_a \ddot{P} + C_a \dot{P} + K_a P = -\rho B^T \ddot{U} + q_0 \tag{13-28}$$

式中，$M_a = \dfrac{1}{C^2} \iiint\limits_{\Omega} NN^T d\Omega + \dfrac{1}{g} \iint\limits_{S_F} NN^T dS_F$ 为声学质量矩阵；$K_a = \iiint\limits_{\Omega} \nabla N \nabla N^T d\Omega$ 为声学刚度矩阵；$C_a = \dfrac{1}{C} \iint\limits_{S_r} NN^T dS_r$ 为声学阻尼矩阵；$B = \left(\iint\limits_{S_I} NN_s^T dS_I \right) \Lambda$ 为流固耦

合矩阵,$\mathbf{\Lambda}$ 为坐标变换矩阵;$\mathbf{q}_0$ 为爆炸冲击载荷;$\mathbf{N}$ 为流体声学有限元的形状函数;$\mathbf{N}_s$ 为结构有限元的形状函数;Ω、S_I、S_F、S_r 分别是流体域体积,在流固交界面处、自由表面处和无限远边界处的表面积。

采用有限元离散结构,得到结构动力学方程:

$$\mathbf{M}_s\ddot{\mathbf{U}} + \mathbf{C}_s\dot{\mathbf{U}} + \mathbf{K}_s\mathbf{U} = \mathbf{f}_P + \mathbf{F}_s \qquad (13-29)$$

式中,$\mathbf{F}_s$ 为流体以外作用于结构上的外载荷;$\mathbf{f}_P$ 为流固交界面上流体压力载荷的节点力向量,可以表示为 $\mathbf{f}_P = \sum\limits_e f_P^e = -\mathbf{\Lambda}^T\left(\iiint\limits_{S_I}\mathbf{N}\mathbf{N}_s^T\mathrm{d}S_I\right)\mathbf{P} = -\mathbf{B}^T\mathbf{P}$。 将式(13-29)改写为

$$\mathbf{M}_s\ddot{\mathbf{U}} + \mathbf{C}_s\dot{\mathbf{U}} + \mathbf{K}_s\mathbf{U} = -\mathbf{B}^T\mathbf{P} + \mathbf{F}_s \qquad (13-30)$$

综合流体及结构的有限元方程,得到一般形式的结构-声场耦合爆炸动力学方程:

$$\begin{bmatrix}\mathbf{M}_S & 0 \\ _\rho\mathbf{B}^T & \mathbf{M}_a\end{bmatrix}\begin{Bmatrix}\ddot{\mathbf{U}} \\ \ddot{\mathbf{P}}\end{Bmatrix} + \begin{bmatrix}\mathbf{C}_S & 0 \\ 0 & \mathbf{C}_a\end{bmatrix}\begin{Bmatrix}\dot{\mathbf{U}} \\ \dot{\mathbf{P}}\end{Bmatrix} + \begin{bmatrix}\mathbf{K}_S & \mathbf{B}^T \\ 0 & \mathbf{K}_a\end{bmatrix}\begin{Bmatrix}\mathbf{U} \\ \mathbf{P}\end{Bmatrix} = \begin{Bmatrix}\mathbf{F}_s \\ \mathbf{q}_0\end{Bmatrix} \qquad (13-31)$$

求解式(13-31)可得爆炸载荷作用下船体结构的动响应过程。

图 13-7 所示是某海洋平台防爆墙及其爆炸 ALE 流固耦合分析模型,图 13-8 所示为防爆墙各时刻爆炸变形及空气中压力分布变化情况[61]。

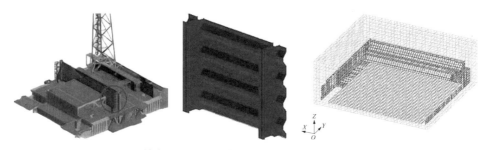

图 13-7 某海洋平台防爆墙及其爆炸 ALE 流固耦合分析模型

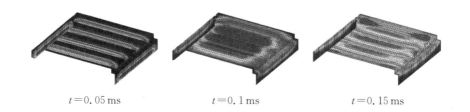

$t=0.05\,\mathrm{ms}$ $t=0.1\,\mathrm{ms}$ $t=0.15\,\mathrm{ms}$

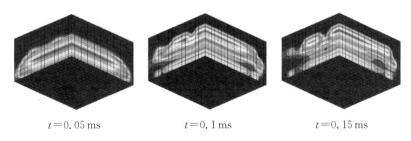

$t = 0.05\,\mathrm{ms}$　　　　　$t = 0.1\,\mathrm{ms}$　　　　　$t = 0.15\,\mathrm{ms}$

图 13 - 8　防爆墙各时刻爆炸变形及空气中压力分布变化情况

13.1.2　水下爆炸时舰船动力响应的数值计算方法

13.1.2.1　水下爆炸载荷的特点

炸药水下爆炸是一个非常复杂的能量转换过程,从时间上可分为两个阶段。第一阶段为冲击波阶段,持续时间为毫秒级;第二阶段为气泡阶段,持续时间为秒级。冲击波产生后沿着药包的各个方向传播。当气泡刚生成时,由于冲击波向外传播时在气泡内部生成压力很大的伸张波,伸张波的压力大于外部水的压力,导致气泡过度膨胀,使外部的水压力大于内部的压力,气泡开始塌缩。由于惯性,气泡又过度收缩,内部压力大于外部压力,使得气泡不断重复膨胀、收缩运动,在理想条件下,这种运动可达十次或者数十次[52, 59]。水下爆炸的压力变化过程以及气泡的运动过程如图 13 - 9 所示。通常,冲击波具有高频特征,易对舰船结构造成严重的局部破坏。气泡运动引起的滞后流以及脉动压力呈现的低频特征,易对舰船总体造成破坏,危及舰船的总纵强度,且气泡坍塌形成的高速射

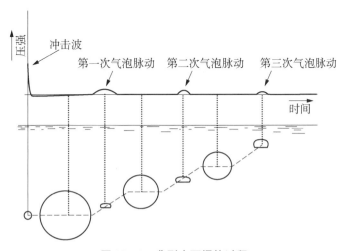

图 13 - 9　典型水下爆炸过程

流还会引起舰船结构的局部毁伤[55]。

冲击波和气泡在传播过程中携带着不同能量,以 1 500 lb①TNT 炸药为例,冲击波大概占 53% 的能量,气泡占 47% 的能量。冲击波在传播过程中损失(扩散损失)约 20% 的能量,剩余造成结构的损伤;气泡第一次膨胀、收缩过程损失约 13% 的能量,有 17% 的能量会在气泡被压到最小时散失,剩下的能量用于产生第二次的压力波,全部能量的分配如图 13 - 10 所示[55, 62]。

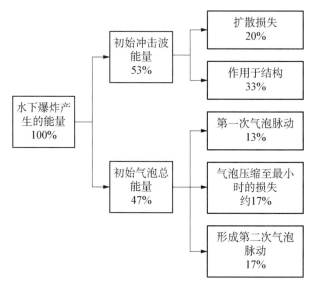

图 13 - 10 1 500 lb TNT 炸药爆炸的能量分布

13.1.2.2 水下爆炸冲击波的初始参数

炸药在水下爆炸时会引起水体的剧烈扰动,扰动产生后以压缩波形式在水中进行径向传播,具有陡峭波头的压缩波通常被称为冲击波。药包附近的冲击波初始传播速度是水中声速的数倍,随着波的推进冲击波传播速度迅速下降。水中冲击波的初始参数取决于炸药和水的性质。由于冲击波的初始压力很大,而水的可压缩性很小,因此可不考虑爆炸产物等熵指数的变化。对于一维流动,界面处爆炸产物的质点速度为[53]

$$v_x = \frac{D}{\gamma + 1} \left\{ 1 + \frac{2\gamma}{\gamma - 1} \left[1 - \left(\frac{P_x}{P_1} \right)^{\frac{\gamma - 1}{2\gamma}} \right] \right\} \tag{13-32}$$

---

① 英制中的质量单位,1 lb = 0.453 6 kg。

式中，D 为炸药爆速；P_x 和 v_x 分别是爆炸产物和水的分界面处的压力与质点速度；P_1 为爆轰波阵面上的压力；γ 为爆炸产物的多方指数。

对入射冲击波，波阵面两侧的状态可由动量守恒关系联系起来：

$$P_w = \rho_0 D_w v_w \qquad (13-33)$$

式中，P_w 和 v_w 是水中初始冲击波的压力和质点速度；ρ_0 是未受扰动水介质的密度；D_w 是水中冲击波波速。

由动力学试验测定，在 $0 \sim 45\,\mathrm{GPa}$ 范围内水的冲击绝热方程为

$$D_w = 1.483 + 25.306 \lg\left(1 + \frac{v_w}{5.19}\right) \qquad (13-34)$$

将式(13-34)代入式(13-33)可得

$$P_w = \rho_0 \left[1.483 + 25.306 \lg\left(1 + \frac{v_w}{5.19}\right)\right] v_w \qquad (13-35)$$

根据水和爆轰产物界面的连续条件：

$$P_x = P_w \qquad (13-36)$$

$$v_x = v_w \qquad (13-37)$$

将上述方程联立，即可得到水中冲击波的初始参数 P_w 和 v_w。

13.1.2.3　水下爆炸冲击波的基本方程

利用质量守恒、动量守恒和能量守恒定律，可得水下爆炸冲击波的基本方程为[48]

$$v_x - v_0 = \sqrt{(P_x - P_0)\left(\frac{1}{\rho_0} - \frac{1}{\rho_x}\right)} \qquad (13-38)$$

$$D_w - v_0 = \frac{1}{\rho_0}\sqrt{(P_x - P_0)\left(\frac{1}{\rho_0} - \frac{1}{\rho_x}\right)} \qquad (13-39)$$

$$E_x - E_0 = \frac{1}{2}(P_x - P_0)\left(\frac{1}{\rho_0} - \frac{1}{\rho_x}\right) \qquad (13-40)$$

式中，P_0、ρ_0、E_0 和 v_0 分别为未扰动水介质的压力、密度、内能和质点速度；P_x、ρ_x、E_x 和 v_x 分别为冲击波阵面通过后水介质的压力、密度、内能和质点速度；D_w 为水下冲击波波阵面速度。

根据试验得到的静高压下水的状态方程为

$$P = (109 - 93.7V)(T - 348) + 5\,010V^{-5.58} - 4\,310 \qquad (13-41)$$

式中，P 为压力；V 为比体积（cm^3/g）；T 为绝对温度（K）。

由于式（13-41）引入了温度量，给计算带来了不便，故对水进行热力学变化，得到水下冲击波压力和密度的关系为（$P > 3.0 \times 10^8$ Pa）

$$P_x - P_0 = d_2(\rho_x^\chi - \rho_0^\chi) \qquad (13-42)$$

式中，d_2 和 χ 为常数，$d_2 = 4.25 \times 10^7$ kg · m^2/s^2，$\chi = 6.29$。

联立上述各式即可得到水中冲击波的基本方程。

13.1.2.4 水下爆炸压力峰值的经验公式

对于给定装药量的水下爆炸，在爆炸初始时刻任意位置的压力峰值仅与炸药当量有关，Cole 在《水下爆炸》一书中提出，压力峰值 P_m 可按指数规律近似给出[48]：

$$P_m = 53.3 \left(\frac{W^{\frac{1}{3}}}{R} \right)^{1.13} \qquad (13-43)$$

式中，W 为装药量；R 为计算点至爆心的距离。

图 13-11 为某防护结构水下爆炸计算模型。炸药距防护结构 200 mm，炸药当量为 10 kg。水体尺寸为 8.0 m×8.0 m×2.4 m，位于夹芯防护结构右侧，采用越近邻夹芯防护结构外面板网格尺寸越细致的 27 000（个）Solid 164 单元模拟。夹芯防护结构内部填充空气层，尺寸与夹芯防护结构尺寸一致，为 8.0 m×8.0 m×0.6 m，由 30×30×10＝9 000（个）Solid 164 单元模拟。夹芯防护结构右侧为另一空气层，尺寸为 8.0 m×8.0 m×3.0 m，由 30×30×30＝27 000（个）

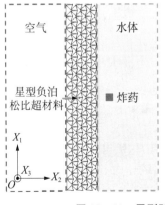
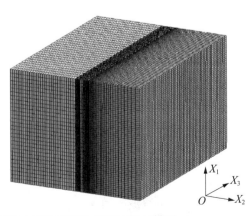

图 13-11 星型防护结构水下爆炸流固 ALE 有限元模型

Solid 164 单元模拟。模型均设置四边简支约束,前后面板和星型胞元由 Shell
163 矩形单元模拟,并通过焊接方式连接,单元大小为 20 mm×25 mm。前后
面板与芯层负泊松比结构之间采用 Automatic 面-面接触,芯层结构本身星型
负泊松比胞元壁之间采用 Automatic 单面接触。在除接触面外的水体四周设
置无反射边界条件。在数值模拟中,防护结构与水体间流固耦合过程选用
ALE 算法,计算网格不固定,可相对坐标系进行计算所需的任意运动,在 LS-
DYNA 软件中使用 CONSTRAINED_LAGRANGE_IN_SOLID 关键字定义。
图 13-12 揭示了星型负泊松比超材料防护结构在水下爆炸过程中的变形演
化及防护机理[63]。

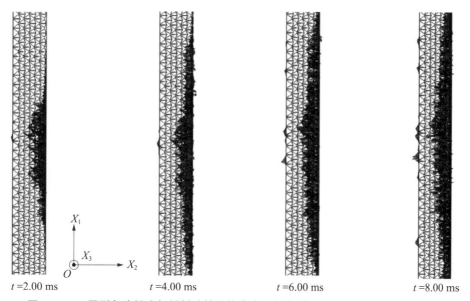

图 13-12　星型负泊松比超材料防护结构在水下爆炸过程中的变形演化及防护机理

13.1.3　舰船冲击环境与设备及人员抗冲击评估和设计

舰船及设备抗冲击能力对提升舰船生命力具有重要意义。描述船体冲击运
动的数学表达式有两种:

(1) 冲击响应的时间历程,时域内描述冲击过程,主要参数包括持续时间、
峰值和冲击能量,设计中应用价值低。

(2) 冲击响应谱(shock response spectrum),从响应角度描述冲击激励,直
接估计某一冲击引起的最大响应水平,评定它对船体结构或设备造成的影响。
该谱中摒弃了相位信息,所以冲击响应谱不能反演成唯一的冲击激励,不同冲击

激励可以有相同的冲击响应谱。

德国军舰建造规范 BV043/85 指定采用图 13‑13 所示的冲击输入谱考核不同设计参数下舰船结构与设备的抗冲击性能[64]。

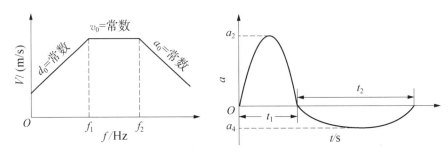

图 13‑13 三折线冲击输入谱与双正弦时间历程

该冲击输入谱采用三折线谱,由等位移段、等速度段及等加速度段组成,等位移段 $d_0 = 0.02\,\mathrm{m}$,等速度段 $v_0 = 1.2\,\mathrm{m/s}$,等加速度段 $a_0 = 125g$(g 为重力加速度,取 $9.8\,\mathrm{m/s^2}$),$f_1 = 9.55\,\mathrm{Hz}$,$f_2 = 166\,\mathrm{Hz}$。将冲击输入谱转换为由两段半正弦波构成的时间历程曲线为

$$\begin{cases} a_2 = \dfrac{a_0}{2} \\[2mm] t_1 = \dfrac{2\pi v_0}{3a_0} \\[2mm] t_2 = \dfrac{3d_0}{v_0} \\[2mm] a_4 = \dfrac{\pi v_0}{3(t_2 - t_1)} \end{cases} \tag{13-44}$$

船用设备抗冲击设计及考核主要采用 DDAM(dynamic design analysis method)方法,该方法建立在模态分析理论基础上,将多自由度系统化为 n 个单自由度系统,得到系统各阶模态的最大贡献的平方和。具体如下:

(1) 基于 DDAM 方法的频域计算法。

将设计冲击谱作为设备的冲击输入,并对系统动力学模型进行模态分析,采用模态叠加法求得系统的冲击响应。针对不同的冲击方向,考核加速度或速度的设计值,计算出冲击因子或动力学放大系数。

(2) 基于冲击输入谱转换法的时域计算法。

将三折线设计冲击谱作为设备的冲击输入谱(也称设备的冲击环境),将其转化为时域加速度输入谱,采用模态叠加法求得系统的时域冲击响应。针对不同的冲击方向,考核加速度或速度的设计值,计算出冲击因子或动力学放大系数[65]。

13.2　船舶及海洋工程结构的碰撞与破冰动力学分析

爆炸与穿甲涉及的动力学问题属于高速瞬态动力学问题,还有一类低速瞬态动力学问题,如船与船、船与桥梁、船与冰山、浮冰与海洋平台桩腿之间的碰撞,破冰船在破冰过程引起的冰-水-固体耦合动力学等[51-54,66-69]。下面介绍这类动力学问题的分析方法。

13.2.1　船舶及海洋工程结构的碰撞分析

1) 船舶及海洋工程结构的碰撞场景分类

船舶及海洋工程结构的碰撞场景分为以下几类:

(1) 船与船的碰撞。

例如,集装箱船与散货船的碰撞,海警船与捕鱼船的碰撞,驱逐舰与伴行补给船的碰撞事故等。

(2) 船或海洋平台与自然环境物体的碰撞。

例如,船舶与冰山的碰撞,船舶触礁、触底和搁浅等。1989 年 3 月 24 日,Exxon Valdez 油船在美国阿拉斯加州威廉王子湾撞上暗礁后搁浅,泄漏 5 万吨原油,造成巨大的环境灾难。该事故发生后美国海岸警卫队强制规定所有经过美国海域的船只必须是双壳船体。

(3) 船与桥梁的碰撞。

例如,采砂船与桥墩的碰撞,豪华邮轮与桥面及桥立柱的碰撞。

(4) 船与海洋工程结构的碰撞。

例如,穿梭油船与半潜式海洋平台立柱的碰撞,船与栈桥或堤坝的碰撞等。

船舶碰撞事故示例如图 13-14 所示。

2) 船舶及海洋工程结构碰撞问题的研究方法

研究船舶或海洋工程结构碰撞这一瞬态动力学问题主要有简化公式法、解析法、数值仿真法和试验法等,碰撞计算可归类为内部动力学和外部动力学两个内容(见图 13-15)。外部动力学主要研究撞击物的整体运动情况、冲量的变化过程以及能量的释放和转化等;解决外部动力学问题的办法是求解运动方程,在求解过程中运动方程要满足一定条件,包括能量守恒等。内部动力学主要研究碰撞过程中结构的响应,包括结构的变形能和变形阻力等随着撞击物碰撞深度

图 13‑14 船舶碰撞事故示例

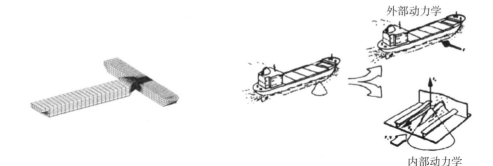

图 13‑15 船舶碰撞数值仿真模型及内外部动力学

变化情况，以及结构的损伤及失效等。

1959 年船舶碰撞研究的先驱 Minorsky 分析了 26 艘实船碰撞事故的数据，提出了式(13‑45)所示的碰撞力估算的 Minorsky 简化经验公式[68]。简化经验公式使用方便，但适用面略差，计算精度不高。

$$E = 47.2R_T + 32.7 \tag{13-45}$$

式中，R_T 是相撞船舶的损伤体积，称为抗力因子；E 为吸收的能量(MJ)。

解析法是基于弹塑性力学，通过解析公式和简单的程序计算出碰撞力和碰撞能量。例如,船球鼻艏碰撞力解析公式。理论中经常运用的结构变形模式有膜拉伸变形、撕裂变形、塑性绞线等。解析法能够反映结构的主要变形特征,公式简单、便于编程计算、速度快,且计算精度高。

数值仿真法是依托计算机技术的发展,数值模拟船舶碰撞过程,直接反映结构非线性、大变形和材料应变率等特点,仿真结果可信度较高。随着计算机性能的不断提高,数值分析软件不断推陈出新。MSC. DYTRAN、ABAQUS、LS-DYNA 等软件用于碰撞数值模拟已经得到船舶设计界的广泛认可。

采用实船试验方法研究碰撞问题的优点是试验结果准确,但成本很高,周期长,因此实际应用中较少采用这种研究方法,图 13-16 所示为荷兰及日本研究机构的船舶碰撞试验研究示例。

图 13-16　船舶碰撞试验研究示例

3）船舶及海洋工程结构碰撞问题的数值分析方法

目前船舶碰撞问题的数值分析主要采用非线性有限元法。由于多数船舶碰撞问题是非线性问题,因此不能使用常规线弹性动力学理论计算。碰撞问题的非线性主要表现在:①材料的非线性。当撞击发生时,变形结构的材料有可能进入塑性变形阶段,单纯的应力-应变线性特性已经不适用,此时材料的应力-应变关系受很多因素影响,如载荷的加载历史、环境因素、材料的力学特性以及材料当前的应力-应变状态等。其中应变率的变化对于低碳钢材料应力-应变关系曲线的影响很大,数值计算中可以通过材料本构关系分段线性化,将原问题转化为线性问题进行处理。②结构形状变化的非线性。例如结构遭受撞击后的大尺度变形,结构单元的内部应变不再与单元节点处的应变保持线性的关系。对于这个问题,可以通过增量分析法解决。③边界条件的非线性。碰撞中发生塑性变形时,力边界上外力的方向及大小与变形不再是线性关系,例如发生碰撞时,在较短时间内结构间会产生接触和摩擦作用,接触的位置、接触的范围以及接触力等因素不能通过线性关系直接给定。可以通过拉格朗日乘子法将整个问题变为增量迭代的形式对整个问题进行求解,然后离散接触面处节点,通过显式方法对问题求解。变量在后面步骤中的取值变化,取决于上一步骤中的计算结果。

船舶碰撞问题可通过建立弹塑性有限变形的动力学方程来描述,采用拉格朗日坐标系或者 ALE 坐标系进行如下描述:

$$M\ddot{x}(t) + C\dot{x}(t) = P(x, t) - F(x, \dot{x}) + H \tag{13-46}$$

式中,M 为系统总体质量矩阵;$\ddot{x}(t)$ 为系统总体节点加速度向量;$\dot{x}(t)$ 为系统总体节点速度向量;$P(x, t)$ 为系统外载荷向量;$F(x, \dot{x})$ 为单元应力场等效的节点力向量;H 为系统总体沙漏黏性阻尼力向量;C 为系统结构阻尼矩阵。

船舶碰撞力的数值计算采用显式中心差分法,通过自动控制计算步长来保证计算的稳定性,进而确保时间积分精度。显示中心差分法在时域弹性动力学计算中的公式为

$$\ddot{x}(t_n) = M^{-1}Q(t_n) \tag{13-47}$$

$$\dot{x}(t_{n+\frac{1}{2}}) = \frac{1}{2}(\Delta t_{n-\frac{1}{2}} + \Delta t_{n+\frac{1}{2}})\ddot{x}(t_n) + \dot{x}(t_{n-\frac{1}{2}}) \tag{13-48}$$

$$\begin{cases} x(t_{n+1}) = x(t_n) + \dot{x}(t_{n+\frac{1}{2}})\Delta t_{n+\frac{1}{2}} \\ t_{n-\frac{1}{2}} = \dfrac{(t_n + t_{n-1})}{2} \\ t_{n+\frac{1}{2}} = \dfrac{(t_n + t_{n+1})}{2} \\ \Delta t_{n+\frac{1}{2}} = \dfrac{(\Delta t_n + \Delta t_{n+1})}{2} \\ \Delta t_n = t_n - t_{n-1} \\ \Delta t_{n+1} = t_{n+1} - t_n \end{cases} \tag{13-49}$$

式中,M 为系统的质量矩阵;$Q = P + H - F - C\dot{x}$ 为外载荷向量;$\ddot{x}(t_n)$、$\dot{x}(t_n)$、$x(t_n)$ 分别是 t_n 时刻的节点加速度向量、速度向量以及节点位移向量。

船体材料特性和单元失效准则是船舶碰撞数值分析中的重要内容。图 13-17 所示为采用非线性有限元动力学法对船-桥碰撞问题进行数值仿真计算的结果。

13.2.2 船舶及海洋工程结构与冰的耦合动力学响应

船舶破冰、浮冰撞击海洋工程结构或者船舶也属于碰撞问题,该问题较普通的船舶碰撞问题更复杂,是冰-水-船(俗称"冰-水-固")多介质耦合动力学问

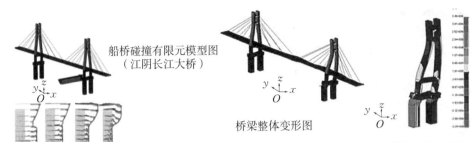

图 13‑17　船‑桥碰撞问题的数值仿真计算结果

题[68-69]。若研究船舶破冰或浮冰撞击海洋工程结构造成的舱室噪声及水下辐射噪声问题,则该问题属于船‑冰‑水‑空气的四种介质耦合动力学问题。

　　船‑冰碰撞场景类型是多样化的,船‑冰碰撞主要以船舶与浮冰、冰排及冰山碰撞为主,如图 13‑18 所示。北极边缘冰区浮冰广泛存在,当船舶在边缘冰区航行时,船舶与浮冰的碰撞不可避免。小体积浮冰的连续冲撞会造成船体外板凹陷、结构疲劳,缩短船舶的使用寿命,体积较大的浮冰会造成结构永久性变形、破损,直接影响后续航行。冰排则对船舶航行有明显的阻碍作用,冰排破碎后的冰体形状还会对结构变形造成不一样的影响,大多数极地航行船舶基本上不具有破冰能力,航行时必须由破冰船破冰领航。冰山对船舶的破坏是毁坏性的,一旦发生碰撞会发生船内液货泄漏、环境污染和人员伤亡等重大事故。

（a）船舶‑浮冰碰撞　　　　　（b）船舶‑冰排碰撞　　　　　（c）船舶‑冰山碰撞

图 13‑18　船‑冰碰撞的类型

　　对于船‑冰碰撞条件下船舶的安全性设计,一般遵循极地航行船舶极限状态设计规范 ISO 19906 中对冰载荷作用下船舶安全性设计要求,将碰撞冰载荷归类为非寻常冰载荷水平(abnormal level ice event,ALIE),在该设计载荷下应使船舶或海洋工程结构发生可容忍的破坏。船‑冰碰撞条件下船体结构安全性设计主要考虑三个方面(见图 13‑19)。

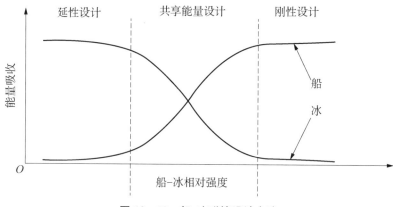

图 13 - 19 船-冰碰撞设计方法

(1) 延性设计:此阶段发生在碰撞初期,船体结构吸收碰撞过程中的绝大部分能量,海冰基本未发生变形可作为刚体处理。设计中可简化船舶与海冰碰撞的场景,但需增加对结构物的延性、可变形性的要求,这会对设计和建造成本造成一定影响。

(2) 共享能量设计:船舶结构与海冰材料均发生较大塑性变形,吸收碰撞能量并转变为内能。设计中设计复杂的碰撞机理,关键点是对海冰材料进行准确模拟。

(3) 刚性设计:此阶段设计应保证船舶结构能够克服冰阻力且完全破坏冰体,船舶自身也不会产生过大的变形。船舶应能承受碰撞过程中碰撞面积上的最大碰撞力,该阶段设计中使用的最大碰撞力是由极限状态下压力-面积之间的关系得出,得到的船舶构件尺寸偏于保守,导致船舶强度安全性裕度较高。

船-冰碰撞动力学数值仿真也是基于 ALE 坐标系描述的动力学方程[式(13-46)],特殊之处在于首先它同步考虑了船体材料特性及失效准则模拟、冰体材料特性及失效准则模拟、冰与船体和水接触耦合的处理等,其次是结构与冰及流体都必须进行有限元离散,这极大增加了计算规模。图 13-20 所示为船舶以 7 m/s 航速与 60% 分布密度的浮冰碰撞的场景,碰撞动力学数值仿真时该场景内所有的船体、浮冰、水和空气都使用有限元进行了离散,模型规模、接触耦合、流固耦合和时域计算等导致整体仿真计算量是巨大的[69]。

本节选取某极地航行船舶为研究对象,介绍基于船-冰-水-空气耦合分析技术的浮冰、层冰多次撞击作用下船体结构响应计算的步骤和内容,介绍涉及的材料本构模型和多物理域的离散规则。该极地破冰船(或浮冰中航行船)的主要参数如表 13-2 所示。

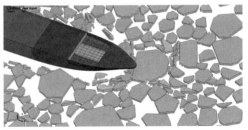

图 13 - 20　船舶以 7 m/s 航速与 60%分布密度的浮冰碰撞的场景

表 13 - 2　某极地破冰船的主要参数

主尺度名称	船长 L/m	型宽 B/m	型深 D/m	设计吃水 T/m	设计排水量 Δ/t	总吨位 M/t
数值	114.00	15.80	9.45	5.60	12 356.75	10 746.40

13.2.2.1　海冰的材料及力学特性

根据其不同生长阶段海冰可分为尼罗冰、莲叶冰、初期冰、一年冰、两年冰和多年冰等；根据流动状态可分为固定冰和流冰。固定冰又分为平整冰和冰脊等。在生长过程中，平整冰的主要参数为平整冰厚度，不同时期的平整冰厚度不同（见表 13-3）。极地区域平整冰的平均厚度为 2 m，一年冰的厚度为 0.3~2 m，多年冰的厚度能达到 2.5~3 m。

表 13 - 3　不同生长阶段的海冰厚度范围

海冰类型	厚度范围
尼罗冰	小于 10 cm
莲叶冰	10~15 cm
初期冰	15~30 cm
一年冰	0.3~2 m
两年冰	夏季残存的冰能达到 2.5 m
多年冰	两个夏季残存的冰可达到 3.0 m

海冰的力学性质一般通过试验获得，多为单柱的拉伸或压缩试验。不同生长阶段、不同地区海冰的力学性质也不尽相同。海冰的拉伸强度是其重要的性质之一，决定了海冰失效之前能够承受的最大拉伸应力。目前已有的试验结果表明：一年冰的拉伸强度随着温度的升高而降低，与应变率关系不大。多年冰的

拉伸强度在 $0.5\sim1.5\,\text{MPa}$ 范围内。海冰压缩强度为另一个海冰的基本力学性质,试验表明:温度对海冰的单轴压缩强度影响较小,单轴压缩强度主要是受应变率影响。在低应变率条件下,多年冰的单轴压缩强度在 $0.5\sim4\,\text{MPa}$ 范围内;在高应变率条件下,多年冰的单轴压缩强度在 $7\sim15\,\text{MPa}$ 范围内,破坏模式为海冰的弯曲强度和剪切强度要比单轴压缩/拉伸强度小得多,弯曲强度为 $0.4\sim0.7\,\text{MPa}$;剪切强度为 $0.4\sim1.1\,\text{MPa}$。

目前,最常见的模拟海冰的本构模型主要有弹脆性材料模型、弹塑性材料模型、黏塑性材料模型、黏弹塑性材料模型与泡沫材料模型。

(1) 弹脆性材料模型。

弹脆性材料应用的前提是在海冰力学行为中认为材料的屈服准则与失效准则一致,直接在线弹性的基础上加入失效判定来处理海冰的破碎。该方法简单、计算速度快并且准确度可以接受。其缺点是应力应变可逆,有悖于实际情况,当施加的外部载荷卸载时,未失效材料将恢复原来的形状和体积。对于单元来说,除去失效删除的单元外,单元没有发生变形,应力应变值均为零,由于增量可逆,该本构模型用于单调加载时可得到较为合理的结果,但用于复杂加载以及卸载时往往不能真实反映材料特点。

(2) 弹塑性材料模型。

弹塑性材料模型是在弹脆性材料模型基础上的延伸,其特点是在弹性变形之外,还有不可恢复的塑性变形。弹塑性材料模型需要注意两个方面的问题,一是屈服准则与失效准则的确定,二是确定塑性阶段是否属于关联流动,即屈服函数与塑性势函数是否相同。弹塑性材料模型可分为理想弹塑性以及一般弹塑性,一般弹塑性又可分为线性强化以及非线性强化模型等。弹塑性材料模型的优点是能真实反映材料特点,保留了冰体的应力应变状态,缺点是在塑性阶段的迭代计算较为复杂,需要大量的试验数据支撑。

(3) 黏塑性材料模型。

黏塑性材料模型中固体黏性是与时间有关的变形性质,并伴随蠕变和应力松弛现象。屈服条件不仅与应力、塑性应变和强化性质有关,还与反映材料黏性的参数有关。该本构模型主要应用于冰的低应变率变形,以及广域、宏观、长时间的海冰动力学问题研究中,其缺点是不能计算海冰的弹性力学行为。

(4) 黏弹塑性材料模型。

黏弹塑性本构模型发展于黏塑性本构模型,考虑了海冰变形中的弹性行为,与黏塑性本构模型进行串联,得到黏弹塑性材料,其屈服前为黏弹性体,变形与加载历史有关,在小变形黏弹塑性理论中,可以用黏弹性、黏塑性模型表达其本构关系,在弹性阶段忽略泊松比的影响,计算精度与黏塑性模型相近,但计算效率大大提高,本质上没有解决弹性应变对海冰应力的影响,该模型主要被用来进行广域、宏观海冰分布研究。

(5) 泡沫材料模型。

在研究局部冰载荷时泡沫材料模型的应用也十分广泛,该模型能有效模拟冰载荷,但是缺乏与自然冰相对应的物理定义。

海冰的压力-面积曲线是冰力学的基本研究内容,广泛用于船-冰相互作用中冰载荷计算。如果海冰材料能够准确模拟出船-冰碰撞中压力-面积曲线,则可认为此冰材料模型足够准确。由于海冰材料特性复杂,目前模拟船-冰碰撞过程中海冰的所有行为还是很困难的。采用 LS-DYNA 软件中 24 号分段线性弹塑性材料模型模拟船-冰碰撞中的层冰材料本构模型,输入应变率相关的应力-应变曲线,或根据塑性应变定义失效,相关材料参数如表 13-4 所示。

表 13-4　层冰的材料参数

材料参数	材料密度 /(t/mm³)	弹性模量 /MPa	泊松比	屈服应力 /MPa	初始失效 应变	失效应力 /MPa
数值	$9.1×10^{-10}$	1 500	0.3	9	0.007	10.25

为了验证冰材料本构模型的合理可靠性,保证后续碰撞载荷预报的精度,一般通过钢板撞击圆台冰碰撞力时程曲线的数值计算,得到压力-面积曲线。一般钢板边长为 10 m,厚度为 50 mm;圆台冰顶部半径为 5 m,底部半径为 0.5 m,高为 5 m。钢板采用刚体材料(*MAT_RIGID)本构模型,四边刚性固定,距离圆台冰 0.1 m;圆台冰采用上述层冰材料本构模型,撞击速度为 10 m/s,有限元数值模型如图 13-21 所示。

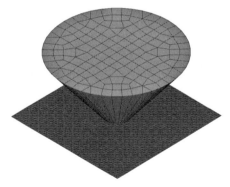

图 13-21　钢板挤压圆台冰的有限元模型

采用式(13-46)的推荐算法,计算得到钢板与圆台冰之间碰撞力曲线(见图 13-22)。可以看出碰撞开始时,由于钢板和冰体两者间接触面积较小,碰撞力迅速产生一个较大的峰值,随着冰体单元的失效,碰撞力迅速减小。随着两者间接触面积不断地增加,碰撞力曲线逐渐上升并趋于稳定地波动,碰撞力曲线整体

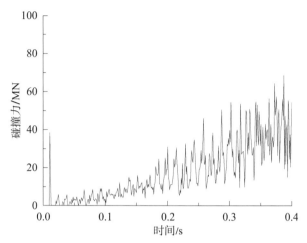

图 13‑22　钢板与圆台冰之间碰撞力曲线

呈现明显的非线性特征。

ISO 提出的压力‑面积理论公式为 $P = 7.4A^{-0.74}$，Molikpad 和 Timco 通过试验数据拟合的压力‑面积公式分别为 $P = 1.91A^{-0.37}$ 和 $P = 3.5A^{-0.53}$。将碰撞力曲线转换成压力‑面积曲线并与 ISO、Molikpad、Timco 三者的压力面积‑曲线对比，可以看出曲线与 ISO 标准曲线趋势总体符合。ISO 的标准曲线是取极限状态设计下的极限压力值，在接触面积较大时，本书曲线与 ISO 曲线吻合较好。在接触面积较小时，本书曲线与 Molikpad、Timco 两人的试验数据吻合更好。此冰材料模型可用于船‑冰碰撞数值模拟中。

13.2.2.2　船‑冰碰撞有限元模型中冰域、水域及空气域尺度范围的选取规则

考虑船‑冰‑水‑空气耦合的极地船舶破冰（连续式破冰、冲撞式破冰）工况或浮冰中航行工况下碰撞动力学响应数值分析，首先要对船‑冰碰撞中涉及的船体、冰体、水体和空气进行离散建模。

碰撞系统有限元模型的离散建议采用单元尺寸粗细结合的有限元网格，即船体及水域的梯度网格模型。船体周围冰体、水体和空气域大小选取以避免边界效应影响分析精度同时降低耦合模型的计算规模为原则。研究表明，冰体、水体和空气域的尺度范围取 15 倍船宽×4 倍船长×4 倍正常吃水的长方体域，可满足常规破冰速度下船‑冰碰撞动力学分析的精度需求。冰体、水体和空气域也建议采用梯度网格模型以提高计算效率。由于船‑冰碰撞具有较强的动态非线性、碰撞局部性等特点，因此考虑到整船模型计算时间过长的因素，将极地航行船舶模型简化为艏部弹性碰撞区和艉部刚性非碰撞区。艏部碰撞区的结构采用

细化的四边形单元模拟,艉部非碰撞区采用等质量等效刚度外壳替换原结构,并用四边形单元以粗网格进行离散。

　　某极地船算例中全船结构网格尺寸为 250～280 mm,船体单元数量为 94 645 个。为了使船舶不偏离航行方向,约束船体非碰撞区节点在 Y 轴方向上的位移及 Z 轴方向上的位移和转动。完整的船体梯度网格有限元模型如图 13 - 23 所示[69]。

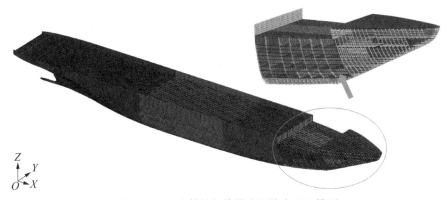

图 13 - 23　完整的船体梯度网格有限元模型

　　采用 LS - DYNA 软件建立的极地船舶流场(空气域及水域)梯度有限元模型如图 13 - 24 所示,流场平面尺寸为 320 m×100 m,水域和空气域的高度均取 10 m。流场网格最小单元尺寸在水平面内为 1 m×1 m;在高度方向上,网格以自由液面为中线向两端变间距递增,流场有限元的总数量为 492 660 个。流场外边界采用环境边界模拟远场流域的效果,其中空气域顶部设置为垂向约束,其他

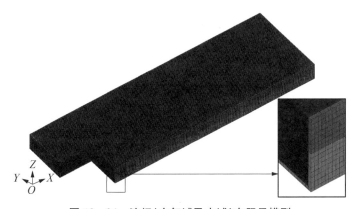

图 13 - 24　流场(空气域及水域)有限元模型

方向均为环境边界。

计算中考虑静水压力的初始化。LS-DYNA 软件中有两种方法能更有效、快速地达到初始化效果,分别是 INITIAL HYDROSTATIC ALE(IHA)和 ALE AMBIENT HYDROSTATIC(AAH)。IHA 是一种更有效的流体域静压初始化方法。根据单元深度和顶部(或底部-压力)"参考"压力初始化流体静力学压力。ALE 单元的 HYDROSTATIC-P 初始化速度更快。AAH 方法的作用是当水的高度改变时,每个环境元素的压力也随之改变。环境边界压力的变化通过流体域驱动压力梯度,引起流体网格主体内的水位变化。

为了消除初始波浪对船-冰碰撞的影响,可以使用 IHA 方法和 AAH 方法分别对流场域和环境边界进行静水压力初始化。在进行静水压力初始化前,应先添加全局重力,使得静水压力的变化更准确。空气域及水域的初始压力均为一个大气压,当船舶运动后,空气域保持在一个大气压,水域压力随水深增加,具体为 $P = P_{base} + \rho g h$,是水深压强计算值与大气压之和。

对随机生成的浮冰场进行网格划分,浮冰的网格尺寸统一采用 $0.5\,\mathrm{m} \times 0.5\,\mathrm{m} \times 0.5\,\mathrm{m}$ 的尺寸进行三维离散。为了防止浮冰在碰撞过程中随波浪漂移,在除船舶方向外其他的三个边界处建立固定刚性墙,提供类似远处冰排或浮冰的阻力作用,以此达到约束浮冰漂移的目的,浮冰场的有限元模型如图 13-25 所示。

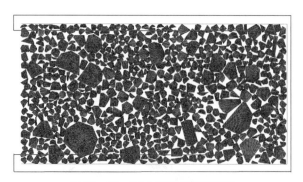

图 13-25 浮冰场的有限元模型

13.2.2.3 船体材料、水域及空气域的材料特性

船-冰碰撞问题中还需确定船体结构、水和空气的材料参数。本书例题采用了 Villavicencio 提出的"组合材料关系曲线"得到低温高强钢材料的真实应力-应变关系,不同温度下的静态低温拉伸曲线(应力-应变曲线)如图 13-26 所示。颈缩前的真实应力-应变曲线由工程应力-应变曲线转化而来:

$$\sigma_t = \sigma_e(1 + \varepsilon_e)$$
$$\varepsilon_t = \ln(1 + \varepsilon_e) \tag{13-50}$$

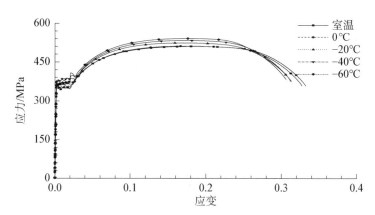

图 13‑26　不同温度下的静态低温拉伸曲线

式中，σ_t 为真实应力；ε_t 为真实应变；σ_e 为工程应力；ε_e 为工程应变。

　　颈缩后的真实应力-应变曲线的计算公式为

$$\sigma_t = C\varepsilon_t^{\,n} \tag{13-51}$$

其中，

$$n = \ln(1 + A_g)$$
$$C = R_m\left(\frac{e}{n}\right)^n \tag{13-52}$$

$$A_g = \frac{1}{0.24 + 0.013\,95R_m} \tag{13-53}$$

式中，R_m 为断裂时应力；e 为自然对数底；A_g 为参数，其值与断裂时应力值 R_m 相关。

　　整合两段曲线得到高强钢材料在不同温度下的真实应力-应变曲线，如图 13‑27 所示。

　　上述曲线可直接用作动力学仿真中的材料输入。由于本节选取夏季航行的极地船舶与浮冰碰撞作为研究对象，故选取了温度为−10℃的应力-应变曲线模拟钢结构材料。应力应变曲线通过有限元软件的弹塑性材料模型输入，其他参数值如表 13‑5 所示。

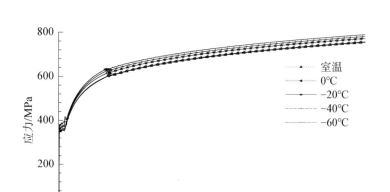

图 13 - 27　高强钢材料在不同温度下的真实应力-应变曲线

表 13 - 5　钢材料参数

材料属性	材料密度 /(kg/m³)	弹性模量 /Pa	泊松比	屈服应力 /Pa	塑性失效 应变	应变率 参数 C	应变率 参数 P
数值	7 850	2.06×10^{11}	0.3	3.7×10^8	0.3	40.4	5

　　流体受到剪切应力作用时会发生变形,而剪切应力与应变速率有关,比例系数是流体黏度的 2 倍,其中黏度是流体流动阻力的度量。流体的本构模型为

$$\tau = 2\mu\varepsilon \tag{13-54}$$

　　状态方程是物体在平衡状态下压力与体积变化率之间的关系,水和空气的状态方程可以表示为

$$P_w = -K \frac{\Delta\nu}{\nu}$$
$$P_a = \frac{(\gamma-1)\rho}{\rho_0} E \tag{13-55}$$

式中, $-\dfrac{\Delta\nu}{\nu} = \dfrac{\rho}{\rho_0} = -1$, $\dfrac{\rho}{\rho_0}$ 为实时密度和初始密度的比值; K 为体积模量; $\gamma = \dfrac{C_p}{C_v}$ 为比热容之比; E 为每单位体积的内能。

　　流体材料采用空材料模型和线性多项式状态方程来模拟,即 13.1 节中空爆及水下爆炸数值分析中使用的线性多项式状态方程:

$$P = C_0 + C_1\mu + C_2\mu^2 + C_3\mu^3 + (C_4 + C_5\mu + C_6\mu^2)E$$

式中,$C_0 \sim C_6$ 为常数;E 为初始能量。流体材料模型还需输入材料密度、动态黏度、截断压力及初始相对体积比,具体参数如表 13-6 所示。

表 13-6　流体材料相关参数

参数	水	空气
密度/(kg/m³)	998	1.18
黏度/(N·s/m²)	8.68×10^{-4}	1.844×10^{-5}
截断压力/Pa	-10	-1
常数 C_0	101 325	0
常数 C_1	2.25×10^9	0
常数 C_2	0	0
常数 C_3	0	0
常数 C_4	0	0.4
常数 C_5	0	0.4
常数 C_6	0	0
初始内部能量 E_0/Pa	0	2.533×10^5
初始相对体积 V_0	1	1

浮冰材料采用各向同性弹性断裂失效模型(*MAT_ISOTROPIC_ELASTIC_FAILURE)进行模拟,具体参数如表 13-7 所示。

表 13-7　浮冰材料相关参数

材料参数	材料密度/(kg/m³)	剪切模量/GPa	屈服应力/MPa	塑性硬化模量/GPa	体积模量/GPa	塑性失效应变	截断压力/MPa
数值	910	2.2	2.12	4.26	5.26	0.35	-2

13.2.2.4　船-冰-水-空气耦合关系及接触状态设置

船-冰-水-空气流固耦合计算时,为了避免边界处波的反射对求解域的影响,可以在流场的外侧采用非反射边界来近似模拟远场边界,达到无边界流域的模拟效果。

对于船舶与层冰碰撞的接触,分别采用自动面-面接触(contact-automatic-surface-surface)定义船舶自身结构之间的接触,侵蚀单面接触(contact-eroding-single-surface)定义层冰自身之间的接触,侵蚀面-面接触(contact-eroding-surface-to-surface)定义船舶与层冰之间的接触。

对于船舶与浮冰发生碰撞的接触,采用侵蚀面-面接触定义船舶与浮冰间的接触,船与浮冰碰撞后浮冰单元失效被删除。对于浮冰与浮冰间的碰撞,采用侵蚀单面接触定义浮冰自身间的接触。考虑到船舶撞击浮冰后自身结构间会发生变形、摩擦等情况,采用自动单面接触定义船舶自身的接触。同时为了防止浮冰受流体推动作用而外流,采用自动面-面接触定义浮冰与刚性墙之间的接触,当建立两种及以上的流体模型时,应对流体模型采用多材料 ALE 算法,即在 SECTION_SOLID 中设置 ELFORM=11。

13.2.2.5 船-冰碰撞及破冰动力学问题的时域求解

图 13-28 为 60%密集度下船舶与浮冰的全局碰撞力曲线。从图中可以看出,碰撞力曲线具有明显的动态非线性特征且呈现多个碰撞区,主要分为碰撞阶段和非碰撞阶段。当船舶在 a 段航行时,船舶与浮冰发生短暂碰撞,由于船舶航行形成的波浪作用于浮冰使其反向运动,同时浮冰间存在让浮冰被撞击后发生移动的空间,因此该区域的碰撞不明显。当船舶在 b 段航行时,运动的浮冰受到后方浮冰的阻碍作用,船舶与浮冰发生连续性碰撞,由碰撞力曲线可以看出,浮冰发生多次破碎失效。当船舶在 c 段航行时,由于前面发生碰撞的浮冰破碎后再次被反向推动,浮冰间距再次出现,碰撞力出现空白期。当船舶在 d 段航行

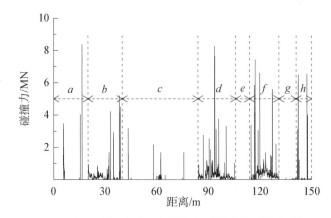

图 13-28　60%密集度下船舶与浮冰的全局碰撞力曲线

时,浮冰再次受后方浮冰的阻碍与船舶发生持续碰撞,浮冰不断发生碰撞—失效—碰撞—失效循环。后面 e、g 段再次出现空白期,但持续距离较前面大大缩短。f 段为持续碰撞区,可以看出 f 段与 d 段两次碰撞区之间的距离缩短。h 段再次出现持续碰撞的趋势。整体来看,随着船舶进入冰场,浮冰受波浪及撞击的影响区域性地不断后移,碰撞空白期的距离随着船舶航行距离的增加不断缩短。形成该现象的主要原因是随着船舶航行浮冰不断地移动,导致在航行后期浮冰密集度逐渐增大,船舶与浮冰的碰撞比前期连续[69]。

图 13‐29 为浮冰的能量吸收曲线。从图中可以看到,浮冰内能随着船舶撞击浮冰发生破碎呈缓慢爬升的趋势,撞击后的浮冰发生运动,使得动能上升幅度明显高于内能。造成该现象的主要原因是浮冰间仍存在一定允许移动的空间,浮冰受航行波及船舶撞击后运动,浮冰破碎程度没有撞击冰排时那么明显,浮冰内能上升速度缓慢;而浮冰运动导致浮冰动能急速增加,在 26 s 时浮冰动能开始趋于稳定。

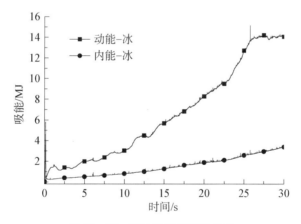

图 13‐29　浮冰的能量吸收曲线

图 13‐30 为船舶各构件的能量吸收曲线。从图中可以看到,由于碰撞前期船舶未完全进入冰场,浮冰受航行波及碰撞的影响反向运动,造成碰撞频率较低,碰撞空白期较长,船舶吸能趋于平缓。碰撞后期船舶基本完全进入冰场,浮冰受船舶及固定边界的影响被相互挤压在一起,使得碰撞频率升高,船舶结构吸能开始增加。各构件的吸能情况主要以外板、横舱壁、舷侧纵骨为主,其次是彼此相差不多的甲板和肋骨构件,其余构件吸能较少。从图 13‐30 可知,各构件的吸能都不是很大,较船舶撞击冰排及正常船舶碰撞能量吸收小了很多。主要构件的吸能大小如表 13‐8 所示。

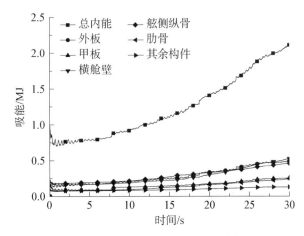

图 13‑30　船舶各构件的能量吸收曲线

表 13‑8　主要构件的吸能情况

构件名称	吸能/MJ	构件名称	吸能/MJ	总吸能/MJ
外板	0.493 72	纵骨	0.099 02	
甲板	0.255 66	纵桁	0.072 00	
横舱壁	0.527 86	纵舱壁	0.034 68	2.110 56
舷侧纵骨	0.363 30	横梁	0.022 87	
肋骨	0.241 20	支柱	$2.454\,4 \times 10^{-4}$	

13.3　地震作用下海洋工程结构的动力学响应

由于地壳构造运动使深部岩石的应变超过容许量值,岩层发生断裂、错动而引起地面振动,这种地面振动称为构造地震,简称地震。强烈的构造地震影响面广,发生频率高,约占破坏性地震总量的 90% 以上,因此在建筑抗震设计中,仅限于讨论在构造地震作用下建筑的设防问题[70]。

当震源岩层发生断裂、错动时,岩层所积累的变形能突然释放,它以波的形式从震源向四周传播,这种波就称为地震波。

衡量一次地震释放能量大小的等级,称为震级,用符号 M 表示。

由于人类所能观测到的只是地震波传播到地表的震动,这也正是对人类有直接影响的那一部分地震能量所引起的地面振动,因此就用地面振动的振幅大小来测试地震震级。1935 年里克特首先提出了震级的定义,震级是利用标准地

震仪距震中 100 km 处记录的以微米为单位的最大水平地面位移(振幅)A 的常用对数值:

$$M = \lg A \qquad (13-56)$$

式中,M 为地震震级,一般为里氏震级;A 为地震曲线图上测得的最大振幅。

　　地震烈度指地震时在一定地点震动的强烈程度。相对震源而言,地震烈度也可理解为地震场的强度。

　　强烈地震是一种破坏性很大的自然灾害,它的发生具有很大的随机性,采用概率方法预测某一地区未来一定时间内可能发生的最大地震烈度是具有实际意义的。因此,国家有关部门提出了地震基本烈度的概念。一个地区的基本烈度是指该地区在今后 50 年期限内,在一般场地条件下,可能遭遇超越概率为 10% 的地震烈度。

　　地震区海洋平台的设计是一个特殊问题,应考虑到以下三个方面:①地震区的影响不仅由平台体系本身决定,还由因振动引起的体系的振动振型所决定;②应根据设计规范,满足强度、延性要求;③抗震设计中的结构反应是由选取的设计原则决定的,因此所采取的设计原则应能充分发挥平台构件和体系的强度与延性。

　　各国规范对地震计算的要求不同,我国根据《海上固定平台入级与建造规范》来计算地震载荷。工程中的抗震计算理论是从实用观点出发,利用惯性载荷的概念,把平台结构各质点在地震响应中的最大惯性力视为发生地震时作用在质点上的地震载荷,用响应谱和动力放大系数的概念,得出计算地震载荷用的标准响应谱曲线,从而确定地震载荷,计算地震响应。

　　我国至今没有专业的海洋平台抗震技术标准,仅在 GB/T 17503—2009《海上平台场址工程地质勘察规范》中对海洋平台的强度设计和变形设计的抗震设防概率水准做了一些规定,规定分别取 50 年超越概率 10% 和 0.5% 作为海洋平台的强度设计和变形设计的概率水准,50 年超越概率 10% 和 0.5% 分别相当于重现期 475 年和 10 000 年。但该规范没有相应的条文说明。

　　世界海洋油气行业的抗震标准主要是美国石油协会(American Petroleum Institute，API)制定的 RP2A-WSD 规范,该规范依据美国近海岸的地震危险性区划结果,规定海洋石油平台结构在使用期限内满足指定的强度和变形要求。RP2A-WSD 规范规定,在海洋平台结构的服役期内,考虑设计地震和罕遇地震两级地震动水平:设计地震动水准满足强度要求,结构与基础在经受该水平地震动时无显著破坏,建议南加利福尼亚海域的永久性结构的设计地震重现期取

200 年(相当于 50 年超越概率 22%);罕遇地震动水准满足变形设计要求,结构与基础经历此地震动不会造成生命损失和严重污染,容许结构有一些损坏,但不倒塌,建议重现期取几百年至几千年。

RP2A - WSD 规范的第一级水准为结构弹性设计提供地震动输入参数,地震分析方法一般为反应谱法,图 13 - 31 是该规范给出的标准反应谱。第二级水准则是在有必要对结构进行罕遇强震作用分析时,提供地震动输入参数,这时的地震分析是按抗震延性要求所进行的非线性地震反应分析,只能采用时程分析法,设计地震动为天然地震记录或模拟的人造地震时程。

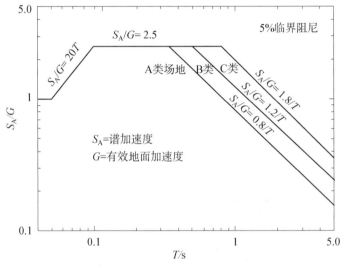

A—岩石;B—浅硬冲积物;C—深硬冲积物(覆盖层大于61 m)。

图 13 - 31 RP2A - WSD 规范推荐的标准反应谱

RP2A - WSD 规范要求,设计地震动参数的确定按 4 个步骤进行:①地震构造和场地特性,包括地震活动与地震发生的地质条件分析、潜在震源评价、震源至场地衰减关系的确定,以及场地土动力性能评价;②地震危险性评价,根据地震活动的强度水平,以及第①步中的资料,对研究区进行地震危险性的概率分析,以及按历史地震和断层活动特征进行地震危险性确定性分析;③场地反应分析,即评价地震动参数的局部场地条件的效应,包括场地土性质、局部地质条件和土层厚度等;④设计地震动参数的确定,根据前 3 步的资料,针对具体的结构分析和设计,对地震动参数做出描述,包括设计反应谱和地震动时程等。该步骤与我国 GB 17741—2005《工程场地地震安全性评价》规范中的步骤基本一致。

RP2A - WSD 规范还规定,对于地面设计水平加速度小于 $0.05g$ 的地区,可以不进行地震分析,因为这类地区的平台控制载荷往往不是地震,而是设计环境载荷。对于地面设计水平加速度为 $0.05g$ 至 $0.10g$ 之间的地区,如果采用罕遇地震加速度,而且结构的强度分析结果满足 RP2A - WSD 规范的要求,则可以不进行变形分析。

13.3.1　反应谱法

反应谱法是当前世界各国应用最广泛的抗震分析方法[71-72]。规范的反应谱理论在一定的时段内能够满足计算精确度的要求,根据地震学研究和强震观测资料统计分析,在周期 6 s 范围内有可能给出较为可靠的数据,基本满足国内绝大多数高层建筑和长周期结构的抗震设计需要。

反应谱指在给定的地面运动下、各种周期下结构的最大响应曲线(加速度 S_a,速度 S_v,位移 S_d),称为地震反应谱。各类工程设施中的结构物大多为复杂的结构体系,根据振型叠加法,可以完成复杂结构的地震反应分析工作。

对于单自由度体系,把惯性力看作是一种反映地震对结构体系影响的等效力,例如水平地震作用:

$$F(t) = -m\left[\ddot{x}(t) + \ddot{x}_g(t)\right] \tag{13-57}$$

式中,$F(t)$ 为水平地震作用;m 为体系的质量;$\ddot{x}(t)$ 为体系的相对运动加速度;$\ddot{x}_g(t)$ 为地面运动加速度。

式(13-57)表明,水平地震作用是时间 t 的函数,它的大小和方向随时间 t 变化。在结构抗震设计中,对结构进行抗震验算时,并不需要求出每一时刻的地震作用数值,只需求出水平地震作用的最大绝对值。所以,结构在地震持续过程中承受的最大地震作用力为

$$F = |F(t)|_{\max} = m\left|\ddot{x}(t) + \ddot{x}_g(t)\right|_{\max} = mS_a$$
$$= mg\frac{S_a}{\left|\ddot{x}_g(t)\right|_{\max}} \cdot \frac{\left|\ddot{x}_g(t)\right|_{\max}}{g} = \beta kG \tag{13-58}$$

式中,F 为水平地震作用标准值;$G = mg$ 为集中于质点处的重力荷载值;g 为重力加速度;β 为动力系数,它是单自由度弹性体系的最大绝对加速度与地面运动最大加速度的比值,即

$$\beta = \frac{S_a}{\left|\ddot{x}_g(t)\right|_{\max}} \tag{13-59}$$

k 为地震系数,它是地面运动最大加速度与重力加速度的比值,即

$$k = \frac{|\ddot{x}_g(t)|_{\max}}{g} \tag{13-60}$$

地震系数 k 反映一个地区基本烈度的大小,基本烈度越高,k 值越大,而与结构的性能无关。基本烈度每增加 1 度,k 值增加 1 倍。地震系数 k 与基本烈度的关系如表 13-9 所示。

表 13-9 地震系数与基本烈度的关系

基本烈度	6	7	8	9
地震系数 k	0.05	0.1	0.2	0.4

在地震作用下,单自由度弹性体系动力系数 β 的计算如下:

$$\beta = \frac{1}{|\ddot{x}_g(t)|_{\max}} \frac{2\pi}{T} \left| \int_0^t \ddot{x}_g(\tau) e^{-\zeta\omega(t-\tau)} \sin\omega(t-\tau) d\tau \right|_{\max} \tag{13-61}$$

由式(13-61)可见,当地面运动加速度 $\ddot{x}_g(t)$ 已经选定,阻尼比 ζ 已给定时,β 仅仅是自振周期 T 的函数。所谓反应谱就是单自由度系统在给定的地震作用下,某个最大反应量与体系自振周期 T 的关系曲线。利用式(13-61)可以计算出不同结构自振周期 T 对应的动力系数 β。以动力系数 β 为纵坐标,以体系的自振周期 T 为横坐标,可以绘制出一条 β-T 曲线,称为动力系数反应谱曲线或 β 谱曲线。反应谱曲线具有下列特点:

(1)阻尼比 ζ 值对反应谱的影响很大,它不仅能降低结构反应的幅值,还可以削平峰点,使反应谱曲线变得平缓。

(2)土质条件对反应谱的形状有很大影响。土质越松软,加速度反应谱峰值所对应的结构周期越长。

地震是随机的,即使在同一地点、相同的地震烈度,前后两次地震记录到的地面运动加速度时程曲线也可能有很大差别。不同的加速度时程曲线可以算得不同的反应谱曲线。虽然它们之间有着某些共同特性,但仍存在许多差别。在进行工程结构设计时,也无法预知建筑物将会遭遇到怎样的地震。因此,仅用某一次地震加速度时程曲线所得到的反应谱曲线作为设计标准来计算地震作用是不恰当的。依据单个地震所绘制的反应谱曲线波动起伏,变化频繁,也很难在实际抗震设计中得到应用。为此,必须根据同一类场地上所得到的强震时地面运动加速度记录,分别计算出它的反应谱曲线,然后将这些反应谱曲线进行统计分析,求出其中最有代表性的平均反应谱曲线作为设计依据,通常称这样的反应谱曲线为抗震设计反应谱曲线。图 13 - 32 为中国船级社规范中采用的地震响应谱曲线。

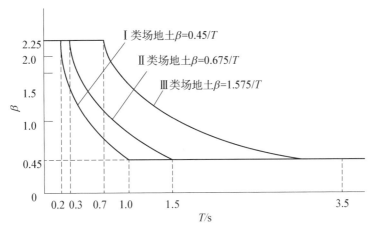

图 13 - 32　地震响应谱曲线

地震响应谱曲线绘出了三类情况下结构不同自振周期 T 的动力系数曲线。地震响应谱中"场地土"指平台所在地的土层,场地土可分为三类:

Ⅰ类场地土——微风化和中等风化的基岩。

Ⅱ类场地土——除Ⅰ、Ⅲ类场地土外的一般稳定土。

Ⅲ类场地土——饱和松散的砂类土、软塑和极软状态的黏性土、淤泥等。

地震时地面运动是很复杂的,不是只按某一固有频率振动,而是可以看作具有无限多个频率分量。但是根据实测及理论分析发现,地面运动还是有一个起主要作用的周期,称为卓越周期。图 13 - 32 所示的地震响应谱曲线在卓越周期处有一个峰值,Ⅰ类场地土卓越周期最短,Ⅱ类场地土次之,Ⅲ类场地土最长。当体系的自振周期大于地面运动的卓越周期时,地震响应谱曲线应有下降趋势,但因地面运动很复杂,因此曲线不是单调下降,考虑到自振周期很长的结构,一般是高耸建筑物及高层建筑等,如果值取得过小,也就是地震载荷规定得过小是没有把握的,针对该情况规定了一个下限值。地震响应谱曲线左段的水平线是由于各类场地土的卓越周期有一个范围,在这个范围内 β 均可取 β_{max};即使对单次地震,β 值上下跳动很大,也可取值,因而采用一条水平线段。从理论上讲,当 $T=0$ 时,β 应该等于1(即也应该降下来),但考虑到 β_{max} 这一段持续时间并不长,因此一直延长到 $T=0$ 是可以的。

中国船级社《海上平台状态评定指南》规范中对涉及地震载荷的动力学响应计算给出如下说明:

(1) 规范中给出设计烈度分别为 7 度、8 度、9 度时地震载荷的计算方法,6 度以下可不进行计算;高于 9 度要专门研究。烈度是地震结果的定性计量,设计烈度一般采用所在海域的基本烈度,对次生灾害发生严重的平台和特别重要的平台,可将基本烈度提高 1 度作为设计烈度。

(2) 规范将场地土划分为三类,相应的动力系数 β 可由图 13 - 32 中的响应谱曲线查得,或者由曲线中不同类型场地土 β 的计算公式求得。对不同类型场地土,周期 T 和 β 的关系如下:

① Ⅰ类场地土:当 $T \leqslant 0.2$ 时,$\beta = 2.25$;当 $0.2 < T < 1.0$ 时,$\beta = 0.45/T$;当 $T \geqslant 1.0$ 时,$\beta = 0.45$。

② Ⅱ类场地土:当 $T \leqslant 0.3$ 时,$\beta = 2.25$;当 $0.3 < T < 1.5$ 时,$\beta = 0.675/T$;当 $T \geqslant 1.5$ 时,$\beta = 0.45$。

③ Ⅲ类场地土:当 $T \leqslant 0.7$ 时,$\beta = 2.25$;当 $0.7 < T < 3.5$ 时,$\beta = 1.575/T$;当 $T \geqslant 3.5$ 时,$\beta = 0.45$。

(3) 平台的地震载荷主要是地震惯性力和动水压力。地震惯性力可根据平台的质量分布,将平台视为多质点体系计算,动水压力以附连水质量的形式考虑。平台质点 i 第 j 振型水平向地震惯性力 P_{ij} 的计算公式为

$$P_{ij} = CK\gamma_j\psi_{ij}\beta_j m_i g \tag{13-62}$$

式中,C 为综合影响系数,取值 $0.3 \sim 0.5$;K 为水平向地震系数,取值参照表 13 - 9;m_i 为堆积在质点 i 的质量;β_j 为自振周期为 $T_j(s)$ 时的动力系数;ψ_{ij} 为 j 振型在质点 i 处的相对水平位移;γ_j 为振型参与系数,可按下式求得:

$$\gamma_j = \frac{\sum_{i=1}^n \psi_{ij} m_i}{\sum_{i=1}^n \psi_{ij}^2 m_i} \tag{13-63}$$

(4) 对于一维地震,一般采用振型分解反应谱法求解其响应。基本原理如下:假定结构是线弹性的多自由度体系,利用振型分解和振型正交性原理,求解 n 个独立的等效单自由度体系的最大地震反应,从而求得对应于每一个振型的作用效应(弯矩、剪切力、轴向力和变形),再按照一定的法则将每一个振型的作用效应组合成总的地震作用效应进行截面抗震验算。完全二次组合(CQC)法是比较常用的振型组合方法。对于多维地震,可沿着结构的两个正交水平主方向施加在数值上与一维地震相等的反应谱值(或载荷),在竖直方向施加 1/2 谱值。同时施加三向谱值,其响应按照平方和的平方根法(SRSS)进行叠加。由于地震

运动的多维性,它对结构及其构件的作用是空间的,因此将结构简化成平面模型并只考虑单向地震作用下的动力响应分析,不能全面反映和揭示结构地震响应的本质。研究也表明,多维地震作用下的结构响应比仅考虑一维地震作用下的结构响应要大得多。

　　例题 13.1　开展多维地震作用下某自升式平台的结构动力响应分析。建立目标平台的三维有限元模型(见图 13-33),边界条件取为泥面以下 3 m 处简支,场地土采用第 Ⅱ 类,阻尼比为 0.05,激励施加在基础上。

　　首先对目标平台进行模态分析,该平台前九阶固有频率在表 13-10 中列出,图 13-34 为平台的部分振型图。从图中可以看出,前三阶是平台上部模块作为刚体带动桩腿产生的纵荡、横荡和扭转振型。从第四阶开始平台自振频率发生突变,到第六阶分别为上船体前三阶弯曲振型。

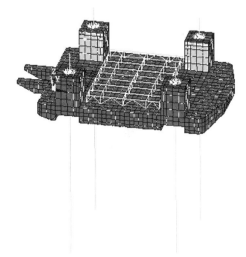

图 13-33　某型桁架腿式自升平台三维有限元模型

表 13-10　目标平台前九阶固有频率

振型	一阶	二阶	三阶	四阶	五阶	六阶	七阶	八阶	九阶
振动频率/Hz	0.319	0.322	0.414	3.509	3.567	3.628	4.517	4.869	4.927

NODAL SOLUTION

STEP=1
SUB =1
FREQ=.318 605
USUM　(AVG)
RSYS=SOLU
DMX =.397E-03
SMX =.397E-03

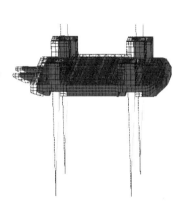

NODAL SOLUTION

STEP=1
SUB =3
FREQ=.413 639
USUM　(AVG)
RSYS=SOLU
DMX =.658E-03
SMX =.658E-03

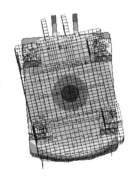

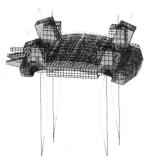

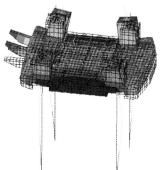

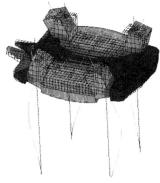

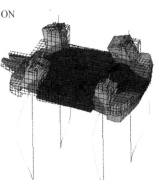

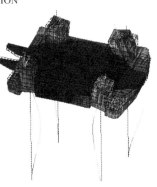

图 13-34 某自升式平台的典型振型图

假设平台地震设计烈度为 8 度,地震系数 k 取 0.2。采用反应谱法对平台进行地震响应分析,计算结果表明:在地震设计烈度为 8 度时,平台的最大位移为 0.034 m,出现在桩腿顶部,如图 13-35 所示;平台最大冯·米塞斯(von Mises)应力为 9.74 MPa,出现在桩腿与上船体连接处,如图 13-36 所示;桩腿构件最大正应力为 8.28 MPa,出现在桩腿根部,如图 13-37 所示;最大剪切应力为 3.91 MPa,出现在桩腿与主船体底部连接处,如图 13 - 38 所示。目前对地震引起的平台位移没有评价规范,从应力结果来看,目标平台能够抵抗 8 度烈度的地震载荷。

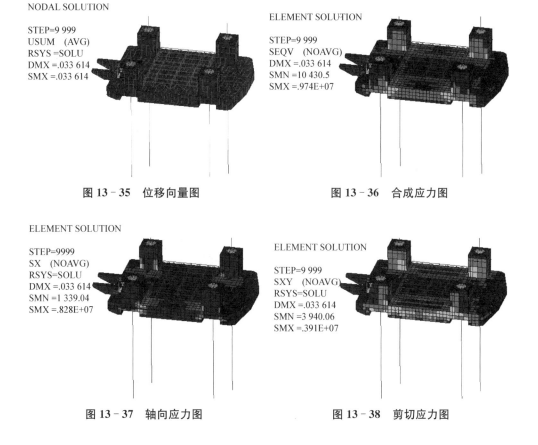

图 13 - 35　位移向量图　　　　　　　　图 13 - 36　合成应力图

图 13 - 37　轴向应力图　　　　　　　　图 13 - 38　剪切应力图

13.3.2　时程分析法

反应谱法只能得到结构的最大响应,而时程分析法可以得到地震作用下的响应时程,可详细地了解在整个地震持续时间内的结构响应,同时反映出地震动的三要素:振幅、频谱和持续时间对结构响应的影响。目前,对于重要、复杂、并超过规定高度的建筑物,其抗震计算一般建议采用时程分析法[72-73]。

时程分析法是对结构的运动微分方程直接进行逐步积分求解的方法,用于确定承受任意随时间变化载荷的结构动力响应的一种方法。随着地震记录的增加和计算技术的广泛应用,时程分析法得到了较快发展。时程分析法可将地震加速度记录数字化,使得每一时刻对应一个加速度值,并根据结构的参数,由初始状态按时间推移逐步积分求解运动方程,从而得到结构在整个地震加速度记录时间过程中随时间变化的位移、速度、加速度,进而计算出构件内力及变形的时程变化。时程积分法可分为两类:一类是迭代法,即逐步迭代出加速度、速度、位移响应;另一类是拟静(动)法,将动力增量方程变为拟静力方程,逐步求解。其中,拟静(动)力法求解的方法又有很多种,如线性加速度法、中点加速度法、龙格-库塔(Rung-Kutta)法等。具体计算涉及以下模型、动力学方程及地震波类型的确定。

1) 机构恢复力模型

结构或构件在承受外力产生变形后企图恢复到原有状态的抗力称为恢复力,体现了结构或构件恢复到原有状态的能力。恢复力与变形的关系曲线即为恢复力特性曲线。在弹性阶段,力与变形关系符合胡克定律,是直线关系。而当在反复地震作用下,构件和结构产生弹塑性地震反应,随着载荷变化、构件受力特征、时间延续、各截面塑性变形的发展、屈服先后次序的不同,使得力与变形关系甚为复杂。恢复力特性计算模型想要完整地反映实际的恢复力特性是极其困难的,只能加以理想化,规定一些便于计算而又大体上能反映实际情况的恢复力模型。通常将实际的恢复力特性曲线近似采用分段直线来代替。常用的恢复力模型有双线型、双线退化型和三线退化型。其中,双线退化恢复力模型对于海洋平台等仅有屈服点的钢结构更为合适(见图 13-39)。

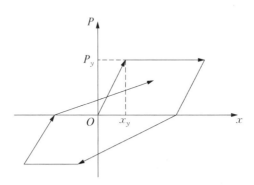

图 13-39　双线退化恢复力模型

2) 动力学方程

在振动体系中,振动问题大多数可以归结为微分方程及其求解的问题,因此线性体系的运动方程通常可以表示为线性常微分方程或偏微分方程。当地震运动引起结构微幅振动时,可简化为线性振动体系。根据平台结构建立数学模型,描述系统的模型是一个多自由度体系,由一组二阶微分方程来表示。

$$[\boldsymbol{M}]\{\ddot{x}(t)\}+[\boldsymbol{C}]\{\dot{x}(t)\}+[\boldsymbol{K}]\{x(t)\}=-[\boldsymbol{M}][\boldsymbol{R}]\{\ddot{x}_{\mathrm{g}}(t)\}$$

$$(13-64)$$

式中，$[\boldsymbol{M}]$ 为质量矩阵；$[\boldsymbol{C}]$ 为阻尼矩阵；$[\boldsymbol{K}]$ 为刚度矩阵；$\{\ddot{x}_{\mathrm{g}}(t)\}$ 为地震时地面运动加速度向量；$[\boldsymbol{R}]$ 为地震影响系数矩阵。

$$\begin{cases} \{\ddot{x}_{\mathrm{g}}(t)\}=[a_{\mathrm{g}x} \quad a_{\mathrm{g}y} \quad a_{\mathrm{g}z}] \\ [\boldsymbol{R}]=[R_x \quad R_y \quad R_z] \\ [R_x]=[r_{1x} \quad r_{2x} \quad \cdots \quad r_{1x}]^{\mathrm{T}} \end{cases} \quad (13-65)$$

在式(13-64)中，第 i 个自由度受 x 轴方向地震或不受加速度 $a_{\mathrm{g}x}$ 的影响时，分别为 1 或 0。该系统在 $t_i=t$ 和 $t_{i+1}=t+\Delta t$（Δt 为微小时段）时均成立，即

$$[\boldsymbol{M}]\{\ddot{x}(t+\Delta t)\}+[\boldsymbol{C}]\{\dot{x}(t+\Delta t)\}+[\boldsymbol{K}]\{x(t+\Delta t)\}=-[\boldsymbol{M}][\boldsymbol{R}]\{\ddot{x}_{\mathrm{g}}(t+\Delta t)\}$$

$$(13-66)$$

假定在 Δt 微小时段内加速度、速度、位移均为线性变化，式(13-64)和式(13-66)相减可以得到式(13-64)的增量形式：

$$[\boldsymbol{M}]\{\Delta\ddot{x}(t)\}+[\boldsymbol{C}]\{\Delta\dot{x}(t)\}+[\boldsymbol{K}]\{\Delta x(t)\}=-[\boldsymbol{M}][\boldsymbol{R}]\{\Delta\ddot{x}_{\mathrm{g}}(t)\}$$

$$(13-67)$$

3) 地震波的选择

(1) 波的条数。

由于地震的不确定性，很难预测结构会遇到什么样的地震波。以往大量的计算结果表明，结构对不同地震波的反应差别很大。为了充分估计未来地震作用下结构的最大反应，以确保其安全，采用时程分析法对大型结构进行抗震设计时，有必要选取 2~4 条典型的、具有不同特性的实际强震记录或人工地震波作为设计用地震波，分别对结构进行反应时程分析。

(2) 波的形状。

对结构进行反应时程分析时，所采用的地震波一般有三种：场地的实际地震记录、典型的强震记录和人工地震波。输入的地震波，应优先选取与结构所在场地的地震地质环境相近似场地上所取得的实际强震记录。所选用的强震记录的卓越周期应接近于结构所在场地的自振周期，其峰值加速度宜大于 100 gal[①]。此外，波的性质还应与建筑场地所需考虑的震中距相对应。若采用人工模拟的

---

① 重力加速度单位，1 gal$=1\times10^{-2}$ m/s^2。

加速度时程曲线时,波的幅值、频谱特性和持时应符合设计条件,波的性质应在统计意义上与反应谱法相协调。

根据中国船级社规范的规定,场地土分为三类,进行结构时程分析时所采用的几条实际强震记录主要有适用于Ⅰ类场地土的滦河波、适用于Ⅱ类场地土的 EI-Centro 波(最大加速度为 341 gal)和 Taft 波(最大加速度为 1759 gal)、适用于Ⅲ类场地土的宁河波。

(3) 波的强度。

由于获得的强震记录为数不多,加上技术上的因素,可以应用的更有限。现有的实际强震记录,其峰值加速度多半与建筑物所在场地的基本烈度不相对应,因而不能直接应用,需要按照结构物的设计烈度对波的强度进行全面调整。式 (13-60) 已推导出了地震系数和地面运动加速度峰值之间的关系,结合表 13-9,便可得到规范中规定的地面运动加速度峰值与地震基本烈度之间的关系,如表 13-11 所示。

表 13-11 地面运动加速度峰值与地震基本烈度间的关系

基本烈度	6	7	8	9
地面运动加速度最大值/(m/s^2)	0.49	0.98	1.96	3.92

4) 瞬态动力分析的数值计算方法

瞬态动力分析的数值计算可采用完全(full)法、降阶(reduced)法及振型叠加(mode superposition)法。其中,完全法采用了完整的系统矩阵来进行瞬态动力响应计算,没有进行矩阵降阶,因此它是三种方法中功能最强的,允许包括各类非线性特性,如塑性、大变形及大应变等。其优点是使用方便,接受在实体模型上施加的载荷等;其缺点是比其他方法的计算成本大。降阶法是通过采用主自由度及降阶矩阵来压缩问题的规模,在降阶自由度上的位移被计算出来后,再将解扩展到初始完整的自由度上。降阶法的优点是比完全法计算速度快且计算成本小,缺点是需要进行扩展处理,不能施加单元载荷,所有载荷必须施加在定义的主自由度上,不容许使用自动时间步长,唯一容许的是非线性特性,是最简单的点接触问题等。振型叠加法是通过对模态分析得到的振型乘上参与因子并求和来计算结构的动力响应。其优点是对于许多问题,它是三种方法中计算成本最小的。在模态分析时施加的载荷可以通过 LVSCALE 命令用于瞬态动力分析,该方法允许指定振型阻尼。其缺点是整个瞬态分析步长必须保持恒定,仅允许点接触问题,不接受外加位移[71]。

例题 13.2　某自升式目标平台基于时程分析法的地震响应分析。

根据规范要求,采用 EI-Centro 波、Taft 波和迁安波 3 条三维地震波进行时程分析,3 条地震波的特性如表 13-12 所示。当平台的设计烈度为 8 度时,水平向地震波峰值加速度经调幅后为 $1.96\,\mathrm{m/s^2}$,垂向地震波峰值加速度经调幅后为 $0.98\,\mathrm{m/s^2}$。

表 13-12　地震波的特性

地震波类型	记录时间间隔/s	记录总时间/s	水平向 1 加速度最大值/(m/s²)	水平向 2 加速度最大值/(m/s²)	垂向加速度最大值/(m/s²)
EI-Centro 波	0.02	5 380	2.101	3.417	2.063
Taft 波	0.02	5 440	1.527	1.759	1.029
迁安波	0.01	2 320	1.504	1.586	0.790

EI-Centro 地震波的时程曲线如图 13-40~图 13-42 所示。平台上船体 X、Y、Z 三个方向的位移响应如图 13-43~图 13-45 所示。在 EI-Centro 波的作用下,平台在 $t=3.7\,\mathrm{s}$ 时刻的位移为 $0.345\,\mathrm{m}$(见图 13-46);合成应力为 $145\,\mathrm{MPa}$(见图 13-47);最大轴向应力为 $-98.8\,\mathrm{MPa}$(见图 13-48);最大剪切应力为 $39.6\,\mathrm{MPa}$(见图 13-49);最大加速度为 $2.11\,\mathrm{m/s^2}$(见图 13-50);最大速度为 $0.031\,\mathrm{m/s}$(见图 13-51)。

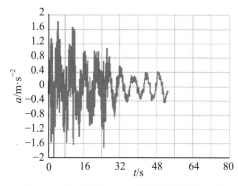

图 13-40　EI-Centro 波东西向时程曲线

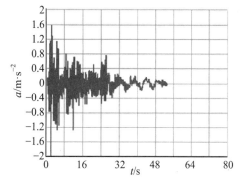

图 13-41　EI-Centro 波南北向时程曲线

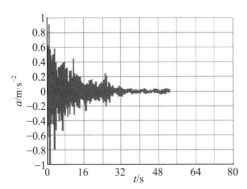

图 13‑42　EI-Centro 波垂向时程曲线

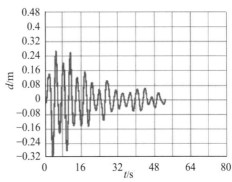

图 13‑43　EI-Centro 波作用下平台 **X** 向位移响应

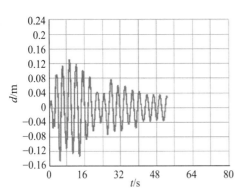

图 13‑44　EI-Centro 波作用下平台 **Y** 向位移响应

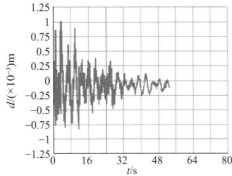

图 13‑45　EI-Centro 波作用下平台 **Z** 向位移响应

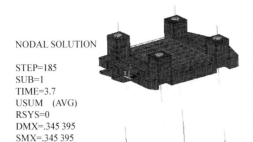

图 13‑46　EI-Centro 波作用下 t＝3.7 s 时的平台位移响应

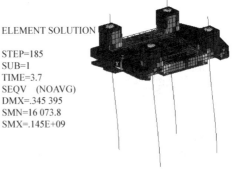

图 13‑47　EI-Centro 波作用下 t＝3.7 s 时的平台合成应力

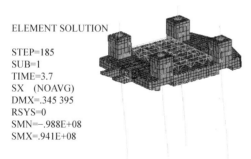

ELEMENT SOLUTION

STEP=185
SUB=1
TIME=3.7
SX　(NOAVG)
DMX=.345 395
RSYS=0
SMN=-.988E+08
SMX=.941E+08

ELEMENT SOLUTION

STEP=185
SUB=1
TIME=3.7
SXY　(NOAVG)
RSYS=0
DMX=.345 395
SMN=-.396E+08
SMX=.396E+08

图 13 - 48　EI-Centro 波作用下 t = 3.7 s 时的平台轴向应力

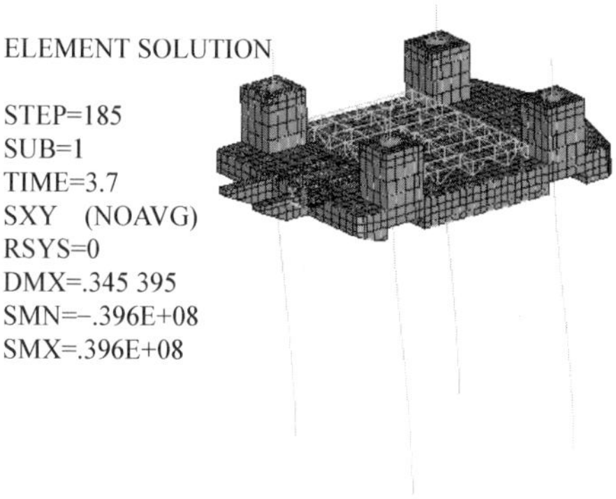

图 13 - 49　EI-Centro 波作用下 t = 3.7 s 时的平台剪切应力

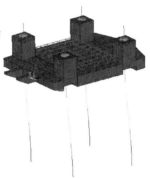
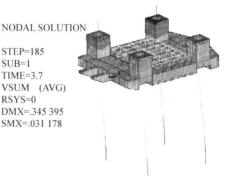

NODAL SOLUTION

STEP=185
SUB=1
TIME=3.7
ASUM　(AVG)
RSYS=0
DMX=.345 395
SMX=2.113 87

NODAL SOLUTION

STEP=185
SUB=1
TIME=3.7
VSUM　(AVG)
RSYS=0
DMX=.345 395
SMX=.031 178

图 13 - 50　EI-Centro 波作用下 t = 3.7 s 时的平台加速度

图 13 - 51　EI-Centro 波作用下 t = 3.7 s 时的平台速度

　　Taft 波的时程曲线如图 13 - 52～图 13 - 54 所示。平台上船体 X、Y、Z 三个方向的位移响应如图 13 - 55～图 13 - 57 所示。在 Taft 波的作用下,平台在 t = 44.48 s 时刻的位移为 0.118 m(见图 13 - 58);合成应力为 42.6 MPa(见图 13 - 59);最大轴向应力为 -20.2 MPa(见图 13 - 60);最大剪切应力为 14 MPa(见图 13 - 61);最大加速度为 0.44 m/s² (见图 13 - 62);最大速度为 0.051 m/s(见图 13 - 63)。

　　迁安波的时程曲线如图 13 - 64～图 13 - 66 所示。平台上船体 X、Y、Z 三个方向的位移响应如图 13 - 67～图 13 - 69 所示。在迁安波的作用下,平台在 t = 2.39 s 时刻的位移为 0.039 m(见图 13 - 70);合成应力为 15.5 MPa(见图 13 - 71);最大轴向应力为 4.59 MPa(见图 13 - 72);最大剪切应力为 4.29 MPa(见图 13 - 73);最大加速度为 1.91 m/s²(见图 13 - 74);最大速度为 0.027 m/s(见图 13 - 75)。

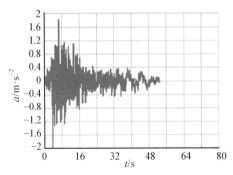

图 13‑52　Taft 波东南向时程曲线

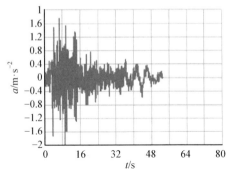

图 13‑53　Taft 波东北向时程曲线

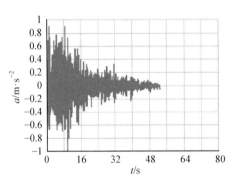

图 13‑54　Taft 波垂向时程曲线

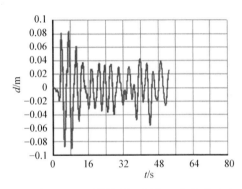

图 13‑55　Taft 波作用下平台 **X** 向位移响应

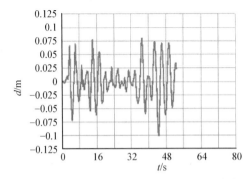

图 13‑56　Taft 波作用下平台 **Y** 向位移响应

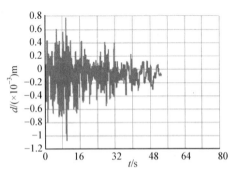

图 13‑57　Taft 波作用下平台 **Z** 向位移响应

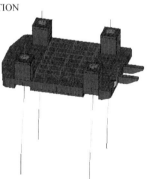

NODAL SOLUTION

STEP=2 224
SUB=1
TIME=44.48
USUM　(AVG)
RSYS=0
DMX=.118 383
SMX=.118 383

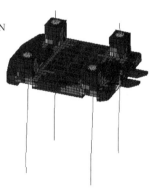

ELEMENT SOLUTION

STEP=2 224
SUB=1
TIME=44.48
SEQV　(NOAVG)
DMX=.118 383
SMN=10 937.6
SMX=.426E+08

图 13‐58　Taft 波作用下 $t=44.48\,$s 时的
平台位移响应

图 13‐59　Taft 波作用下 $t=44.48\,$s 时的平
台合成应力

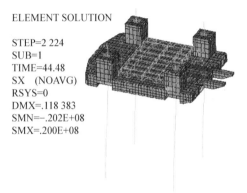

ELEMENT SOLUTION

STEP=2 224
SUB=1
TIME=44.48
SX　(NOAVG)
RSYS=0
DMX=.118 383
SMN=−.202E+08
SMX=.200E+08

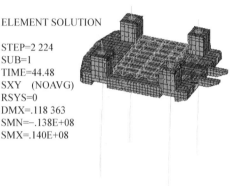

ELEMENT SOLUTION

STEP=2 224
SUB=1
TIME=44.48
SXY　(NOAVG)
RSYS=0
DMX=.118 363
SMN=−.138E+08
SMX=.140E+08

图 13‐60　Taft 波作用下 $t=44.48\,$s 时的
平台轴向应力

图 13‐61　Taft 波作用下 $t=44.48\,$s 时的
平台剪切应力

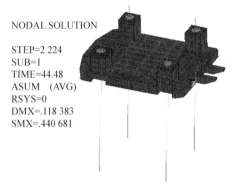

NODAL SOLUTION

STEP=2 224
SUB=1
TIME=44.48
ASUM　(AVG)
RSYS=0
DMX=.118 383
SMX=.440 681

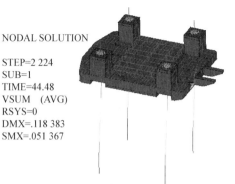

NODAL SOLUTION

STEP=2 224
SUB=1
TIME=44.48
VSUM　(AVG)
RSYS=0
DMX=.118 383
SMX=.051 367

图 13‐62　Taft 波作用下 $t=44.48\,$s
时的平台加速度

图 13‐63　Taft 波作用下 $t=44.48\,$s
时的平台速度

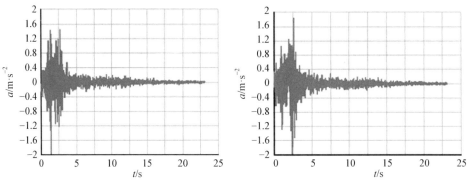

图 13‐64　迁安波东西向时程曲线　　　　图 13‐65　迁安波南北向时程曲线

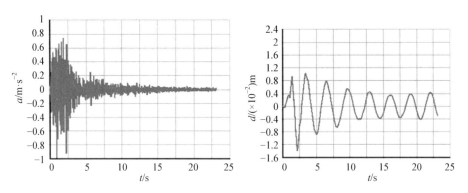

图 13‐66　迁安波垂向时程曲线　　　图 13‐67　迁安波作用下平台 *X* 向位移响应

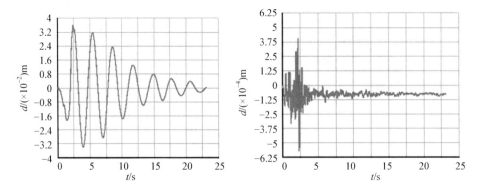

图 13‐68　迁安波作用下平台 *Y* 向位移响应　图 13‐69　迁安波作用下平台 *Z* 向位移响应

NODAL SOLUTION

STEP=239
SUB=1
TIME=2.39
USUM　(AVG)
RSYS=0
DMX=.038 783
SMX=-.038 783

ELEMENT SOLUTION

STEP=239
SUB=1
TIME=2.39
SEQV　(NOAVG)
DMX=.038 783
SMN=4 130.28
SMX=.155E+08

图 13‒70　迁安波作用下 $t=2.39\,\text{s}$ 时的
　　　　　平台位移

图 13‒71　迁安波作用下 $t=2.39\,\text{s}$ 时的平
　　　　　台合成应力

ELEMENT SOLUTION

STEP=239
SUB=1
TIME=2.39
SX　(NOAVG)
RSYS=0
DMX=.038 783
SMN=-.420E+07
SMX=.459E+07

ELEMENT SOLUTION

STEP=239
SUB=1
TIME=2.39
SXY　(NOAVG)
RSYS=0
DMX=.038 783
SMN=-.426E+07
SMX=.429E+07

图 13‒72　迁安波作用下 $t=2.39\,\text{s}$ 时的平
　　　　　台轴向应力

图 13‒73　迁安波作用下 $t=2.39\,\text{s}$ 时的平
　　　　　台剪切应力

NODAL SOLUTION

STEP=239
SUB=1
TIME=2.39
ASUM　(AVG)
RSYS=0
DMX=.038 783
SMX=1.908 12

NODAL SOLUTION

STEP=239
SUB=1
TIME=2.39
VSUM　(AVG)
RSYS=0
DMX=.038 783
SMX=.027 453

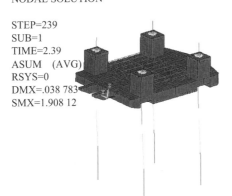

图 13‒74　迁安波作用下 $t=2.39\,\text{s}$ 时的
　　　　　平台加速度

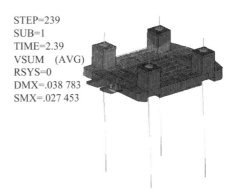

图 13‒75　迁安波作用下 $t=2.39\,\text{s}$ 时的
　　　　　平台速度

目标平台抗振分析反应谱法计算结果汇总如表 13-13 所示,时程分析法计算结果汇总如表 13-14 所示。尽管目前船舶与海洋工程结构设计规范并没有对地震引起的海洋平台的振动位移有明确评价标准,但从位移和应力等计算结果来看,目标平台是能够抵抗 8 度烈度的地震载荷的。

表 13-13　自升式平台抗振分析反应谱法计算结果

最大位移/m	最大合成应力/MPa	最大轴向应力/MPa	最大剪切应力/MPa
0.034	9.74	8.28	3.91

表 13-14　自升式平台抗振分析时程分析法计算结果

地震波类型	最大位移/m	发生时刻/s	合成应力/MPa	最大轴向应力/MPa	最大剪切应力/MPa	最大速度/(m/s)	最大加速度/(m/s²)
EI-Centro 波	0.345	3.7	145	−98.8	39.6	0.031	2.11
Taft 波	0.118	44.48	42.6	−20.2	14	0.051	0.44
迁安波	0.039	2.39	15.5	4.59	4.29	0.027	1.91

例题 13.3　如图 13-76 所示的双层甲板海洋平台,在水平地震载荷 $y_g = y_g(t)$ 激励下发生振动,请计算平台的响应[36]。

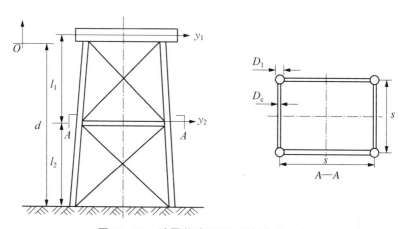

图 13-76　地震激励下双层甲板海洋平台

解: 假设各层平台的质量分别为 M_1 和 M_2,其水平弹性位移分别为 y_1 和 y_2,则每个质量的绝对加速度为 $\ddot{Y} + I\ddot{y}_g$,$I = [1\ \ 1]^T$,则平台的动力学方程为

$$\boldsymbol{M\ddot{Y}} + \boldsymbol{C\dot{Y}} + \boldsymbol{KY} = -\boldsymbol{MI}\ddot{y}_g$$

上式的振动响应由模态叠加法求得,而模态坐标采用 Duhamel 积分获得:

$$\xi_i(t) = \mathrm{e}^{-\zeta_i\omega_i t}\left[\xi_i(0)\cos\omega_{di}t + \frac{\dot{\xi}_i(0) + \zeta_i\omega_i\xi_i(0)}{\omega_{di}}\sin\omega_{di}t\right]$$

$$+ \frac{1}{\tilde{m}_i\omega_{di}}\int_0^t \mathrm{e}^{-\zeta_i\omega_i(t-\tau)}\sin\omega_{di}(t-\tau)Q_i(\tau)\mathrm{d}\tau \quad (i = 1, 2, \cdots, N)$$

针对稳态响应部分,模态坐标计算公式为

$$\xi_i(t) = \boldsymbol{\phi}_i^{\mathrm{T}}\boldsymbol{MI}\int_0^t \frac{\ddot{y}_g(\tau)}{\omega_{di}}\mathrm{e}^{-\zeta_i\omega_i(t-\tau)}\sin\omega_{di}(t-\tau)\mathrm{d}\tau = \boldsymbol{\phi}_i^{\mathrm{T}}\boldsymbol{MI}\left(\frac{S_{iy}}{\omega_i}\right)$$

其中,$\omega_{di} = \sqrt{1-\zeta_i^2}\,\omega_i$,则有

$$S_{iy} = \max\left[\int_0^t \frac{\ddot{y}_g(\tau)}{\sqrt{1-\zeta_i^2}}\mathrm{e}^{-\zeta_i\omega_i(t-\tau)}\sin\omega_{di}(t-\tau)\mathrm{d}\tau\right]$$

式中,S_{iy} 为伪速度。代入位移的模态叠加表达式,得到

$$\boldsymbol{Y}_{\max} = \boldsymbol{\phi}\,\mathrm{diag}\left(\frac{S_{iy}}{\omega_n}\right)\boldsymbol{\phi}^{\mathrm{T}}\boldsymbol{MI}$$

对于图 13-76 所示双层甲板海洋平台,其甲板最大振动位移是:

$$\begin{cases} \boldsymbol{Y}_{1\max} = \boldsymbol{\phi}_1\,\mathrm{diag}\left(\dfrac{S_{iy}}{\omega_n}\right)\boldsymbol{\phi}_1^{\mathrm{T}}\boldsymbol{MI} \\[3mm] \boldsymbol{Y}_{2\max} = \boldsymbol{\phi}_2\,\mathrm{diag}\left(\dfrac{S_{iy}}{\omega_n}\right)\boldsymbol{\phi}_2^{\mathrm{T}}\boldsymbol{MI} \end{cases}$$

最大层间剪切应力为

$$\boldsymbol{Q} = \boldsymbol{KY}_{\max}$$

习题 13

13.1 计算随机波浪激励下某固定式导管架平台的动力响应(见习题图 13-1)。该平台的结构及波浪参数如习题表 13-1 所示[36]。

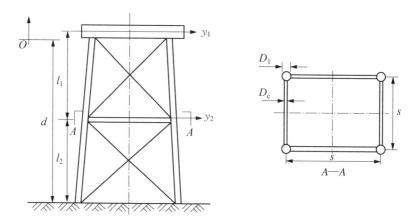

习题图 13 - 1　随机波浪激励下某固定式导管架平台

习题表 13 - 1　平台的结构及波浪参数

固定式平台结构参数	波浪参数
$m_1 = 4.69 \times 10^6 \text{ kg}$, $m_2 = 3.13 \times 10^6 \text{ kg}$	$H = 11.6 \text{ m}$
$k_{11} = 7.35 \times 10^7 \text{ N/m}$, $k_{22} = 3.59 \times 10^8 \text{ N/m}$	$T = 15.4 \text{ s}$
$k_{12} = k_{21} = -1.15 \times 10^8 \text{ N/m}$	波数 $k = 0.20 \text{ m}^{-1}$
$l_1 = l_2 = 38 \text{ m}$, $d = 61 \text{ m}$	波浪的波长 $L_w = 312 \text{ m}$
$\zeta_1 = \zeta_2 = 0.05$	$\omega = 0.408 \text{ rad/s}$
$D_1 = 5.5 \text{ m}$, $D_c = 4.3 \text{ m}$	密度 $\rho = 1031 \text{ kg/m}^3$
$s = 30 \text{ m}$	$C_M = 2$

第 14 章　船舶和海洋平台的液舱晃荡与砰击

　　液舱晃荡(sloshing)指液体在受到外界激励的有限容器内发生的运动现象,其特点是具有自由移动的液面。例如航行在海上的液货船,液体燃料推进的空间飞行器,行驶在公路上的油罐车,地震中核反应堆和水库等储液系统以及港湾、湖泊内的水体等,都存在液体晃荡问题。在船舶与海洋工程领域,由波浪作用引起的船舶运动会导致液化天然气(LNG)船、液化石油气(LPG)船和各类大型油船(VLCC)的液舱内流体晃荡现象(见图 14-1)。各类海洋平台、浮式生产储油装置以及各类深海钻井采油船在海风与波浪作用下其储油装置内部的液体会产生剧烈晃动,海底储液罐等在剧烈的地震、深海内波作用下其舱内液体也会产生剧烈晃荡。尤其当外部荷载频率接近液舱内流体晃荡的固有频率时,液舱内液体将会产生非常强烈的波动,会对液舱侧壁和相关结构产生巨大的冲击力,可能造成船体内部结构的破坏。更进一步,液舱内剧烈的液体晃荡还会对船舶产生极大的附加力矩,使液货船产生较大的横摇运动响应,影响生产与运输工作。因此,液舱晃荡动力学分析及控制问题是一个非常重要的研究课题[45, 74-78]。

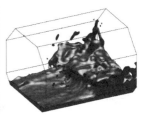

图 14-1　液化天然气船及油船的液舱晃荡现象

　　砰击(slamming)指结构与水存在较大相对速度相互间发生的冲击现象,冲击时间通常在毫秒量级以上。船舶砰击包括船首底部砰击、船首侧外飘砰击、甲板上浪和船尾底部砰击等(见图 14-2)。其中船首底部砰击造成的船体梁整体载荷效应最大,它是由于船舶在高海况下大幅运动,船首底部出入水时与波浪发生了剧烈冲击,当砰击载荷足够大时会造成船甲板和船底外板产生大的变形,甚至塑性动力屈曲。有研究表明,高海况下船体梁受到的砰击弯矩能与波浪弯矩达到同一量级,甚至数倍于波浪弯矩。船首侧外飘砰击指船舶在航行过程中,当波浪冲击艏部侧外飘区域时,产生相当大的脉冲水动力,使船体加速度发生突变的现象。与底部砰击相比,外飘砰击引起的压力较小,作用的表面积较大,砰击过程持续的时间要长得多。外飘砰击受许多因素的影响,如海浪特性、船舶运动、艏部形状、结构弹性、空气层和水的可压缩性等,彼此牵制,相当复杂。对一些具有较大艏部侧外飘的船舶,如航空母舰、驱逐舰及大型集装箱船等,必须考虑这种砰击带来的威胁。砰击的危害是多方面的,对于军舰来说,当砰击发生时会造成各种仪表、机械元件震动与损伤,武器装备难以瞄准目标。对于民用船舶,砰击带来的振动和噪声会引起乘客和船员心理紧张,承受巨大的精神压力。严重的砰击一方面使被冲击区域承受巨大的压力,局部结构屈曲甚至破坏;另一方面将引起整个船体剧烈的颤振,而严重的颤振响应会在船体中部横剖面的强力甲板以及船底板上产生瞬间高应力,产生较大的振动弯矩,当其与低频波浪弯矩叠加时,有可能导致船舶丧失总纵强度。1994 年 9 月,在波罗的海海域行驶的 Estonia 号滚装船,其艏门由于受到剧烈砰击被打掉,导致舱内大量进水而沉没,船上 900 多人因此丧生。综上所述,严重的砰击会导致船体总纵强度或局部强度的丧失,对船员和乘客的生命财产安全造成巨大损失。因此,在各国船级社的设计规范中均有明确规定,要求保证船舶的砰击强度。对船舶的砰击强度进行评估时首要解决的问题是砰击载荷的确定,进而计算砰击响应及其对船舶与海洋工程结构安全性的影响,这也是船舶与海洋工程结构安全性设计技术的重要内容[75]。

图 14-2　船舶砰击现象

14.1　船舶和海洋平台的液舱晃荡

在船舶与海洋工程结构液舱晃荡动力学分析中,主要关注两类问题:其一是作用在船舶结构上的液舱晃荡冲击载荷,这主要通过水动力学分析获得;其二是液舱晃荡与船舶运动的耦合动力学问题。前者在设计内部货舱结构时是很重要的因素,尤其在设计薄膜式液舱船或平台时更是必需因素。后者主要针对于船舶运动特性的预测,比如减摇水舱、由甲板上浪及晃荡引起的船舶翻覆等。对于液舱晃荡的研究方法主要分为理论方法、试验方法和数值方法[74]。

对于液舱晃荡的理论研究,Faltinsen 基于边界元法和非线性自由表面条件建立了二维矩形液舱晃荡的非线性模型,基于模态分析法对二维圆形液舱进行了模拟,研究处于共振情况下的液舱晃荡问题。Shinkai 将边界元法和摄动展开法相结合对三维的液舱晃荡问题展开了研究,Fimuz-Abadi 通过摄动理论研究了受到水平和垂直方向激励影响下不同形状液舱的晃荡问题,Wu 基于势流理论对二维矩形液舱在横向激励下的共振问题进行了分析,Huang 使用面元法对液舱晃荡的相关问题进行了研究,Wang 通过非线性势流有限元法研究了不规则激励作用下的矩形液舱非线性晃荡问题。传统的理论和势流方法仍然存在很大的局限性,无法对复杂舱壁条件的液舱和船舶液舱的耦合运动进行模拟与研究。

液舱晃荡试验研究主要是模型试验,试验中的模型一般比例在 1：20～1：70 之间。试验研究内容主要包括装载率、激励形式和液舱形式(矩形、菱形、球形,是否有内部结构)等对于晃荡的影响。测量内容主要包括自由液面的起伏、流场速度的分布和舱壁上受到的冲击压力等,揭示了晃荡引起的冲击过程以及冲击压强的影响因素等。Bagnold 对波面冲击壁面产生的冲击压强进行了监测,并研究了其与晃荡波形之间的关系。Moiseyev 对施加垂直方向激励液舱共振时的非线性晃荡进行了试验研究和分析。Hattori 通过试验发现,当自由液面和液舱舱壁之间存在空隙时会有压力峰值出现。Panigrahy 等研究了横向激励下液舱所受冲击载荷和自由液面形状的变化,对不同激励频率、初始水深以及添加隔板等条件下液舱晃荡效应差异进行了综合研究。Marsh 等研究了低装载率液舱在横摇运动下发生晃荡过程中的波能耗散现象。蔡忠华等测量了不同装载率和激励频率下三维 LNG 船液舱在纵摇时舱壁受到的冲击压强。Rognebakke 和 Faltinsen 对规则波中进行横荡耦合运动的矩形液舱进行了研究,发现即使在规则波波幅很小但晃荡频率接近液舱的固有频率时,依然可以引起矩形液舱内部流体剧烈的晃荡。国内外知名的晃荡试验装置主要有 MARINTEK 实验室的晃荡装置,可以实现六个自由度的液舱运动。该装置主要用于膜式 LNG 船液舱模型的晃荡研究。挪威船级社的船舶运动模拟装置,具有六个自由度的运动,主要研究运动激励的数据处理,以及液舱横舱壁的晃荡载荷。韩国首尔国立大学及釜山国立大学的晃荡试验装置,可以模拟六个自由度的运动,液舱模型最大质量可以达到 4 t(见图 14 - 3)。

图 14 - 3　六自由度晃荡试验装置

由于试验方法和理论方法各自的局限性,近些年来,数值模拟方法在液舱晃荡研究中起着越来越重要的作用。解决晃荡问题的数值计算方法较多,按对流体运动的描述可分为拉格朗日法、欧拉法和任意拉格朗日-欧拉法。按离散途径可分为有限差分法、有限体积法、有限元法和边界元法等。按跟踪自由面的方法可分为移动网格法、标高法、MAC 法(the marker-and-cell method)、VoF 法(volume of fluid method)及 Level Set 法等。VoF 法是通过定义网格内流体的体积分数来识别自由液面,从而对自由液面的大变形进行模拟,并以比较方便的方式将二维模型拓展成三维模型。Level Set 法是将曲率、法向等自由面条件引入 Level Set 函数并进行自由表面的捕捉,虽然 Level Set 法在处理自由液面破碎等方面存在局限性,但在液舱晃荡模拟方面有较好应用。

尽管传统的有网格方法在自由液面的捕捉技术上做出了很大改进,取得很多成果,但是在求解强非线性问题时由于网格的大变形仍然会导致求解的失败。为了克服有网格方法所遇到的以上困难,近年来无网格粒子方法得到广泛研究。该方法主要可分为光滑粒子流体动力学(smoothed particle hydrodynamics,SPH)法,无网格局部 Petrov-Galerkin 法(MLPG - R)以及移动粒子半隐式(MPS)法等。SPH 法是最早出现的无网格方法,它起源于天体物理学,用于模拟天体的演化,后来被应用于水波问题研究中。其优势在于不依赖于欧拉网格,计算域是由一群可自由移动的离散粒子构成的,因此可以很方便地对自由液面进行精确捕捉,而不像传统有网格方法需要额外的自由液面捕捉技术。在 SPH

法中,每一个粒子都可以自由运动,所以非常适合处理大变形和非连续自由液面问题,SPH 法逐渐成为模拟大幅度液舱晃荡的有效方法。目前基于 SPH 法对液舱晃荡的研究主要针对单相流的模型,下面给出液舱晃荡问题的基本理论与解法。

14.1.1　液舱内液体晃荡动力学方程

船舶液舱晃荡系统的坐标系如图 14-4 所示,$OXYZ$ 坐标系为固定在液舱上的联动坐标系,$O_0X_0Y_0Z_0$ 为大地坐标系,静止时 Y 与 Y_0 均垂直向上。

假定液体的密度 ρ 为常数,流体是黏性且不可压的,则大地坐标系 $O_0X_0Y_0Z_0$ 中流体的控制方程为[77]

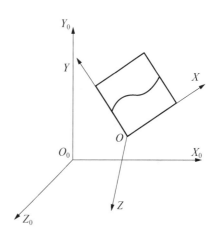

图 14-4　船舶液舱晃荡系统的坐标系

连续方程　　$\nabla \cdot \boldsymbol{V} = 0$　　　　(14-1)

动量方程

$$\frac{\mathrm{d}\boldsymbol{V}}{\mathrm{d}t} = \boldsymbol{F}_\mathrm{b} - \frac{\nabla p}{\rho} + \upsilon \nabla^2 \boldsymbol{V} \quad (14-2)$$

流体体积分数输运方程　　　　$\dfrac{\mathrm{d}F}{\mathrm{d}t} = 0$　　　　　　　　　　(14-3)

式中,$\boldsymbol{V}$ 为大地坐标系下流场的绝对速度;$\boldsymbol{F}_\mathrm{b}$ 为流场质量力,对于重流体 $\boldsymbol{F}_\mathrm{b} = -g\boldsymbol{k}_0$;$\upsilon$ 为流体运动学黏性系数,$\upsilon = \dfrac{\mu}{\rho}$,$\mu$ 为动力学黏性系数;F 为流体体积分数。

为了简化流体运动方程的求解,将运动方程转换到随液舱运动的联动坐标系 $OXYZ$ 中,令

$$\boldsymbol{V} = \boldsymbol{v} + \boldsymbol{V}_\mathrm{e} \quad\quad\quad (14-4)$$

式中,$\boldsymbol{v}$ 为相对联动坐标系的流场速度;$\boldsymbol{V}_\mathrm{e}$ 为联动坐标系的牵连速度,其表达式为

$$\boldsymbol{V}_\mathrm{e} = \boldsymbol{V}_0 + \boldsymbol{\omega} \times \boldsymbol{r} \quad\quad\quad (14-5)$$

式中,$\boldsymbol{V}_0$ 为联动坐标系的平移速度;$\boldsymbol{\omega}$ 为联动坐标系旋转角速度;$\boldsymbol{r}$ 为联动坐标系中流体质点位置向量。流体控制方程可改写成联动坐标下的形式:

连续方程 $\qquad \nabla \cdot \boldsymbol{v} = 0 \qquad$ (14-6)

动量方程 $\qquad \dfrac{\mathrm{d}\boldsymbol{v}}{\mathrm{d}t} = \boldsymbol{F}_b + \boldsymbol{f}_b - \dfrac{\nabla p}{\rho} + \upsilon \nabla^2 \boldsymbol{v} \qquad$ (14-7)

流体体积分数输运方程 $\qquad \dfrac{\mathrm{d}F}{\mathrm{d}t} = 0 \qquad$ (14-8)

式中,$\boldsymbol{f}_b$ 为流体控制域的非匀速运动引起的惯性力,其表达式

$$\boldsymbol{f}_b = \rho \left[-\boldsymbol{a} - \frac{\mathrm{d}\boldsymbol{\omega}}{\mathrm{d}t} \times \boldsymbol{r}_p - 2\boldsymbol{\omega} \times \frac{\mathrm{d}\boldsymbol{r}_p}{\mathrm{d}t} - \boldsymbol{\omega}(\boldsymbol{\omega} \times \boldsymbol{r}_p) \right] \qquad (14\text{-}9)$$

式中,$\boldsymbol{a}$ 为联动坐标系原点 O 相对于大地坐标系的平移加速度;$\boldsymbol{\omega}$ 为液舱箱体旋转角速度,$\boldsymbol{r}_p$ 为联动坐标系中流体质点位置向量。因此动量方程[式(14-7)]可以改写为

$$\frac{\mathrm{d}\boldsymbol{v}}{\mathrm{d}t} + \nabla(\boldsymbol{v} \cdot \boldsymbol{v}) = \boldsymbol{F}_b + \boldsymbol{f}_b - \frac{\nabla p}{\rho} + \frac{\upsilon}{\rho}\nabla^2 \boldsymbol{v} \qquad (14\text{-}10)$$

采用 VoF 法处理自由表面,流体体积函数 $F(x, y, t)$ 定义如下:

$$F(x, y, t) = \begin{cases} 1 & \text{流体单元} \\ 0 \sim 1 & \text{自由表面单元} \\ 0 & \text{空单元} \end{cases} \qquad (14\text{-}11)$$

$F(x, y, t)$ 应满足如下输运方程:

$$\frac{\mathrm{d}F}{\mathrm{d}t} = \frac{\partial F}{\partial t} + (\boldsymbol{v} \cdot \nabla)F = 0 \qquad (14\text{-}12)$$

假设液舱内部区域为流域 Ω,其中 Ω_f 表示液舱中被流体占据的部分。由于液舱内只是部分装载,没有完全充满流体,因此边界条件包括两部分:壁面 $\partial\Omega_b$ 和流体自由表面 $\partial\Omega_f$。对于黏性流体,固壁上不可滑移条件为

$$\boldsymbol{v} = \boldsymbol{v}_b \qquad (14\text{-}13)$$

可滑移条件为

$$\boldsymbol{v}\boldsymbol{n}_b = \boldsymbol{v}_b\boldsymbol{n}_b \qquad (14\text{-}14)$$

式中,$\boldsymbol{v}_b$ 为液舱相对联动坐标系的运动速度;$\boldsymbol{n}_b$ 为壁面法向量。如果不考虑液舱的变形,则 $\boldsymbol{v}_b = 0$。

流体在自由表面上必须同时满足运动学条件和动力学条件。运动学条件要

求组成自由表面的质点应永远留在自由表面上,根据采用的自由面追踪方法的不同,相应的数学表达式也会不同。动力学条件必须满足表面应力条件,如果忽略表面张力,则表面应力条件为

$$\frac{\partial u_\mathrm{n}}{\partial t} + \frac{\partial u_\mathrm{t}}{\partial n} = 0 \quad \text{在流体自由表面} \partial \Omega_\mathrm{f} \text{上} \tag{14-15}$$

$$-p + 2\mu \frac{\partial u_\mathrm{n}}{\partial n} = -p_0 \quad \text{在壁面} \partial \Omega_\mathrm{b} \text{上} \tag{14-16}$$

式中,p_0 为表面大气压;$u_\mathrm{n} = \boldsymbol{u} \cdot \boldsymbol{n}$ 为垂直于自由表面的法向速度(以外法线为正);$u_\mathrm{t} = \boldsymbol{u} \cdot \boldsymbol{t}$ 为切向速度。

　　液舱内的流体在运动过程中,往往处于湍流状态。引入雷诺时均模型,把湍流运动看作是由两个流动叠加而成的,一个是时间平均流动,另一个是瞬态脉动流动。则任一流场变量 ϕ 值可定义为

$$\phi = \bar{\phi} + \phi' \tag{14-17}$$

式中,$\bar{\phi}$ 为时均值;ϕ' 为脉动值。时均值 $\bar{\phi}$ 定义为

$$\bar{\phi} = \frac{1}{\Delta t} \int_t^{t+\Delta t} \phi(t) \mathrm{d}t \tag{14-18}$$

　　对于速度及压力分量,假定也存在平均量与瞬态量的叠加:

$$\begin{cases} u_i = \bar{u}_i + u_i' \\ p = \bar{p} + p' \end{cases} \tag{14-19}$$

　　流场中流体微元的运动必须满足纳维-斯托克斯方程(N-S方程):

$$\frac{\partial \rho}{\partial t} + \frac{\partial}{\partial x_i}(\rho u_i) = 0 \tag{14-20}$$

$$\frac{\partial}{\partial t}(\rho u_i) + \frac{\partial}{\partial x_j}(\rho u_i u_j) = -\frac{\partial p}{\partial x_i} + \frac{\partial}{\partial x_j}\left[\mu\left(\frac{\partial u_i}{\partial x_j} + \frac{\partial u_j}{\partial x_i} - \frac{2}{3}\frac{\partial u_l}{\partial x_l}\delta_{ij}\right)\right] + S_i$$

$$\tag{14-21}$$

式中,$x_i (i=1, 2, 3)$ 为笛卡尔坐标系中的坐标分量;$u_i (i=1, 2, 3)$ 为速度分量;S_i 为数值源项;下标 j, l 取值为 1, 2, 3。

　　如果不考虑密度脉动的影响,对 N-S 方程按上述方式做时间平均,可得到流体平均流动的控制方程——雷诺时均纳维-斯托克斯方程:

$$\frac{\partial \rho}{\partial t} + \frac{\partial}{\partial x_i}(\rho u_i) = 0$$

$$\frac{\partial}{\partial t}(\rho u_i) + \frac{\partial}{\partial x_j}(\rho u_i u_j) = -\frac{\partial p}{\partial x_i} + \frac{\partial}{\partial x_j}\left[\mu\left(\frac{\partial u_i}{\partial x_j} + \frac{\partial u_j}{\partial x_i} - \frac{2}{3}\frac{\partial u_l}{\partial x_l}\delta_{ij}\right)\right]$$
$$+ \frac{\partial}{\partial x_j}(-\rho \overline{u'_i u'_j})$$

$$(14-22)$$

式中,与 $(-\rho \overline{u'_i u'_j})$ 有关的项称为雷诺应力,对应 6 个不同的雷诺应力项 $(\tau_{ij} = -\rho \overline{u'_i u'_j})$。由于新增了 6 个雷诺应力项,方程组将变得不封闭,因此需要引入湍流模型方程才能封闭。雷诺平均湍流法要求对等式中的雷诺应力进行适当建模,通常的方法是采用 Boussinesq 假设,将雷诺应力和流体的平均速度梯度相关联[10]:

$$-\rho \overline{u'_i u'_j} = \mu_t\left(\frac{\partial u_i}{\partial x_j} + \frac{\partial u_j}{\partial x_i}\right) - \frac{2}{3}\left(\rho k + \mu_t \frac{\partial u_k}{\partial x_k}\right)\delta_{ij} \qquad (14-23)$$

Boussinesq 假设用于 Spalart-Allmaras 模型、$k-\varepsilon$ 模型和 $k-\omega$ 模型,其优点是与湍流黏度 μ_t 相关的计算成本相对较低。在 Spalart-Allmaras 模型中,仅解决了一个额外的输运方程(表示湍流黏度)。在 $k-\varepsilon$ 模型和 $k-\omega$ 模型下,另外两个输运方程(用于湍流动能 k,湍流动能耗散率 ε 或比耗散率 ω)得到求解,并且 μ_t 作为 k 和 ε 或 k 和 ω 的函数。Boussinesq 假设的缺点是它假设 μ_t 是各向同性标量,这不是严格的。然而,各向同性湍流黏度的假设通常对仅由湍流剪切应力中的一种来主导的剪切流动效果良好,如壁边界层、混合层及喷射流等。

$k-\omega$ 模型是基于湍流动能 k 和比耗散率 ω 模型的运输方程,$k-\varepsilon$ 模型是基于湍流动能 k 和湍流动能耗散率 ε 模型的运输方程。

标准的 $k-\omega$ 模型的两个方程如下:

$$\frac{\partial}{\partial t}(\rho k) + \frac{\partial}{\partial x_j}(\rho k u_j) = \frac{\partial}{\partial x_j}\left[\Gamma_k \frac{\partial k}{\partial x_j}\right] + G_k - Y_k + S_k \qquad (14-24)$$

$$\frac{\partial}{\partial t}(\rho \omega) + \frac{\partial}{\partial x_j}(\rho \omega u_j) = \frac{\partial}{\partial x_j}\left[\Gamma_\omega \frac{\partial \omega}{\partial x_j}\right] + G_\omega - Y_\omega + D_\omega + S_\omega$$

$$(14-25)$$

式中,Γ_k 和 Γ_ω 分别为 k 和 ω 的有效扩散系数;G_k 为由平均速度梯度产生的湍流动能;G_ω 代表 ω 的生成;Y_k 和 Y_ω 为由湍动导致的 k 和 ω 的耗散;S_k 和 S_ω 为用户定义的源项;D_ω 为交叉扩散项。它们的具体表达式如下:

$$\Gamma_k = \mu + \frac{\mu_t}{\sigma_k}, \ \Gamma_\omega = \mu + \frac{\mu_t}{\sigma_\omega} \qquad (14-26)$$

$$G_k = \mu_t S^2, \ G_\omega = \frac{\alpha \alpha^*}{\upsilon_t} G_k \qquad (14-27)$$

$$Y_k = \rho \beta^* k \omega, \ Y_\omega = \rho \beta_i \omega^2 \qquad (14-28)$$

$$D_\omega = 2(1-F_1)\rho \frac{1}{\omega \sigma_{\omega,2}} \frac{\partial k}{\partial x_j} \frac{\partial \omega}{\partial x_j} \qquad (14-29)$$

式中参数通过下述方程组封闭：

$$D_\omega^+ = \max \left[2\rho \frac{1}{\sigma_{\omega,2}} \frac{1}{\omega} \frac{\partial k}{\partial x_j} \frac{\partial \omega}{\partial x_j}, \ 10^{-10} \right] \qquad (14-30)$$

$$\Phi_1 = \min \left[\max \left(\frac{\sqrt{k}}{0.09\omega y}, \frac{500\mu}{\rho y^2 \omega} \right), \frac{4\rho k}{\sigma_{\omega,2} D_\omega^+ y^2} \right], \ \Phi_2 = \max \left[2 \frac{\sqrt{k}}{0.09\omega y}, \frac{500\mu}{\rho y^2 \omega} \right]$$
$$\qquad (14-31)$$

$$F_1 = \tanh[\Phi_1^4], \ F_2 = \tanh[\Phi_2^2] \qquad (14-32)$$

$$\sigma_k = \frac{1}{\dfrac{F_1}{\sigma_{k,1}} + \dfrac{(1-F_1)}{\sigma_{k,2}}}, \ \sigma_\omega = \frac{1}{\dfrac{F_1}{\sigma_{\omega,1}} + \dfrac{(1-F_1)}{\sigma_{\omega,2}}} \qquad (14-33)$$

$$\alpha_\infty = F_1 \alpha_{\infty,1} + (1-F_1)\alpha_{\infty,2}, \ \beta_i = F_1 \beta_{i,1} + (1-F_1)\beta_{i,2}, \ \alpha_0^* = \frac{\beta_i}{3}, \ Re_t = \frac{\rho k}{\mu \omega} \qquad (14-34)$$

$$\alpha^* = \alpha_\infty^* \left(\frac{\alpha_0^* + \dfrac{Re_t}{R_k}}{1 + \dfrac{Re_t}{R_k}} \right) \qquad (14-35)$$

$$S = \sqrt{2D_{ij}D_{ij}}, \ D_{ij} = \frac{1}{2}(u_{i,j} + u_{j,i}) \qquad (14-36)$$

$$\mu_t = \frac{\rho k}{\omega} \frac{1}{\max \left[\dfrac{1}{\alpha^*}, \dfrac{SF_2}{a_1 \omega} \right]} \qquad (14-37)$$

$$\alpha_{\infty,1} = \frac{\beta_{i,1}}{\beta_\infty^*} - \frac{\kappa^2}{\sigma_{\omega,1}\sqrt{\beta_\infty^*}}, \ \alpha_{\infty,2} = \frac{\beta_{i,2}}{\beta_\infty^*} - \frac{\kappa^2}{\sigma_{\omega,2}\sqrt{\beta_\infty^*}} \qquad (14-38)$$

$$\alpha = \frac{\alpha_\infty}{\alpha^*} \left(\frac{\alpha_0^* + \dfrac{Re_t}{R_\omega}}{1 + \dfrac{Re_t}{R_\omega}} \right), \ \beta^* = \beta_\infty^* \left[\frac{\dfrac{4}{15} + \left(\dfrac{Re_t}{R_\beta} \right)^4}{1 + \left(\dfrac{Re_t}{R_\beta} \right)^4} \right] \tag{14-39}$$

式中,常数项为 $\sigma_{\omega,1} = 2.0$, $\sigma_{\omega,2} = 1.168$, $\sigma_{k,1} = 1.176$, $\sigma_{k,2} = 1.0$, $\beta_{i,1} = 0.075$, $\beta_{i,2} = 0.0828$, $\beta_\infty^* = 0.09$, $\alpha_\infty^* = 1$, $a_1 = 0.31$, $\kappa = 0.41$, $R_k = 6$, $R_\omega = 2.95$, $R_\beta = 8$。

标准的 k-ε 模型的两个方程如下:

$$\frac{\partial}{\partial t}(\rho k) + \frac{\partial}{\partial x_i}(\rho k u_i) = \frac{\partial}{\partial x_j}\left[\left(\mu + \frac{\mu_t}{\sigma_k} \right) \frac{\partial k}{\partial x_j} \right] + G_k + G_b - \rho \varepsilon - Y_M + S_k \tag{14-40}$$

$$\frac{\partial}{\partial t}(\rho \varepsilon) + \frac{\partial}{\partial x_i}(\rho \omega u_i) = \frac{\partial}{\partial x_j}\left[\left(\mu + \frac{\mu_t}{\sigma_\varepsilon} \right) \frac{\partial \varepsilon}{\partial x_j} \right] + C_{1\varepsilon} \frac{\varepsilon}{k}(G_k + C_{3\varepsilon}G_b) - C_{2\varepsilon}\rho \frac{\varepsilon^2}{k} + S_\varepsilon \tag{14-41}$$

式中,G_k 为由平均速度梯度产生的湍流动能;Y_M 为由湍流脉动导致的耗散;G_b 为由浮力引起的湍流动能;G_k 和 σ_ε 分别代表湍流动能 k 和湍流动能耗散率 ε 对应的普朗特数;S_k 和 S_ε 为用户定义的源项;$C_{1\varepsilon}$、$C_{2\varepsilon}$ 和 $C_{3\varepsilon}$ 为经验常数。湍流动黏度 μ_t 的表达式如下[75]:

$$\mu_t = \rho C_\mu \frac{k^2}{\varepsilon} \tag{14-42}$$

式中,$C_{1\varepsilon} = 1.44$, $C_{2\varepsilon} = 1.92$, $C_\mu = 0.09$, $\sigma_k = 1.0$, $\sigma_\varepsilon = 1.3$。

对于上述液舱晃荡问题的求解,主要采用有限元数值计算方法,如有限体积法。控制方程经过适当的数学处理,将因变量、时变项、对流项和扩散项等写成标准形式,式(14-22)右端的其余各项定义为源项,从而变为通用微分方程形式,这样就只需要求解通用微分方程,继而求解不同类型的流体流动问题。

采用有限体积法求解瞬态问题时,需要将控制方程对控制体积进行空间积分的同时,还必须对时间间隔 t 进行时间积分。在控制体积 P 及时间段 t(时间从 t 到 $t + \Delta t$)上积分控制方程,运用一阶迎风格式及全隐式积分方案,可得到对应的代数方程,之后求出通用量。由通用量再采用压力分离式解法来求解速度和压力,该方法顺序地、逐个地求解各变量的代数方程组,而不是直接求解联立方程组。依据是否直接求解原始变量,分离式解法可分为原始变量法和非原始变量法。压力修正法属于原始变量法,是目前工程上使用最为广泛的流场数值计算方法,其实质是迭代法。

压力修正法有多种实现方式,其中,压力耦合方程组的半隐式方法(SIMPLE 算法)应用最为广泛,也是各种商用 CFD 软件普遍采纳的算法。在这种算法中首先使用猜测的压力场来解动量方程,求解得到速度场后再求解通过连续方程所建立的压力修正方程,得到压力场的修正值,然后通过压力修正值更新速度场和压力场,最后检查结果是否收敛,若不收敛,则以修正的压力场作为新的猜测的压力场,重复该过程。为了启动该迭代过程,需要提供初始的速度场与压力场。随着不断地迭代,所得到的压力与速度值会逐渐逼近真解。

例题 14.1　LNG 船液舱试验模型的主尺度为长 834 mm、宽 664 mm、高 477 mm。为测量舱内液体在晃动时对液舱的冲击压力,共布置了 16 个压力传感器,其中沿液舱横向布置 12 个,纵向布置了 4 个,测点位置如图 14-5 所示的 $R1$~$R16$。试验时液舱做单自由度纵摇或横摇运动,对试验压力结果的分析表明 $70\%H$ 的装载高度下容易发生剧烈的晃荡现象。数值计算方法验证中考虑的是 $70\%H$ 装载高度下横摇及纵摇工况。数值计算模型中的压力测点、装载高度、晃荡频率及幅度均与试验模型中相同,纵摇幅值为 $12°$,横摇幅值为 $8°$。根据试验模型尺寸,采用 FLUENT 流体力学软件,采用 VoF 法及 $k-\varepsilon$ 湍流模型,建立的三维 LNG 船液舱晃荡有限元数值模型如图 14-6 所示,该有限元数值模型包含 44 485 个节点和 40 800 个六面体单元。计算得到各时刻自由液面高度及 $R2$ 测点应力分布如图 14-7 和图 14-8 所示[77]。

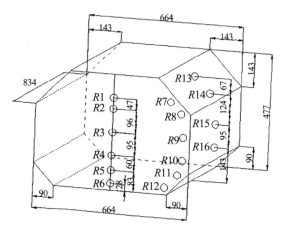

图 14-5　LNG 船液舱试验模型的主尺度及测点分布(单位:mm)

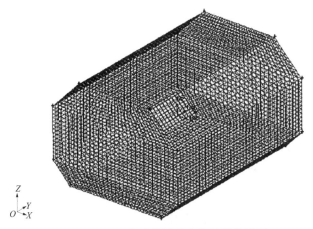

图 14-6　LNG 船液舱晃荡有限元数值模型

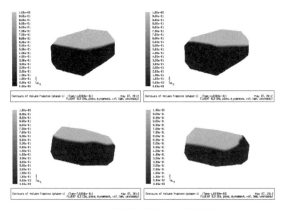

图 14-7　典型时刻自由液面高度

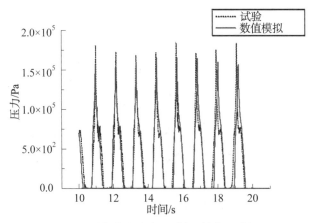

图 14-8　R2 测点应力分布(70%H 装载,纵摇 0.85 Hz)

14.1.2　基于设计规范的液舱晃荡及船体运动固有周期计算方法

设计 LNG 船时,储罐系统的液舱晃荡载荷计算及结构动力学响应分析是十分重要的基础工作。目前 LNG 船的储罐系统主要有独立 B 型和薄膜型两类,其中独立 B 型包括 Moss 型及 SPB 型两种,而薄膜型包括 GTT No.96 型、Mark Ⅲ 型和 CSI 型三种。这几种储罐系统各有利弊,最广泛使用的是薄膜型,其次是 Moss 型。LNG 船未来的发展趋势是向大舱容发展,目前新交付的 LNG 船舱容普遍都在 15 万立方米以上,SPB 型储罐系统由于有制荡舱壁的存在,不需要限制舱内的液位,晃荡对船体运动的影响较小,随着市场对大型 LNG 船的需求的增加,SPB 型储罐液舱在晃荡问题上的优异表现将使其得到更多的应用。

DNV 和 ABS 规范均要求液体晃荡周期应至少偏离船体刚体运动固有周期 20%,以避免发生共振[76]。DNV 和 ABS 相应规范都对液舱内液体运动和船体运动的固有周期给出了计算公式。

DNV 规范中关于菱形液舱内液体运动固有周期的计算公式为

$$T_i = \frac{2\pi}{f_i} = \frac{2\pi}{\sqrt{g k_i}} \quad (i = 1) \tag{14-43}$$

式中, $f_i = \sqrt{g k_i}$ 为晃荡固有频率; $k_i = \frac{i\pi}{l} \tanh\left(\frac{i\pi}{l} h\right)$, h 为装载高度(液舱底部至自由液面的距离); l 为装载高度 h 下自由液面的长度或宽度。

ABS 规范关于液体运动固有周期的计算公式中液体纵摇运动固有周期为

$$T_x = \frac{\sqrt{\beta_T l_e}}{k} \tag{14-44}$$

液体横摇运动固有周期计算公式为

$$T_y = \frac{\sqrt{\beta_L b_e}}{k} \tag{14-45}$$

式中, l_e 为有效液舱长度; b_e 为有效液舱宽度; $k = \sqrt{\frac{g \tanh(H_1)}{4\pi}}$;对于纵摇运动 $H_1 = \frac{\pi d}{l_e}$,对于横摇运动 $H_1 = \frac{\pi d}{b_e}$, $d = d_0 - d_1 \sqrt{\frac{n}{n+4}}$, n 为有效范围内舱底桁材的数量, d_1 为有效范围内舱底桁材的高度, d_0 为液货装载高度。

根据 DNV 规范中关于船体运动的固有周期计算公式,船体横摇周期为

$$T_R = \frac{2k_r}{\sqrt{GM}} \tag{14-46}$$

式中，k_r 为横摇回转半径。其取值如下：对于船体质量横向均匀分布的船舶 $k_r = 0.39B$；对于压载状态下的液货船 $k_r = 0.35B$；对于纵向舱壁之间装载矿石的船舶 $k_r = 0.29B$。GM 为初稳心高，GM 根据船舶装载状况取值，在未知的情况下，可按以下公式估算：一般情况下 GM $= 0.07B$；液货船或散货船 GM $= 0.12B$。

船体纵摇周期计算公式为

$$T_p = 1.8\sqrt{\frac{L}{g}} \tag{14-47}$$

式中，L 为船长；$g = 9.81\,\text{m/s}^2$。

根据 ABS 规范计算船体运动的固有周期，横摇周期计算公式为

$$T_R = \frac{k_4 k_r}{\sqrt{GM}} \tag{14-48}$$

式中，k_r 为横摇回转半径，满载状态下 $k_r = 0.35B$；压载状态下 $k_r = 0.45B$。$k_4 = 2$。

船体纵摇周期计算公式：

$$T_p = k_2\sqrt{C_b d_i} \tag{14-49}$$

式中，$k_2 = 3.5$；C_b 为方形系数；d_i 为对应装载状态下船中部位置的吃水（m），满载状态 $d_i = 12.7\,\text{m}$，压载状态 $d_i = 9.063\,\text{m}$。

对比 DNV 和 ABS 规范中关于船体运动固有周期的计算公式，可以发现 DNV 规范中的相关公式没有考虑船舶航行速度及吃水对船体运动固有周期的影响，而 ABS 规范中的公式则考虑了船舶航行速度及吃水对船体运动固有周期的影响，ABS 规范中的计算公式考虑得更加全面。

14.1.3 液舱晃荡与船舶运动的耦合动力学响应计算

由于液舱内流体晃荡的强非线性性与剧烈的破碎、冲击及能量耗散的特征，势流理论很难满足其计算需要，需使用黏性流理论进行研究。对于波浪作用下船舶的宏观往复运动，总体上呈现线性运动特征，采用线性势流理论方法研究其精度是合适的。将波浪作用下船舶往复运动与其液舱内流体晃荡的耦合影响通过晃荡力载荷耦合方程加以考虑，对时间和空间参量进行离散，直接求解三维方

程是很好的求解策略。

　　船体在规则波或非规则波作用下的六自由度运动方程为

$$\sum_{j=1}^{6}\left[(M_{ij}+m_{ij})\ddot{x}_j+(N_{ij}+N_{eij}\delta_{4j})\dot{x}_j+C_{ij}x_j\right]=F_i(t)+G_i(t)\quad(i=1,2,\cdots,6)$$

$$(14-50)$$

式中，$F_i(t)$ 和 $G_i(t)$ 分别是波浪激振力与外部约束作用力，其他参数含义可参阅式(9-2)。将液舱内流体晃动作用力在船体运动方程中加以考虑，上述方程改写为如下耦合运动方程：

$$\sum_{j=1}^{6}\left[(M_{ij}+m_{ij})\ddot{x}_j+(N_{ij}+N_{eij}\delta_{4j})\dot{x}_j+C_{ij}x_j\right]=F_i^{\text{ext}}(t)+F_i^{\text{int}}(t)\quad(i=1,2,\cdots,6)$$

$$(14-51)$$

其中，$F_i^{\text{ext}}(t)$ 是外部波浪激振力与外部约束作用力；$F_i^{\text{int}}(t)$ 是液舱内流体的总作用力(包括静水压力和晃荡作用力)。

　　液舱晃荡与船舶运动的耦合动力学响应计算流程如图 14-9 所示[78]。

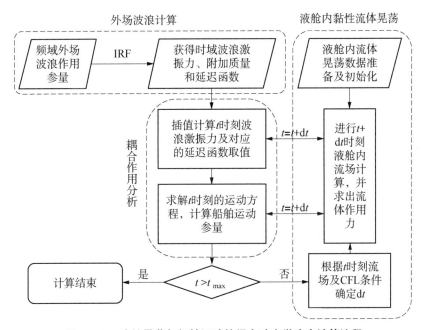

图 14-9　液舱晃荡与船舶运动的耦合动力学响应计算流程

14.2 船体砰击与上浪

针对船体砰击问题,各国船级社的规范都有较明确的规定,以保证船舶设计时考虑足够的砰击强度。对于船舶砰击强度的评估,砰击载荷的确定是首要条件,其本质是明确砰击压力、船型及砰击速度三者间的关系,确定船体的真实砰击压力载荷并作为整船设计的参考,在此基础上对砰击载荷作用下船体局部和总体响应进行计算评价[79]。如我国军用标准 GJB 4000—2000 从砰击弯矩角度对船体总纵强度进行校核,GJB/Z 119—99《水面舰艇结构设计计算方法》和中国船级社(CCS)《钢质海船入级规范》(2012 年)给出砰击载荷的计算方法,给出船首砰击压头的计算公式,并对舷侧外板的厚度提出要求。英国劳氏船级社(LR)的《海军舰艇入级规范通则》(NSR)要求对砰击发生区域的构件尺寸进行加强,加强区域为有明显外飘的船首底部区域以及水线以上的舷侧区域。该规范对砰击压力的预报基于 Ochi-Motter 砰击方法,与直接计算法等价。《散货船共同结构规范》《双壳油船共同结构规范》和美国船级社(ABS)规范都对船首外飘和船底砰击载荷给出了计算公式。

14.2.1 船舶砰击载荷计算方法

14.2.1.1 砰击载荷的直接计算法

大量理论计算和模型试验的研究证实,砰击压力峰值 P(kPa)与船波相对速度(砰击速度)V 的平方成正比,满足如下经验计算公式:

$$P = \frac{1}{2}kV^2 \tag{14-52}$$

式中,k 为砰击压力系数(kN·s²/m⁴);V 为砰击速度(m/s)。

在采用砰击载荷直接计算法计算砰击压力时,需要对砰击压力系数和砰击速度分别进行求解。砰击压力系数可以通过二维剖面 CFD 数值仿真和落体试验两种方法确定,最后对基于不同工况时的砰击速度进行计算得到砰击压力值。

根据二维剖面 CFD 数值仿真法,不同位置的砰击压力系数可以按如下公式计算:

$$C_p = \frac{\bar{p}}{0.5\rho v'^2} \tag{14-53}$$

式中,$\bar{p}$ 为 CFD 数值仿真中基于砰击速度假设值预报的砰击压力值;ρ 为海水密度(kg/m³);v' 为二维分析中砰击速度的假设值(m/s)。

对于二维砰击试件入水砰击压力系数，可以使用 LS-DYNA 软件进行数值仿真计算。LS-DYNA 软件是 LSTC 公司的通用显式动力分析程序，该程序能够模拟求解各种二维、三维非线性结构的高速碰撞、爆炸和金属成型等非线性动力冲击问题，同时可以求解传热、流体及流固耦合问题，是功能齐全的几何非线性（大位移、大转动和大应变）、材料非线性和接触非线性程序。

当楔形体以一定的速度入水时，会对原来的静水面产生扰动，形成波浪向外传播。当其入水速度较大时，由于楔形体和空气垫的共同挤压作用，使得某些水质点获得较高的运动速度，而水介质本身不能承受拉力，使得某些水质点脱离原来的水面，形成飞溅和液面破碎现象。飞溅和破碎问题已经超出了连续介质力学的范畴，用理论解析法求解是比较困难的，用数值模拟法可以很好地对飞溅问题进行模拟。设倾斜角为 β，单位长度质量为 M 的 V 形楔形体，触水前瞬时下降速度为 V_0，冲击下沉深度为 z 时对应的垂直下降速度为 V，静水面处的半宽为 c（见图 14-10）。若忽略落体所受到的重力、浮力、水阻力等外力，应用动量守恒定理可得

$$MV_0 = (M+m)V \tag{14-54}$$

式中，m 为单位长度的附加质量。

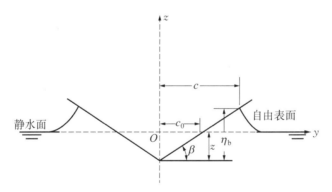

图 14-10　V 形楔形体入水冲击

对式（14-54）进行微分，可得在冲击过程中某一瞬时作用于 V 形楔形体上的冲击力为

$$F = \frac{\mathrm{d}(mV)}{\mathrm{d}t} = \frac{V_0}{\left(1+\dfrac{m}{M}\right)^2}\frac{\mathrm{d}m}{\mathrm{d}t} = \frac{V_0^2}{\left(1+\dfrac{m}{M}\right)^3}\frac{\mathrm{d}m}{\mathrm{d}z} \tag{14-55}$$

相应的冲击加速度为

$$\frac{\mathrm{d}^2 z}{\mathrm{d}t^2} = \frac{\mathrm{d}V}{\mathrm{d}t} = \frac{V_0}{M\left(1+\dfrac{m}{M}\right)^2} \frac{\mathrm{d}m}{\mathrm{d}t} = \frac{V_0^2}{M\left(1+\dfrac{m}{M}\right)^3} \frac{\mathrm{d}m}{\mathrm{d}z} \qquad (14-56)$$

式(14-54)和(14-55)表明冲击力和冲击加速度与垂直下降速度、附加质量对时间的导数有关。如果垂直下降速度和附加质量的时间变化率都很大,则作用在 V 形楔形体上的冲击力就很大,加速度会发生突变。这个结论适用于任何水动力冲击现象,发生在三维舷侧上的砰击亦不例外。

只要能准确求出附加质量,就可以求出作用在 V 形楔形体上的冲击力,而求解附加质量本质上是势流问题。应用动量守恒定理只能求得作用在楔形体上某瞬时总的冲击力,不能获得物面上的冲击压力及其分布情况。下面介绍流体力学中 V 形楔形体垂直落入静水面的冲击问题的数学处理求解方法。

假定水是理想不可压缩的流体,V 形楔形体入水后的流动是无旋的,流场速度势函数 Φ 满足拉普拉斯方程式 $\nabla^2\Phi = 0$,流场自由表面边界条件为

$$\frac{\mathrm{d}\Phi}{\mathrm{d}t} = \frac{1}{2}\left[\left(\frac{\partial\Phi}{\partial y}\right)^2 + \left(\frac{\partial\Phi}{\partial z}\right)^2\right] \qquad (14-57)$$

V 形楔形体表面边界条件为

$$\frac{\partial\Phi}{\partial n} = V_n \qquad (14-58)$$

式中,V_n 为 V 形楔形体表面垂直向外法线速度。

V 形楔形体入水冲击的初始条件是零速度势及没有水隆起的自由表面,则附加质量 m 为

$$m = \frac{\rho}{V^2}\iint_\sigma \left[\operatorname{grad}\Phi\right]^2 \mathrm{d}\sigma = -\frac{\rho}{V^2}\int \Phi\frac{\partial\Phi}{\partial n}\mathrm{d}S \qquad (14-59)$$

式中,ρ 为水的密度(kg/m³);σ 为以水自由表面为边界的半无限流场;S 为整个流场边界。

设大气压为 P_0,由不计重力影响的伯努利方程可得冲击压力的表达式为

$$P - P_0 = -\rho\left[\frac{\partial\Phi}{\partial t} + \frac{1}{2}|\nabla\Phi|^2\right] \qquad (14-60)$$

在冲击过程中水自由表面的边界条件是非线性的,自由表面的边界形状及位置又是解中待定的,求解这样一个非定常势流问题是比较困难的。冯·卡门

最早简化处理了二维水动力冲击问题,认为冲击过程是在极短时间内发生的,忽略速度平方的二维微量;设大气压力 P_0 等于零;将自由表面的边界条件进行了线性化处理,认为在冲击的每一瞬时自由表面就是原来的静水面。这样,某瞬时的附加质量 m,等于宽度为 $2c_0$ 的平板浸沉在无限水中所求附加质量值的一半(忽略排挤水的影响),即 $\dfrac{1}{2}\rho\pi c_0^2$。则冲击力为

$$F = \frac{\mathrm{d}(mV)}{\mathrm{d}t} = \frac{V_0^2 \rho \pi C_0 \cot\beta}{\left(1 + \dfrac{\rho\pi c_0^2}{2M}\right)^3} \tag{14-61}$$

平均压力为

$$\bar{P} = \frac{V_0^2 \rho \pi \cot\beta}{2\left(1 + \dfrac{\rho\pi c_0^2}{2M}\right)^3} \tag{14-62}$$

最大压力为

$$P_{\max}(c_0 = 0) = \frac{\rho}{2} V_0^2 \pi \cot\beta \tag{14-63}$$

上面的理论是针对二维 V 形楔形体的。事实上,该理论对于二维剖面也是适用的,相当于在不同位置处入水角不同。在给定二维剖面砰击速度后就能求出不同位置的最大砰击压力,然后能通过下式求出剖面上各位置的砰击压力系数。

$$k = \frac{2P}{v^2} \tag{14-64}$$

砰击压力指砰击发生的瞬间发生区域表面压力瞬间出现的差值。在整个模拟计算过程中,计算的时间和步长不仅影响计算的时间和精度,还涉及对砰击压力峰值的顺势捕捉。因此,在对计算时间和步长进行设计时,应当对步长进行多次调整,以确定合适的步长和计算时间。对计算剖面附近的网格采用加密处理,并对相应的区域进行水、空气、自由液面等定义,以及网格和区域的划分。图 14-12 所示为某剖面砰击过程的数值计算结果。

在船舶砰击载荷研究中,很多学者通过理论研究、落体试验或是实船试验给出多条砰击压力系数 k 的设计曲线,方便查询或者求得 k 的具体数值。这些曲线的一个共同特点是物体冲击水面的角度直接决定了砰击系数的量值。但

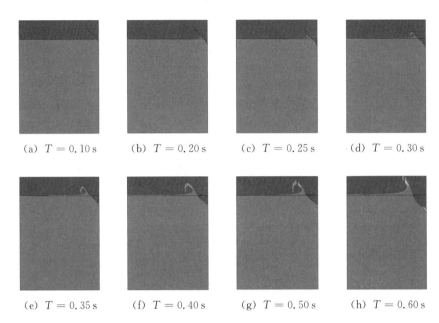

图 14 - 11 某剖面砰击过程的数值计算结果

由于研究的物体不同,平板或楔形体,二维或三维,刚性或弹性,使这些曲线有很大不同。理论和试验证明,二维砰击压力要大于三维砰击压力,而船模的砰击压力要大于实船砰击压力,刚体的砰击压力要大于弹性体的砰击压力。在砰击压力系数的实际选取中,必须充分考虑这些因素。当前,大部分船舶设计规范中砰击压力系数往往综合了一些船型的因素,例如船长、船宽、吃水,船首部三维斜升角等,回归出砰击力的简易计算公式。还有一些船舶规范在考虑了船舶砰击速度的基础上,采用理论和试验提供的曲线来决定砰击压力系数 k。

14.2.1.2 基于规范的砰击载荷计算方法

下面给出中国船级社和劳氏船级社规范中砰击载荷的计算公式,通过各规范预报得到各计算点的砰击速度、砰击压力系数和砰击压力,并对结果进行分析。砰击位置及角度的定义如图 14 - 12 所示。

1) 基于中国船级社规范的砰击载荷计算

中国船级社《钢质海船入级规范》(2012 年版)第 9 篇第 7 节关于砰击载荷计算规定,船底砰击载荷确定方法适用于 $C_b \geqslant 0.7$ 以及船底砰击吃水不小于 $0.01L$(L 为规范船长)且不大于 $0.045L$ 的船舶。适用于距艉垂线后 $0.1L$ 处之前的区域,且位于吃水 T 处水线和甲板最高边缘的舷侧结构。根据规范中的规定,对于距艉垂线后 $0.1L$ 处之前的区域,且位于正常压载工况的最小设计水

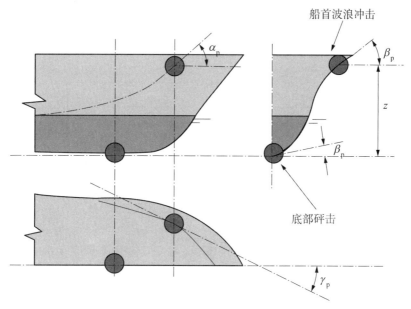

图 14 - 12　砰击位置及角度的定义

线以上的舷侧区域,其冲击压力为

$$P_{im} = 1.025 f_{im} C_{im} V_{im}^2 \sin \gamma_{wl} (kPa) \qquad (14-65)$$

式中,在艏垂线后 $0.1L$ 处 $f_{im} = 0.55$;在艏垂线后 $0.0125L$ 处 $f_{im} = 0.9$;在艏垂线及之前处 $f_{im} = 1.0$;而位于之间大的 f_{im} 值可通过线性插值得到。γ_{wl} 为船首局部冲击角,垂直于所考虑位置处的外壳从水平线至切线量取,但取值不小于 $50°$ (见图 14 - 13)。

入水冲击速度为

$$V_{im} = 0.514 V_{fwd} \sin \alpha_{wl} + \sqrt{L} (m/s) \qquad (14-66)$$

船舶前进速度为

$$V_{fwd} = \max(10, 0.75V) (kn) \qquad (14-67)$$

式中,V 为服务航速(kn);L 为规范船长(即水线间长,m);α_{wl} 为所考虑位置处的局部水线角;C_{im} 为系数,当位置在吃水 T_{bal} 和 T_{sc} 之间时,$C_{im} = 1.0$;当位置在吃水 T_{sc} 以上时,$C_{im} = \sqrt{1 + \cos^2 \left[90 \dfrac{(h_{fb} - 2h_0)}{h_{fb}} \right]}$。其中,$T_{sc}$ 为结构吃水(m);T_{bal} 为正常压载工况的最小设计压载吃水(m);h_{fb} 为吃水 T_{sc} 水线到最

高甲板边线处的垂向距离(m)；h_0 为吃水 T_{sc} 水线到所考虑位置处的垂向距离(m)。相关的角度规定如图 14-13 所示。

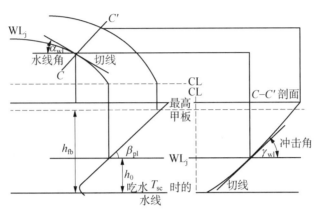

图 14-13 船首几何型线定义

图中 WL_j 为所考虑位置处的水线；当垂直于外壳量取的局部冲击角 γ_{wl} 得不到时，该角度可取为

$$\gamma_{wl} = \tan^{-1}\left(\frac{\tan\beta_{pl}}{\tan\alpha_{wl}}\right) \qquad (14-68)$$

式中，α_{wl}、β_{pl} 取不小于 $35°$，γ_{wl} 取不小于 $50°$。

2) 基于英国劳氏船级社规范的砰击载荷计算

英国劳氏船级社的《海军舰艇入级规范通则》(NSR)适用于 NS1 和 NS2 型军舰。规范要求对砰击发生区域的构件尺寸进行加强，砰击加强区域为有明显外飘的船首底部区域以及水线以上的舷侧区域。该规范对砰击压力的预报基于 Ochi-Motter 砰击方法，与直接计算法等价。外飘砰击压力为设计水线以上，艏部外飘、舷台上以及其他舷侧外板上由相对运动引起的波浪冲击压力，应按下式计算：

$$IP_{bf} = 0.5(k_{bf}V_{bf}^2 + k_{rv}H_{rv}V_{rv}^2)(kPa) \qquad (14-69)$$

其中，波浪冲击的船体形状系数：

$$k_{bf} = \begin{cases} \dfrac{\pi}{\tan\Psi}, & \Psi \geqslant 10° \\ 28[1 - \tan(2\Psi)], & \Psi < 10° \end{cases} \qquad (14-70)$$

波浪冲击速率(m/s)：

$$V_{bf} = \begin{cases} \sqrt{V_{thbf}^2 + 2m_1 \ln N_{bf}} & N_{bf} \geqslant 1 \\ 0 & N_{bf} < 1 \end{cases} \qquad (14-71)$$

波浪冲击临界速率(m/s)：

$$V_{thbf} = \frac{\sqrt{10}}{\cos \alpha_p} \qquad (14-72)$$

3 h 内波浪冲击次数：

$$N_{bf} = 1\,720 PR_{bf} \sqrt{\frac{m_1}{m_0}} \qquad (14-73)$$

波浪冲击概率：

$$PR_{bf} = e^{-u} \qquad (14-74)$$

$$u = \frac{z_{wl}^2}{2m_0} + \frac{V_{thbf}^2}{2m_1} \qquad (14-75)$$

式中，z_{wl} 为计算位置到局部设计水线的距离，$z_{wl} = z - (T_x + z_x)$ (m)。其中，z 为计算位置到基线的垂向距离(m)；T_x 为局部水线到船底龙骨的距离(m)；z_x 为基线到船底龙骨的距离(m)。

考虑水平冲击速度的船型系数：

$$k_{rv} = \begin{cases} \dfrac{\pi}{\tan(90° - \alpha_p)} & \alpha_p \leqslant 80° \\ 28\{1 - \tan[2(90° - \alpha_p)]\} & \alpha_p > 80° \end{cases} \qquad (14-76)$$

相对波浪前进系数：

$$H_{rv} = \begin{cases} 1.0 & \gamma_p \geqslant 45° \\ \cos(45° - \gamma_p) & 0° \leqslant \gamma_p \leqslant 45° \\ 1.0 & \gamma_p = 0° \end{cases} \qquad (14-77)$$

相对前进速度：

$$V_{rv} = 0.515 V_{sp} \sin \gamma_p \qquad (14-78)$$

有效底部斜升角 Ψ：

$$\Psi = \begin{cases} \max(\alpha_p, \beta_p) & C_b > 0.6 \\ \max(\alpha_p, \beta_p - 10°) & C_b \leqslant 0.6 \end{cases} \qquad (14-79)$$

垂向相对速度的变化率：

$$m_1 = 0.25(\omega_e H_{rm})^2 \ (\mathrm{m/s^2}) \tag{14-80}$$

垂向相对运动的变化率：

$$m_0 = 0.25(H_{rm})^2 \ (\mathrm{m/s}) \tag{14-81}$$

有效遭遇频率：

$$\omega_e = \omega\left(1 + 0.2\omega\frac{V_{sp}}{g}\right) (\mathrm{Hz}) \tag{14-82}$$

基于 $0.8L_{WL}$ 的有效波浪频率：

$$\omega = \sqrt{\frac{2\pi g}{0.8L_{WL}}} \tag{14-83}$$

垂向相对运动：

$$H_{rm} = C_{W,\min}\left[1 + \frac{k_r}{(C_b + 0.2)}\left(\frac{x_{WL}}{L_{WL}} - x_m\right)^2\right] \tag{14-84}$$

$$x_m = \max(0.2, \ 0.45 - 0.6F_n) \tag{14-85}$$

$$F_n = \frac{0.515V}{\sqrt{gL_{WL}}} \tag{14-86}$$

波头：

$$C_W = f_{Hz}0.077L_{WL}(C_b + 0.2)^{0.3}e^{-0.0044L_{WL}} \tag{14-87}$$

$$C_{W,\min} = \frac{C_W}{k_m}\sqrt{\frac{2.25}{k_r}} \tag{14-88}$$

其中，相应的系数满足：

$$k_m = 1 + \frac{k_r(0.5 - x_m)^2}{C_b + 0.2} \tag{14-89}$$

$$x_m = \max(0.2, \ 0.45 - 0.6F_n) \tag{14-90}$$

$$F_n = \frac{0.515V}{\sqrt{gL_{WL}}} \tag{14-91}$$

对于外飘区域的砰击速度与载荷：

$$V = V_{sp} \tag{14-92}$$

$$k_r = 4.5 \tag{14-93}$$

波高系数：

$$f_{Hs} = 1.0 \tag{14-94}$$

式中，V_{sp} 为最大巡航航速或者 2/3 的冲刺速度(kn)；C_b 为方形系数；L_{WL} 为水线间长(m)；x_{WL} 为考虑位置到水线起始位置的水平距离(m)。

表 14-1 为某船模分别采用直接计算法、CCS 规范与 LR 规范对砰击压力计算结果的对比。

表 14-1　各计算方法砰击压力计算结果的对比

单位：kPa

计算点编号	直接计算法	LR 规范计算	CCS 规范计算
21-17	534.594	892.200	204.738
19-13	218.095	549.539	197.355
19-7	588.657	359.620	135.571
18-8	392.777	509.998	91.195
18-7	379.992	389.835	84.558

14.2.2　甲板上浪

上浪载荷预报涉及上浪高度、载荷和压力的计算，可分为两部分内容展开研究：一是根据浮体首部相对波高预报甲板上浪高度分布；二是根据甲板上浪高度分布计算上浪压力和载荷。一般采用三维线性频域法进行上浪载荷预报，通过对船首部甲板上浪极值研究得到上浪最严重海况，并在此基础上研究上浪在甲板上的分布。研究主要方法：①基于频域分析的上浪数值预报，采用船舶运动与波浪载荷计算软件计算得到船体甲板和波面的相对运动响应，对特定海况通过短期分析法计算甲板上浪的水压头高度以及水流与甲板相对运动速度的极值。对特定关注的高海况，利用短期分析法计算一定时间内船舶遭遇波浪的次数和发生上浪的次数，从而分析上浪概率与海况之间的关系。②基于时域分析的甲板上浪数值预报，对于特定的高海况航行工况，采用非线性波浪载荷计算方法，在时域内计算船体运动，得到甲板与波面的相对运动时历和甲板上浪压力[79]。

14.2.2.1　上浪高度计算

在浮体运动过程中，上浪现象的产生是非常复杂的，它与船首端的相对位移、相对速度以及船首外张的几何形状等许多因素有关。通常认为,当波面超过干舷时即发生上浪。在实际计算时,甲板舷侧的上浪可以用船波相对运动得到。

定义甲板舷侧位置 x 剖面处 t 时刻的上浪高度 $H_e(x,t)$ 为

$$H_e(x,t) = S_R(x,t) - h_0(x,t) \tag{14-95}$$

式中,$h_0(x,t)$ 为船长 x 处干舷高度;$S_R(x,t)$ 为船体实际相对运动。上浪发生后,海水从舷柱顶部流向甲板,甲板上浪可按溃坝模型或洪水波模型描述。其中,溃坝模型适用于波浪与船体相对运动速度小的情况,洪水波模型更适用于相对运动速度大的情况。

溃坝模型指坝体突然完全崩溃,研究坝内流体流动模式的理论模型(见图 14-14)。图 14-14(a)中,虚线为坝的初始位置,在 $t=0$ 时刻,坝体突然完全崩溃,实线为某一时刻溃坝流体流动过程线。

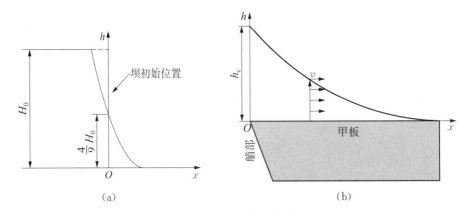

图 14-14 溃坝模型示意图

假定坝下游无水,坝上下游河槽为矩形,底坡很小,溃坝初瞬时水流惯性力占主导,水流阻力可忽略。基于这些假设,溃坝模型控制方程可写为

$$\begin{cases} \dfrac{\partial h}{\partial t} + h\dfrac{\partial V}{\partial x} + V\dfrac{\partial h}{\partial x} = 0 \\[2mm] \dfrac{1}{g}\dfrac{\partial V}{\partial t} + \dfrac{V}{g}\dfrac{\partial V}{\partial x} + \dfrac{\partial h}{\partial x} = 0 \end{cases} \tag{14-96}$$

根据特征线理论,可得出溃坝波波形为二次抛物线方程式:

$$h(x,t) = \left(\dfrac{2}{3}\sqrt{H_0} - \dfrac{x}{3\sqrt{gt}}\right)^2 \tag{14-97}$$

式中，H_0 为坝初始高度。

溃坝波流速为

$$V = \frac{2}{3}\left(\frac{x}{t} + \sqrt{gH_0}\right) \tag{14-98}$$

当 $x = 0$ 时，坝址处水深 h_c 和流速 V_c 均为常数，即

$$h_c = \frac{4}{9}H_0 \tag{14-99}$$

$$V_c = \frac{2}{3}\sqrt{gH_0} \tag{14-100}$$

由于上浪发生时刻波浪超过艏部干舷的上浪高度 h_e 与溃坝模型中的坝址处水深 h_c 等价，即

$$h_e = h_c$$

由式(14-99)可得坝初始高度 H_0 与波浪超过艏部干舷的上浪高度 h_e 的关系式：

$$H_0 = \frac{9}{4}h_e$$

溃坝模型由于没有考虑流体初始速度，因而只适合于零航速浮体如 FPSO 储油轮及海洋平台等的上浪高度分布预报。

洪水波模型是一种不考虑惯性力效应的浅水波模型，如图 14-15 所示。在运动方程中忽略惯性力项，其控制方程为

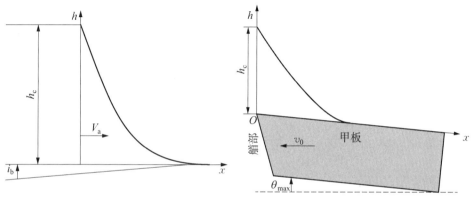

图 14-15　洪水波模型示意图

$$\begin{cases} \dfrac{\partial h}{\partial t} + h\dfrac{\partial V}{\partial x} + V\dfrac{\partial h}{\partial x} = 0 \\[3mm] \dfrac{\partial h}{\partial x} + \dfrac{V^2}{C^2 R} - i_b = 0 \end{cases} \tag{14-101}$$

舍齐系数 C 可用曼宁(Manning)公式表示,即

$$C = \frac{1}{n}R^{\frac{1}{6}} \tag{14-102}$$

式中,n 为曼宁糙率。

将式(14-102)代入式(14-101)中第二式,可得

$$\frac{\partial h}{\partial x} = i_b - \frac{n^2 V^2}{R^{4/3}} \tag{14-103}$$

式(14-103)两端对 x 求偏导数,认为 i_b 和 n 为常数,并令 $R \approx h$,则有

$$\frac{\partial V}{\partial x} = \frac{2V}{3h}\frac{\partial h}{\partial x} - \frac{h^{4/3}}{2n^2 V}\frac{\partial^2 h}{\partial x^2} \tag{14-104}$$

将式(14-102)代入式(14-101)中第一式,可得

$$\frac{\partial h}{\partial t} = D\frac{\partial^2 h}{\partial x^2} - C_d\frac{\partial h}{\partial x} \tag{14-105}$$

式中,$D = \dfrac{h^{7/3}}{2n^2 V} = \dfrac{Vh}{2\left(i_b - \dfrac{\partial h}{\partial x}\right)}$,$C_d = \dfrac{5}{3}V$。

该式为洪水扩散波方程,为二阶抛物线型偏微分方程。满足如下边界条件:

$$\begin{cases} h(x,0) = 0 \ (x \geqslant 0) \\ h(0,t) = h_c \ (t \geqslant 0) \\ \lim\limits_{x \to \infty} h(x,t) = 0 \end{cases} \tag{14-106}$$

由拉普拉斯变换理论,可得该方程的解:

$$\begin{aligned} h(x,t) &= \frac{h_c}{\sqrt{4\pi}}\int_0^t \frac{x}{t^{\frac{3}{2}}}\exp\left[-\frac{(C_d t - x)^2}{4Dt}\right]\mathrm{d}t = \frac{h_c}{2}\left[1 - \mathrm{erf}\left(\frac{x}{2\sqrt{Dt}} - \frac{C_d}{2}\sqrt{\frac{t}{D}}\right)\right] \\ &= \mathrm{e}^{\frac{C_d x}{D}}\left[1 - \mathrm{erf}\left(\frac{x}{2\sqrt{Dt}} - \frac{C_d}{2}\sqrt{\frac{t}{D}}\right)\right] \end{aligned}$$

$$\tag{14-107}$$

式中,erf 为误差函数。

在该理论模型应用中,洪水波初始速度取为与船速相等,初始水头高度 h_c 取为与上浪发生时波浪超过艏部干舷高度 h_e 相等,渠底坡度 i_b 取为

$$i_b = \sin\theta_{\max} \qquad\qquad (14-108)$$

式中,$\theta_{\max}$ 为最大纵倾角。此时,式(14-107)中的 D 和 C_d 的表达式为

$$D = \frac{V_0 h_e}{2\sin\theta_{\max}}, \; C_d = \frac{5}{3}V_0$$

由此可见,洪水波模型能够考虑浮体航速和纵倾角的贡献,但仅限于浅水长波情况。在获得了上浪水高度的时空分布以后,就可以利用下式计算艏部甲板的上浪水压力分布:

$$P_{\mathrm{GW}} = \rho g h\cos\theta + \frac{\mathrm{d}(\rho h V_D)}{\mathrm{d}t} = \rho h\left(g\cos\theta + \frac{\mathrm{d}V_D}{\mathrm{d}t}\right) + \rho\,\frac{\mathrm{d}h}{\mathrm{d}t}V_D$$

$$(14-109)$$

式中,ρ 为水的密度;h 为甲板上浪水头高度;V_D 为甲板垂向速度;θ 为甲板纵倾角。在以往的上浪压力载荷计算中,通常认为甲板上浪压力等于上浪水头的静压力而忽略其动态效应,然而试验测试表明,实测上浪压力明显比上浪高度的静压力高。因而在上浪压力载荷预报时,动态效应是不应忽略的。式(14-109)为应用动量定理考虑上浪水头的动力效应后得到的表达式。

式(14-109)包含两项,第一项为甲板垂向加速度修正的上浪水静压力,第二项为上浪水的动量变化率。Buchner 通过对上浪压力的理论计算与试验对比发现,第二项对上浪压力峰值贡献明显。考虑最危险的情况及波长与船长等,实际海况取波高为 $\frac{1}{20}L$,航速为巡航航速 16 kn,模拟得到的某船波浪时历与船舶运动状态如图 14-16 和图 14-17 所示。

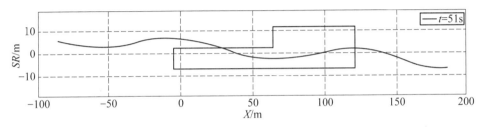

图 14-16　最严重时刻相对运动

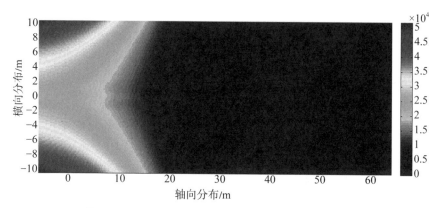

图 14 - 17 最严重时刻上浪载荷在甲板上的分布情况

最大排水量工况设计上浪压力如表 12 - 2 所示,正常排水量设计上浪压力如表 14 - 3 所示。

表 14 - 2 最大排水量工况设计上浪压力

单位:kPa

剖面编号	P_1	P_2	P_3	P_4	P_5	P_{max}
1	144.5	127.3	118.5	121	191.6	191.6
2	57.63	50.6	39.04	47.99	82.69	82.69
3	16.1	14.7	9.882	12.91	27.66	27.66
4	3.427	3.258	1.494	2.486	7.625	7.625
5	0.4486	0.4467	0.1206	0.2956	1.421	1.421
6	0.03843	0.04014	0.005605	0.02245	0.188	0.188
7	0	0	0	0	0.01661	0.01661

表 14 - 3 正常排水量设计上浪压力

单位:kPa

剖面编号	P_1	P_2	P_3	P_4	P_5	P_{max}
1	114.6	88.71	80.48	50.33	131.7	131.7
2	36.31	24.37	24.05	9.901	43.84	43.84
3	8.748	4.026	4.092	0.6225	10.66	10.66

（续表）

剖面编号	P_1	P_2	P_3	P_4	P_5	P_{max}
4	1.227	0.288 4	0.308 1	0.013 64	1.549	1.549
5	0.090 75	0.008 48	0.009 735	0	0.139 7	0.139 7
6	0.003 848	0	0	0	0.007 488	0.007 488

根据表 14-2 和表 14-3 所示的计算结果,选取各工况最大上浪压力作为上浪强度校核的设计值。

14.2.2.2　船波相对运动计算

充分成长的海浪可认为是平稳随机过程,将许多振幅、频率、波向和相位不同的波叠加起来作为海浪模型,已成为波浪理论的重要组成部分。线性叠加法就是将海浪视为由多个不同幅值、不同频率和不同随机相位的波叠加而成,其基本思想是生成一个与真实海浪具有相同谱特性的高度场。采用考虑不同浪向的双叠加法模型:

$$\zeta(x, y, t) = \sum_{i=1}^{n} \sum_{j=1}^{m} a_{ij} \cos\left[\omega_i t - \frac{\omega_i^2}{g}(x\cos\theta_j + y\sin\theta_j) + \xi_{ij}\right]$$

（14-110）

式中,ω_i 为波浪圆频率;ξ_{ij} 为相位角;θ_j 为方向角。

$$a_{ij} = \sqrt{2S(\omega_i, \theta_j)\mathrm{d}\omega\,\mathrm{d}\theta}$$

（14-111）

方向谱一般写成:

$$S(\omega, \theta) = S(\omega)G(\theta)$$

（14-112）

式中,$S(\omega)$ 为频谱;$G(\theta)$ 为方向分布函数,简称方向函数。在模拟海浪时采用的是 Pierson-Moscowitz 谱(P-M 谱):

$$S(\omega) = \frac{0.11}{2\pi}H_s^2 T_z\left(\frac{\omega T_z}{2\pi}\right)^{-5}\exp\left[-0.44\left(\frac{\omega T_z}{2\pi}\right)^{-4}\right]$$

（14-113）

式中,H_s 为有义波高;T_z 为平均跨零周期。

由 $\dfrac{\partial h}{\partial t} + \dfrac{\partial Q}{\partial x} = 0$ 可求得谱峰频率为

$$\omega_m = \frac{8.565}{U}$$

（14-114）

模拟海浪时采用的方向函数可根据波浪立体观测计划（Stereo Wave Observation Project，SWOP)推荐的公式：

$$G(\theta) = \frac{1}{\pi}(1 + p\cos 2\theta + q\cos 4\theta) \tag{14-115}$$

$$p = 0.50 + 0.82\exp\left[-\frac{1}{2}\left(\frac{\omega}{\omega_n}\right)^4\right] \tag{14-116}$$

$$q = 0.32\exp\left[-\frac{1}{2}\left(\frac{\omega}{\omega_m}\right)^4\right] \tag{14-117}$$

其中，$|\theta| \leqslant \frac{\pi}{2}$。

规则波中船舶运动方程可以写成如下形式：

$$[\boldsymbol{M}]\{\ddot{\boldsymbol{\eta}}(t)\} = \{\boldsymbol{F}(t)\} = \{\boldsymbol{F}\}\mathrm{e}^{\mathrm{i}\omega_e t} \tag{14-118}$$

$$\{\ddot{\boldsymbol{\eta}}(t)\} = -\omega_e^2\{\boldsymbol{\eta}\}\mathrm{e}^{\mathrm{i}\omega_e t} \tag{14-119}$$

式中，$\{\boldsymbol{\eta}\}$ 为各运动分量幅值的列向量，是复数形式；$\{\boldsymbol{F}\}$ 为各外力分量幅值的列向量，也是复数形式；$[\boldsymbol{M}]$ 为质量矩阵；ω_e 为波浪的遭遇频率；ω 为波浪圆频率。

$$\omega_e = \omega + kU\cos\beta, \quad k = \frac{\omega^2}{g} \tag{14-120}$$

外力 $\{\boldsymbol{F}\}$ 就是波浪中船体湿表面的水动压力的合力，表示为

$$\{\boldsymbol{F}\} = \iint_S p(x, y, z)\{\boldsymbol{n}\}\mathrm{d}s \tag{14-121}$$

式（14-121）表示水动压力 $p(x, y, z)$ 沿船体湿表面 S 的积分，$\{\boldsymbol{n}\}$ 为船体湿表面的法向量。

使用波浪载荷计算软件对规则波中船舶运动进行计算。以迎浪为例，计算得到的规则波中不同频率下船舶的升沉运动响应和纵摇运动响应如图 14-18 和图 14-19 所示。

基于三维势流理论的方法计算船舶在不同航向角 θ、不同波浪圆频率 ω 下的单位波幅规则波作用下船体发生运动后，再基于双参数的线性叠加理论可以得到船舶在实际海况下的随机运动响应，即不规则波中船舶运动响应：

$$\eta(t) = \sum_{i=1}^{n} \sum_{j=1}^{m} a_{ij} A_{ij}\cos(\omega_{eij}t + \xi_{ij} + \varepsilon_{ij}) \tag{14-122}$$

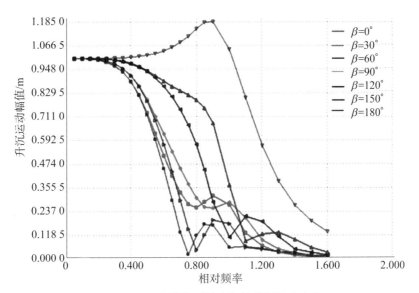

图 14 - 18　迎浪规则波中船舶升沉运动响应

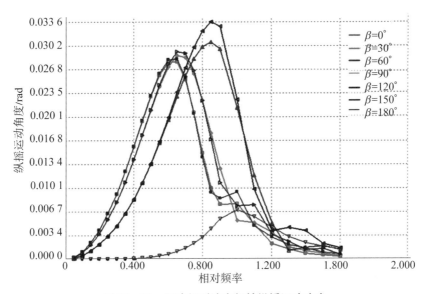

图 14 - 19　迎浪规则波中船舶纵摇运动响应

式中,$\eta(t)$ 为船舶运动某一分量,升沉或纵摇等;ω_{eij} 为短峰波中对应的第 i 频率,第 j 方向的规则波对应的遭遇频率;a_{ij} 为短峰波中对应的第 i 频率,第 j 方向的规则波波幅;A_{ij} 为样船对应频率、浪向的单位波下的运动响应幅值;ξ_{ij} 为短峰波中对应的第 i 频率,第 j 方向的规则波初相位;ε_{ij} 为样船对应频率、浪向的单位波下的运动响应初相位。

当船舶在海面上航行时,如果不考虑船体对波面的干扰,船体某一位置相对于波面的运动可表达为船体在该点的绝对运动与来波叠加,这个值可称为 (x,y) 站处的船体名义相对运动 $S_0(x,y,t)$:

$$S_0(x,y,t) = -z(t) + x\theta(t) + y\psi(t) + \zeta(x,y,t) \quad (14-123)$$

式中,$z(t)$ 与 $\theta(t)$ 为船舶运动的升沉和纵摇响应,见式(14-122);(x,y) 为考虑位置在随船坐标系下的位置;$\zeta(x,y,t)$ 为入射波的历程,见式(14-110)。

考虑船体对波面的干扰时,船体某一位置相对于波面的运动即船体实际相对运动 $S_R(x,y,t)$:

$$S_R(x,y,t) = \Delta_{\mathrm{SUC}} S_0(x,y,t) \quad (14-124)$$

式中,Δ_{SUC} 为相对运动升高系数,其值为船波实际相对运动幅值与相对运动幅值之比。实际上,在考虑船舶运动对波面的干扰时,相对运动往往比不考虑干扰时严重。

14.2.3 船舶砰击响应计算

在砰击载荷作用下船舶结构强度安全性评估,主要是船首外飘处结构、艏部甲板上浪区域、船底部结构等的强度评估。艏部结构强度评估的有限元模型可参考三舱段法强度分析模型选取,为了对砰击强度进行校核,需合理设置边界条件。图 14-20 为 ABS 艏部模型的边界条件示意图。考虑到结构对称,在图中中线面 B 处添加对称边界条件。为了吸收和分散垂向不平衡力,在横舱壁位置处(图中线 V)沿着外板布置垂向弹簧单元。弹簧单元的截面积 A_s 定义为

$$A_s = 0.77 \frac{A_{\mathrm{shear}} l_s}{n l_t} \quad (14-125)$$

式中,A_{shear} 为船体梁剖面的有效剪切面积(m^2);l_s 为弹簧单元的长度(cm);n 为弹簧单元的数量;l_t 为横舱壁之间货舱的长度(cm)。

从式(14-125)可以看出,弹簧单元的截面尺寸与梁剖面的有效剪切面积和弹簧单元的长度成正比,与弹簧单元数量和横舱壁之间货舱长度成反比。图 14-21 为基于直接计算指南的艏部约束与砰击载荷施加示例[79]。

点A	UX=0，UY=0
线V	附加线弹簧单元
面B	UZ=0，RX=0，RY=0

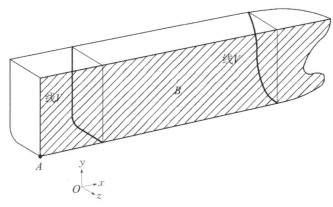

图 14-20　ABS 艏部模型的边界条件示意图

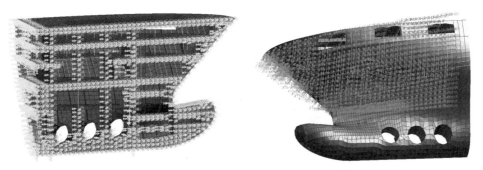

图 14-21　基于直接计算指南的艏部约束与砰击载荷施加示例

　　按照 ABS *Slamming Loads and Strength Assessment for Vessels* 进行砰击强度评估，结构构件的屈服许用应力按表 14-4 确定。

表 14-4　ABS 砰击直接计算强度校核衡准

构件尺寸	许用应力系数	材料屈服极限/MPa	许用应力/MPa
1LS	0.95	315	299.25
1/2LS	1.007	315	317.205
1/3LS	1.064	315	335.16
1/4LS	1.121	315	353.115
1/5～1/10LS	1.1875	315	374.0625

其中四边形单元取其冯·米塞斯应力,杆元取其轴向应力,LS 是船舶后舱长度的缩写。

根据 2014 年版英国劳氏船级社规范,在对受到砰击载荷作用下的船首外飘处结构强度进行评估时,屈服许用应力的选取应按表 14-5 进行。

表 14-5　劳氏船级社规范砰击强度校核衡准

构件类型	许用应力系数	材料屈服极限/MPa	许用应力/MPa
板元	0.9	315	283.5
杆元	1	315	315

最大排水量工况下舭部上浪压力加载如图 14-22 所示,使用 MSC Nastran 计算得到的结构应力云图如图 14-23 和图 14-24 所示。

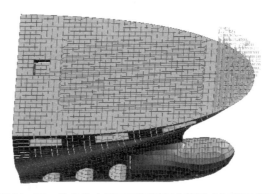

图 14-22　最大排水量工况下舭部上浪压力加载示意图

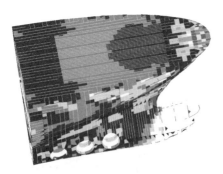

图 14-23　甲板上浪全艏部结构应力云图　　图 14-24　甲板上浪局部应力云图

将使用直接计算法得到的砰击压力作为设计压力进行强度评估,计算表明,主要承重构件为横向构件,出现应力最大值的区域主要为外板和横梁面板。因此在设计时,如果出现结构构件强度不够的情形则可以通过增加横向构件的尺寸来达到增加强度的目的。

习题 14

14.1　对某液体燃料储箱水清洗过程进行数值仿真计算。本题目标是开发一个液体燃料储箱的清洗装置,该装置安装在液体燃料储箱后,向储箱内注入一定量清水,之后装置进行三自由度转动,清水在运动中发生晃荡及旋转,冲刷液体燃料储箱筒壁,完成对筒壁的清洗。该计算过程需要确定液体燃料储箱注入的清水量,清洗中转动频率和转动最大角度,以及清水对液体燃料储箱的最大冲击力。

液体燃料储箱主要有五个部分:筒体(C1)、后箱椭球壳(S1)、后箱内部止荡片(H1)、前箱半椭球壳(S2)和前箱内部止荡片(H2)。主要几何尺寸如习题表 14-1 所示。

习题表 14-1　液体燃料储箱主要几何尺寸

结构名称	构件名称	尺 寸 描 述
筒体	圆筒	筒长 2 020 mm,壁厚 3.4 mm,内径为 2 984 mm
	加强环	环宽 60 mm,厚度为 3 mm
	圆筒折边环	宽度为 86.4 mm,厚度为 3 mm,内径为 2 728 mm
后箱椭球壳	椭球壳	长轴内径为 2 894 mm,短轴内径为 1 810 mm,壁厚 3 mm
	孔周加强	内、外侧环厚 3 mm,环内径为 450 mm,环外径为 530 mm
后箱内部止荡片	主板	长轴 2 884 mm,短轴为 1 800 mm,板厚 1.2 mm
	加强圆环	环厚 2 mm,环内径为 1 590 mm,环宽 200 mm
	圆板	板厚 5 mm,板厚 3 mm,直径为 500 mm
	双弧板	大弧直径为 2 884 mm,小弧直径为 500 mm,板厚 3 mm
前箱半椭球壳	椭球壳	长轴内径为 2 894 mm,短轴内径为 1 810 mm,壁厚 3 mm
	孔周加强	内、外侧环厚 3 mm,环内径为 450 mm,环外径为 550 mm

结构示意图如习题图 14-1～习题图 14-8 所示。

习题图 14-1   液体燃料储箱

习题图 14-2   储箱筒体

习题图 14-3   后箱椭球壳

习题图 14-4   后箱分隔

习题图 14-5   前箱半椭球壳

习题图 14-6   前箱分隔

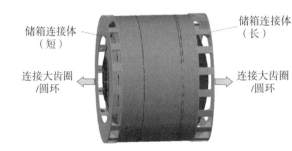

习题图 14-7   清洗装置与储箱连接

习题图 14-8   清洗装置滚转驱动

储箱运动要求如下:

(1) 滚转(绕自身轴线)范围:360°连续无限转动;转动速度为 0°~±18°/s。

(2) 俯仰转角范围:±90°;转动速度为 0~±45°/min。

(3) 储箱材料:铝合金 LD10。

　　模拟液体燃料储箱装水工况下，箱体绕空间任意方向轴线转动时箱体部件承受的冲刷力。计算得到以下参数：

（1）在结构（止荡片）不被破坏的条件下，清洗的最优水量（最大最小）。

（2）在使用最优清洗水量进行清洗时，箱体最优摆动方式及摆动频率。

（3）造成箱体破坏的条件：水量、转动角度、各轴转动速度和频率。

第 **15** 章 船舶与海洋工程结构的动力学优化设计

近年来,国际社会对于节能减排的需求日益强烈,国际海事组织(IMO)也在不断出台环保海事新规。为了满足日益严格的环保要求,积极应对并引领未来新船舶发展趋势,世界各国都在加大研发力度,推出达到节能减排要求的新技术、新动力装备以及新船型。作为国际海事界公认的节能减排技术措施之一的轻量化(lightweight)技术,其有助于减少能源和资源(尤其是石油、钢铁资源等)的消耗、降低造船成本、减少二氧化碳等温室气体的排放,实现船舶运输业的可持续健康发展。同时,轻量化技术也有助于提高船舶在航行中的各种操纵性能,有助于提高船舶航速,有助于船舶在相同功率条件下获得更高的有效牵引载荷并降低油耗,有助于提高运输船舶的载货能力,实现船舶综合经济性能的有效提升。

轻量化设计技术主要包括多层次的结构优化设计、多学科协同/综合优化设计、轻量化材料的应用及先进制造工艺等。其中,结构优化设计按优化层次高低可分为布局优化、拓扑优化、形貌优化、形状优化和尺寸优化。多学科协同/综合优化设计通常指考虑不同需求、基于不同学科的协同优化,如基于经济性要求的舱容优化、基于水动力性能的线型优化、基于强度要求的静水载荷控制等一体化的协同优化和减振降噪的轻量化船体材料优化选材等。在国家制造强国建设战略咨询委员会发布的《〈中国制造2025〉重点领域技术路线图》(2015年版)中[80],已将突破船体轻量化设计技术作为高技术船舶及海工工程装备领域的关键共性技术之一。

结构优化的历史可追溯到1890年至1904年Mawell和Michell研究并提出的桁架布局最优准则理论。经过不断发展,到20世纪60年代数学规划法开始被引入优化设计中,形成了一门新兴的交叉性学科——结构优化设计。结构优化是对结构设计的优化,其目的是给出既安全又经济的结构设计,是近代设计方法的重要发展。它集工程学科、计算力学、数学规划和计算机科学于一体,是综合性、实用性较强的理论和方法[81-82]。船舶结构优化设计是在保证船舶设计规范要求前提下,科学地给出材料最节省、结构型式和载荷传递路径最合理的船体结构最优设计。船舶优化设计不能只考虑结构强度的问题，还应考虑诸如低排放、低能耗、振动噪声舒适性能等因素，向环保型设计方向发展。结构包括尺寸、形状、拓扑和布局等信息，设计规范包含强度、刚度、稳定性及动力学特性等力学条件，还包含工艺性能和使用性能（舒适性等）。迄今，使用数学规划理论和方法已经解决了许多船舶结构优化问题，但在当前的船舶设计过程中，依据经验和规范的设计仍然占主导地位，船舶结构优化大多只针对局部结构，如舱口形状、剖面结构等。船舶整体结构的优化往往需要采用参数化建模，模型相对简单，与真实的船体结构相比误差较大，优化结果在实船中的应用不多。我国在船舶结构优化设计方面的研究起步较晚，20 世纪 70 年代末开始在潜艇、集装箱船、大型油船、散货船和小水线面双体船等结构强度、振动及轻量化设计方面进行研究[83]。船舶结构优化设计的一般步骤如图 15 - 1 所示，按照该步骤可以完成考虑多目标的各类船型静动力学工况下的尺寸、形状、拓扑、布局和材料选型优化设计。

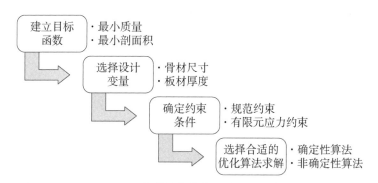

图 15 - 1　船舶结构优化设计的一般步骤

图 15 - 2～图 15 - 4 给出了某结构的尺寸-形状-拓扑-材料选择集成优化设计流程，以及某大型油船舱段剖面拓扑优化设计从基结构定义到优化设计的结果[84]。船舶结构优化设计主要集中于概念总体设计、基本结构设计和详细结构设计等阶段。概念总体设计阶段涉及船型选优、主尺度选优和型线选优等问题。基本结构设计涉及的主要优化问题是结构布置与初步尺寸优化，例如船舶中剖面的尺寸优化。详细结构设计主要设计局部结构的尺寸、形状和进行拓扑优化等，如螺旋桨艉轴架，舱口角隅处形状优化等。国际船级社协会（International Association of Classification Societies, IACS）颁布的船舶共同结构规范（Common Structural Rules, CSR）开始实施后，各国船级社提供的船舶辅助设计软件（如 ShipRight、PrimeShip HULL 等）成为设计中不可或缺的部分。以规

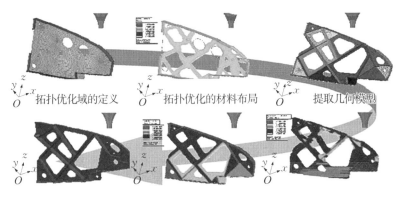

拓扑优化域的定义　　　　拓扑优化的材料布局　　　　提取几何模型

实体模型提取　　　　尺寸形状优化提取　　　　实体模型提取

图 15 - 2　结构尺寸-形状-拓扑-材料选择集成优化设计流程

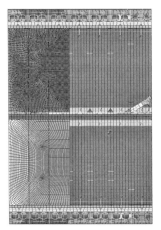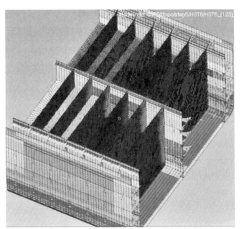

图 15 - 3　大型油船舱段剖面拓扑优化设计基结构定义

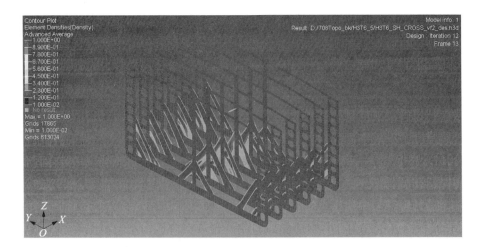

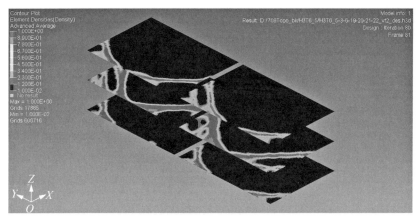

图 15 – 4　大型油船舱段剖面拓扑优化设计的结果

范软件为平台定制优化设计人员所需的优化插件或软件,可省去编写用户界面的步骤,缩短优化软件的开发周期,节省大量的开发成本,成为未来船舶优化软件的发展方向。

　　针对船舶与海洋工程结构动力学领域的减振降噪问题,动力学优化设计理论和方法是必备的基础知识。本章介绍船舶与海洋工程结构动力学优化设计的基础理论和算法。

15.1　船舶结构优化设计的三要素及优化层次

　　设计变量、目标函数和约束条件称为优化设计的三要素[81-82]。

　　设计变量:表征设计的一组可选择的参数称为设计变量 $\boldsymbol{x} = \begin{bmatrix} x_1 & x_2 & \cdots & x_n \end{bmatrix}^{\mathrm{T}}$。

　　设计变量可以是连续值也可以是离散值。在结构优化设计问题中,设计变量的选取决定了优化设计的层次。

　　根据设计变量的性质,结构优化可以分为连续变量优化、离散变量优化和混合变量优化设计。根据设计变量对应结构几何的类型,分为至少五个不同的优化层次。这五个优化层次分别如下:尺寸优化,即在给定结构类型(如拱结构、桁架结构或者网壳结构等)、材料(混凝土、金属或复合材料)、布局拓扑和外形几何的情况下,优化各个组成构件的截面尺寸,使结构质量最轻或最经济,它是结构优化设计中的最低层次。假若将结构的几何形状,如桁架和刚架的节点位置或连续体边界形状的几何参数作为设计变量,即为形状优化。对桁架节点联结关系或连续体结构孔洞分布进行优化,则为更高层次的结构拓扑优化。针对结构加强筋位置、数量、构型的设计,则为形貌优化。如果将材料的选择与配置作为设计变量,则为选材优化。只给出结构承受的载荷和支承边界条件,确定结构类型(采用拱结构、桁架结构、悬索结构或者网壳结构)、使用的材料(钢、复合材料、钛合金)和构件具体几何与界面尺寸的设计为最高层次的结构布局优化设计。随着结构优化层次的提高,其难度也越来越大。上述优化层次分类也对应于产品开发的详细设计阶段、初步设计阶段和概念设计阶段。目前尺寸优化和形状优化理论及方法研究已相当成熟,结构布局优化的研究已步入应用阶段。

目标函数:评价设计优劣的标准,它是设计变量的函数,其形式如下:

$$f(\boldsymbol{x}) = f(x_1, x_2, \cdots, x_n)$$

约束条件:对设计的限制称为约束条件。约束条件反映了设计变量在设计过程中必须满足的相互制约关系,也称约束函数,可表示为如下等式或不等式:

$$\begin{cases} g_j(x_1, x_2, \cdots, x_n) = 0 \\ h_k(x_1, x_2, \cdots, x_n) \leqslant 0 \end{cases}$$

状态变量:指不直接设计但是可通过设计变量的修改间接控制的结构响应量。如应力、位移和频率等都是状态变量。结构优化之所以难,就在于与状态变量相联系的是状态方程的存在,而且对于状态变量限制的约束条件通常是设计变量的隐函数。对状态变量的处理决定了结构优化方法的分野:被动法和主动法。

综上所述,可以给出船舶结构优化设计的标准数学优化模型[见式(15-1)与式(15-2)]。

$$\begin{cases} \min \quad f(\boldsymbol{x}), \ \boldsymbol{x} \in \mathbf{R}^n \\ \text{s.t.} \quad g_j(x_1, x_2, \cdots, x_n) = 0, \ j = 1, 2, \cdots, n \\ \qquad h_k(x_1, x_2, \cdots, x_n) \leqslant 0, \ k = 1, 2, \cdots, N \end{cases} \tag{15-1}$$

式中,$f(\boldsymbol{x})$ 为目标函数,$\boldsymbol{x} = [x_1 \quad x_2 \quad \cdots \quad x_n]^{\mathrm{T}} \in \mathbf{R}^n$ 为优化设计变量向量;$g_j(x_1, x_2, \cdots, x_n) = 0$ 及 $h_k(x_1, x_2, \cdots, x_n) \leqslant 0$ 分别为等式及不等式约束函数,代表船体动力学方程、声固耦合动力学方程、船体构件强度、刚度或稳定性等约束条件。

对于多目标结构优化问题,其标准数学表达式为

$$\begin{cases} \min \quad f_l(\boldsymbol{x}), \ \boldsymbol{x} \in \mathbf{R}^n, \ l = 1, 2, \cdots, L \\ \text{s.t.} \quad g_j(x_1, x_2, \cdots, x_n) = 0, \ j = 1, 2, \cdots, n \\ \qquad h_k(x_1, x_2, \cdots, x_n) \leqslant 0, \ k = 1, 2, \cdots, N \end{cases} \tag{15-2}$$

式中，$f_l(\boldsymbol{x})$ 为多目标函数之一，其他变量与式(15-1)相同。

下面详细介绍船舶优化设计的层次。

1) 尺寸优化设计

尺寸优化用来修改构件或单元的各种基本属性，如厚度、截面形状以及刚度。某些结构单元的各种属性可能彼此相关，如梁的截面积、惯性矩、扭转常数都与截面几何形状相关。在船舶结构尺寸优化中，考虑强度与屈曲约束的结构优化模型数学列式如下：

$$\begin{cases} \text{Find} & \boldsymbol{X} \in \mathbf{R}^n \\ \min & f(\boldsymbol{X}) = W(\boldsymbol{X}) \\ \text{s. t.} & \boldsymbol{M}(\boldsymbol{X})\ddot{\boldsymbol{U}}(\boldsymbol{X}) + \boldsymbol{C}\dot{\boldsymbol{U}}(\boldsymbol{X}) + \boldsymbol{K}(\boldsymbol{X})\boldsymbol{U}(\boldsymbol{X}) = \boldsymbol{F} \\ & \boldsymbol{\sigma} - \boldsymbol{\sigma}_{\text{allow}} \leqslant 0 \\ & \boldsymbol{X} - \boldsymbol{t}_{\text{req\_max}} \leqslant 0 \\ & \boldsymbol{t}_{\text{req\_min}} - \boldsymbol{X} \leqslant 0 \\ & \boldsymbol{\lambda}_{\text{cr}} - \boldsymbol{\lambda}_{\text{cr\_allow}} \leqslant 0 \end{cases} \quad (15-3)$$

式中，$W(\boldsymbol{X})$ 为船体净尺寸质量；$\boldsymbol{M}(\boldsymbol{X})\ddot{\boldsymbol{U}}(\boldsymbol{X}) + \boldsymbol{C}\dot{\boldsymbol{U}}(\boldsymbol{X}) + \boldsymbol{K}(\boldsymbol{X})\boldsymbol{U}(\boldsymbol{X}) = \boldsymbol{F}$ 为结构动力学平衡方程；$\boldsymbol{X} = \begin{bmatrix} X_1 & X_2 & \cdots & X_n \end{bmatrix}^{\text{T}}$ 为船体构件尺寸优化设计变量向量；$\boldsymbol{\sigma}$ 为结构应力向量；$\boldsymbol{\sigma}_{\text{allow}}$ 为结构许用应力向量；$\boldsymbol{t}_{\text{req\_max}}$ 与 $\boldsymbol{t}_{\text{req\_min}}$ 为构件尺寸上限及下限值向量；$\boldsymbol{\lambda}_{\text{cr}}$ 为构件屈曲因子向量；$\boldsymbol{\lambda}_{\text{cr\_allow}}$ 为构件许用屈曲因子向量。

船舶结构尺寸优化设计的理论与方法完全可应用于船舶常规设计中，设计软件已具备，只需定制专用的优化设计平台。

2) 形状优化

结构形状优化就是选择描述边界形状的若干参数作为设计变量，通过适当方式改变这些参数值，从而确定形状，降低应力集中、改善应力分布状况，使边界上最大应力极小化。1973 年，Zienkiewicz 和 Gallagher 发表了形状优化领域的第一篇文章，将有限元网格的边界节点坐标作为设计变量。该方法的缺点是设计变量数庞大，优化过程中设计边界上光滑连续性条件无法保证，致使边界产生锯齿形状。为了解决这一问题，以后逐步形成了用边界形状参数化描写的办法，即采用直线、圆弧、样条曲线、二次参数曲线和二次曲面、柱面来描述连续体结构边界，结构形状由顶点位置、圆心位置、半径、曲线及曲面插值点位置或几何参数决定。各类曲线或曲面的不同形式构成了各种不同的边界描述方法。对各类形状优化问题而言，目前并不存在一种标准的方法。1982 年，Iman 提出了设计元法。该方法的主要思想是把结构分成若干子域，每个子域对应一个设计元。设计元由一组控制设计元几何形状的主节点来描述,接着选择一组设计变量来控制主节点的移动。这一方法的应用可以有效地减少设计变量,但是设计元在优化过程中也有网格畸形的缺点。边界元技术只需要边界离散,适合于边界形状优化。边界元法克服了有限元法用于形状优化的两个主要缺点,即可变边界区域内的有限元网格重划分和复杂的敏感度分析。Morphoring 技术的出现,使结构形状优化应用出现质的飞跃,设计软件已具备,只需定制专用的优化设计平台。

3) 拓扑优化

在形状优化过程中,初始结构和最终结构是同一拓扑结构,经形状优化后,改变的只是开孔的边界形状,开孔数并没有增加或减少。实际上有时存在这样的情况,即在同样满足设计约束的条件下,改变开孔数比改变开孔形状对降低板的质量更有效,这就是拓扑优化研究的初衷。结构拓扑优化设计是在给定的设计空间内寻找最优的材料分布的一种优化技术,是当前计算机辅助工程(或虚拟样机)技术发展的一个热点。拓扑优化的基本思想是将寻求结构的最优拓扑问题转化为在给定的设计区域内寻求最优材料的分布问题。寻求一个最佳的拓扑结构形式有两种基本的原理:一种是退化原理,另一种是进化原理。退化原理的基本思想是在优化前将结构所有可能的杆单元或所有材料都加上,然后构造适当的优化模型,通过一定的优化方法逐步删减那些不必要的结构元素,直至最终得到一个最优化的拓扑结构形式。进化原理的基本思想是把适者生存的生物进化论思想引入结构拓扑优化中,通过模拟适者生存、物竞天择、优胜劣汰等自然机理来获得最优的拓扑结构。

拓扑优化按研究对象不同,总体上可以分为两大类:离散体拓扑优化和连续体拓扑优化。离散体拓扑优化研究的主要是桁架、网架或框架结构,主要以杆件截面积或梁截面尺寸作为设计变量,以结构质量为优化目标函数,以结构平衡方程、强度、刚度、动力学特性和稳定性等为约束条件建立结构优化数学模型。离散体拓扑优化研究经历了三个阶段,早期从 1904 年提出的米切尔(Michell)桁架布局解析理论代表了拓扑研究的非工程化研究阶段;再到 1964 年 Dorn 等提出的基结构法阶段,标志着桁架拓扑优化研究的工程应用理论研究开始;近年来又发展出 GGSM(growing ground structure method)用于桁架智能布局优化设计,标志着仿生智能阶段的开始。连续体拓扑优化研究的主要是板壳结构及三维实体结构,围绕设计域内材料的增删策略,以三维实体设计区域作为拓扑基结构,获得杆系与板壳组合最优承载结构,是一种优于离散体拓扑基结构的优化层次。

常用的基于基结构的连续体拓扑优化方法如下[85]。

均匀化法：1988 年由 Bendsoe 和 Kikuchi 等提出，通过引入具有空心的单胞微结构，以单胞尺寸作为设计变量，利用基于摄动理论的周期性结构分析方法，建立材料微结构尺寸与材料宏观弹性常数的关系，在优化过程中以单胞尺寸的变化决定微结构的增删，并允许介于中间尺寸的单胞构成复合材料，从而实现结构拓扑优化模型与尺寸优化模型的统一与连续化。均匀化理论问世后得到了众多学者的响应，如 Diaz 等研究了固有频率最大化的拓扑结构；Tenek 等研究了各向同性和各向异性板的材料分布，并用 4 种不同的单细胞形式研究了静力和动力问题的拓扑优化；Krog 等、Min 等研究了刚度和频率同时作为目标函数的拓扑优化问题；Femandes 等研究了三维结构的拓扑优化；Min 等研究了冲击荷载下的拓扑优化；Fuji 等研究了如何解决由于数值不稳定引起的"棋盘"现象。尽管均匀化理论涉足的问题比较广泛，但目前这一方法还限于计算一些经典算例，很少用于工程实际。

变厚度法：是以基结构中单元的厚度为设计变量，通过删除厚度为尺寸下限值的单元实现结构拓扑的变更。

变密度法：1992 年由 Mlejnek 等提出，受均匀化法启发，人为引入一种假想的密度可变材料，材料物理参数（如弹性模量和许用应力）与材料密度间的非线性关系也是假定的，以基结构中单元的密度为设计变量，通过删除密度小于按某种准则确定的阈值的单元，实现结构拓扑的变更。该方法由均匀化法发展而来，抛开了微结构的概念，直接引入非 0 和 1 的中间密度各向同性材料，建立其材料弹性特性与材料密度的关系（密度-刚度插值模型），通常可以假设为幂指数关系。于是拓扑优化的 0—1 离散优化问题就转化为在 [0，1] 区间上的连续变量优化问题，通过材料宏观弹性常数与密度之间的非线性关系对 0—1 之间的密度值进行惩罚，从而使优化结果尽可能接近 0—1 分布。

固体各向同性微结构密度惩罚模型（SIMP）法：是综合均匀化法和变密度法的优点理论及应用较为完善的拓扑优化方法。Sigmund 和 Bendsoe 等从理论层面对变密度法的多种中间密度插值模型进行升华，最终提出著名的固体各向同性微结构密度惩罚模型。SIMP 法优化过程中以结构有限元模型中单元的相对密度设计变量大小作为材料分布取舍，数值稳定和求解效率很高，已经成为国际上通用的结构拓扑优化方法，后期还发展出材料属性有理近似模型（RAMP）法。

采用 SIMP 拓扑模型化方法，考虑应力与动力学方程约束的舱段结构拓扑优化的数学模型如下：

$$
\begin{cases}
\text{Find} \quad \boldsymbol{X} = \begin{bmatrix} x_1 & x_2 & \cdots & x_n \end{bmatrix}^{\mathrm{T}} \\
\text{s.t.} \quad \boldsymbol{M}(\boldsymbol{X})\ddot{\boldsymbol{U}}(\boldsymbol{X}) + \boldsymbol{C}\dot{\boldsymbol{U}}(\boldsymbol{X}) + \boldsymbol{K}(\boldsymbol{X})\boldsymbol{U}(\boldsymbol{X}) = \boldsymbol{F} \\
\quad \quad \boldsymbol{\sigma}(\boldsymbol{X}) - [\boldsymbol{\sigma}] \leqslant \boldsymbol{0} \\
\quad \quad \dfrac{V}{\overline{V}} - d_0 \leqslant \boldsymbol{0} \\
\quad \quad \boldsymbol{\varepsilon} \leqslant \boldsymbol{X} \leqslant \boldsymbol{1}
\end{cases}
\tag{15-4}
$$

式中，$\boldsymbol{X} = \begin{bmatrix} x_1 & x_2 & \cdots & x_n \end{bmatrix}^{\mathrm{T}}$ 是结构拓扑设计变量向量；$W(\boldsymbol{X})$ 为舱段拓扑设计区结构质量；$\boldsymbol{M}(\mathrm{X})\ddot{\boldsymbol{U}}(\boldsymbol{X}) + \boldsymbol{C}\dot{\boldsymbol{U}}(\boldsymbol{X}) + \boldsymbol{K}(\boldsymbol{X})\boldsymbol{U}(\boldsymbol{X}) = \boldsymbol{F}$ 为结构动力学平衡方程；$\boldsymbol{\sigma}(\boldsymbol{X}) - [\boldsymbol{\sigma}] \leqslant \boldsymbol{0}$ 为结构应力约束；$\dfrac{V}{\overline{V}} - d_0 \leqslant \boldsymbol{0}$ 为拓扑域材料的体积百分比约束；$\boldsymbol{\varepsilon}$ 为较小的正数。

ICM 法：1996 年由隋允康和杨德庆提出，该方法以独立于单元具体物理参数的变量来表征单元的有无，定义为独立拓扑变量。为了求解方便，构造了过滤函数和磨光函数，把本质上是 0—1 离散变量的独立拓扑变量映射为 [0, 1] 区间的连续变量，再按连续变量求解，之后再把拓扑变量反演成离散变量，寻找出传承载荷的最佳拓扑构型。

ESO 法：1993 年由 Xie(谢亿民) 和 Steven 等提出，是一种基于进化策略，在优化过程中通过应力或变形能准则，将结构中无效或者低效的单元逐步去掉，获得最终拓扑结果的方法。改进的 ESO 法——BESO 法，在去除低效单元的同时，还在高效或高应力的单元周围增加材料。BESO 法的最大优点是简单，不存在传统的结构优化中遇到的算法困难，与商业有限元程序衔接也极为方便。该方法被广泛地应用于应力、频率、位移和稳定性约束下连续体结构拓扑优化问题求解。针对可能出现的"棋盘"现象，Young 和 Kim 等做了相应的改进。

水平集法：2003 年由王晓明与王煜等提出，结构拓扑变化是通过一个嵌入结构中的高维尺度函数（水平集函数）的隐式移动边界来表示，该方法在描述复杂结构的拓扑与边界变化方面有较好灵活性。

软杀法：1992 年由德国卡尔斯鲁厄研究中心提出，是一种基于树木、骨骼等自适应生长规则的启发式拓扑优化算法，其核心是通过迭代计算不断"硬化"高应力区域材料，"软化"低应力区域材料。目前已开发了 TopShape 软件用于工程设计。

仿生生长法：德国 Mattheck 基于树木生长时其内部应力总是力图保持均匀，避免应力集中的现象，提出了相应脉序生长算法，后期的根系生长算法和骨重建理论等也是智能仿生拓扑设计方法。

上述方法从理论的完备性、算法实现的难易程度、计算精度和计算效率等方面讲，各有优缺点和适用范围。在船舶设计中采用结构拓扑优化设计理论是必然的趋势。某 VLCC 典型舱段剖面拓扑、形状和尺寸优化设计达到了节省钢材近千吨的惊人效果，图 15-5 所示是该船舶拓扑优化设计技术研究的内容。

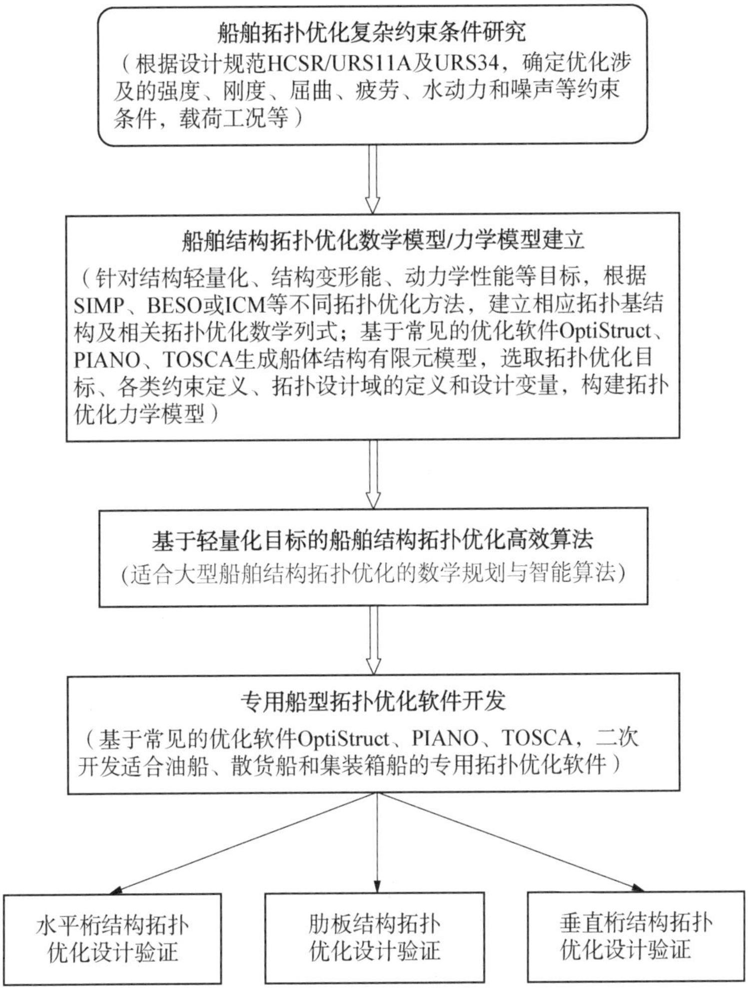

图 15-5　复杂约束下船体结构拓扑优化技术路线

常用的结构拓扑优化设计软件或模块有 HyperWorks 软件、MSC Patran/NASTRAN 软件的优化模块、ANSYS 软件的优化模块、TOSCA 优化设计软件等。这些软件分别采用了工业界认可的比较成熟的均匀化法、变密度法和

SIMP 法等。其他如 ICM 法、ESO/BESO 法、水平集法等目前仅限于各研究机构的内部研究,程序代码还没有商业化。HyperWorks 软件(见图 15-6)对尺寸优化、形状优化和拓扑优化的集成度都较好,具备移植到船舶结构优化设计的潜力。

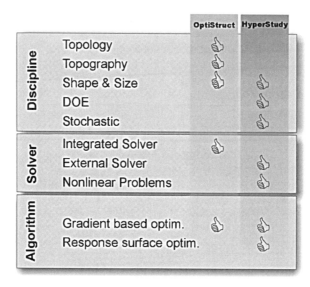

图 15-6 HyperWorks 软件内嵌的优化模块类型及算法

15.2 船舶优化设计的常用算法

　　建立了船舶结构优化的数学模型后,需要选择收敛快且简单易行的优化算法进行求解。采用适当的优化算法求解数学模型,可归结为在给定条件(如约束条件)下求目标函数的极值或最值问题。在实际工程优化问题中,约束条件和目标函数的关系不仅是非线性的,而且是隐式函数关系,因此优化算法的选用至关重要,针对不同层次的优化问题应选用不同的优化算法。现有的优化算法可分为以下三类[82]:

　　(1)准则法:准则法是通过力学概念或工程经验来建立相应的最优设计准则,利用该准则在满足各种约束的设计方案中寻找最优性设计方案的方法。常用的最优性准则包括从直观力学概念出发建立的感性准则和从库-塔克(Kuhn-Tucker)条件出发建立的理性准则。准则法的优点是物理意义明确,方法相对简便,优化中结构重分析次数少,收敛速度快等。具体包括满应力准则法、应变能最小准则法和同步时效准则法等。

（2）数学规划法：数学规划法是以规划论为基础的优化算法。其理论严谨，适用面广，且收敛有保证；其缺点是计算量大，收敛较慢，特别是对多变量的优化问题更甚。通常使用的数学规划法有序列线性规划法和序列二次规划法、罚函数法、乘子法等。求解结构形状优化问题时，使用较多的优化算法正是数学规划法。

（3）非确定性算法。近年来出现了适用于并行计算的全局搜索并结合仿生学的各种方法，如遗传算法、模拟退火算法、神经网络算法、极大熵原理算法和蚁群算法等，应用于结构优化设计已取得了令人瞩目的成果。

各类结构优化算法划分如下：

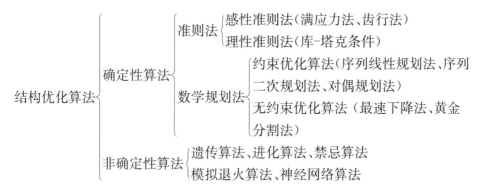

各类结构优化算法在实际优化设计中的应用具有明显的时代性。早期工业应用侧重于感性准则法，如航空设计领域与土木工程领域广泛使用的满应力法。20 世纪 70 年代后的工业应用侧重于数学规划法。进入 21 世纪，随着结构拓扑优化研究的兴起以及在多学科、多目标设计应用开发中的深入，非确定性算法逐步发挥出重要价值。从图 15 - 7 中看出，对于船舶优化问题的求解，81% 的研究

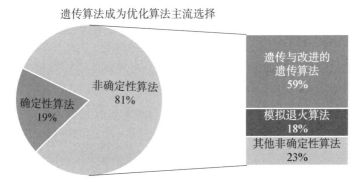

图 15 - 7　各类优化算法利用率统计

者使用了非确定性算法，其中由于遗传算法经过多年的发展已比较成熟，因此有59%的研究者选择了遗传算法进行优化问题求解。有文献指出，对于 200 个设计变量、2 100 个约束条件的优化问题，使用单纯形等数学规划法求解预计需要 2 年时间，而使用遗传算法，经过 53 小时的计算就可以得到一个满意的方案。

蚁群算法（ant colony optimization）：模拟蚂蚁的群体行为，由 Dorigo 等提出。蚁群算法本质上是一种基于群体的多代理算法，运用了正反馈、分布式计算和贪婪式启发搜索。蚁群算法问世以来，已成功地运用于旅行商问题（TSP）、不对称旅行商问题（ATSP）、二次分配问题（QAP）、生产计划问题（SP）、冗余分配、哈密顿图辨识、子集问题、随机二元约束问题（CSP）以及单机总延时问题（SMTTP）等。蚁群算法是通过类比蚂蚁群体行为与旅行商问题得出的，主要适用于求解组合优化问题。根据蚁群算法基本思想提出的广义蚁群算法（generalized ant colony optimization, GACO）是一种通用优化算法，该方法可用于求解一般形式的非凸、非线性约束优化问题。

粒子群算法（particle swarm optimization）：是继遗传算法（genetic algorithm）、蚁群算法之后提出的一种新型进化计算技术，基本思想来源于对鸟群简化社会模型的研究及对鸟群觅食过程中迁徙和聚集行为的模拟。该算法利用信息共享机制，使个体之间可以相互借鉴经验以促进整个群体的发展，具有典型的群体智能特性。粒子群算法于 1995 年由 Kennedy 博士和 Eberhart 博士提出。粒子群算法中每个优化问题的解都看作是搜索空间中的一只鸟，称之为"粒子"。所有粒子都有一个由优化函数决定的适应值（fitness value），每个粒子还有一个由速度决定的飞翔方向和距离。然后粒子就追随当前的最优粒子在解空间中搜索。粒子群算法不像遗传算法那样对个体进行选择、交叉和变异操作，而是将群体中的每个个体视为多维搜索空间中一个没有质量和体积的粒子，这些粒子在搜索空间中以一定的速度飞行，并根据粒子本身的飞行经验以及同伴的飞行经验对自己的飞行速度进行动态调整，即每个粒子通过统计迭代过程中自身的最优值和群体的最优值来不断地修正其前进方向和速度大小，从而形成群体寻优的正反馈机制。粒子群算法就是这样依据每个粒子对环境的适应度将个体逐步移到较优的区域，并最终搜索、寻找到问题的最优解。

免疫算法（immune algorithm）：将求解问题的目标函数对应于入侵生物体的抗原，最优问题的解对应于免疫系统产生的抗体，通过抗原和抗体的结合力来描述可行解与最优解的逼近程度。抗体和抗体之间通过相互促进和抑制以维持抗体的多样性和免疫平衡，从而提高算法的搜索能力。免疫算法作为新的智能优化算法具有抗体多样性、抗体的促进和抑制机制、记忆功能等特点，可以有效避免原先遗传算法易出现的早熟、搜索效率低以及不能很好保持个体多样性等问题,能快速搜索到全局最优解。

15.3　结构优化的代理模型技术

工程优化设计中,为提高优化结构模型的可信度,高精度分析模型被越来越多地采用。但如果直接将这些高精度模型用于迭代优化中,会导致计算量过大而难以实施。解决上述问题的一个可行方法就是采用代理模型[surrogate model,或元模型(meta model)]。代理模型是指在不降低精度的情况下,构造一个计算量小,但计算结果可以代替高精度模型计算结果的分析模型。代理模型具有以下优点:可过滤掉数值分析中产生的数字噪声和物理试验形成的数据虚假波动,有利于将商用软件集成在优化流程中,有利于多学科优化设计(MDO)中各子学科数据的交换和融合,实现并行计算。由于代理模型具有诸多优点,因此代理模型在工程优化,特别是多学科优化中越来越得到重视。构造代理模型一般需要 3 个步骤:①通过试验设计方法,在设计空间中确定构造模型所用的样本点。②利用分析软件或试验方法确定各样本点处的响应值。③根据已知的部分样本点数据,选择一种拟合法,构造一个适合的代理模型,并利用剩余样本点对模型进行检验。如果模型拟合精度满足要求,检验就结束;否则,重新构造新的代理模型,直到满足要求为止。具体过程如下:

(1) 确定设计变量。根据具体的结构设计问题,确定对所考察结构特性影响较大的参数,将这些参数设置为设计变量,并定出设计变量值变化范围的上限和下限。由设计变量组成的集合称为设计空间。设计空间中的每一个点均代表一种设计方案。

(2) 生成试验点。试验设计方法是有关如何合理安排试验的数学方法,它决定了构造代理模型所需要样本点的个数和这些点的空间分布情况。为尽可能全面反映设计空间的特性,需选择一组有代表性的样本设计点。样本设计点可应用试验设计方法生成。常用的试验设计方法包括正交设计、中心复合设计、均匀设计和拉丁方设计等。

(3) 用 FEM 软件建立参数化结构模型。一组样本设计点代表多种不同的设计方案,利用现有的 FEM 软件(如 MSC Patran/NASTRAN)建立所有设计方案的有限元模型。如果每种方案都要手动建立有限元模型,则这个过程会相当烦琐,不利于运用到工程设计中。为了提高建模效率,要充分利用 FEM 软件参数化建模功能。

(4) 用 FEM 软件进行数值计算。用 FEM 软件(如 MSC Patran/NASTRAN)

对建立好的结构有限元模型进行计算,得到计算结果后建立结构外性参数与结构特性之间的数据库。

(5) 提取结构特性。从结构计算结果中提取所需结构特性,如结构质量、航程等。

(6) 获得代理模型。根据试验点及相应的结构特性,构造结构分析代理模型。目前常用的代理模型构造方法有多项式响应面法、径向基函数(RBF)法、克里金(Kriging)法等。多项式拟合模型具有良好的连续性和可导性,极易实现寻优,而且可以根据各项系数的大小来判断某一项对整个系统响应影响的大小;但多项式拟合模型的鲁棒性不好,在遇到非线性程度较高的问题时,拟合预测效果往往不太理想,在多项式阶数较高时,易出现过拟合现象。径向基函数是一类以待测点与样本点之间的欧拉距离为自变量的函数。以径向函数为基函数,通过线性叠加构造出来的模型即为径向基函数模型。由于径向基函数以欧拉距离为变量,所以该类模型比较适合各向同性的问题。径向基函数模型结构简单,计算量也相对较少,是一种效率比较高的代理模型。克里金模型是南非地质学者Danie Krige 于 1951 年提出的,是一种估计方差最小的无偏估计模型,具有局部估计的特点。克里金法既可以用来解决各向同性问题,也可以用来解决各向异性问题,在解决非线性程度较高的问题时,往往也能取得比较理想的拟合效果,但是克里金法是一种相对比较耗时的代理模型构造方法[86]。

15.4　船舶结构动力学优化设计方法

基于船舶振动源频谱特性的船舶结构动力学优化主要包括以下内容:考虑振动源频谱特性的船舶结构调频优化设计(避频),基于振动源频谱特性的船舶结构调幅优化设计(降幅),采用吸振器、隔振器、浮筏、舱筏、阻振方钢、阻尼材料、带隙超材料或声学黑洞俘能器等辅助器件的减振设计等。船舶布局优化拓扑优化、形貌优化、形状优化和尺寸优化等设计中都可以存在动力学优化需求。

15.4.1　调频动力学优化设计

调频优化设计,也称调谐优化设计。其主要思想是调整船舶结构设计参数,进行结构固有频率设计,使其整体固有频率或局部结构的固有频率(尤其是最低几阶固有频率)与振动源设备的扰力频率达到一定错开率,一般为 8%、10%、15%或 20%,具体取值根据结构与螺旋桨外径比值确定。关于船体局部结构振动的频率储备建议,文献[16]和表 15-1 给出了范围。根据中国船级社《船上振动控制指南》,船体梁整体固有频率错开率选取的原则:船体梁的频率储备是一至三阶固有频率应与激励频率分别错开 8%、10%、15%。

表 15–1　船体局部结构振动的频率储备建议

船体结构	振动衡准	频率储备/%
上层建筑或甲板室	大于倍叶频	20
螺旋桨 1 倍桨距内的船体结构	大于 4 倍叶频	10
螺旋桨 1~2 倍桨距间的船体结构	大于 3 倍叶频	15
螺旋桨 2~3 倍桨距间的船体结构	大于倍叶频	20
螺旋桨 3 倍桨距之外机舱前端壁以后的船体结构	大于主机的点火频率	20

　　船体结构设计参数包括动力设备舱段的主要构件尺寸(纵骨及横梁等的截面积、直径、长度、宽度和高度,设备基座面板厚度)、形状及拓扑连接方式。

　　调频减振降噪设计的另一种方法是反共振设计。根据振动的基本理论,在结构的共振频率处,施加很小的激振力就能够造成非常大的振动响应;与之对应地,结构也存在反共振频率,在该频率处即使外载荷激振力幅值非常大,结构的动力学响应也非常小。实现反共振设计有以下三种途径:

　　(1) 通过结构优化设计,将某处振动响应峰值位置调整到结构振动模态的节点位置。或者将设备激励位置调整到结构振动模态节点所在位置。

　　(2) 主要振源舱段基座所在板架的固有频率设计在设备激振力两个峰值频率之间。

　　(3) 使用动力吸振器,将结构的振动能量传递到附属子机构进行耗能。

　　设结构系统原始设计时的前 n 阶频率为 $\omega_i(i=1,2,\cdots,n)$,经过动力学优化设计后结构的各阶固有频率为 ω_i^*,则调频优化设计问题的数学列式为

$$\begin{cases} \text{Find} \quad \boldsymbol{P}=\begin{bmatrix} P_1 & \cdots & P_r & \cdots & P_n \end{bmatrix}^{\mathrm{T}} \\ \min \quad J_f(\boldsymbol{P})=\sum_{i=1}^{n} t_i(\omega_i-\omega_i^*)^2 \\ \text{s.t.} \quad P_r^{\mathrm{l}} \leqslant P_r \leqslant P_r^{\mathrm{u}} \quad (r=1,2,\cdots,n) \end{cases} \qquad (15-5)$$

式中,$\boldsymbol{P}=\begin{bmatrix} P_1 & \cdots & P_r & \cdots & P_n \end{bmatrix}^{\mathrm{T}}$ 为船体结构尺寸设计变量向量;$J_f(\boldsymbol{P})=\sum_{i=1}^{n} t_i(\omega_i-\omega_i^*)^2$ 为优化目标函数;t_i 为优化中第 i 阶固有频率的权重系数,根据需要人为设定;$P_r^{\mathrm{l}} \leqslant P_r \leqslant P_r^{\mathrm{u}}(r=1,2,\cdots,n)$ 为尺寸设计变量上下限约束。

例题 15.1 考虑固有频率约束及质量目标的上层建筑板架拓扑优化设计[87]。

上层建筑是人员活动的主要区域,大型船舶舱室的天花板以上往往是结构件与风管、电缆等共存的区域,对甲板板架结构进行拓扑优化可以提高舱室顶部空间利用率。除了承受总纵弯曲载荷,甲板结构还承受来自上层建筑的压力及甲板上浪的水压力,某些甲板还将承受货物的重力等。本例题中载荷和位移边界条件如下:①在约束方面,板架四边与船舶舱壁相连,对其四边的六个自由度全约束;横舱壁也类似,约束其六个自由度。②在载荷方面,该板架主要承受沿船长方向的总纵弯曲应力,以及作用在甲板上的分布质量,如堆积于甲板上的货物和设备等。其中,板架结构承受的总纵弯曲应力为 110 MPa,等效为节点力作用于甲板的两端。甲板上布置的设备以及堆积货物的载荷已等效为分布质量,分布质量的变化范围为 $60\sim100\ \mathrm{kg/m^2}$,本例设为 $60\ \mathrm{kg/m^2}$。分布载荷与甲板自重的合成可以通过改变相应的甲板材料密度来实现,即

$$\rho_1 S = \rho S + \rho^* S \tag{15-6}$$

式中,ρ_1 为合成后甲板材料的等效面密度;ρ 为原甲板材料的面密度;ρ^* 为甲板上分布质量的等效面密度;S 为承载甲板的面积。

对甲板板架有限元模型进行模态分析,提取其前十阶固有频率(见表 15-2)。

表 15-2 甲板板架前十阶模态分析

阶数	频率/Hz	阶数	频率/Hz
第一阶(弯曲)	25.46	第六阶(弯曲)	30.75
第二阶(弯曲)	26.31	第七阶(弯曲)	31.33
第三阶(弯曲)	27.00	第八阶(弯曲)	31.66
第四阶(弯曲)	27.41	第九阶(弯曲)	33.18
第五阶(弯曲)	29.98	第十阶(弯曲)	33.89

对甲板板架模型进行拓扑优化。结合板架前几阶固有频率值、振型和提高板架固有频率这一设计目标,拓扑优化的目标函数设定为一阶与二阶固有频率之和并使前两阶固有频率之和最大化。板架的力学边界约束条件不变,拓扑设计区域为板架中纵骨材,非设计区域包括甲板、横舱壁和加强肘板等。设计参数设置如下所示。

设计变量取设计区域的单元密度，约束条件为设计区域材料体积百分数（volume fraction），设置体积百分数上限。基于 SIMP 材料插值模型，以甲板板架的一阶与二阶固有频率之和最大化为目标的拓扑优化数学列式为

$$
\begin{cases}
\text{Find} & \boldsymbol{\rho} = \begin{bmatrix} \rho_1 & \rho_2 & \cdots & \rho_i & \cdots & \rho_n \end{bmatrix}^{\mathrm{T}} \\
\max & C = \sum_{m=1}^{2} f_m \\
\text{s. t.} & \left| \boldsymbol{K} - 4\pi^2 f_i^2 \boldsymbol{M} \right| = 0 \quad (i = 1, 2, \cdots, n) \\
& \dfrac{V(\boldsymbol{\rho})}{V_0} - d_0 \leqslant 0 \\
& 0 < \rho_{\min} \leqslant \rho_i \leqslant 1 \quad (i = 1, 2, \cdots, n)
\end{cases}
\tag{15-7}
$$

式中，C 为固有频率之和；f_i 为第 i 阶固有频率；$\boldsymbol{K}$ 和 $\boldsymbol{M}$ 分别为甲板板架刚度矩阵和质量矩阵；V_0 和 $V(\boldsymbol{\rho})$ 分别为初始结构体积和最优结构体积；d_0 为体积百分比；$\rho_{\min}$ 为拓扑设计变量下限，用于避免有限元分析奇异性，通常取拓扑变量下限值 $\rho_{\min} = 1 \times 10^{-3}$。甲板板架振型如图 15-8 所示。

一阶振型   二阶振型   三阶振型

图 15-8 甲板板架振型

采用 OptiStruct 软件进行优化。作为对比，将体积百分比约束条件上限分别取为 35% 和 40% 进行优化。图 15-9～图 15-10 为拓扑优化后的单元密度分布云图（由于各纵骨材料分布的近似性，故只显示中间跨距单根纵骨）。各体积百分比约束下的对应频率和目标函数值如表 15-3 所示。

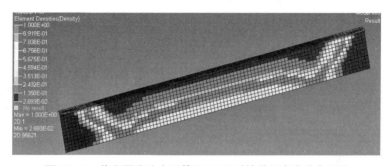

图 15-9 体积百分比小于等于 0.35 时的单元密度分布云图

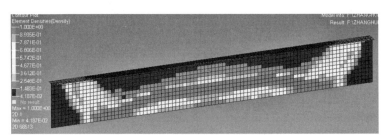

图 15‑10　体积百分比小于等于 0.40 时的单元密度分布云图

表 15‑3　各体积百分比约束下的对应频率和目标函数值

体积百分比限值	一阶固有频率/Hz	二阶固有频率/Hz	目标函数	变化率/%
1.00	25.46	26.31	51.77	—
0.35	41.32	42.73	84.05	+62.3
0.40	43.72	44.53	88.25	+70.4

　　拓扑优化后设计区域的单元密度值应尽量向 0 和 1.0 的两端靠拢，使得拓扑结构更清晰；同时希望在提高原结构固有频率基础上减轻结构质量，获取材料分布较优的方案，在兼顾两者的基础上有一个合理的空间材料分布，确保管道、电缆和舱室顶部装饰物能有一个合理的布局，以实现顶部空间的高效利用。从不同体积百分比上限优化的材料分布图来看，体积百分比上限为 0.35 和 0.40 的拓扑结构的单元密度分布更为理想。对拓扑结构单元密度取不同阈值（即只保留单元密度大于该阈值的单元），材料分布如图 15‑11 和图 15‑12 所示。

图 15‑11　体积百分比小于等于 0.35 时拓扑结构单元密度阈值为 0.375、0.55、0.675 时的
　　　　　材料分布

图 15‑12　体积百分比小于等于 0.40 时拓扑结构单元密度阈值为 0.375、0.55、0.675 时的
　　　　　材料分布

通过概念设计阶段的拓扑优化,对比上面的组图,综合考虑固有频率、结构质量和空间高效利用等指标,进行分析整理后,得到以下新的结构(见图15-13)。

图 15-13　改进后的结构

新的结构移除了多余的材料,合理利用结构材料达到了轻量化设计的目的,同时前两阶振动的固有频率也有一定提高。这种高腹板梁的掏洞设计也为船舶舱室各类管道、电缆的铺设提供了空间,提高了空间利用率。完成前期的概念设计后可以进行构件详细设计和进一步的尺寸与形状优化设计。

15.4.2　调幅动力学优化设计

调幅设计的主要思想是将结构在某些指定部位的振动水平 x_p 控制在一定限值 x_p^* 下,p 为指定的部位。

结构中任一点 p 处频率 Ω_k 下的动响应(位移、速度或加速度)可以采用频率或脉冲响应函数表示为

$$x_p(\Omega_k) = H_p(\Omega_k)f(\Omega_k)$$

式中,Ω_k 为指定的频率值;k 为频率值序号;$H_p(\Omega_k)$ 为点 p 的频率响应函数;$f(\Omega_k)$ 为指定的频率值 Ω_k 处外载荷值。在给定的离散频带内,为使点 P 在多个频率处的动响应幅值 $x_p(\Omega_k)$ 小于目标值 $x_p^*(\Omega_k)$,可以构造如下优化目标函数:

$$J_f(\boldsymbol{P}) = \sum_{k=1}^{m} w_k \left[x_p(\Omega_k) - x_p^*(\Omega_k) \right]^2$$

式中,$\boldsymbol{P} = [P_1 \quad \cdots \quad P_r \quad \cdots \quad P_n]^{\mathrm{T}}$ 为船体结构尺寸设计变量向量;w_k 是第 k 个频率值处结构响应的权系数;m 为频率点总数。

假设结构动力学频响矩阵为 $\boldsymbol{H}(\omega) = [-\omega^2 \boldsymbol{M} + j\omega \boldsymbol{C} + \boldsymbol{K}]^{-1}$,根据动力响应计算的模态叠加法,对于比例阻尼系统有

$$\boldsymbol{H}(\omega) = \sum_{i=1}^{n} \tilde{\boldsymbol{\varphi}}_i (A + jB) \tilde{\boldsymbol{\varphi}}_i^{\mathrm{T}} \tag{15-8}$$

式中，$A_i = \dfrac{\omega_i^2 - \omega^2}{(\omega_i^2 - \omega^2)^2 + (2\xi_i\omega_i\omega)^2}$；$B_i = \dfrac{2\xi_i\omega_i\omega}{(\omega_i^2 - \omega^2)^2 + (2\xi_i\omega_i\omega)^2}$；$\tilde{\boldsymbol{\varphi}}_i$ 为结构模态振型向量。则点 p 的振动响应为

$$\boldsymbol{x}_p(\omega) = \boldsymbol{H}_p(\omega)\boldsymbol{f}_0$$

综上所述，可得考虑多个响应点及每个响应点在多个频率下结构调幅动力学优化设计问题的数学列式为

$$
\begin{cases}
\text{Find} \quad \boldsymbol{P} = \begin{bmatrix} P_1 & \cdots & P_r & \cdots & P_n \end{bmatrix}^{\mathrm{T}} \\
\text{min} \quad J_{\mathrm{f}}(\boldsymbol{P}) = \sum_{p=1}^{s} w_p (x_p - x_p^*)^2 = \sum_{p=1}^{s} w_p \Big[\sum_{k=1}^{m} (H_{pk} f_{0k} - x_p^*)^2 \Big] \\
\text{s. t.} \quad P_r^{\mathrm{l}} \leqslant P_r \leqslant P_r^{\mathrm{u}} \quad (r = 1, 2, \cdots, n)
\end{cases}
$$

$$(15-9)$$

式中，s 为需进行调幅优化的结构部位（响应点）总数；H_{pk} 为点 p 在第 k 频率值的频响函数；f_{0k} 为第 k 频率值的激振力幅值。

例题 15.2　指定加速度振级落差下基座的尺寸优化设计[88]。

艇体与基座的结构尺寸如图 15-14 所示，有三种基座设计方案，结构有限元模型如图 15-15 和图 15-16 所示。以基座的面板、腹板和肘板等板厚度为优化设计变量，以基座质量最小化为目标，评价点在指定频率区间的加速度振级落差作为性能约束，考虑应力和位移约束条件，位移约束是基座上面板中心点处最大位移小于等于 $\bar{\delta}_p$。指定加速度振级落差下基座质量优化设计问题的数学列式为

$$
\begin{cases}
\text{Find} \quad \boldsymbol{H}_{\mathrm{s}} = \begin{bmatrix} h_{1\mathrm{s}} & h_{2\mathrm{s}} & \cdots & h_{i\mathrm{s}} & \cdots & h_{n\mathrm{s}} \end{bmatrix}^{\mathrm{T}} \\
\text{min} \quad f_{\text{weight}} = \sum_{i=1}^{n} h_{i\mathrm{s}} \rho_{i\mathrm{s}} s_i \\
\text{s. t.} \quad \sigma_i^{\mathrm{L}} \leqslant \sigma_{ik}(\boldsymbol{H}_{\mathrm{s}}) \leqslant \sigma_i^{\mathrm{U}} \\
\qquad \delta_{pk}(\boldsymbol{H}_{\mathrm{s}}) \leqslant \bar{\delta}_p \\
\qquad a_{Aj}^{\max} \leqslant a_A^{\mathrm{U}} \\
\qquad a_{Bj}^{\max} \leqslant a_B^{\mathrm{U}} \\
\qquad 10^{\frac{L_{\mathrm{r}}}{20}} - \varepsilon \leqslant \dfrac{a_{Aj}^{\max}}{a_{Bj}^{\max}} \leqslant 10^{\frac{L_{\mathrm{r}}}{20}} + \varepsilon \\
\qquad f^{\mathrm{L}} \leqslant j \leqslant f^{\mathrm{U}} \\
\qquad h_{i\mathrm{s}}^{\mathrm{L}} \leqslant h_{i\mathrm{s}} \leqslant h_{i\mathrm{s}}^{\mathrm{U}} \\
\qquad i = 1, 2, \cdots, n; \ k = 1, 2, \cdots, K; \ p = 1, 2, \cdots, P
\end{cases}
$$

$$(15-10)$$

式中,$\boldsymbol{H}_s=[h_{1s} \quad h_{2s} \quad \cdots \quad h_{is} \quad \cdots \quad h_{ns}]^T$ 为 N 维板厚度设计变量向量;ρ_{is} 与 s_i 分别是待设计板的材料密度与面积;$\sigma_{ik}(\boldsymbol{H}_s)$ 为板单元应力;σ_i^U 与 σ_i^L 为板单元应力约束的上下限;$\delta_{pk}(\boldsymbol{H}_s)$ 与 $\bar{\delta}_p$ 分别为评价点 p 处的位移和约束上限;K 为工况总数;$a_{Aj}^{\max}$ 与 $a_{Bj}^{\max}$ 分别为评价点 A 及点 B 在频率为 f 时加速度响应的最大幅值;a_A^U 与 a_B^U 分别为评价点 A 与点 B 处加速度幅值上限约束;L_r 为振级落差值;ε 为对振级落差等式约束的松弛系数;f^U 与 f^L 分别为指定频率区间的上下限;h_{is}^U 与 h_{is}^L 分别为厚度设计变量的上下限约束。

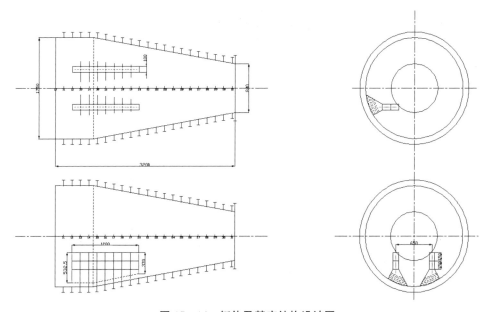

图 15‑14　艇体及基座结构设计图

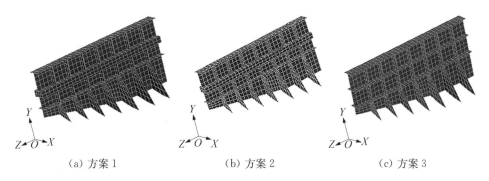

（a）方案 1　　　　　　　（b）方案 2　　　　　　　（c）方案 3

图 15‑15　基座有限元模型

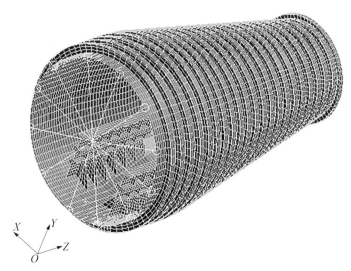

X Y
O
Z

图 15 - 16　艇体及基座整体有限元模型

表 15 - 4 和表 15 - 5 给出两个工况三种基座设计方案下的动力学优化设计结果。

表 15 - 4　组合材料板和金属板厚度优化结果

单位:mm

设计变量	初始值	基座设计方案 1		基座设计方案 2		基座设计方案 3	
		工况 1	工况 2	工况 1	工况 2	工况 1	工况 2
h_{1s}	10	4.7	10.5	5.7	7.8	16.6	11.1
h_{2s}	15	1.5	3.2	16.8	29.7	15.7	19.6
h_{3s}	10	8.2	1.5	8.1	16.7	2.6	7.2
h_{4s}	5	10.2	5.8	10.2	25.5	5.5	3.9
h_{5s}	5	18.0	13.2	18.9	1.2	21.1	16.9
h_{6s}	5	2.0	2.4	6.0	1.1	5.3	3.6
h_{7s}	5	19.0	4.5	9.1	11.3	1.7	19.9
h_{8s}	5	16.1	14.9	2.8	24.9	22.7	8.9
h_{9s}	4	8.8	1.9	24.1	15.4	1.0	2.2
质量/kg		76	69	183.6	210.1	53.7	50.4

表 15-5　优化前后评价点的振级落差

单位:dB

工况 1	优化前的振级落差			优化后的振级落差		
评价点	基座设计方案 1	基座设计方案 2	基座设计方案 3	基座设计方案 1	基座设计方案 2	基座设计方案 3
$A1-B1$	11.960 0	5.160 2	11.594 5	14.351 6	10.827 0	12.748 9
$A1-B2$	11.353 7	4.583 9	10.689 8	13.253 3	10.805 3	10.977 0
$A1-B3$	11.870 3	6.556 1	11.207 0	14.635 9	10.952 0	11.602 5
$A2-B4$	11.812 7	5.108 8	11.732 2	14.241 4	10.904 7	12.935 5
$A2-B5$	11.334 4	4.486 6	10.737 0	13.132 5	10.806 3	11.233 2
$A2-B6$	11.744 3	6.407 8	11.237 1	14.468 5	10.746 0	11.887 8
工况 2	优化前的振级落差			优化后的振级落差		
评价点	基座设计方案 1	基座设计方案 2	基座设计方案 3	基座设计方案 1	基座设计方案 2	基座设计方案 3
$C1-D1$	9.598 5	−5.584 5	9.356 2	13.854 6	8.106 7	11.652 3
$C1-D2$	11.188 5	2.085 9	10.746 6	10.509 9	10.455 1	10.255 1
$C1-D3$	13.224 1	0.178 3	11.036 9	13.067 9	8.400 8	10.632 3
$C2-D4$	9.639 3	−5.686 8	9.435 5	13.802 9	8.356 8	10.523 6
$C2-D5$	11.243 3	2.311 3	10.687 7	10.584 8	10.507 2	11.231 5
$C2-D6$	13.293 6	0.429 3	11.125 6	13.079 2	8.739 8	10.916 5

同时满足工况 1 和工况 2 的基座优化结果如表 15-6 和表 15-7 所示。

表 15-6　优化前后组合材料板和金属板厚度值

单位:mm

设计变量	初始值	基座设计方案 1	基座设计方案 2	基座设计方案 3
h_{1s}	10	14.8	25.7	13.3
h_{2s}	15	1.5	27.9	16.1
h_{3s}	10	13.9	10.8	8.2
h_{4s}	5	22.5	1.8	11.3
h_{5s}	5	4.7	29.2	11.4

（续表）

设计变量	初始值	基座设计方案 1	基座设计方案 2	基座设计方案 3
h_{6s}	5	11.7	7.7	4.6
h_{7s}	5	11.0	18.6	21.2
h_{8s}	5	14.3	21.0	3.7
h_{9s}	4	3.8	22.6	1.2
质量/kg		103.7	240.6	54.8

表 15-7　优化前后评价点的振级落差

单位:dB

工况 1	优化前的振级落差			优化后的振级落差		
评价点	基座设计方案 1	基座设计方案 2	基座设计方案 3	基座设计方案 1	基座设计方案 2	基座设计方案 3
$A1-B1$	11.960 0	5.160 2	11.594 5	12.475 1	10.976 7	12.326 1
$A1-B2$	11.353 7	4.583 9	10.689 8	10.947 0	10.562 1	10.463 2
$A1-B3$	11.870 3	6.556 1	11.207 0	11.496 1	10.270 7	11.356 0
$A2-B4$	11.812 7	5.108 8	11.732 2	12.384 1	11.282 7	12.445 5
$A2-B5$	11.334 4	4.486 6	10.737 0	10.846 0	10.847 3	10.502 6
$A2-B6$	11.744 3	6.407 8	11.237 1	11.412 5	10.261 6	11.489 7
工况 2	优化前的振级落差			优化后的振级落差		
评价点	基座设计方案 1	基座设计方案 2	基座设计方案 3	基座设计方案 1	基座设计方案 2	基座设计方案 3
$C1-D1$	9.598 5	−5.584 5	9.356 2	11.691 1	2.683 6	10.963 5
$C1-D2$	11.188 5	2.085 9	10.746 6	10.163 1	10.845 9	11.129 8
$C1-D3$	13.224 1	0.178 3	11.036 9	10.712 1	8.587 9	10.554 2
$C2-D4$	9.639 3	−5.686 8	9.435 5	11.600 1	2.785 8	10.867 8
$C2-D5$	11.243 3	2.311 3	10.687 7	10.062 0	11.039 6	11.202 4
$C2-D6$	13.293 6	0.429 3	11.125 6	10.628 6	9.004 0	10.668 9

表15-4和表15-6所列计算结果表明,没有采用动力学优化设计方法的原始设计钢基座和原始组合基座设计都难以达到预期的减振效果。而优化后达

到了预期效果,说明采用动力学优化设计方法的必要性。

在单工况或多工况情况下,实现预定减振效果(振级落差),无阻振质量组合的基座质量最轻,其次是有阻振质量组合的基座,而有阻振质量钢基座最重。这说明将复合材料刚度引入钢基座使得结构阻抗突变的效果优于阻振质量。

研究表 15-5 与表 15-7 所示三种基座初始设计在单工况或同时考虑两种工况下的振级落差可以看到,优化前组合基座的振级落差均为正值,且大于钢基座的振级落差。有/无阻振质量组合基座基本都满足振级落差为 10 dB 的要求,而钢基座尽管质量较大,仍无法满足要求。

经过结构动力学优化设计,组合结构基座优化后结构总质量仍比初始设计减少了,其中有阻振质量组合基座减少了 2.3 kg,无阻振质量组合基座减少了 1.2 kg,基座结构振级落差在两个工况下都大于 10 dB。而钢结构基座优化后质量增加较大,但在给定的设计尺寸限值内,难以实现预定的振级落差。

习题 15

15.1　某船的船体梁长 100 m,由三段等长变截面箱型梁构成,横截面宽 2 m,高 4.5 m。请采用尺寸、形状或拓扑优化设计法设计该船体梁剖面,使其一阶固有频率大于 8 Hz,且质量最轻。

15.2　水平放置的四边简支板的长为 4 m,宽为 2 m,板厚 10 mm,材料为 Q235 钢,中心处作用一个 10 N 的集中激振力,频率为 1～100 Hz 整数频率,板单面接水。请采用结构拓扑优化设计法确认板上加强筋位置和尺寸,使板的中心点的振幅小于 0.1 mm,且质量最轻。

参考文献

［1］ United Nations Conference on Trade and Development. Review of maritime transport 2019 ［R］. New York:United Nations Publications, 2019.

［2］ 潘继平,张大伟,岳来群,等. 全球海洋油气勘探开发状况与发展趋势[J].中国矿业, 2006,15(11):1－4.

［3］ 杨金森.海洋强国兴衰史略[M].2版.北京:海洋出版社,2014.

［4］ Randall R E.海洋工程基础[M].杨槚,包丛喜,译.上海:上海交通大学出版社,2002.

［5］ 盛振邦,刘应中.船舶原理[M].上海:上海交通大学出版社,2004.

［6］ 中国大百科全书总编辑委员会《力学》编辑委员会.中国大百科全书:力学[M].北京:中国大百科全书出版社,1985.

［7］ Bishop R E D, Price W G. Hydroelasticity of ships ［M］. Cambridge:Cambridge University Press, 1979.

［8］ Patel M H. Dynamics of offshore structures ［M］. London:Bentham Press, 1989.

［9］ Wilson J F. Dynamics of offshore structures ［M］. New Jersey:John Wiley & Sons Inc. , 2003.

［10］ Faltinsen O M. Hydrodynamics of high-speed marine vehicles ［M］. New York: Cambridge University Press, 2005.

［11］ 陆鑫森.高等结构动力学[M].上海:上海交通大学出版社,1992.

［12］ 王文亮,张文,罗惟德,等.结构动力学[M].上海:复旦大学出版社,1993.

［13］ 陆伟民,刘雁.结构动力学及其应用[M].上海:同济大学出版社,1996.

［14］ 翁长俭,张保玉.船体振动学[M].北京:人民交通出版社,1985.

［15］ 聂武,刘玉秋.海洋工程结构动力分析[M].哈尔滨:哈尔滨工程大学出版社,2002.

［16］ 金咸定,夏利娟.船体振动学[M].上海:上海交通大学出版社,2011.

［17］ 陈志坚.舰艇振动学[M].北京:国防工业出版社,2010.

［18］ 唐友刚,沈国光,刘利琴.海洋工程结构动力学[M].天津:天津大学出版社,2008.

［19］ 何琳,帅长庚.振动理论与工程应用[M].北京:科学出版社,2015.

［20］ 李有堂.机械振动理论与应用[M].2版.北京:科学出版社,2020.

［21］ 赵玫,周海亭,陈光冶,等.机械振动与噪声学[M].北京:科学出版社,2004.

［22］ 吴天行,华宏星.机械振动[M].北京:清华大学出版社,2014.

［23］ Norton M P, Karczub D G. Fundamentals of noise and vibration for engineers ［M］. 2nd ed. Cambridge:Cambridge University Press, 2003.

[24] 盛美萍,王敏庆,马建刚. 噪声与振动控制技术基础[M]. 3 版. 北京:科学出版社,
2017.

[25] 余同希,邱信明. 冲击动力学[M]. 北京:清华大学出版社,2011.

[26] 阿·斯·尼基福罗夫. 船体结构声学设计[M]. 谢信,王轲,译校. 北京:国防工业出
版社,1998.

[27] 钱伟长. 变分法及有限元[M]. 北京:科学出版社,1980.

[28] 林家浩,曲乃泗,孙焕纯. 计算结构动力学[M]. 北京:高等教育出版社,1989.

[29] 孙焕纯,曲乃泗,林家浩. 高等计算结构动力学[M]. 大连:大连理工大学出版社,
1992.

[30] 陈玲莉. 工程结构动力分析数值方法[M]. 西安:西安交通大学出版社,2006.

[31] 姚德源,王其政. 统计能量分析原理及其应用[M]. 北京:北京理工大学出版
社,1995.

[32] 张恺,纪刚,周其斗,等. 统计能量法计算水下圆柱壳辐射噪声准确性的验证与分析
[J]. 中国舰船研究,2017,12(4):89 - 94.

[33] Kaminski M L, Rigo P. Proceedings of the 20th International Ship and Offshore
Structures Congress (ISSC 2018): volume 1 technical committee reports [C].
Amsterdam:IOS Press, 2018.

[34] 中国船级社. 船上振动控制指南 2021[S/OL]. [2021 - 05 - 26]. https://www.
ccs. org. cn/ccswz/articleDetail? id=202105260877202308.

[35] 李润培,王志农. 海洋平台强度分析[M]. 上海:上海交通大学出版社,1992.

[36] 刘金实,胡昊灏. 海洋工程结构动力学基础[M]. 北京:科学出版社,2020.

[37] 朱理,庞福振,康逢辉. 螺旋桨激励力下的舰船振动特性分析[J]. 中国造船,2011,52
(2):8 - 15.

[38] Fischer R W, Boroditsky L. Supplement to the design guide for shipboard airborne
noise control [M]. New Jersey: The Society of Naval Architects and Marine
Engineers, 2001:4 - 21.

[39] 王永生. 喷水推进和泵喷推进的概念:共性、特性及区别[J]. 中国舰船研究,2019,14
(5):1 - 9,41.

[40] 于丰宁. 新型泵喷推进器结构设计及其流激振动噪声特性研究[D]. 上海:上海交通
大学,2019.

[41] 程贯一,王宝寿,张效慈. 水弹性力学:基本原理与工程应用[M]. 上海:上海交通大
学出版社,2013.

[42] 高霖,费根胜,王明振,等. ADINA 分析基础与工程实践[M]. 北京:清华大学出版
社,2017.

[43] 杨国栋,李天匀,朱翔,等. 浸没圆柱壳低频自振频率计算中流固与声固耦合模型统
一性分析[J]. 中国舰船研究,2016,11(4):87 - 92.

[44] 王峥,洪明,刘城. 基于 FEM/BEM 的浸水结构振动及声辐射特性国内研究综述
[J]. 船舶力学,2014,18(11):1397 - 1414.

[45] 美国 Flow Science 公司. 高精度计算流体动力学软件:FLOW – 3D 产品介绍[EB/OL].[2021 – 12 – 03]. https://www.flow3d.com/products/flow-3d-hydro/whats-new-in-flow-3d-hydro/.

[46] 王彬. 振动分析及应用[M]. 北京:海潮出版社,1992.

[47] Naess A, Moan T. Stochastic dynamics of marine structures [M]. New York: Cambridge University Press, 2013.

[48] Cole R H. Underwater explosions [M]. New York: Dover Publications, 1965.

[49] 钱伟长. 穿甲力学[M]. 北京:国防工业出版社,1984.

[50] 恽寿榕,赵衡阳. 爆炸力学[M]. 北京:国防工业出版社,2005.

[51] Paik J K, Amdahl J, Barltrop N, et al. 15th International Ship and Offshore Structures Congress: committee V. 3 collision and grounding [C]. San Diego: ISSC, 2003.

[52] 王自力,顾永宁. 双层舷侧结构碰撞损伤过程研究[J]. 船舶工程,2000,22(1):17 – 20.

[53] Endo H, Yamada Y, Kitamura O, et al. Model test on the collapse strength of the buffer bow structures [J]. Marine Structures, 2002,15(4 – 5):365 – 381.

[54] Kitamura O. FEM approach to the simulation of collision and grounding damage [J]. Marine Structures, 2002,15(4):403 – 428.

[55] 姚熊亮,汪玉,张阿漫. 水下爆炸气泡动力学[M]. 哈尔滨:哈尔滨工程大学出版社,2012.

[56] Noh W F. CEL: a time-dependent, two-space-dimensional, coupled Eulerian-Lagrangian code [R]. Livermore: University of California Lawrence Radiation Laboratory, 1964.

[57] Hirt C W, Amsden A A, Cook J L. An arbitrary Lagrangian-Eulerian computing method for all flow speeds [J]. Journal of Computational Physics, 1974,14(3):227 – 253.

[58] Hughes T J R, Liu W K, Zimmermann T K. Lagrangian-Eulerian finite element formulation for incompressible viscous flows [J]. Computer Methods in Applied Mechanics & Engineering, 1981,29(3):329 – 349.

[59] Sarrate J, Huerta A, Donea J. Arbitrary Lagrangian-Eulerian formulation for fluid-rigid body interaction [J]. Computer Methods in Applied Mechanics & Engineering, 2001,190(24 – 25):3171 – 3188.

[60] 张相闻. 船舶宏观负泊松比效应蜂窝减振及防护结构设计方法研究[D]. 上海:上海交通大学,2017.

[61] 罗放. 船舶与海洋工程防护结构抗爆性能分析和设计研究[D]. 上海:上海交通大学,2021.

[62] 张阿漫,郭君,孙龙泉. 舰船结构毁伤与生命力基础[M]. 北京:国防工业出版社,2012.

[63] 吴秉鸿. 基于负泊松比超材料及声学黑洞俘能器的船舶减振与抗爆设计方法[D]. 上海：上海交通大学，2019.

[64] 前联邦德国国防军舰艇建造规范 BV 0430/1985 冲击安全性[S]. 北京：中国舰船研究院科技发展部，1998.

[65] 郭绍静. 新型舷侧水下及水上防护结构抗爆性能研究[D]. 哈尔滨：哈尔滨工程大学，2010.

[66] Kierkegaard H. Ship bow response in high energy collisions [J]. Marine Structures, 1993,6(4):359－376.

[67] Gjerde P, Parsons S J, Igbenabor S C. Assessment of jack-up boat impact analysis methodology [J]. Marine Structures, 1999,12(4):371－401.

[68] 张健. 冰载荷作用下船舶结构动态响应及损伤机理[M]. 北京：国防工业出版社，2015.

[69] 石原赫. 浮冰多次碰撞下船体结构损伤机理研究[D]. 镇江：江苏科技大学，2020.

[70] 胡聿贤. 地震工程学[M]. 2 版. 北京：地震出版社，2006.

[71] 肖帕. 结构动力学：理论及其在地震工程中的应用[M]. 2 版. 北京：清华大学出版社，2005.

[72] 林家浩，张亚辉. 随机振动的虚拟激励法[M]. 北京：科学出版社，2004.

[73] 韩晓双. 导管架海洋平台地震响应研究[D]. 大连：大连理工大学，2008.

[74] Faltinsen O M. Numerical nonlinear method of sloshing in tanks with two-dimensional flow [J]. Journal of Ship Research, 1978,22 (3):193－202.

[75] Ikeda T. Nonlinear parametric vibrations of an elastic structure with a rectangular liquid tank [J]. Nonlinear Dynamics, 2003,33 (1),43－70.

[76] ABS guidance notes on sloshing and structural analysis of LNG pump tower, 2006.

[77] 蔡忠华. 液货船液舱晃荡问题研究[D]. 上海：上海交通大学，2012.

[78] 姜胜超. 波浪作用下船舶运动与液舱内流体晃荡的耦合数值分析[D]. 大连：大连理工大学，2013.

[79] 夏侯命胜. 自航自升式船设计理论及力学分析方法研究[R]. 上海：上海交通大学，2021.

[80] 国家制造强国建设战略咨询委员会，中国工程院战略咨询中心.《中国制造 2025》重点领域技术创新绿皮书：技术路线图[M]. 北京：电子工业出版社，2016.

[81] 钱令希. 工程结构优化设计[M]. 北京：水利电力出版社，1983.

[82] 程耿东. 工程结构优化设计基础[M]. 大连：大连理工大学出版社，2012.

[83] 曾广武. 船舶结构优化设计[M]. 武汉：华中科技大学出版社，2004.

[84] 邱伟强，杨德庆，高处，等. 基于拓扑优化的油船货舱结构设计研究[J]. 船舶，2016，27(5):1－11.

[85] 隋允康，叶红玲. 连续体结构拓扑优化的 ICM 方法[M]. 北京：科学出版社，2013.

[86] 王语嫣. 高性能声学基座设计的阻振质量-刚度-阻尼材料综合配置方法[D]. 上海：上海交通大学，2019.

［87］张会新,杨德庆. 典型船舶板架拓扑与形状优化设计[J]. 中国舰船研究,2015,10(6):27-33,59.

［88］吕林华,杨德庆. 船舶钢-复合材料组合基座减振设计方法分析[J]. 上海交通大学学报,2012,46(8):1196-1202.

［89］付佳,徐智言,王铭. 船舶振动 ISO 20283-5 新标准研究[J]. 噪声与振动控制,2018,38(2):239-242.

［90］中国船级社. 绿色生态船舶规范 2020[S]. 北京:人民交通出版社,2020.